Franz Gruß

# Geschichte des
# BERGISCHEN
# LANDES

Franz Gruß

# Geschichte des
# BERGISCHEN
# LANDES

Neu bearbeitet von
Dr. Klaus Herdepe

Vollständig überarbeitete Neuauflage des 1994 beim Verlag
Anna Gruß, Leverkusen, erschienenen Titels
2007

© Bücken & Sulzer Verlag GbR, Overath – Witten
Alexander Bücken und Fabian Sulzer
Das Werk ist urheberrechtlich geschützt. Sämtliche, auch
auszugsweise Verwertungen bleiben vorbehalten.
Umschlaggestaltung, Layout und Satz:
Fabian Sulzer, Witten


Druck und Bindung: AZ Druck und Datentechnik GmbH,
Kempten/Allgäu

Printed in Germany


ISBN-13: 978-3-936405-06-4

# Inhaltsverzeichnis

Vorwort des Bürgermeisters der Stadt Overath 9
Vorwort zur Erstauflage (von Franz Gruß) 10
Vorwort zur vollständig überarbeiteten Neuauflage
(von Dr. Klaus Herdepe) 12

## Bis 1100 n. Chr.

Einleitung 15
Erdburganlagen 17
Geologie 18
Exkurs: Vier historische Stätten im Bergischen Land 21
1. Die Motte im Hortenbacher Siefen bei Odenthal 21
2. Die Kramerburg bei Hochscherf 29
3. Die „Alte Burg" über dem Eifgenbach
(Eifgenburg) 33
4. Die Burg Berge (Altenberg) 41
Die ersten Vögte der Abtei Deutz: Vorfahren der Berger? 46
Graf Hermann und sein Bruder Adolf 49
Thüringische Verwandtschaft der Grafen von Berg? 52

## 1100–1225

Der „Adolfus puer" von 1093, Graf Adolf I. († 1106) 56
Königsgut im rechtsrheinischen Vorland von Köln 57
Der „ungezählte" Adolf, Vater des „Adolfus puer"
von 1093 66
Graf Adolf II., der Klostergründer von Altenberg 67
Erste Nachrichten über Stützpunkte der Berger in Deutz 71
Anfänge der Landesherrschaft im 12. Jahrhundert 85
Exkurs: Das Altenberger Urkundenbuch 88
Die Ritterschaft (Ministerialen) Graf Engelberts I. 94
Graf Engelbert I. 100
Übergangszeit zwischen Engelbert I. und Adolf III. 111

Die Berger im staufisch-welfischen Thronstreit    114
Engelbert, Erzbischof von Köln und Graf von Berg    125


## 1225–1348

Wende in der bergischen Politik unter Heinrich
von Limburg    137
Adolf IV. „mit dem Barte"    148
Adolf V., Teilnehmer der Schlacht bei Worringen    150
Die kurze Regierungszeit Wilhelms I. (1296–1308)    167
Adolf VI. (1308–1348), genannt „der Ehrwürdige"    169


## 1348–1511

Die Grafschaft Berg fällt an das Haus Jülich    173
Einführung der Ämterverfassung im Lande Berg    176
Erwerb von Blankenberg unter Gerhards Nachfolger
Wilhelm II.    178
Jülich und Geldern in einer Hand    180
Die Grafschaft Berg wird Herzogtum    182
Die Schlacht im Kleverhamm    183
Kampf um Elberfeld    184
Jungherzog Adolf setzt seinen Vater auf Schloss Burg
gefangen    185
Weitere Fehden Herzog Adolfs I.    187
Herzog Adolf I. befestigt Mülheim und Monheim    188
Die Zeit Herzog Gerhards II.    190
Herzogtum Berg beinahe an Kurköln vergeben    192


## 1511–1609

Die Ländervereinigung Jülich-Berg und Kleve-Mark
(Klever Union)    195
Das Zeitalter des Humanismus und der Reformation    199

Herzog Johann III. bessert die inneren Zustände
seiner Länder                                                    204
Herzog Wilhelm IV. („der Reiche") folgt seinem
Vater Johann III.                                               205
Kampf um Geldern gegen Kaiser Karl V.                            206
Der Kölnische oder Truchsessische Krieg                          210
Exkurs: Verfolgung und Entrechtung der Juden
in Köln                                                         213
Eine Dynastie endet in Wahnsinn und Mord                        214
Die Spanier im Bergischen Land                                  217

**1609–1742**

Beginn des Erbfolgestreites um Jülich-Berg und
Kleve-Mark                                                      218
Zwiespalt zwischen Brandenburg und Pfalz-Neuburg                223
Der Ausbau von Mülheim                                          226
Beginn des Dreißigjährigen Krieges                              227
Zweiter Teilungsvertrag zu Düsseldorf                           229
Die Herrschaft des Grafen Adam von Schwarzenberg                231
Kriegsdrangsale ohne Ende                                       233
Der Hauptvergleich zu Kleve                                     237
Herzog Johann Wilhelm II., der volkstümliche
„Jan Wellem"                                                    242
Karl-Philipp (1716–1742), Bruder Johann Wilhelms II.            249
Exkurs: Hexenwahn – eine Geißel des Aberglaubens                251

**1742–1815**

Herzog Karl-Theodor (1742–1799), Kurfürst
von der Pfalz                                                   254
Die Franzosenzeit im Bergischen Land                            263
Maximilian Joseph von Pfalz-Zweibrücken (1799–1806)             269
Exkurs: Zerstörung und Wiederaufbau des Altenberger
Domes                                                           271

Das Großherzogtum Berg unter den Franzosen
(1806–1813)     273
Das General-Gouvernement nach der Befreiung     282

## 1815–1861

Das Herzogtum Berg wird preußisch     286
Die ersten Jahre als preußische Untertanen     288
Die Industrialisierung und ihre wirtschaftlichen und
sozialen Folgen     293

## 1861–1945

Vom Königreich Preußen zum Zweiten
Deutschen Reich     301
Wirtschaftskrise bereitet Ende der Weimarer
Republik vor / Drittes Reich     309

## Seit 1945

Das Bergische Land wird ein Teil von Nordrhein-
Westfalen     315

**Anhang**
Anmerkungen     321
Bildnachweis     326
Verwendete Literatur     327
Zeittafel: Regierungsdaten der Bergischen Herrscher     332

## Zum Geleit

Die Kenntnisse über die Geschichte, die Geographie und die Kultur des Bergischen Landes und seiner Menschen zu erweitern und zu vertiefen, hat sich der junge Overather Buchverlag Bücken & Sulzer zur Aufgabe gemacht. Inzwischen umfasst sein Verlagsprogramm zahlreiche Publikationen zu den unterschiedlichsten lokalen und regionalen bergischen Themen. Eine umfassende Darstellung der Geschichte des Bergischen Landes gehörte bislang nicht dazu. Mit dem hier vorgelegten, von Dr. Klaus Herdepe sorgfältig überarbeiteten Buch aus der Feder des verstorbenen Leverkusener Hobby-Historikers Franz Gruß können Alexander Bücken und Fabian Sulzer diese Lücke schließen. Der Schwerpunkt des Werkes liegt auf der politischen Ereignisgeschichte, die von den Anfängen des bergischen Territoriums im 10. Jahrhundert bis zur napoleonischen Zeit durch die Grafen und Herzöge von Berg geprägt wurde. Für die nachfolgende Zeitspanne des 19. und 20. Jahrhunderts hat auch Franz Gruß mit der Schwierigkeit fertig zu werden, dass es eine spezifische „bergische Geschichte" nicht gibt, weil Berg keine eigenständige Verwaltungseinheit mehr darstellte, sondern in den preußischen Rheinlanden aufging. Ein „Statist in der deutschen Geschichte" ist das Bergische Land aber nie gewesen. Im Mittelalter und der frühen Neuzeit eines der bedeutendsten rheinischen Territorien, war es im 19. Jahrhundert Geburtsland der industriellen Entwicklung und ist noch heute eine der Wachstumsregionen in Nordrhein-Westfalen. Wahr ist aber auch: Das Bergische Land ist seit dem Wiener Kongreß eine definierte, keine faktische Einheit. Das Regionalbewusstsein der Menschen im Bergischen Land ist vielleicht auch deshalb eher gering ausgeprägt. Hier kann der Blick in die reichhaltige Geschichte der Heimatregion die Identitätsfindung voranbringen. Franz Gruß hat dazu einen bemerkenswerten Beitrag geleistet, weshalb ich seinem Buch eine freundliche Aufnahme und eine große Leserschaft wünsche.

Andreas Heider
Bürgermeister der Stadt Overath

## Vorwort zur Erstauflage

Das Land Berg (Bergisches Land) war bis zum Jahre 1815 ein selbstständiges Herzogtum. Bernhard Schönneshöfer, der 1895 seine „Geschichte des Bergischen Landes" schrieb, fand für den Ländernamen die treffende etymologische Erklärung: „Das Bergische Land, auch schlechtweg das Bergische oder Berg genannt, hat seinen Namen von der Burg Berg an der Dhün, dem Stammsitz der Bergischen Grafen." Nicht die Topografie hat also bei der Namensgebung Pate gestanden, sondern ein Adelsgeschlecht, das vor mehr als 800 Jahren die Burg Berge besaß und sich nach ihr „de Monte" (von dem Berge) benannte.

Eine ganze Reihe von Historikern hat sich in jüngerer Zeit mit der Erforschung der Landesgeschichte von Berg, besonders mit der schwierigen Genealogie der frühen Berger, beschäftigt und ist zu neuen Erkenntnissen, aber auch zu neuen Hypothesen gekommen.[*]

Noch wenig erforscht sind Bodendenkmäler in der Umgegend von Altenberg, die wahrscheinlich Beziehungen zu den Grafen und Herzögen von Berg bzw. zu deren Ritterschaft haben. Nur die Burg Berge selbst, die Eifgenburg und die Dhünnenburg sind bisher archäologisch untersucht worden. Wegen der neu gewonnenen Erkenntnisse war es wünschenswert, die interessante Geschichte des ehemaligen Landes und Herzogtums Berg neu zu veröffentlichen. Neben einigen zeitlichen Ergänzungen konnte ich dabei meine Entdeckungen und Forschungsergebnisse, besonders in Bezug auf die bergische Ritterschaft (Ministerialität) und ihre Rittersitze, einarbeiten.

Dieses Buch sollte keinesfalls eine „trockene" Aneinanderreihung von Daten und Fakten beinhalten, sondern dem Leser ein möglichst lebensvolles Bild der Zeitläufe vermitteln. Nach der Devise „Ein Bild sagt mehr als tausend Worte" eignen sich dafür Holzschnitte, Stiche, Gemälde und Zeichnungen, die zwar erst am Ende des Mittelalters – nach Erfindung der Buchdruckerkunst – veröffentlicht wurden, aber auf Grund der hartnäckigen und lang anhaltenden Zustände und Gewohnheiten auf das wahrscheinliche „Vorher" rückschließen lassen.

Das Leben im Mittelalter verlief in anderen Bahnen und stand unter anderen Ordnungen als unsere Zeit sie kennt. Ein wesentliches Merkmal war die im Lehnswesen ständisch gegliederte

---

[*] Anmerkungen siehe im Anhang S. 319

Gesellschaft. Maßgebende Leitlinie für alle war „das gute, alte Recht". Den meisten Menschen von heute fehlt die Vorstellungskraft, mittelalterliche Handgreiflichkeit und Symbolik, die ganze Fülle dieses Lebens, zu verstehen. Oberstes Ziel und Gebot war das „Heil", das man – wenn schon nicht auf dieser Erde – im besseren Jenseits anstrebte. Die „Chronik der Zunge" hat uns einen besonderen Reichtum an Wortformen mit „Heil" hinterlassen. Sie füllen in Wörterbüchern lange Spalten.

Nach der Devise „Geschichte muss auch Spaß machen" wird in diesem Buch auch Geschichte zum Anfassen und Ansehen geboten. Dazu sind die übrig gebliebenen Relikte der Vergangenheit, die verstreut in der Landschaft zu finden sind, besonders geeignet; einige von ihnen werden im Inhalt beschrieben. In der Umgebung der ehemaligen Zisterzienserabtei Altenberg, die man als „Kernland" des ersten bergischen Grafengeschlechtes bezeichnen kann, begegnen uns auffällig viele Bodendenkmäler, die die schriftlich überkommenen Quellen gut ergänzen können.

Im Jahr 1994, in dem der Altenberger Domverein sein 100-jähriges Jubiläum feierte, rückte der „Dom" des Bergischen Landes in das besondere Interesse der Öffentlichkeit. Altenberg und die Geschichte der ersten Grafen und Herzöge von Berg sind nicht nur durch die alte Grablege der Familie im Chor der Abteikirche verbunden, sondern der formvollendete Dom ist Zeichen seiner Zeit, in der die Werte der nun fast 2000-jährigen Geschichte des christlichen Abendlandes in höchster Blüte standen.

Der weitgespannte Bogen der hier gebotenen Geschichtsdarstellung vom mittelalterlichen Feudalismus über Aufklärung und Reformation, napoleonische Zeit, industrielle Entwicklung, Übergang in das Königreich Preußen, Entstehung der Rheinprovinz, zwei Weltkriege, politische Verwicklungen bis zur Eingliederung in das Land Nordrhein-Westfalen zwang wegen des zur Verfügung stehenden Raumes zu Beschränkung und Auswahl.

Dieses Buch ist für alle Freunde der Bergischen Geschichte geschrieben, nicht nur für Fachleute. Es soll auch dem interessierten Laien die Geschichte des ehemaligen Herzogtums Berg in verständlicher Form nahebringen. Neben Mühen hat es auch Freude gemacht, das vorliegende Buch in dieser Form zu verfassen und zu gestalten. „... Quod scripsi, scripsi ..."

Franz Gruß
Leverkusen, im Januar 1994

## Vorwort zur vollständig überarbeiteten Neuauflage

Wer wie Franz Gruß als Amateurhistoriker eine Geschichte des Bergischen Landes verfasst, sieht sich einer vielfältigen Problematik gegenüber. Ein historischer Herrschaftsbereich, eine Landschaft, die allein in den letzten 300 Jahren mal zu Frankreich, zur Pfalz, mal zu Bayern, dann zu Preußen gehörte, um schließlich nach dem Zweiten Weltkrieg im heute bewährten Kunstgebilde Nordrhein-Westfalen aufzugehen, kann nur heterogen sein. So ambivalent, dass ein heutiger Düsseldorfer kaum einsehen dürfte, dass er in der ehemaligen Hauptstadt des Bergischen Landes wohnt. Dort ist man heute vielmehr in Richtung Niederrhein orientiert; die bergische Geschichte kaum mehr in der Bevölkerung fühlbar.

Einzelpersonen, die eine „Bergische Geschichte" geschrieben haben, haben stets einen sehr persönlichen Weg des Zugangs gewählt. Entweder war er sozialwissenschaftlich, kultur- bzw. architekturhistorisch geprägt, oder er erwuchs aus der individuellen Beschäftigung mit der Materie.

Für Franz Gruß war dies die Erwanderung und Erkundung der frühmittelalterlichen Festungswerke von Siedlern im Bergischen Land, der Motten, und die Vielzahl der Besitzurkunden, die uns Aufschlüsse über die Schicksale von Gütern und deren Besitzer aufzeigen können. Dementsprechend verfuhr Gruß auch bei diesem Werk.

Daher liegt der offenkundige Schwerpunkt mit Sicherheit auf dem Mittelalter und der Frühen Neuzeit, wobei er die anderen Bereiche durchaus nicht vernachlässigte, aber zumindest kürzer behandelte. Seine Motive mögen nur ihm ersichtlich gewesen sein, aber ein Umstand fällt zumindest auf: Als er die Gleichschaltung nach 1933 im Bergischen Land skizzierte, versuchte er, gleichermaßen den Nachgeborenen das Verständnis für das mitunter passive Verhalten seiner Generation nahezulegen. Hierbei spürte er wohl die für den Historiker unverzichtbare Distanz zum Gegenstand und führte den Punkt nicht weiter aus, was man ihm auch aus der Rückschau anrechnen sollte. Andere Historiker, Fachwissenschaftler von großem Rang, wie z. B. ein Andreas Hillgruber, der übrigens selbst die Qualität von amateurhistorischen Arbeiten schätzte, versagten bei derartigen Berührungspunkten mit der eigenen Biografie eher.

Die erste Auflage von Gruß' Werk war damals nicht redigiert worden und hatte doch den Vorteil, eine „handliche" Darstellung der Bergischen Geschichte zu sein. Zwar in etwas veralteter Weise rein aus der Perspektive der Herrschenden geschrieben, besaß sie daher dennoch den Vorteil einer partikularen Identifikation mit dem Leser. Bald in den Buchhandlungen vergriffen und in den Bibliotheken „abhanden gekommen", so gibt es sicherlich ein Desiderat einer Neuauflage. Herr Gruß selbst wollte aus nachvollziehbaren Gründen eine neue Bearbeitung seines Werkes nicht mehr vornehmen und ist leider bereits im August 2005 verstorben.

Mit der Neuauflage durch den Bücken & Sulzer Verlag wird dabei in zeitgemäßer, reichhaltig bebilderter Aufmachung ein Buch wieder zugänglich gemacht, das nicht „nur" einen Teilbereich der Bergischen Geschichte abdeckt, sondern eine überblicksartige und allgemein verständliche Gesamtdarstellung für ein breites Publikum liefert.

Klaus Herdepe

# Einleitung

Im Bergischen Land finden wir an vielen Stellen Spuren jener Befestigungsanlagen, die ab dem 10./11. Jahrhundert unter Verwendung von Holz und Erde entstanden sind. Einige dieser Anlagen scheinen von den Grafen von Berg bzw. deren Ministerialen erbaut worden zu sein. Archäologische Untersuchungen haben kaum stattgefunden und in Zukunft sind solche nur in Ausnahmefällen zu erwarten. Denn es werden nur Sicherungsgrabungen durchgeführt, die bei Bautätigkeiten notwendig werden, wobei Untersuchungen mittelalterlicher Befestigungsanlagen selten sind.

Bei der Suche nach weiterführenden Erkenntnissen in der Geschichte des Landes Berg muss man also auf diese Geschichtsdisziplin, auf die „Wissenschaft des Spatens", weitgehend verzichten. Wenn wir aber trotzdem notwendige Ergänzungen für die archivalisch äußerst spärlich belegte Frühgeschichte der Berger und ihrer ritterlichen Dienstmannen anstreben, müssen wir alle Spuren der Geschichtlichkeit verfolgen, dazu gehören neben der gründlichen Auswertung aller schriftlichen Quellen auch intensive Geländebegehungen.

Wir kennen aus der Archäologie die *Luftprospektion*, die durch Spezialkameras Spuren und Umrisse unterirdisch verborgener Gebäude sichtbar werden lassen. Der Einsatz solcher Kameras ist aber wegen der Bewaldung des betreffenden Gebietes nicht möglich. Deshalb muss die ausgeklügelte Optik durch unsere Augen ersetzt werden. Die aus Holz bestehenden Aufbauten sind im Laufe der Jahrhunderte vermodert und nur Erdwerke übrig ge-

Die Anfänge der **Luftbildarchäologie** liegen in den Senkrechtaufnahmen der Forumsgrabungen Giacomo Bonis von 1899/1900 begründet. Die damaligen Ballonaufnahmen entstanden in Zusammenarbeit mit einem Pionierregiment, das mit fotografischen Möglichkeiten militärischer Fernaufklärung experimentierte. Dabei fiel schnell auf, dass das Senkrechtluftbild die Identifizierung archäologischer Sachverhalte erleichterte, die man vom Boden aus nicht sehen konnte. Die Bodenerhebungen werden durch ihren Schattenwurf identifiziert und daher als „Schattenmerkmale" bezeichnet. Bodenverfärbungen, wie z. B. in umgepflügten Äckern, werden als „Bodenmerkmale" bezeichnet. Störungen im Boden können sich auf den Wuchs von Pflanzen auswirken. Über Mauern kann der Nährboden ein zu geringes Niveau haben, so dass ein leichtes Austrocknen zu niedrigem Wuchs führt.

*Die Motte Hortenbach in Längsrichtung von Norden nach Süden*

blieben. Manchmal finden sich auch datierbare mittelalterliche Scherben. Intensive Geländebegehungen werden vor allem von geschichtsbewussten Menschen durchgeführt, die diese Tätigkeit zu ihrem Hobby gemacht haben.

Wesentliche Voraussetzung ist die Beachtung der Tatsache, dass diejenigen, die zu damaliger Zeit ein Befestigungswerk errichteten, die natürliche Beschaffenheit des Geländes geschickt auszunutzen wussten. In der Ebene und in den Tälern finden wir diese Anlagen am Wasser bzw. in natürlichen oder künstlich geschaffenen Sümpfen. Im Berg und Hügelland müssen schwer zu besteigende Steilhänge vorhanden sein, an denen manchmal Nachbearbeitungen durch Menschenhand zu erkennen sind. Die Formel „Wasser, Sumpf, Steile" kann bei der Beurteilung von mittelalterlichen Anlagen überall angewendet werden. Sind diese Gegebenheiten bei den heute genannten „Rittersitzen" nicht vorhanden, so sind die Gebäude wohl sekundär, d. h., sie sind zu einer Zeit – meist als Nachfolgeanlage einer älteren Burg – entstanden, als eine Fortifikation (Befestigungsanlage) nicht beabsichtigt oder nicht mehr notwendig war. Die Erbauer von mittelalterlichen Wehranlagen haben oft auf vorhandene Anlagen zurückgegriffen und sie aktuellen Anforderungen angepasst, so dass eine ältere Burg in der neuen steckt.

Manchmal können die älteren Anlagen ein ganzes Stück entfernt von den heutigen Gebäuden liegen, denn die damaligen Erbauer errichteten ihr neues Domizil in schöneren und für die Landwirtschaft bequemeren Lagen (Vermeidung von Durchfeuchtung, guter Zugang für Pferde, Vieh, Wagen, mehr Repräsentation bei Adelssitzen). Wenn keine archivalischen Nachrichten zu finden sind, gibt der Baustil der vorhandenen Gebäude Anhaltspunkte für eine Datierung. Die meisten der heutigen Steingebäude im Bergischen Land sind kaum vor dem 16. Jahrhundert entstanden. Selbstverständlich gibt es auch Weiterentwicklungen am Ursprungsplatz, wenn Lage und Stabilität des Untergrundes den Anforderungen entsprachen.

Zur Erkenntnisgewinnung tragen Parallel- und Häufigkeitsbeobachtungen bei. So ist die Dichte von auf der Höhe liegenden ehemaligen Spornburgen (Abschnittsbefestigungen) in unserer Region besonders groß. Während man das Aufkommen der bergischen *Motten* (Turmhügelburgen) und Abschnittsbefestigungen ins 11./12. Jahrhundert datieren kann, ist das bei den sogenannten *Ringwällen* kaum möglich. A. Hermbrodt vermutet, dass einige dieser Anlagen während der Ungarngefahr im ersten Drittel des 10. Jahrhunderts auf Befehl Kaiser Heinrichs I. entstanden sind.[1] Für einige dieser Befestigungsanlagen aber mag auch gelten, dass sie von Fall zu Fall, besonders im Zuge der innerbergischen Besiedelung zur *Rodezeit*, wieder genutzt worden sind. Noch im Dreißigjährigen Krieg flohen die Bewohner der Rheinebene in die Berge.[2] Während kriegerischer Handlungen im 17. und 18. Jahrhundert ließen die Landesherren von Berg einige der alten Befestigungsanlagen – besonders die Landwehren – wiederherstellen; ein Grund, warum sie heute an verschiedenen Stellen noch gut erhalten sind.[3]

> **Wallanlage bei Ropenstall**
>
> Eine alte Wallanlage wurde vor einigen Jahren durch die Heimatforscherin Else Yeo bei Ropenstall (eigtl. Ruprechtstal = Tal des Ruprecht) in der Nähe von Blecher entdeckt. Belegt ist sie in einer Altenberger Urkunde aus dem Jahre 1264, wo der Schöffe „Volperto de Rupretsdale" sowie „Bulone de Rupreitsdale" und sein Bruder Heinrich benannt sind.[4] 1311 begegnet uns ein „preco" (Vorsprecher beim Gericht) Thomas und sein Sohn Konrad von „Ropretzdale". 1362 schenkt „Johan Moyr gen van dem Bruche" sein Lehngut zu „Roprechtsdaile" der Abtei Altenberg.[5] Eine ähnliche große Wallburg liegt in der Nähe bei Erberich. Hier lebte 1308 ein „Monacho de Ertburg". Fünf Wälle riegeln dort einen Bergsporn ab.[6]

## Erdburganlagen

Wer ehemalige Erdburganlagen erkennen möchte, sollte ein Auge für ihre typischen Merkmale haben. Es sind aber Veränderungen, die durch Menschenhand an der natürlichen Oberfläche vorgenommen worden sind. So kann man z. B. bei einem Mottenhügel meist sehen, dass er künstlich aufgeschüttet wurde. Typisch ist dabei die Lage an einem Bach bzw. mehreren zusammenlaufenden Bächen oder in Quellmulden.

Herbst und Winter eignen sich ausgezeichnet, um in der Landschaft die Wallgräben der Abschnittsbefestigungen oder die Hügel der ehemaligen Holz-Erde-Befestigungen aufzusuchen. Im Braun des Laubes heben sich die oft moosbewachsenen grünen

## Geologie

Das Bergische Land wird erdgeschichtlich am meisten durch das Erdzeitalter des Devon geprägt. Vor rund 400 Millionen Jahren erstreckte sich im Gebiet der heutigen Region ein tropisches Meer, das eine nur mäßige Tiefe von 5 bis 15 m aufwies. Im Norden wurde es begrenzt von einem Festland, dass man als Oldred-Kontinent bezeichnet und aus dem sich beispielsweise erst nördlich vom heutigen Wülfrath die ersten flachen Kegel über die damalige Wasserfläche gehoben haben dürften. Im Osten und Süden erstreckte sich mit dem sogenannten Herzyn-Meer ein tiefer Ozean. Große Teile des Bergischen Landes wurden 50 Millionen Jahre von dem erwähnten tropischen Flachmeer bestimmt, das noch weitere 30 Millionen Jahre vorhanden war, sich aber im Wesentlichen im heutigen Ruhrgebiet und im Sauerland in Form von Funden manifestierte.

Auch wenn die Sandsteinschichten des hiesigen Unterdevons kaum Versteinerungen hervorbrachten, sind ein paar Funde urzeitlicher Fische durchaus erwähnenswert. So z. B. der *Pterapsis dunensis* aus den Oderspieler Schichten der Wahnbach-Stufe, bei dem es sich jedoch nur um einen kieferlosen weit entfernten Verwandten mit den heutigen Formen der Knorpel- oder Knochenfische handelt. In ihrem Aufkommen begleitete sie eine Flora von *Taeniocrada (s. rechts)*, was auf ein küstennahes Biotop hinwies. Jene Schichten werden durch den Wechsel der Gezeiten, den Trockenfall des Watts und der Sedimentablagerungen von Flussmündungen beeinflusst, so dass man mehrheitlich von brackigen Verhältnissen ausgehen kann. Im Zusammenspiel mit dem Tropenklima kam es zu einer explosionsartigen Entfaltung diverser Pflanzenarten.

Dabei kann insbesondere im Bergischen Land die Entwicklung von marinen Algen hin zu „echten" Algen, die zwar noch im flachen Wasser wurzelten, besonders gut als Standardbeispiel dieser Evolution betrachtet werden.

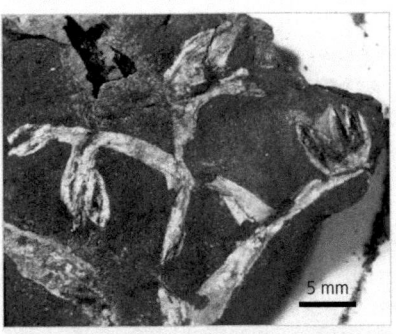

5 mm

*Sporen bildender Spross einer Taeniocrada*

### Taeniocrada

Bei der *Taeniocrada dubia* und verwandten Pflanzen dieser Ära handelt es sich um einfache Wasserpflanzen, die vorwiegend unter Wasser im Gezeitenbereich der Meeresküste wuchsen und vom Silur bis ins Oberdevon vorkamen. Ihre fossilen Überreste sind in Siltsteinen, aber auch in Kohleablagerungen, wie z. B. im Kohlenschiefer des Eifeler Unterdevon, zu finden. So entstand dieser in erster Linie durch örtliche Zusammenschwemmungen schmaler, tangartiger Blätter der *Taeniocrada decheniana* Diese wurde bereits vor 1850 von dem Paläobotaniker Heinrich Robert Goeppert beschrieben, aber irrtümlich für eine Meeresalge gehalten. Erst 1902 beschrieb White sie als eigenständige Gattung. Sie besaß gabelig verzweigte rundliche Achsen mit rispig ellipsoidischen Sporangien, an deren unterschiedlichen Ständen man die einzelnen Arten unterscheidet.

Die Zäsur von Unter- und Mitteldevon wird latent durch die Tätigkeit eines Unterwasservulkans von 2000 km² Einflussgebiet, dem sogenannten Hauptkeratophyr, betrieben. Dabei weist er drei größere Epizentren auf: Overath im Bergischen Land, Plettenberg und Altenhundem im Sauerland. Die somit entstehenden tektonischen Verschiebungen erreichten Niveauunterschiede von bis zu 250 m im Extremfall. Im Mittel blieben diese jedoch deutlich darunter. Der Hauptkeratophyr verwandelte durch seine vulkanische Tätigkeit das bisherige Wattgebiet in ein vollmarines Flachmeer, das sogar Tiefen bis 200 m aufwies. Während sich die Küstenlinie nach Nordwesten und Norden verschiebt, greift gleichzeitig der Ozean nach Norden vor, so dass es zu einer sogenannten Transgression des Meeres kommt, die ihren heutigen Beleg in dem eisenhaltigen Trümmerkalkstein der Heisdorf-Schichten findet. An manchen Stellen war dieser Gehalt so groß, dass er zur Verhüttung taugte. In den folgenden Sedimentschichten wird der Kalkgehalt immer höher – ein Umstand, der in den Wattablagerungen des älteren Unterdevon nicht anzutreffen war. Die Grenze zwischen Unter- und Mitteldevon ist dann auch nicht eindeutig zu ziehen, aber Funde von Brachiopoden (Kopffüßlern) und von Trilobitenhäutungen zeigen die Vielfalt dieses Flachmeeres. Die ersten „höheren" Pflanzen, die das spätere Bergische Land besiedelten, waren Nacktsamer, d. h. Vorstufen der Bärlappgewächse, der Farne und Schachtelhalme. Wie die bereits erwähnte *Taeniocrada* waren auch die *Renalia Graberti*, Fundort im Tal der Wiehl, *Sawdonia*, *Drepanophycus* und *Gosslingia* in jener Zeitstufe in den Salzmarschen des Unterdevon zu finden. Ihre eigene Wasserversorgung war noch sehr unfertig, so dass sie mehr auf das Grundwasser angewiesen waren als heutige Marschpflanzen. Durch die Funde ist eine relative Artenarmut in der damaligen Fauna zu vermuten.

Erst im Mitteldevon bilden sich regelrechte Korallen und andere riffbewohnende bzw. -bildende Organismen einen neuen Lebensraum. Besonders erwähnenswert sind die Funde der Receptaculiten (Wiehler Schiefer) und der *Duisbergia mirabilis* (Sandstein des Mitteldevon). Erstere stehen unerklärbar zwischen Fauna und Flora, da sie zwar einerseits äußerlich an eine Koralle erinnern, andererseits aber über keine Körperöffnung verfügten.

Im Verlauf des Karbon vor 360 bis 290 Millionen Jahren wurde das Gestein gehoben und gefaltet, um im Anschluss durch die flächenhafte Abtragung (Denudation) und Erosion eingeebnet zu werden. Im Erdmittelalter, dem Mesozoikum, vor 245 bis 65 Millionen Jahren, verwandelten die Urkräfte der Plattentektonik der Kontinentalplatte den sogenannten Rheinischen Schild mit Verwerfungen und Brüchen. Dabei senkte sich die spätere Kölner Bucht zu einem Graben, während im Südergebirge die brechenden Schollen auf ein unterschiedliches Niveau angehoben wurden. Bleibendes geologisches Charakteristikum des Bergischen Landes im Hinblick auf das Devon und das Karbon bleiben die großen Kalksteingebiete in Bergisch Gladbach, Wuppertal und dem benachbarten Wülfrath.

Wälle deutlich ab. Manchmal haben diese Aufwerfungen einen grautonigen Untergrund und sind von kleinen Feldsteinen durchsetzt. In diesem Fall besteht die Möglichkeit, dass sich hier früher eine in Ton gesetzte Feldsteinmauer befand. In diesem Boden wächst offensichtlich kaum etwas anderes als Moos. Nur größere Bäume und Sträucher schlagen vereinzelt an diesen Stellen Wurzeln. Von dem glatten Rücken des Walles rutscht das Laub leicht ab und füllt nach und nach die Gräben mit Humus auf, so dass diese im Laufe der Zeit immer mehr verflachen.

Manchmal sind Wälle und Erdhaufen nur der *Versturz* von Holz-Erde-Mauern oder Schalengeflechten aus Reisig. In diesen Fällen sind die kaum zu erahnenden Grundrisslinien daraufhin zu überprüfen, mit welchem Befestigungstyp sie in Verbindung zu bringen sind. Bei Abschnittswällen und Landwehren beobachtet man immer wieder, dass sie an die steilen Abhänge der *Siefen* – enge feuchte Bachtäler – herangeführt sind und dann in eine terrassenförmige Geländekante übergehen bzw. manchmal auch ganz aufhören. Bei den Wällen der Spornburgen liegen die höchsten Erhebungen und tiefsten Gräben vor der Kernburg. Man muss sich vorstellen, dass auf den Wällen und den Terrassen vielfach Dornenhecken standen, die allgemein Gebück oder **Grengel** (im Bergischen Hahn = Hagen) genannt wurden.

Von Fall zu Fall liegen die Holz-Erde-Befestigungen in der Nähe von jüngeren Anlagen aus Stein. Wenn ein Landadeliger eine neue Burg erbaute, blieb er aus verständlichen Gründen so lange in der alten Anlage wohnen, bis nach Jahren der Neubau fertig war. In der Zwischenzeit musste er sich und seine Familie, Kriegsknechte und Gesinde weiter unterbringen.

Wie neuere Forschungen ergeben haben, gab es einst mehr solcher Holz-Erde-Burgen als später jemals Steinburgen. Die augenfällige Häufung von solchen Anlagen im Kernland der Berger in der Umgebung von Altenberg lässt an Burgen der Grafen von Berg oder ihrer Ministerialen denken.

---

Unter einem „Grengel" kann man einen Niederwaldstreifen verstehen, der zwischen 20 und 250 m tief sein konnte. Die Bäume mussten dort durch die Dörfler in Abständen von einigen Jahren auf Mannshöhe gestutzt werden, wobei die tiefer liegenden Äste zu einem engen Gespinst, dem sogenannten „Gebück" verflochten wurden. Dazwischen pflanzte man Himbeer- oder Dornenbüsche. Derartige Wehrhecken bildeten zwar keinen undurchdringlichen Schutzwall, sie waren aber durchaus in der Lage Späher oder marodierende Gruppen abzuhalten.

## Exkurs: Vier historische Stätten der Bergischen Geschichte

UM DIE GESCHICHTE des Bergischen Landes wirklich zu erfahren, lohnt es, Plätze aufzusuchen, wo sich Bergische Geschichte ereignet hat. Machen wir uns auf den Weg zu einigen historischen Stätten, die Aufschluss über das Mittelalter hierzulande geben.

### 1. Die Motte im Hortenbacher Siefen bei Odenthal

Im Memorienregister der ehemaligen Abtei Altenberg ist für den 28. September „Adolphus de Pomerio dictus de Horttenbech" (Adolf von dem Bongard genannt von Hortenbach) eingetragen. Auf Hortenbach lässt Graf Wilhelm I. von Berg im Jahre 1302 eine wichtige Urkunde ausstellen[7]. Damit tritt der Name einer untergegangenen Burg zutage, deren unbekannter Standort zu suchen war. Möglicherweise war dieses Objekt eine vergängliche Holz-Erde-Anlage.

Wie aus verschiedenen schriftlichen Nachrichten hervorging, hatte das bergische Geschlecht von dem Bongard (de Pomerio)[8] in Odenthal ihren Wohn- und Lebensraum. Nach dem vermutlichen Erlöschen des bergischen Geschlechtes von dem Bongard finden wir von 1351 bis in die Mitte des 15. Jahrhunderts Mitglieder des Geschlechtes von dem Vorst im Besitz des Rittersitzes Hortenbach.

Im Jahre 1252 kauften die Eheleute Ritter, Adolf de Pomerio und Clementia, von dem Vorbesitzer Heinrich, Edelherr von Isenburg, „einen Hof" zu Odenthal. 1269 schenkte „Adolphus miles dictus de Pomerio" (Frau Clementia) der Abtei Altenberg ein Eigengut zu Breidbach[9] und befreite es von allen Lasten, die in den Hof zu Odenthal zu leisten waren. Adolf de Pomerio musste also zu dieser Zeit das Gericht in Odenthal in seinen Händen gehabt haben, sonst hätte er das Gut zu Breidbach nicht von diesen Abgaben entbinden können.

Die von dem Bongard dienten einer ganzen Reihe von Bergern als Ministerialen. Bruno von dem Bongard († 1229, Ehefrau Alveradis) war von 1202–1228 bergischer Mundschenk (Kurt Niederau) und noch 1334 urkundet ein Adolf „van dem Bungarde" als Ritter und Truchsess des Grafen von Berg. Im Jahre 1231 schenkte die Witwe des ehemaligen Mundschenks Bruno de Pomerio *(Alveradis vidua relicta ... quondam pincerne de monte)* dem Templerorden in Breisach eine Rente aus den Einkünften ihres

*Rekonstruktionsversuch eines Holzhauses auf dem Hügel im Hortenbacher Siefen; möglich wären noch Palisaden am Fuße des Hügels.*

Hofes „Buschusen" (Buschhaus), bei der Neuen Burg *(apud novum castrum)* gelegen. Die Urkunde nennt einen Sohn Adolphus de Pomerio.

1270 ging der gesamte Hof „Buskusen" mit allen Rechten und Belastungen von Adolphus de Pomerio und seinen erbenden Kindern mit Einwilligung der Vertreter des Hauses des Templerordens in Breisach an die Johanniterkommende in Schloss Burg über.

Der Rittersitz Hortenbach war am namengebenden Bach zu suchen. Nach der damaligen Burgenbautechnik kam entweder eine Spornburg mit steilen Hängen oder eine „wasserständige Motte" (Erdhügelburg) in Frage.

Geleitet von dieser Vorgabe habe ich Anfang 1992 bei einer Geländebegehung im Tierpark Altenberg im sogenannten Hortenbacher Siefen die Reste einer vermutlichen Motte entdeckt. Der Hortenbach und drei zulaufende kleinere Bäche sind hier

---

### Steuern, Abgaben und Zölle

Die Krone (Kaiser oder König) bestritt ihre Einnahmen aus dem Verkauf von Rechten (Markt- und Stadtrechte), aus Monopolen (Woll- und Gewürzmonopol), sowie aus den land- und forstwirtschaftlichen Staatsbetrieben und den Regalien, wie etwa dem Jagd-, Fischerei- und Salzrecht. Die Kirche erhob in der Form des Zehnten ihre Kirchensteuer. Diese Abgabe konnte von den kirchlichen Institutionen vor Ort relativ einfach überwacht und eingetrieben werden.

Die von den Landesfürsten erhobene Steuer war vorrangig eine Besitzsteuer, die sich auf Grund und Boden, aber auch auf andere Vermögensgegenstände wie Vieh, Vorräte etc. bezog. Damit aber auch die besitzlosen oder armen Leibeigenen und Pächter ebenfalls steuerlich erfasst werden konnten, wurde eine Kopfsteuer angewendet.

Dazu kamen auch die indirekten Steuern, die zu immer größerer Beliebtheit bei den Herrschenden führten. Es wurden Verbrauchssteuern auf Getränke wie Bier und Wein, auf Salz, auf Lotterien etc. eingeführt. Daneben waren die Zölle eine weitere Einnahmequelle für die Fürsten. Sie gründeten Städte, legten Verkehrswege an, überwachten eben diese und konnten so an entsprechenden Stellen ihre Zölle für das Passieren von Brücken, Straßen und Tore erheben.

durch einen über die Talbreite laufenden Damm gestaut. Dadurch entstand als Annäherungshindernis eine versumpfte Teichfläche, in deren Mitte sich ein länglicher, jetzt noch etwa 2,50 m hoher, künstlich aufgeschütteter Hügel befindet. Der Zugang zum Hortenbacher Mottenhügel scheint an der nördlichen Seite gelegen zu haben. Die höchste Stelle befindet sich an der südlichen Seite, dort wo der Hortenbach unmittelbar vorbeifließt. Nordwestlich davon sind die Reste eines Kellergewölbes aus Feldsteinen vorhanden.

Die Ortsbezeichnung lautet hier „Unterhortenbach" zur Unterscheidung von dem auf der Höhe darüber liegenden „Oberhortenbach". Letzteres ist heute ein einfaches Hofgebäude ohne Merkmale einer Befestigungsanlage. Hier kommt vom Gelände und vom Bauwerk her eine befestigte Anlage des Mittelalters nicht in Frage. Der Hof ist entweder später entstanden oder war einfach nur der Wirtschaftshof zu der darunter liegenden ehemaligen Motte, die vermutlich erst im 14./15. Jahrhundert als Rittersitz aufgelassen wurde. Unterhortenbach und Oberhortenbach erschienen später als sogenannte Halfmannshöfe von Strauweiler[10].

Mitglieder der Familie de Pomerio begegnen uns häufig als Zeugen der Berger bei Schenkungen an geistliche Institute, so bei Adolf III., Heinrich von Limburg und Adolf IV. Auch die Witwe Adolfs IV., Margarete von Hochstaden, nimmt die Dienste des Adolfs von dem Bongard in Anspruch. Im August des Jahres 1259

**Beispiel eines Ritters aus dem 13. Jh.**

Das abgebildete Beispiel ist die Statue des hl. Mauritius im Magdeburger Dom (um 1245). Der Körper ist mit der Brünne (oder Halsberge) aus Ketten- oder Ringelgeflecht bedeckt; darüber befindet sich der Waffenrock aus festem Stoff, unter den Stahl- oder Eisenplatten genietet sind. Die Nietköpfe sind nach außen hin sichtbar. Wenn darüber ein bunter Überwurf getragen wurde, waren die Nieten allerdings verdeckt.

verzichtet die Edelfrau Jutta von Hückeswagen auf das Patronatsrecht der Kirche zu Honrath zugunsten des Klosters Gräfrath. Mit der Siegelzeugin Margareta „comitissa de Monte" waren ihre Ritter dabei, unter ihnen Adolfo de Pomerio. Bei der Verzichtserklärung des Bernard Rusze (1260) auf Güter bei Hückeswagen zugunsten der Gräfin Margarete von Berg wurde Adolfus „de Bomgardin" genannt. 1262 stiftete Margarete von Berg ein Jahrgedächtnis für ihren Mann in der Abtei Siegburg – als Zeuge trat erneut Adolf de Pomerio auf.

Als am 28. September 1264 die Gräfin Margarete von Berg und ihr Sohn Adolf V. von Berg den unter ihrer Vogtei stehenden Wiesdorfer Hof des Klosters zu Gevelsberg von allen Abgaben befreiten und den Gevelsberger Konventualinnen auch die Güter in Kotthusen mit allem Zubehör übereigneten, war unter den Zeugen auch Adolf de Pomerio (Aders Gevelsberg, Nr. 24).

1265 vertrat Adolf de Pomerio mit anderen Rittern das Kloster Dünnwald in einer Streitsache um den Mutzbach gegen die Brüder Nikolaus und Jakob von Haan (Korth, Nr. 59). Die Witwe des Grafen Adolf IV., Margarete, sowie ihr Sohn Adolf V. zogen im Jahre 1265 Adolf de Pomerio zu einer Beurkundung heran, als sie Güter zu Grimberg von allen Abgaben, außer der Herbstbede, befreiten und alle bisher der Abtei gewährten Freiheiten bestätigten (AUB I, 264).

Auf Schloss Burg bewilligte am 9. November 1268 Ritter Adolphus genannt de Bungarde mit Zustimmung seines ältesten Sohnes Bruno und seinen übrigen Erben seiner Tochter Aleidis (Aleidis de Pomerio ist noch 1280 Nonne zu Gevelsberg) eine lebenslängliche Rente aus seinem Hof „Bushuzen", die auf dem Hause Bongard zu bezahlen ist. Vermutlich ist dieses Haus Bongard mit dem im 14. Jahrhundert genannten „hove zu

---

### Nachrichten & Sprache

Die meisten Menschen, ob sie auf dem Land oder in der Stadt lebten, kamen ihr Leben lang nicht aus ihrem engsten Umfeld heraus. Da boten die fahrenden Händler oftmals eine Abwechslung; sie wagten es als Einzige, die schlechten Handelswege zu befahren. Sie boten ihre Waren feil und waren oft die einzigen Quellen für Nachrichten und Geschichten, aber es gab auch Sänger, Spielleute, Schausteller, Herolde und Gaukler sowie Bader und Quacksalber. Sie alle zogen von Stadt zu Stadt und überbrachten der ländlichen Bevölkerung Neuigkeiten und Sagen, deren Wahrheitsgehalt stark schwankte.

Da es keine einheitliche Sprache gab, denn Latein wurde nur von wenigen Gelehrten gesprochen, verständigte man sich durch Zeichensprache: mit Händen und Füßen.

dem Bungarde" in Odenthal identisch (Aders Gevelsberg, Nr. 27).

Wie schon erwähnt, übertrug im Februar 1269 „Adolphus miles dictus de Pomerio" sein vom Hofe Odenthal abhängiges Eigengut in Breidbach, das er schon viele Jahre besaß, der Abtei Altenberg für sein und seiner Frau Clementia sowie ihrer Eltern und Nachkommen Seelenheil, welches mit Einwilligung der Kinder geschah.

Im Jahre 1334 übertrugen „Adolf von dem Bungarde", Ritter und Truchsess (Hofoberaufseher) des Grafen von Berg, und Lysa ihren Kornzehnten aus dem Gut zum Holz im Kirchspiel Odenthal (by Eyrdburge) als Leibrente für die Dünnwalder Nonne, „Demud" (Demudis), Schwester des Vorgenannten. Auch dieser Adolf war ein Ministeriale der Berger, kann aber nicht der Küchenmeister von 1326 oder der „camerario" der Urkunde aus dem gleichen Jahre sein, das erkennen wir an der Schwester Demudis. Der Truchsess von 1334 ist auf grund seiner Geschwister als Sohn Adolfs des Alten von Hortenbach zu identifizieren, der als „Aelff van dem Bungarde" bei dieser Beurkundung zugegen ist. Der Truchsess Adolf ist wahrscheinlich der „Junior" von 1304, der 1316 und 1318 auch als „Ritter Adolf von dem Bungarde der Jüngere" begegnet.

Am 26. Januar 1335 erscheint letztmalig „Adolf von dem Bongard der Ältere" in einer Urkunde. Laut diesem Schriftstück überließ er dem Kloster St. Maria in Gräfrath den großen und kleinen Zehnten mit allem Zubehör in der Pfarre Schlebuschrath.

Nach Fahne stammen die Vorfahren der im Raume Odenthal ansässigen von dem Bongard möglicherweise aus dem Geschlecht derer von Eller. Gumpert II. hatte 1183 zwei Söhne: Adolf und Gumpert. Ab 1247 ist ein „Adolf von Eller" nachweisbar. In zwei Urkunden aus den Jahren 1258 und 1262 ist zu lesen „dominus de Pomerio dictus de Elnere, miles".[11] Bei denen von Eller kommt der Name Adolf auch später noch einige Male vor.

Damit zeichnet sich die Möglichkeit ab, dass das Geschlecht von dem Bongard (de Pomerio) eine Nebenlinie derer von Eller war, die auch die Burg Reuschenberg in Leverkusen-Bürrig besaßen. Heinrich von Bongard, Kanonikus von St. Mariengraden in Köln und Pfarrer von Odenthal, übertrug im Jahre 1305 seine „Erbgüter" in Reuschenberg an die Johanniterkommende in Strunden.[12]

Es stellt sich die Frage, ob ein Zusammenhang zwischen den Motten Hortenbach und Strauweiler, in dessen Nähe sie ja lag, bestehen kann. Der Name Strauweiler taucht erstmalig im Jahre

*Kämpfende Ritter (aus einer Handschrift des 12. Jh., Bamberg)*

1347 auf, nachdem die „Bongardschen Güter" in die Hände des Wilhelm Quade gelangt waren. In einer Urkunde vom 14. November 1347, betreffs der Übertragung des Manngutes „zome Krame" bei Hochscherf durch Wilhelm Quade und seine Frau Gertrud an die Abtei Altenberg, fungierte als Zeuge ein „Henrig van Vairingh", der genannt wird „van Struwilre".[13] Einige Monate später, am 10. Juni 1348, urkundete derselbe als „Henrich van Vamich, ambtman in dem hove zu dem Bungarde".[14] Auf dem Hof „zu dem Bungarde" war dieser Heinrich also Verwaltungsbeamter.

Vier Jahre vorher, am 13. November 1343, war das Gut, das Ritter Adolf von dem Bongard, der Bruder von Wilhelm Quades, Schwiegervater Engelbert, hinterlassen hatte, von Wilhelm Quade übernommen worden (mit Genehmigung des Grafen Adolf von Berg).[15] Gertrud, die Tochter des vorgenannten Engelbert (van me Bungarde), war Wilhelm Quades erste Frau. Hier ergibt sich die Verbindungslinie zu Adolf und Engelbert der Urkunde von 1283. Dass Strauweiler ein Lehngut der Berger war, erfahren wir aus einer Urkunde vom 6. November 1390, als Wilhelm Quade, Sohn des vorgenannten Wilhelm Quade, vom Herzog von Berg mit diesem Gut belehnt wurde.

Die von dem Bongard gehörten zu den bergischen Adelsfamilien, die der Abtei Altenberg fromme Stiftungen machten. Mit diesen Stiftungen waren meist Jahrgedächtnisse für die Stifter und deren Angehörige verbunden, die im Memorienregister der Abtei eingetragen wurden. Am Tag der Feier erhielten alle Mönche aus den geschenkten Vermögensteilen eine Sonderspende in Form von Wein, Brot und Fisch, „Pitanz" genannt. Diese Sitte hatte eine gewisse Kontrollfunktion; denn um sicher zu sein, dass die jährliche Seelenmesse im Kloster auch wirklich gehalten wurde, musste die Abtei an bestimmten kirchlichen Festen eine Portion der Pitanz an den Stifter selbst und/oder an ein anderes geistliches Institut schicken.

Wie berichtet, enthält das Memorienregister des Klosters Altenberg für den 28. September die Eintragung eines Adolf, genannt von Hortenbach, mit der wahrscheinlich eine Pitanz verbunden war, die noch lange nach Strauweiler gebracht wurde. Diese Gabe ist erstmals 1499–1502 nachweisbar. Ein Bote der Abtei brachte alljährlich an Mariä Lichtmess (2.2.), Mariä Verkündigung (25.3.), Mariä Himmelfahrt (15.8.) und Mariä Geburt (8.9.) zwei Semmeln, eine Flasche Wein und einen Stockfisch nach Strauweiler. 1577 ist die Pitanz noch immer nach altem Herkommen jährlich zu leisten. Sie war damals von dem abteilichen Hof Menrath zu erbringen und wurde erst kurz vor der Säkularisation erlassen.

Aus der letztgenannten Urkunde von 1789 erfahren wir, dass die Abtei Altenberg mit dem Reichsgrafen von Metternich für die Anlegung eines neuen Mühlengrabens ein Stück Acker- und Buschland gegen 10 Morgen Busch, beiderseits des Fahrweges im Hortenbacher Siefen gelegen, tauscht. In diesem Gebiet, es gehörte über Jahrhunderte – und heute wieder – zu Strauweiler, befindet sich die vermutete Motte, die man wohl Unterhortenbach nennen kann.

Die Odenthaler Ritter von dem Bongard werden nach 1347 im Bergischen nicht mehr genannt. Vermutlich sind sie im Mannesstamme ausgestorben. Sie führten einen Wechselzinnenbalken in ihrem Wappen mit verschiedenen Varianten: Ritter Adolf de Pomerio, der 1269 seine Eigengüter in Breidbach an die Abtei Altenberg schenkt, zeigt den Wechselzinnenbalken auf einem gegitterten Feld (AUB I, Nr. 282), während 1335 ein Adolf de Pomerio das Wechselzinnenmotiv mit Turnierkragen führt.

Am 22. Juli 1351 tritt als Besitzer von Hortenbach Dietrich von Hortenbach aus der Familie von dem Vorste auf (AUB I, 772). Dietrich († ca. 1395) – Sohn des Adolf von Hückeshoven auf Haus Vorst – war durch Heirat mit Irmgard, Erbtochter des Engelbert von Ophoven, auch in Ophoven besitzlich geworden, deshalb nannte sich sein Sohn Wilhelm zeitweilig auch von Ophoven. Wir wissen nicht, wie die von dem Vorst in den Besitz von Hortenbach gekommen sind. Der Knappe „Johann vam Vorste alias van Hortenbach" verpfändete 1402 der Abtei Altenberg eine Holzgewalt im Osenauer Busch.[16] Im Jahre 1405 übertrug Mant von dem Vorste an seinen Bruder Wilhelm, Erbe und Gut zu Oberhortenbach. 1411 urkundete „Johann vame Vorste gen. von Hortenbach".[17] Wilhelm von Hortenbach mit Gattin Adelheid übertrug 1439 dem Kloster Altenberg für ein Jahrgedächtnis 4 Holz-

*Motte Kurtekotten am gleich-
namigen Flugplatz*

gewalten im Bürriger Busch.[18] Das Memorienregister der Abtei
nennt ihn aber „Wilhelm von Ophoven" nach seinem Vater Dietrich von dem Vorste auf Ophoven, von dem er Anteile am Gut in
Opladen geerbt hatte.

Im Jahre 1407 gab „Mant von dem Vorste" durch Urkunde bekannt, dass er seinem Bruder Wilhelm von dem Vorste seinen
Hof zu Hortenbach mit Zubehör einschließlich der Fischerei in
der Dhünn übertragen habe. Dieses Fischereirecht kauften später die von Quad auf Strauweiler.

Zusammenfassend können wir auf Grund der vorliegenden Fakten Folgendes feststellen: Auf einem Hof in Odenthal (später
Strauweiler genannt) saßen im 13. Jahrhundert die Ritter von dem
Bongard (de pomerio), die möglicherweise einer Zweiglinie derer
von Eller (Elnere) entstammen. Nach Fahne hatte ein Gumpert
von Elnere einen Sohn Adolf. In der nach ihm folgenden Generation (1247) kommt ebenfalls ein Adolf vor, den Fahne mit demjenigen „dominus Adulfus de Pomerio dictus de Elnere miles"
identifiziert, der 1262 sein Siegel an die Urkunde betreffs des
Bündnisses zwischen der Stadt Köln und Adolf von Berg hängt.

Zwischen 1269 und 1283 zeichnen sich zwei Linien der Familie ab, die beide nach der Mitte des 14. Jahrhunderts im Raume
Odenthal nicht mehr greifbar sind. Das Gut Strauweiler erbt Engelbert von seinem Bruder „Adolf van dem Bungarde, Ritter und
Truchsess des Grafen von Berg (1334 genannt). Von Engelbert
geht das Gut an seine Tochter Gertrud (Name von der Großmutter), die den Ritter Wilhelm Quade heiratet. 1343 wird Wilhelm
Quade vom Herzog von Berg mit den Gütern des Adolf von dem
Bongard belehnt, während ab 1351 auf Hortenbach die Ritter von
dem Vorste als Besitzer nachgewiesen sind.

Der oben genannte Wilhelm von Hortenbach wird im Jahre
1447 mit dem Rittersitz Hortenbach in der Ritterschaftsliste des
Amtes Miselohe geführt. Um auf den „Ritterzettel" gesetzt zu

werden, war der Besitz einer Burg oder eines festen Hauses obligatorisch. Diese Anlage musste im 15. Jahrhundert noch einen gewissen fortifikatorischen Wert haben und es genügte damals noch nicht, eine Ruine zu besitzen, wie in späterer Zeit dokumentiert.

Auch bei anderen Ministerialen der Berger haben anfänglich Holz-Erde-Burgen bestanden. So saßen die Ritter von Opladen bzw. Ophoven mit großer Wahrscheinlichkeit zuerst auf der sogenannten „Robertsburg", ehe sie etwas oberhalb im Wiembachtal einen neuen Sitz errichteten. Die ersten von Nesselrode/Leysiefen haben wohl auf der „Zobbesmur", die von Büchel auf einer im Mittelalter „stritbuggele" oder „wallburch hurne" genannten Anlage gelebt. Ein weiteres Objekt an einem gestauten Wasser war Reuschenberg, zu dem die im Reuschenberger Busch liegenden Weiher gehören. Dort saß ein Spross derer von Eller. Jedenfalls verdichten sich Spuren und Hinweise von ehemals wasserumflossenen Motten. Nach einer Überlieferung führten die Ritter von Odenthal im Wappen „einen von einem Bache umschlossenen Hügel", also eine Motte.[19]

## 2. Die Kramerburg bei Hochscherf

Es gibt genug Spuren von Burgen, die einem aufmerksamen Geländebegeher im Gebiet um Altenberg auffallen. So findet man etwa am Waldrand mit Moos bewachsene grüne Erhebungen, die nicht natürlichen Ursprungs sein können. Es ist zu vermuten, dass hier einst der Glöbuscher Siefen durch einen mächtigen Damm gestaut war, wodurch sich damals ein großer Teich gebildet haben muss, denn das Tal ist hier ziemlich breit. Auf der anderen Seite des Bergsporns, der die sogenannte „Erdburg" (Erberich) trägt, heißt die Flur „Alteburgsiefen". Hier befindet sich ein enges Kerbtal, das feindliches Eindringen (mit Belagerungsmaschinen) sehr erschweren musste. Ein zusätzlicher Wasserschutz war hier im Gegensatz zur anderen Seite des Bergsporns überflüssig.

Eine Parallele hierzu gibt es beim Bergsporn der Kramerburg in der Nachbarschaft des Hofes Hochscherf. Hier war einer der vorbeiführenden Bäche, wie die Reste eines Dammes erkennen lassen, ebenfalls gestaut und umgab einstmals den Burgberg seeähnlich. Auch die Anhöhe der Burg Berge wurde vom Wasser umflossen. Südwestlich bildet die Dhünn einen Bogen, südöstlich war früher der dort herabfließende Siefenbach in unmittelbarer Nähe der Kernburg gestaut und bildete zusammen mit einem kurzen Abschnittsgraben ein Hindernis an der am wenigsten geschützten Spornseite. Man kann sagen, dass bei den Höhenburgen Erdburg, Kramerburg und Burg Berge dasselbe Schutzprinzip, eine Kombination der Annäherungshindernisse Bergsteilheit und Wasser, angewendet wurde, während man bei den beiden in der Nähe befindlichen Anlagen in der Niederung (Hortenbach und Wiebershausen) das Annäherungshindernis durch eine künstliche Versumpfung um die Mottenhügel herum verstärkte.

Seit dem Ende des ersten nachchristlichen Jahrtausends bevorzugte man bei Befestigungsanlagen die Lage an Bächen und Flüssen mit möglichst zwei seitlichen Bachzuläufen. Das Vorhandensein von genügend Wasser musste unter allen Umständen gesichert sein, denn der Feind konnte einen Wasserlauf absperren. Auf den Spornburgen waren Brunnen wohl nicht immer möglich, jedenfalls finden sich dort nirgendwo Spuren von Wasserentnahmestellen, evtl. waren Zisternen vorhanden. Menschen und Tiere waren in jedem Fall vom Wasser abhängig. Wasserläufe und Teiche bildeten in Kriegs- wie in Friedenszeiten auch eine wichtige Rolle in der Brandbekämpfung. Im Falle einer Belagerung konnte es auch sehr nützlich sein, für die Ernährung den einen oder anderen Fisch aus dem Burggraben zu ziehen. So werden bei der Übertragung der Kramerburg an die Abtei Altenberg im Jahre 1302 ausdrücklich die Fischweiher *(cum piscinis)* erwähnt[20]. Fische waren an Fastentagen für die Klöster außerordentlich wichtig.

Die Kramerburg ist für die Geschichtsforschung deshalb besonders interessant, weil hier einmal Besitzer genannt werden. Sonst können Bewohner nur in seltenen Fällen in einem bestimmten Objekt lokalisiert werden.

Die Burg gehörte am Ende des 13. Jahrhunderts dem Kölner Dompropst Konrad von Berg, der dort laut Urkunde ein neues Haus (ein Burghaus) errichtete.[21] Wir wissen allerdings nicht, wie lange er diesen Besitz schon sein Eigen nannte, als er im Jahre 1294 die Höfe Hochscherf und Klev – einschließlich der Burg – an die an der Strunde niedergelassene Johanniterkommende Herrenstrunden verpfändete. Deshalb können wir nicht schlüssig erkennen, ob der gemeldete Bau eine Neuerrichtung in einer schon vorhandenen älteren Abschnittsbefestigung war.

Die Datierung der Entstehung der zahlreichen großen und kleinen Wallanlagen im Bergischen bleibt nach wie vor ein Problem, weil die mageren historischen Nachrichten keine Hinweise auf Errichter oder Nutzer solcher Anlagen geben und somit nur die Bandbreite zwischen Vermutung und Wahrscheinlichkeit bleibt. Bei den Zeugen der Urkunden – und das sind oft die einzigen Hinweise, die wir haben – werden die damals allen bekannten Herkünfte und Wohnplätze üblicherweise nicht genannt. Die bisher noch recht seltenen Keramikfunde geben nur ein unscharfes Bild über Jahrhunderte hinweg. Sie sagen uns nur, dass sich zu der Zeit, als diese Keramik in Gebrauch war, Menschen an diesen Orten aufgehalten haben, ohne sicher zu sein, dass damit auch nur die ungefähre Gründungszeit getroffen wird. In unsicheren Zeitläufen werden aus Vorsorge Schutzbefestigungen geschaffen worden sein, die dann doch nicht oder nur ganz selten genutzt worden sind.

Von der Größe her ist bei der Kramerburg allerdings nicht an eine Fluchtburg zu denken. Hier handelt es sich um einen festen Wohnplatz, um eine kleine mittelalterliche Herrenburg. Die einstmals vorhandene fortifikatorische Qualität muss beachtlich gewesen sein, obwohl nur noch Fragmente davon erhalten sind. Man kann verstehen, dass die Johanniterkommende Herrenstrunden diese Burg gerne behalten hätte, als Konrad sie dem Ordensritter Christian von Hochscherf übertrug[21]. Die Urkunden berichten von Streitigkeiten über diesen Vorgang. Den Ausschlag zugunsten der Abtei Altenberg gab der Großmeister Heinrich von Kindhausen.

Der Besuch des alten Hofes Hochscherf und der in der Nähe liegenden Kramerburg ist für Freunde der bergischen Geschichte durchaus lohnend. Allerdings bedarf es hier der erklärenden Begleitung, weil für ungeübte Augen heute leider nicht mehr viel zu erkennen ist.

Bei einer Exkursion meldete sich zur Überraschung des Leiters, Dr. Manfred Rech, Herr Hanno Weiler, der sich schon länger mit der Kramerburg beschäftigt hatte und von ihr auch eine Skizze besaß. Er konnte berichten, dass die Mauern der Burg um 1920 noch meterhoch waren, dann aber von den Bauern als Steinbruch benutzt wurden. „Ein trauriges Beispiel, wie Baudenkmäler innerhalb weniger Jahrzehnte ausradiert werden und der Nachwelt für immer verloren sind", kommentierte Manfred Rech seine Ausführungen. „Heute muss man ein geschultes Auge haben, um aus den wenigen noch verbliebenen Spuren die Formen der ehemaligen Burg erkennen zu können." Bezeichnend ist auch bei dieser Anlage die geschickte Ausnutzung des natürlich vorhandenen Geländes, das hier geradezu ideale Voraussetzungen für die Anlage einer Spornburg bot.

Aus dem Jahr 1930 ist uns eine Beschreibung der Kramerburg überliefert, die uns auch den Weg zum Burgplatz weist: „An der Ostgrenze der Gemeinde Odenthal liegt bei Kilometerstein 6 des Gemeindeweges im lang gestreckten Scherftal, zu Füßen des alten Gutes Klef, die Liesenbergermühle. Hier vereinigen sich mehrere Waldbäche zu gemeinsamem Lauf und bilden die Scherf. Folgen wir auf dem linken Ufer des von Süden kommenden Gewässers einem buchenüberwölbten Waldwege, der in einer halben Stunde nach Hochscherf führt, so kommen wir, etwa 15 Minuten von Liesenbergermühle entfernt, an eine Stelle, wo von links ein klares Wasser dem uns begleitenden Bächlein zueilt. Vor uns durchquert das Tal ein Damm, fast eingeebnet, aber noch gut erkennbar, augenscheinlich ein Überbleibsel einer ehemaligen Teichanlage. Dahinter, zwischen den beiden Wasserläufen, erhebt sich ein kegelförmiger, bewaldeter, nach drei Seiten gleichmäßig abfallender Bergvorsprung, den wir erklimmen. Auf seiner Höhe gewahren wir einen kreisrunden Wall von acht Meter Durchmesser, dem nach der Bergseite zu ein drei viertel kreisförmiger Wall von zwölf Meter Durchmesser vorgelagert ist. An verschiedenen Stellen ist mit Mörtel verbundenes Mauerwerk zu finden ... Gegen den dahinter aufsteigenden Bergrücken ist das ganze durch eine geringe, künstlich vertiefte Einsattelung geschieden. Im Volksmunde heißt der Ort Kramerburg. Hier soll ein Bischof in goldenem Sarge begraben liegen, und ein unterirdischer Gang soll zu dem vier Kilometer entfernten Kloster Altenberg führen. Erwähnt wird der Platz von Montanus [Vincenz von Zuccalmaglio] folgendermaßen: Bei Hochscherf erhebt sich in der Mitte eines Kesseltales ein turmähnlicher Hügel, ungefähr 50 Fuß hoch, auf dem der Sage nach eine Burg gestanden haben soll. Doch die obere Fläche [...] scheint eher einen heidnischen Altar getragen zu haben, oder das Ganze ist ein Grabmal vorchristlicher Zeit, worauf denn auch die gräulichen Spukgeschichten, die man davon erzählt, zu deuten scheinen."

Montanus scheint keine Kenntnis der Altenberger Urkunden gehabt zu haben, und so wusste er auch nichts von dem Kölner Domprobst Konrad von Berg, der hier im 13. Jahrhundert „ein Haus" (*domus*) errichtet hatte.

### 3. Die „Alte Burg" über dem Eifgenbach (Eifgenburg)

Eine wesentlich andere, auf jeden Fall „kampfstärkere" Anlage als die in Unterhortenbach und Hochscherf ist die sogenannte „Eifgenburg". Sie liegt 2300 m südöstlich der Ortsmitte von Burscheid und etwa 2500 m nordöstlich von Altenberg. Wer den steilen Aufstieg vom Eifgenbach in der Nähe des ehemaligen Bökershammer vermeiden will, wählt am besten den Weg, der auf der Wermelskirchener Straße (B 51) zwischen dem Hanscheider Hof und Kaltenherberg in östlicher Richtung durch die Felder führt. Kurz bevor ein sinusförmiger Hohlweg beginnt, wendet man sich nach links an den – weglosen! – Waldrand, der auf den Hauptwall stößt.

Die Eifgenburg ist eine der wenigen Befestigungsanlagen des Bergischen Landes, auf denen archäologische Untersuchungen durchgeführt wurden, die allerdings – wie auch andernorts – keine schlüssigen Erkenntnisse über den oder die Erbauer und auch nicht über die geschichtlichen Zusammenhänge bringen konnten. Kritische Forscher (W. Janssen, A. Herrnbrodt, K. Grewe[23]) kamen vor einigen Jahrzehnten auf grund der dort gefundenen Keramikscherben zu dem Schluss, dass eine Benutzungszeit etwa im 11. bis 12. Jahrhundert anzunehmen sei. Bei den Funden handelt es sich um Bruchstücke von mehreren Gefäßen der Pingsdorfer Art, also um hellgrundige, leuchtend rot bemalte Ware; dazu kommen Bruchstücke mehrerer blaugrauer Kugeltöpfe.

Die Eifgenburg und die Rennenburg bei Winterscheid haben einige Gemeinsamkeiten. Sie unterscheiden sich von Holz-Erde-Anlagen durch gemörtelte Ringmauern und Steinbauten (Türme).

*Mauerwerk unter Erdwall bei der Rennenburg im Bergischen Land, hier am Tor der Kernburg*

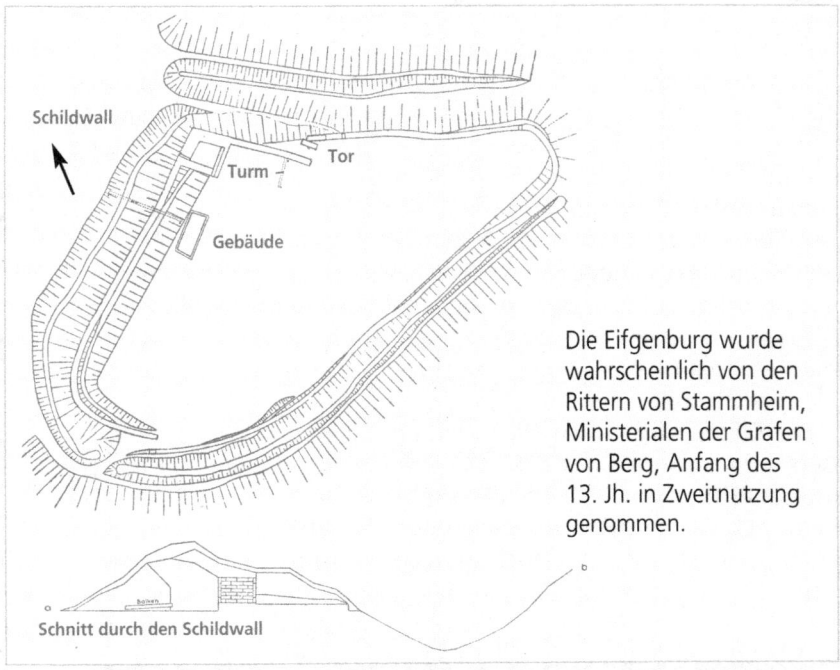

Schildwall

Turm

Tor

Gebäude

Die Eifgenburg wurde wahrscheinlich von den Rittern von Stammheim, Ministerialen der Grafen von Berg, Anfang des 13. Jh. in Zweitnutzung genommen.

Schnitt durch den Schildwall

Eine Besonderheit ist der Schildwall der Eifgenburg, der eine Kombination einer Holz-Erde-Befestigung mit einer vorgesetzten Mörtelmauer darstellt. Auffällig ist die Menge des angeschütteten Erdreichs vor, hinter und über den Mauern. Sollten diese Mauern und Erdwälle sozusagen „in einem Zuge" errichtet worden sein? Man kann Eifgenburg und Rennenburg als Befestigungen „fortgeschrittener Art" jenen Anlagen gegenüberstellen, die ausschließlich aus Erdwällen bestehen.

Die Burscheider Lösplatte, an deren Rand die Eifgenburg liegt, hat wegen der hervorragenden Qualität des Ackerbodens schon früh das Interesse landsuchender Bauern gefunden. Die Ortsnamen vom sächsischen -inghausen-Typ, die den fränkischen Orten mit -inghoven- und -hofen-Namen entsprechen, geben uns Kunde von der Besiedlung, wie wir mit einem Blick auf die Landkarten erkennen können. Hier kann man an etwaige Konfrontationen landsuchender Sippen denken, die vor der Konsolidierung der Besitzverhältnisse stattgefunden haben. Wir wissen aus der Mottenforschung, dass die Niederungsburgen im Flachland als Instrument der Eroberung und Verteidigung von Landbesitz dienten. Das wird im Bergland nicht anders gewesen sein. Einige Spornburgen auf steiler Höhe treten als Sonderformen der Motten (s. Burg Berge) fast gleichzeitig mit den Niederungsburgen in wasserständiger Lage im Tal auf, wie z. B. Wiebershausen (Niederscherf) und Hortenbach.

Hilfreiche Informationen finden wir in der Siedlungsgeschichte, die Heinrich Dittmaier über Orts- und Flurnamen des Bergischen Landes geschrieben hat. Er setzt sich aber mit seinen Datierungen in die Kritik der Archäologen, die seine Angaben als zu früh angesetzt sehen. Nach Beachtung aller Kriterien ist durchaus ein Weg der Annäherung von Historie, Namenkunde und Archäologie zu finden. Wenn die Archäologen bei den wenigen untersuchten mittelalterlichen Befestigungsanlagen im Bergischen Land Nutzungsspuren frühestens für das 11. und 12. Jahrhundert feststellen konnten, muss das keinesfalls bedeuten, dass diese Anlagen nicht schon ein Jahrhundert früher gebaut wurden. Ihre hohe Zahl ist Indiz für eine gleichzeitige Entstehung in Zeiten, in denen große allgemeine Gefahren drohten. Sie waren möglicherweise nur Vorsorge für den befürchteten Ernstfall in der unruhigen politischen und wirtschaftlichen Landschaft des 10./11. Jahrhunderts.

Erst als die Grafen von Berg in dieser Region Fuß fassten, griffen diese und ihre Ministerialen aus praktischen Erwägungen auf schon vorhandene Befestigungsanlagen zurück und bauten sie nach neuen Erfordernissen – neue Waffen, Einsatz von Belagerungsmaschinen etc. – aus. Von der neuen Burg der Berger über der Wupper schreiben W. Janssen, A. Herrnbrodt und K. Grewe: Es kann „keinen Zweifel darüber geben, dass auch diese auf einem gegen das Wuppertal vorstoßenden Bergsporn gelegene Burg auf eine frühmittelalterliche Wehranlage des 10.–12. Jh. zurückgeht".[24] Die gegenüberliegende Wallanlage (Galopa) kann die Gegenburg eines Konkurrenten zur Zeit der Landnahme gewesen sein. Auch bei der Burg Berge ist eine Zweitnutzung und der Ausbau einer älteren Abschnittsbefestigung zu vermuten. Der oben auf dem Bülsberg liegende Terrassenwall und auch die Wälle und Gräben südwestlich der Burg zum Tierpark hin haben wohl ehemals zu einer wesentlich größeren Anlage gehört. Möglich ist auch, dass der Nutzungsraum zur Zeit der Berger größer war (z.B. für die Unterbringung von Kriegern und Pferden) als der zuletzt archäologisch untersuchte Bereich.

Heinrich Dittmaier schreibt in seiner Arbeit mit Bezug auf den sächsischengrischen Siedlungsvorstoß: „Es erhebt sich nun die Frage, welcher Besiedelungskategorie wir die Inghausenorte zurechnen müssen: Landnahme oder Ausbau. Der ganze Vorgang ähnelt ohne Zweifel einer Landnahme." Er meint dazu weiter unten: „Es ist nicht unbedingt notwendig, dass die Urbevölkerung verdrängt oder sogar aufgerieben wurde." Wahrscheinlich haben konkurrierende sächsische und fränkische Siedler, die aus überbevölkerten Stammgebieten aufgebrochen waren, hier auch „gewaltsam" Siedlungslücken aufgefüllt.

Bei Dittmaier lesen wir über die landschaftliche Lage der Siedelplätze noch Folgendes: „Der größte Teil von ihnen hat Quellmuldenlage; doch fällt auf, dass nicht wenige, insbesondere am Westrand ihrer Verbreitung, Bergzungenlage zeigen ... Die Bergzungenlage ist m. E. eine Schutz- und Wehrlage. Von den ehemals versumpften Tälern her konnte nur geringe Gefahr drohen, es blieb also nur eine ernstlich gefährdete Seite übrig, die leicht bei Rückenfreiheit zu verteidigen war ... Jedenfalls muss eine starke Verteidigungsbereitschaft vorhanden gewesen sein."

Ein Aspekt darf in Bezug auf die zahlreichen bergischen Wehranlagen nicht übersehen werden, und zwar die politische Lage im rechtsrheinischen Vorland von Köln. Im 10. und am Anfang des 11. Jahrhunderts fanden dort häufig Unruhen und kriegerische Umtriebe statt. Eine kurze Notiz aus der Kölner Königschronik berichtet, dass Erzbischof Bruno I. (953–965), der Bruder Kaiser Ottos I., wegen der Rebellen in dieser Region die alte Römerbrücke und die Burg in Deutz habe niederlegen.[25] Das müssen schon schwerwiegendere Gründe gewesen sein als gelegentliche „Überfälle auf Kaufleute auf der Brücke", wie laut einer anderen – im Mittelalter durchaus üblichen – sagenhaft umschriebenen Mitteilung überliefert ist.

Im Raum Köln waren zur Zeit Kaiser Ottos III. (994–1002) und wohl auch schon vorher unter dem Regentschaftsrat, der von seiner Mutter Theophanu geführt wurde, die politischen Verhältnisse sehr instabil. Die Zentralgewalt des Reiches wurde nach Zerfall des Karolingerregnums durch aufstrebende „Landesfürsten", welche vom Reich unabhängige Herrschaften über Land und Leute anstrebten, immer mehr gefährdet. Schon Kaiser Otto I. vergab deshalb einige Herzogtümer an ehelos bleibende geistliche Würdenträger, um die unerwünschte Erblichkeit der großen Lehen zu durchbrechen und so die Zentralgewalt des Reiches zu stärken.

Das Gebiet im Linksrheinischen gehörte nicht zu den karolingischen Gauen, welche nach dem Vertrag von Meersen im Jahre 870 an König Ludwig den Deutschen fielen. In diesem „Niemands-

*Idealbild einer fränkischen Motte,*
*nach K. Gumpert*

*Idealbild einer französischen Motte,*
*nach A. de Caumont*

land" gab es im 9. und verstärkt im 10. Jahrhundert während der großen Rodungsperioden beste Voraussetzungen für den „Wildwuchs" von Herrschaftsbereichen. Die sogenannten Uferfranken (Ripuarier) drängten, getrieben von der Überbevölkerung, auf der Suche nach neuen Siedelflächen vom fruchtbaren Altsiedelland der Rheinebene in das Bergland vor, das allerdings nicht überall für den Ackerbau so geeignet war wie die fruchtbare Lösplatte in der Gegend von Burscheid.

Im Zusammenhang mit einer möglichen Zerstörung der Eifgenburg um das Jahr 1000 ist interessant, was uns Thietmar von Merseburg berichtet: „Kaiser Otto III. kam im Jahre 995 nach Köln, um den Landfrieden in dieser Gegend zu sichern."[26] Wie schon im Jahre 965, als Erzbischof Bruno I. die Kölner Brücke wegen der Rebellen abbrechen ließ, saßen die Landfriedensstörer möglicherweise wieder im Rechtsrheinischen und eventuell auch in Burscheid.

Es besteht die Möglichkeit, dass die „Eifgenburg" – sie trug früher vermutlich einen anderen Namen – mit den Ereignissen um die Jahrtausendwende, in deren Zusammenhang die „Rebellen" in der Kölner Königschronik gemeldet werden, etwas zu tun gehabt haben könnte.

Die Angreifer
gehen mit
Feuer gegen
die Burg vor

*Motte Dinan. Kampf um die Burg (Teppich von Bayeux). Nicht nur die Bauweise erschließt sich aus dieser Darstellung, sondern auch die Angriffs- und Verteidigungstechniken.*

Während der Untersuchung der Eifgenburg sind nämlich Spuren von Brandschäden entdeckt worden, sowohl von dem Ausgräber Kersten als auch von dem Leichlinger Heimatforscher Fritz Hinrichs. Letzterer schreibt: „Der Lehm und die Steine" [gemeint ist ein Pfostenloch] zeigten starke Brandrötung. Reste ... waren tief in die Erde hinein verkohlt. Starke Spuren des Feuers wurden in noch viel größerer Ausdehnung auf dem Boden des Tores gefunden. An keiner Stelle der Burg wurden bis jetzt so starke Brandspuren entdeckt wie hier."[27]

Auch der Ausgräber Kersten hat also Brandspuren entdeckt, die nach seiner Beobachtung bis unter die Steinmauern reichten. Das Feuer muss also demnach vor dem Bau der Steinmauer gewütet haben. Kersten vermutet deshalb eine Brandrodung zur Einebnung des Bauplatzes vor dem Bau der Burg.[28]

Diese Vermutung ist nicht nur durch die Beobachtung von Hinrichs unwahrscheinlich. Holz-Erde-Mauer und Steinmauer können eigentlich nicht gleichzeitig entstanden sein. Es gibt keinen Sinn, warum man zwei verschiedenartige Mauersysteme gleichzeitig errichtet haben sollte. Die Steinmauer, als vermutlich jüngeres Bauwerk, scheint eher eine nachträgliche Erweiterung oder Vorsichtsmaßnahme zur Verhinderung eines erneuten Brandes gewesen zu sein. Hier kann also irgendwann in der Geschichte der Eifgenburg ein Angriff mit Feuer stattgefunden haben. Auffällig ist auch die starke Bedeckung der Schildwallmauer mit Erdreich. Diese großen Erdmassen dienten wohl als Schutz des Mauerwerks vor den Rammböcken der Belagerungsmaschinen. Solche sogenannte „Einmottungen" zum Schutz des wenig widerstandsfähigen Mauerwerks sind auch an anderen Stellen zu beobachten.

Wie auf dem berühmten Teppich von Bayeux dargestellt, bedrängten die Angreifer die aus Holz gebauten Befestigungen mit Feuer. Die Holz-Erde-Mauern der Motten, Ringwälle und Abschnittsbefestigungen waren durch Brand außerordentlich gefährdet, deshalb ordnete man das in Kastenformen liegende Holz so an, dass nur Stirnhölzer, die dem Feuer eine geringere Angriffsfläche boten, außen lagen.

Die Holz-Erde-Mauer der Eifgenburg ist als älteres Bauelement eher sekundär entstanden. Allerdings ist es unmöglich abzuschätzen, wie weit zurück in die Zeitläufe die Eifgenburg zu datieren ist, denn alte Verteidigungsanlagen wurden über Jahrhunderte immer wieder genutzt.

Wie wir aus der Geschichte des Burgenbaus wissen, war in Westeuropa seit der Zeit des Frankenkönigs Chlodwig die Belagerungskunst mit Maschinen und Geräten (Poliorketik) im Niedergang begriffen und nach Beendigung der Normanneneinfälle praktisch vergessen. Sie entwickelte sich neu auf Grund der Erfahrungen, die die Kreuzritter bei den byzantinischen, armenischen und sarazenischen Belagerungsspezialisten sammeln konnten. Auch griff man auf die Beschreibungen des römischen Architekten Flavius Vegetius Renatus zurück. Der nun gewonnene Fortschritt in der Kriegstechnik trug dann zwischen 1097 und 1099 in hohem Maße zur Einnahme von Nizäa, Antiochia und Jerusalem bei. Die mit wenig festem Mörtel gefertigten Schalenmauern konnten den starken Widderrammen und Mauerbohrern kaum widerstehen. Man erinnerte sich deshalb wieder der Erdwerke, die wegen ihrer federnden Beschaffenheit den Geräten Widerstand entgegensetzten. Man versuche nur, in ein weiches Material ohne Gegendruck einen Nagel einzuschlagen.

Wer aber waren die Inhaber der Burg, die diese damals fortgeschrittene Form einer Befestigung geschaffen und auch einen Bergfried in Tornähe erbaut hatten? Es musste jedenfalls ein mächtiges und vermögendes Geschlecht gewesen sein. Nach den Berechnungen von Fritz Hinrichs waren allein für die 220 m lange Ringmauer der Eifgenburg 1300 Tagwerke nötig. Für die Datierung wird in diesem Zusammenhang eine Altenberger Urkunde aus dem Jahre 1273 interessant. In diesem Jahre schenkte der bergische Ritter Adolf von Stammheim der Abtei Altenberg zur weiteren Ausstattung der von seinem Vater gestifteten Kapelle vor der Klosterpforte seine Eigengüter „zu me Haine" (Hane, Hahn, Hanscheider Hof), die er ca. 40 Jahre im freien Besitz hatte.[29] Wenn wir von der Jahreszahl 1273 die 40 Jahre abziehen, kommen wir auf die Zeit um 1233.

Schon im Jahre 1202 wird eine Immobilie der Abtei Altenberg genannt, die in der Nähe des Hofes Hane und über dem Eifgenbach lag.[30] Als in den Jahren 1303 und 1316 der Graf von Berg die in seinem Lande liegenden Güter der Abtei Altenberg von der Herbstbede und der Futterhaferabgabe befreite, schloss er auch die Besitzungen des Klosters „in Hane" ein. Im Altenberger Urbar von 1499/1502 wird dann nochmals der Hof aufgeführt: „curia zom Haen".[31] Der Hanscheider Hof gehörte zu den Höfen, die zur herzoglichen Jagd einen Dienstwagen stellen mussten (Fritz Hinrichs: „Altenberger Höfe zwischen Wupper und Dhünn", S. 71 ff.). Es fällt auf, dass diese Dienste von sogenannten „Erbdiensthöfen" zu erbringen waren, die mit befestigten Plätzen der bergischen Ministerialen in Verbindung zu bringen sind, wie z. B. der Büchelter Hof in Wiesdorf und der Wambacher Hof in Rheindorf. Alle diese Höfe, an denen die Wagendienste von alters her wohl „klebten", kamen später als Schenkungen in den Besitz von Klöstern.

Das Geschlecht von Stammheim ist also im 13. Jahrhundert als Besitzer des Hofes Hane nachzuweisen. Seine guten Vermögensverhältnisse zeigten sich, als Adolf von Stammheim der Ältere im 13. Jahrhundert zehn (!) Altäre für die Altenberger Klosterkirche stiften konnte. Auch der große Fronhof in Bechen war im Besitz derer von Stammheim, bis sie ihn im Jahre 1301 an die Abtei Altenberg abtraten. Die Herren von Stammheim waren wohl daran interessiert, für sich und ihr Gefolge – das ja normalerweise keinen Zutritt zur Abteikirche hatte – außerhalb der Klosterimmunität einen sakralen Raum für die Liturgie zu schaffen. Zu diesem Zweck und für ihr Seelenheil erbauten sie im 13. Jahrhundert vor der Klosterpforte eine Kapelle. Auf dem Kupferstich von Johann Jakob Sartor aus dem Jahre 1707 ist diese Kapelle noch zu sehen. Später war dort die „Torschenke".

## 4. Die Burg Berge (Altenberg)

Nachdem wir uns im Vorangegangenen mit der Eifgenburg beschäftigt haben, wird mancher interessierte Heimatfreund die benachbarte Burg Berge aufsuchen wollen, d. h. das Wenige, was auf „dem historischen Boden" der namengebenden Burg des bergischen Geschlechtes übrig geblieben ist. Das Gelände, auf dem die Burg einst stand, wurde im Jahr 1981 archäologisch untersucht.[32]

Vom Altenberger Dom führt der Weg – nach Überquerung der Umgehungsstraße – rechter Hand an einem Restmauerwerk vorbei in Richtung des Tierparks. Etwa 200 m von der Hauptverkehrsstraße entfernt sehen wir auf der rechten Seite den Hügel der Hauptburg, der sich von einem Mottenhügel der Niederungsburgen kaum unterscheidet. Hinter diesem Hügel führt ein kleiner Weg auf das Gelände des ehemaligen Burgplatzes, ein Plateau, das zur Linken von einer Felsrippe begrenzt ist. Einige Steinreste auf dem Hauptburghügel zum Hang hin liegen von der Ausgrabung her noch offen.

Bei dem ehemaligen Burggelände handelt es sich um einen Bergsporn des Bülsberges, der im Osten durch einen Abschnittsgraben abgetrennt war, der aber heute nach dem Wegebau kaum mehr zu erkennen ist. Im südlichen Teil wurde ein ebenes Plateau in den Felsen eingetieft und eine Felsrippe in der Art einer Motte für einen hölzernen Hauptwohnbau künstlich erhöht. Ein weiterer Wohnbau hat zumindest zeitweise auf der westlichen Felsrippe gestanden. Möglicherweise war hier die Burgküche, denn zum Hang hin wurde eine große Abfallhalde mit zahlreichen Tierknochen, vorwiegend von Schweinen, gefunden. Der Haupthügel war zum Hang hin durch eine Steinmauer abgestützt. An der Innenseite zum Burghof hin befand sich einst eine Stützwand aus Holz.

Der Besucher ist von dem, was von der Burg Berge übrig geblieben ist, enttäuscht. Dem Unkundigen bietet sich kaum Sichtbares. Mauern sind überirdisch fast keine vorhanden, denn die Burg Berge wurde im 12. Jahrhundert verlassen und völlig abgetragen. Im Jahre 1133 schenkten die Berger ihre Burg den Zisterziensern aus Morimund, die aber nach wenigen Jahren ins Tal herunterzogen und dort ihre Klostergebäude und den Dom erbauten. Weil hier ein weiterer Ausbau der Burg nicht stattgefunden hat, haben wir die Möglichkeit zu ergründen, wie im 11. Jahrhundert ein Dynastengeschlecht von Rang und Vermögen nebst seinem Anhang wohnte und sich verteidigte.

Im Hinblick auf die Bedeutung des Grafengeschlechtes der Berger und ihre wahrscheinliche Herkunft aus hohem, dem Kaiser nahe stehenden Adel kann Größenordnung und Umfang der Burg Berge, wie sie sich heute dem Betrachter darstellt und wie sie auch Objekt der 1981 durchgeführten Untersuchung war, eigentlich nicht recht zufriedenstellen und wirft die Frage auf, ob sie nicht – auf den ersten Blick nicht erkennbar – einen größeren Raum einnahm. Ein gemäß solcher Fragestellung suchender Geländebegeher sieht sich natürlich die Umgebung an – und da ist einiges zu entdecken. Wie die Wälle im Umkreis um die eigentliche Kernburg am Fuße des Bülsberges vermuten lassen, scheint eine Vorburg bestanden zu haben, in der eine größere Zahl von Kriegern, wie sie die Grafen von Berg benötigten, vermutlich untergebracht waren. Auch bei diesen Wällen ist die günstigste Ausnützung des vorhandenen Geländes deutlich zu erkennen. Kurz vor dem Eingang zum Tierpark, dort wo das zum „Hohen Berg" anschließende Kerbtal (Siefen) verflacht, beginnt ein kräftiger Wall, der im Halbbogen zum Abhang der Kernburg führt und dort auch endet. Er ist heute von dem Weg zum Tierpark durchbrochen. Oben auf dem Bülsberg befindet sich eine terrassierte Geländekante, die von Steilhang zu Steilhang führt, auf der man sich eine Hecke (Gebück) vorstellen kann. Die südliche Seite des Bergsporns wird an drei Seiten durch Geländekante (Sperrhecke)-Siefen-Wall umschlossen. Nach Norden ist das Ganze von einem doppelten Wall begrenzt, der wahrscheinlich später von dem Kloster als Immunitätsgrenze genutzt worden ist. Interessant ist eine in Stein gefasste Wasserentnahmestelle unterhalb des Hügels der Kernburg im Verlaufe des kleinen Baches, der vom ehemaligen Burgteich zur Dhünn hin abfließt. Es sieht so aus, als wäre der ganze Bülsberg (und nicht nur die Motte) eine größere Befestigungsanlage gewesen. Schon der Heimatforscher Peter Combüchen hatte „5 Ansätze von Bastionen" vor der Burg Berge festgestellt.

Auch bei den Befestigungen anderer Dynastengeschlechter, die wie die Berger Landesherrschaft anstrebten, ist das Bauprinzip „Haupt- oder Kernburg getrennt von der Vorburg" zu erkennen. So unterscheidet man bei der Saffenburg der Grafen von Saffenberg – sie hatte zwei Vorburgen vor dem höher gelegenen Kern – zwischen „*Saffinberg inferius et castrum ... superius*". Auch bei Nideggen und der Blankenburg (Blankenberg) bestanden mindestens zwei Vorburgen, einschließlich der Orte, die daraus entstanden. Nur als Felsabplattung ist die längst verschwundene östliche

Vorburg der Neuerburg über der Wied zu erkennen. In diese damals als Lagerburg genutzten Vorburgen setzte man im 14. Jahrhundert Wirtschaftshöfe, während die eigentlichen Kernburgen zu repräsentativen Adelssitzen ausgebaut wurden.[33]

Auch die „Neue Burg" an der Wupper, die die Berger etwa in den 20er-Jahren des 12. Jahrhunderts als Ersatz für die Burg Berge erbauten, hatte von vornherein eine große Vorburg. Während der Kernbereich eine Fläche von 11 200 m² einnahm, kommen wir bei den Vorburganlagen auf 32 000 m². Drei mächtige Wälle umschlossen das ganze Areal. Im Jahre 1176 erlaubte Graf Engelbert I. von Berg in seiner Burg über der Wupper die Gründung einer Johanniterkommende.

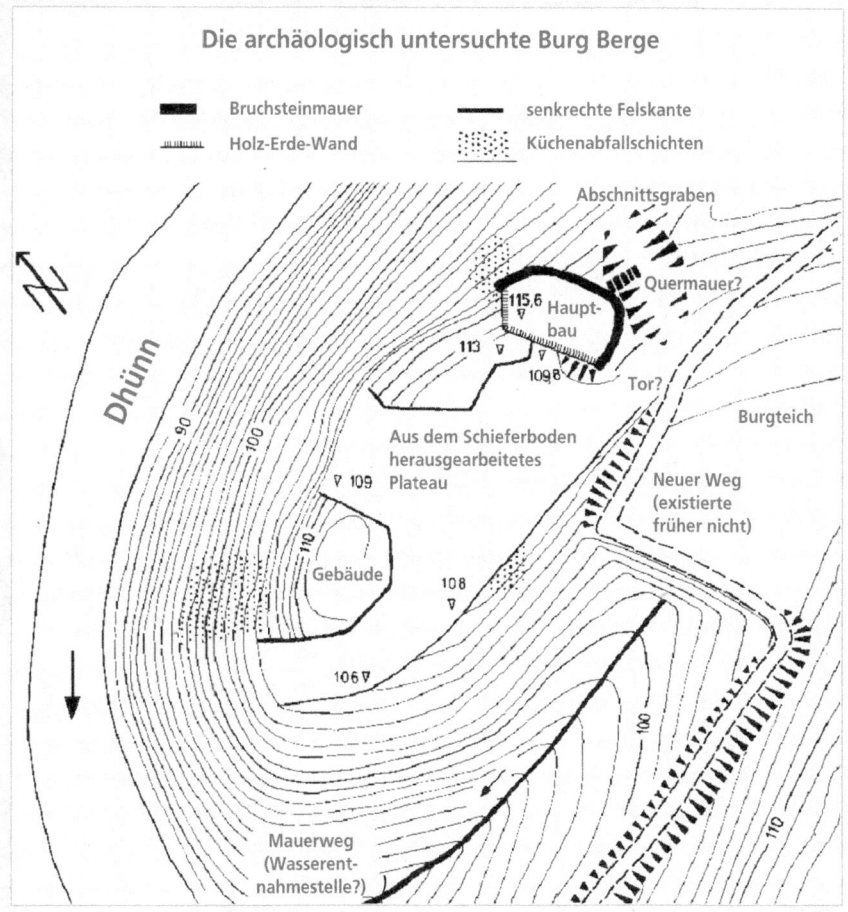

## Die archäologisch untersuchte Burg Berge

| | | |
|---|---|---|
| ▰▰▰ Bruchsteinmauer | | ▬▬ senkrechte Felskante |
| ⊥⊥⊥⊥⊥ Holz-Erde-Wand | | ⠿⠿ Küchenabfallschichten |

Abschnittsgraben

Dhünn

115,6 Hauptbau

Quermauer?

113

109,8

Tor?

Burgteich

Aus dem Schieferboden herausgearbeitetes
▽ 109 Plateau

Neuer Weg (existierte früher nicht)

Gebäude

108 ▽

106 ▽

100

110

Mauerweg (Wasserentnahmestelle?)

Die Berger gehörten zu denjenigen Dynasten, die eigene Herrschaftsbereiche aufbauen wollten. Ein solches Machtstreben bedingte in jedem Falle das Vorhandensein einer starken Kriegsmannschaft, die zur damaligen Zeit noch nicht aus „edlen Rittern" bestand und sich eher aus zusammengelaufenen Kriegsknechten (Söldnern) rekrutierte. Diese Waffenträger mussten gesammelt, gemustert, ausgerüstet und eine Zeit lang untergebracht werden. Ab dem Jahre 1115 ist Graf Adolf II., sein Vater trat noch 1101 und 1105 im kaiserlichen Lager auf, in der Umgebung des Kölner Erzbischofs Friedrich I. zu finden, der damals in Opposition zu Kaiser Heinrich V. stand. Wenn der Berger um 1128 eine Befestigung im Kastell Deutz baut, zu einer Zeit, als die Burg Berge verlassen ist, dann dürfen wir vermuten, dass die von Abt Rupert genannten fremden und obscuren Leute vorher dort „kaserniert" waren und nun ihren Dienstherrn nach Deutz begleitet haben. Die damals geschaffene starke Position der Berger in Deutz zeigte sich, als es nach dem Tode von Erzbischof Friedrich I. im Jahre 1131 gelang, mit Bruno II., dem Bruder des Klostergründers, einen Mann ihres Geschlechtes auf den Erzstuhl zu bringen, was zur damaligen Zeit ohne „gewisse Druckmittel" – und dazu gehörten auch gewalttätige Pressionen und Drohungen – nicht zu bewerkstelligen war.

Die Annäherung des Grafen Adolf II. von Berg an Erzbischof Friedrich I. kann mit einem Adelsaufstand gegen Kaiser Heinrich V. zusammenhängen, an dessen Spitze der Kölner Erzbi-

---

### Die Macht des Erzbischofs

Der Ordnung des Lehnswesens nach war der König der oberste Lehnsherr. Das Gleiche galt auch für den Kölner Erzbischof gegenüber dem ihm untergebenen Fürsten. Dies führte natürlich zu Auseinandersetzungen zwischen geistlicher und weltlicher Macht. Bis zur Mitte des 13. Jahrhunderts war die Herzogsgewalt der Kölner Erzbischöfe die stärkste ordnungsstiftende Macht im Rheinland. Ständig steigende Macht- und Besitzansprüche führten zu einem Kampf mit den Landesherren. Auch die hohen Steuern und Abgaben erregten bei den Bürgern Missfallen. Zudem wollten auch die Kölner Kaufleute und die in Zünften zusammengeschlossenen Handwerker keine weiteren Beschneidungen ihrer Rechte. Deshalb verbündeten sie sich mit den Brabantern sowie den Düsseldorfern, an deren Spitze sich der Graf Adolf von Berg gegen den Erzbischof von Köln wandte. Seit der verlorenen Schlacht von Worringen 1288 residierten die Erzbischöfe u. a. in Bonn.

schof stand. Die Kölner Königschronik berichtet zum Jahre 1114 von einem Angriff des Kaisers auf die Deutzer Burg, der abgeschlagen wurde.[34] Möglicherweise waren auch Truppen des Grafen von Berg beteiligt. Der vermutlich um 1100 geborene Graf Adolf II., der Klostergründer von Altenberg, konnte um 1114/15 gerade volljährig geworden sein.

Die archäologisch untersuchte Burg der Grafen von Berg sitzt wie eine Spinne in der Mitte des wohl primären Machtbereiches der Berger östlich von Deutz. Ob es sich bei diesem Territorium um den sogenannten „Deutzgau" handelt, den „pagus Tuizichgowe", wie er in Urkunden zweimal genannt wird, ist allerdings fraglich. Wir finden die Bezeichnung 1025 im Zusammenhang mit dem Haus Herl bei Köln-Mülheim und 1041 bei dem Hofe Westhoven.[35]

Dass die Berger ursprünglich nicht von der Burg Berge, sondern aus dem linksrheinisch fränkischen oder gar aus thüringischem Adel stammen, ist umstritten, wenn auch das Geschlecht in der zweiten Hälfte des 11. Jahrhunderts sich nach ihr benannte. Die archäologischen Untersuchungen verlegen die früheste Nutzung der Burg Altenberg in die 60er-Jahre des 11. Jahrhunderts; weil aber das Geschlecht wahrscheinlich schon älter war sowie möglicherweise von Anfang an die Vogteischaft über das 1003 gegründete Benediktinerkloster Deutz besaß, müssen die Vorfahren einen anderen, primären Wohnplatz gehabt haben.

Wir wissen aus einer Urkunde des Kaisers Heinrich III. aus dem Jahre 1101, dass ein Graf Adolf von Berg zu den „principes", d. h. in dieser Zeit zu den vornehmsten und einflussreichsten Adeligen

Funde von der Burg Berge

**1** *Spielwürfel aus Tierknochen, Seitenlänge 10 mm*

**2 und 3** *Denar von der Burg Berge (geprägt nach 1039)*

**4 und 5** *Emailscheibenfibel, von adeliger Frauentracht (evtl.)*

**6** *Vergoldeter zweiteiliger Anhänger, möglicherweise von Pferdegeschirr*

des Reiches gehörte. Nun ist der Aufstieg von einem nur kleinere Lehen im Linksrheinischen besitzenden Geschlecht zu diesem hohen Ansehen innerhalb weniger Jahrzehnte nicht unmöglich, aber wenig wahrscheinlich. Realistischer ist die Annahme, dass die Berger schon längere Zeit dem Reichsadel angehörten, ehe sie erstmalig offiziell als Grafen erscheinen.[36] Thomas R. Kraus versuchte, methodisch eine Abstammung aus dem linksrheinischen Gebiet zu erschließen, weil dort der älteste Eigenbesitz nachzuweisen sei.[37] Justus Bockemühl argumentierte dagegen mit einer möglichen Abstammung aus Thüringen. Nach ihm können die Ahnherren der nachmaligen Grafen von Berg im Zuge einer aus politischen Gründen erfolgten Grafenverpflanzung in das rheinfränkische Gebiet gekommen sein.[38]

Das eine muss das andere nicht ausschließen, wenn man folgende Möglichkeiten konstruiert: Ankunft der ersten Berger um die Jahrtausendwende im Gefolge Kaiser Ottos III., Erwerb von Alloden (Privatgrund eines Lehensherrn) ohne bedeutende Burg am linken Niederrhein – vielleicht durch Heirat (die Ehefrauen von mindestens zwei Generationen sind unbekannt) –, ab ca. 1060 dann Übernahme der „hereditas berge" und Bau oder Umbau einer Burg, die bedeutend genug war, um sich danach zu benennen. Bei der Frage nach ersten Alloden darf der Hof in Merheim nicht übersehen werden, den Graf Adolf III. vor seinem Kreuzzug im Jahre 1217 an die Abtei Altenberg verkaufte.[39]

## Die ersten Vögte der Abtei Deutz: Vorfahren der Berger?

Die Frage, ob die ersten Vögte der 1003 gegründeten Benediktinerabtei Deutz als Vorfahren der Grafen von Berg (latinisiert „de monte") gelten können, wird immer noch kontrovers diskutiert. Die Unschriftlichkeit des 11. Jahrhunderts, besonders im Bereich der Laien, lässt auch für die Zukunft keine absolute Sicherheit erwarten.

Der zuerst genannte Deutzer Altarvogt hieß laut den Zeugenlisten Hermann und hatte einen Bruder Adolf. Wer aber war dieser Hermann? Seine vermutliche Herkunft lässt sich nur auf dem Wege der Analogie erschließen. Immerhin muss er aus einem Edelgeschlecht stammen, denn nur deren Abkömmlinge wurden mit Hochvogteien befasst.

Für die Zeit, aus der keine oder nur geringe Schriftlichkeit vorhanden ist und Quellenzeugnisse weder vorliegen noch jemals welche zu erwarten sind, müssen wir auch mündliche Überlieferungen berücksichtigen, um über „Indizien" bis in den Wahrscheinlichkeitsbereich vorzudringen. Dabei muss in Bezug auf den Wahrheitsgehalt die lange Spanne zwischen den zurückliegenden Ereignissen und Daten bis zur ersten schriftlichen Fixierung, unter Beachtung der möglichen Fehlerquellen, Irrtümer, Vergesslichkeiten etc., berücksichtigt werden. Die eventuellen subjektiven Betrachtensweisen der Autoren bzw. Anfertiger von Schriftstücken dürfen nicht außer Acht gelassen werden. Um die mittelalterlichen Überlieferungen zu verstehen und auszuwerten, sollten wir auch versuchen, uns in die damalige Zeit, in Verhaltensweisen und Denkarten der Menschen hineinzuversetzen.

Wer in die schriftarme oder sogar schriftlose Zeit vordringen will, wird nicht so schnell die mittelalterliche Oralchronik ignorieren, wie sie von Levold von Northof übermittelt wird, denn sie ist der älteste Hinweis auf die Familiengeschichte der Berger, die bis zur Teilung des Landes nach dem Jahre 1160 eine gemeinsame war. Der Kanoniker aus Lüttich vollendete im Jahre 1358 sein Werk „Chronica comitum de Marka". Er war ein Sohn des märkischen Landes und hatte dem aus dem märkischen Grafenhause stammenden Bischof von Lüttich, Adolf von der Mark, sowie

Als ein bemerkenswertes Beispiel der hochmittelalterlichen Erzählwelt gelten die „Wundergeschichten" des Caesarius von Heisterbach. Nach Alexander Kaufmann, der seine Werke Ende des 19. Jahrhunderts aus dem Lateinischen übersetzte, sind sie die Hauptfundgrube für die Kulturgeschichte, Mythologie und Sagenkunde des 12. und 13. Jahrhunderts. Cäsarius war ein Kind seiner Zeit. Er übermittelt seine Geschichten so, wie sie damals von Mund zu Mund erzählt wurden. – „Der Herr sei mein Zeuge, dass auch nicht ein einziges Kapitel in diesem Buche erdichtet ist; wenn aber irgendetwas Anderes geschehen, als ich geschrieben, so möge man denen die Schuld beimessen, welche es mir so erzählt haben." Cäsarius, der als schreibgewandter Mönch die mündliche Überlieferung wortgetreu übermitteln wollte, weiß um den Hang des Volkes zu sagenhaft-mystischen Übertreibungen und Ausschmückungen. Legendenhafte Umkleidungen gehörten zum dämonen- und geisterbehafteten Erzählstil. Caesarius schaute dem Volke sozusagen „aufs Maul" und übermittelte der Nachwelt seine Geschichten, in der das Geheimnisvolle breiten Raum einnahm. Vor allem die geistige Konfrontation Gott–Teufel fand in sagenhafter und handfester Symbolik ihren Ausdruck.

*Von Ernemann Sander gestaltetes Cäsarius-Bronzedenkmal in Königswinter-Oberdollendorf*

auch seinem Nachfolger Engelbert von der Mark als führender Ratgeber und Verwaltungsjurist gedient.[40]

Levold von Northof bezog sein Wissen über die Anfänge des Grafenhauses auch „aus der treuen mündlichen Überlieferung der Alten", wie er es ausdrücklich erwähnt. Er war seit seiner Studienzeit mit dem etwa gleichaltrigen Grafensohn Adolf (VI.) gut bekannt. Die Mutter des Adolf war Irmgard von Berg, eine Schwester des Siegers der Schlacht von Worringen. Levold hatte folglich Zugang zum märkischen Grafenhause. Der klevische Chronist Gert von der Schüren berichtet im 15. Jahrhundert, er habe Katharina von Kleve, die Schwester Herzogs Adolf von Kleve, *„muntlich hoeren vertellen den hoghen oirspronck"* ihres Geschlechtes, der in einer älteren Chronik aufgezeichnet gewesen sei.[41] Dass Levolds Ausführungen nicht einfach ein wertloses Phantasieprodukt darstellen, erkennt man aus der Lücke von 120 Jahren, die er zwischen den beschriebenen Ereignissen um die Jahrtausendwende und den Geschehnissen, die in das dritte Jahrzehnt des 12. Jahrhunderts fallen, in Kauf nimmt. Er erklärt diese Lücke mit der Länge der verstrichenen Zeit. Weil der Lütticher nicht der Versuchung erlag, diese Lücke mit Fantasie aufzufüllen, wie es andere taten, ist seine Glaubwürdigkeit wohl weniger anzuzweifeln, obwohl seine *„Chronica comitum"*, dem üblichen mittelalterlichen Erzählstil zufolge auch sagenhafte Züge aufweist. Es ist Aufgabe des Interpreten, die während der langen Zeit der mündlichen Überlieferung hinzugefügten Bestandteile „herauszufiltern", d. h. nur Fakten gelten zu lassen.

Der wesentliche, hier interessierende Teil ist der Abstammungshinweis (Origo), der nach einer Übersetzung aus dem Lateinischen von Hermann Flebbe folgendermaßen lautet (s. nebenstehender Kasten).

---

„...Es waren einmal zwei Brüder, die dem Kaiser Otto III. besonders lieb waren; sie stammten aus einem edlen und berühmten römischen Geschlecht, den Orsini, die bis zum heutigen Tage zu den Vornehmsten und Mächtigsten in der Stadt Rom zählen. Diese beiden Brüder kamen mit dem Kaiser über die Alpen nach Deutschland. Da sie durch die Fürsorge ihrer Eltern reichlich Geld hatten, kauften sie im Vertrauen auf die Macht und Gunst des Kaisers ein Herrschaftsgebiet, und in dem Wunsche, sich einen festen und sicheren Wohnsitz zu beschaffen, begannen sie einen Berg zu befestigen, den die Eingesessenen Wolfseck nannten, in einer unkultivierten, bergigen, waldreichen und menschenleeren Gegend. Zuerst fällten sie die Bäume im Umkreis und ebneten den Gipfel des Berges ein, dann umschanzten und schirmten sie den Berg mit den ringsum abgehauenen Bäumen ..."

Neben anderem, hier schon weggelassenem sagenhaftem Beiwerk der mündlichen Hausüberlieferung ist wohl die Abstammung von dem „berühmten römischen Geschlecht der Orsini" als fraglich abzutun. Erklärbar wird dieser Hinweis mit den mittelalterlichen Gepflogenheiten der Adelsgeschlechter, die Legalität ihres Edelstandes auf möglichst alte und glanzvolle Traditionen zurückzuführen. Es war überhaupt allgemeine Auffassung, dass das Rittertum als solches insgesamt römischer Herkunft sei. Bereits im 11. Jahrhundert wurde es in Adelskreisen gebräuchlich, sich in der Erinnerung an hervorragende Taten und verklärten Schicksalen einzelner Familienmitglieder auf deren Herkunft aus Rom zu berufen. Als „Kern" der Nachricht dürfen wir herausfiltern, dass nach Auffassung und Wissen des Levold von Northof die Ahnen der Grafen von Berg nicht von einem „bodenständigen" Geschlecht aus dem Rheinland oder Westfalen abstammen, sondern von einem entfernten Platz kamen.

Die Beschreibung des Burgenbaus des Brüderpaares in einer unkultivierten, bergigen, waldreichen und menschenleeren Gegend fügt sich nahtlos in die Siedlungsgeschichte des Bergischen Landes ein und bestätigt die Ergebnisse der archäologischen Untersuchungen auf der Burg Berge (Altenberg), wenn auch Levold von Northof aus Anhänglichkeit zum Hause Altena-Mark die Erstgründung nach Westfalen verlegt. Dass die Frühgeschichte der Berger bzw. ihrer Vorfahren bis in die Zeit Kaiser Ottos III. zurückgeht, daran kann mittlerweile wohl kaum noch Zweifel bestehen.

## Graf Hermann und sein Bruder Adolf

Als Ottos Zug nach Italien, der die Kaiserkrönung bringen sollte, schon beschlossen war, kam der mit 15 Jahren gerade volljährig gewordene jugendliche Herrscher im Dezember 995 nach Köln und feierte dort das Weihnachtsfest. Darüber berichtet Thietmar von Merseburg in seiner Chronik: „Das Geburtsfest des Herrn verbrachte der König in Köln, um den Landfrieden in dieser Gegend zu sichern; dann brach er zu dem lange erwarteten Italienzug auf ..."

Schon zu Erzbischof Brunos I. Zeiten scheinen die rheinischen Verhältnisse verworren und kriegerisch gewesen zu sein. Wie die Kölner Königschronik berichtet, ließ er im Jahre 965 wegen der jenseitigen „Rebellen" eine Brücke über den Rhein abbrechen und die Deutzer Burg zerstören. Wenige Jahrzehnte danach scheint das Land gegenüber Köln noch immer nicht zur Ruhe gekommen zu sein, was ein Eingreifen König Ottos notwendig machte.

Der Landfrieden war natürlich nicht nur mit mahnend-beschwörenden Worten herzustellen und es genügte auch nicht die Anwesenheit des Königs allein, sondern es werden auch wirksame Maßnahmen, wie z. B. die Zerstörung von Burgen und damit zusammenhängende Kämpfe, notwendig gewesen sein.

Für den erst 15 Jahre alten König bestand ein Regentschaftsrat, in dem der Markgraf Ekkehard von Meißen eine bedeutende Rolle spielte. Thietmar von Merseburg nennt im Zusammenhang mit Ekkehards Tod im Jahre 1002 zwei Männer, Hermann und Adolf, die mit ihm erschlagen worden sein sollen. Keiner wird behaupten, dass hier eine Personenidentität besteht; dies wäre unsinnig, weil das Deutzer Brüderpaar später noch bezeugt ist. Auffällig ist hier nur die Namenskombination Hermann und Adolf, die auch bei den ersten bezeugten Deutzer Altarvögten vorkommt.

Es ist sehr wahrscheinlich, dass der König, als er nach Italien aufbrach, einen starken Mann seines Vertrauens in dieser Region zurückließ. Dieser starke Mann wird erst im Jahre 999 erkennbar, als der Kölner Erzbischof Everger verstorben war. In dem folgenden Wahlgang kam es zu Unstimmigkeiten zwischen mehreren Parteien bzw. Interessengruppen. Da der kaiserliche Kanzler Heribert, der Kandidat einer Partei, weder aus dem Rheinland stammte, noch sonst irgendeine Beziehung zu Köln besaß und mit dem Kaiser fernab in Italien weilte, muss eine „kaiserfreundliche Partei", wohl unter der Führung des starken Mannes, bestanden haben, die dann auch die Wahl Heriberts zum Erzbischof durchsetzte, obwohl es zwei Gegenkandidaten gab. Nach der Wahl musste befürchtet werden, dass eine der unterlegenen Parteien, womöglich durch Bestechung, versuchen würde, das Ergebnis noch in ihrem Sinne zu ändern.

Angesichts dieser Situation schien es angebracht, sofort eine Gesandtschaft nach Rom zum Kaiser zu schicken. Wie der Mönch Lantbert in der Lebensbeschreibung Heriberts berichtet (Vita Heriberti Lantberti), handelte es sich bei der Delegation überwiegend um Angehörige aus dem geistlichen Stand. Von den weltlichen Begleitern kennen wir nur den Anführer der militärischen Eskorte, einen durch Tüchtigkeit und Adel ausgezeichneten Mann, den Grafen Hermann.[42]

Dieser Graf Hermann ist nicht mit einem der damals am Nieder- und Mittelrhein ansässigen Angehörigen des hohen Adels zu identifizieren. Justus Bockemühl und andere vermuten deshalb, dass der tüchtige und adelige Graf Hermann im Zuge einer „Grafenverpflanzung" ins Rheinland gekommen ist. In der Spätzeit der Regierung Kaiser Ottos III. ist eine Veränderung in der Herrschaftspraxis der deutschen Könige festzustellen. Das zeigt sich zunächst in der Intensivierung der ottonischen Reichskirchenpolitik. Schon seit Otto I. hatte man damit begonnen, bei der Besetzung der

*Otto III. (980–1002), deutscher König ab 983 und Kaiser des Heiligen Römischen Reiches ab 996*

Bistümer auf Hofkapelläne, also auf Personen der engeren Umgebung der Könige, zu denen ein besonderes Vertrauensverhältnis bestand, zurückzugreifen.

Otto III. begann als erster Herrscher in Deutschland, auch Grafschaften an Bistümer zu übertragen. Unter seinen Vorgängern waren die Bischöfe, wie in Köln, schon zu Herren ihrer Städte geworden. Auch häuften sich seit Otto III. die Verleihungen von Wildbann- und Roderechten an den geistlichen Adel, die nicht hoch genug eingeschätzt werden können.

Bei aller Bedeutung dieser Intensivierung der Reichskirchenpolitik durch Belehnungen an Geistliche darf jedoch nicht übersehen werden, dass parallel hierzu Kaiser Otto III. damit begonnen hat, wichtige Positionen des Königtums auch an weltliche Machtträger zu Lehen auszugeben. Dabei tritt in nicht wenigen Fällen ein bemerkenswerter Tatbestand vor unsere Augen. Nicht etwa ortsansässige einheimische Adelige werden aus Königshand belehnt, sondern vielmehr Personen, die aus mehr oder weniger entfernt gelegenen Gebieten stammen und in einen neuen Herrschaftsbereich „verpflanzt" werden. Dies gilt für die Brüder Sigebodo und Richwin, die Vorfahren der späteren Grafen von Ahr, die aus dem nordost-französischen Grenzraum stammen dürften. Ihnen verlieh der noch minderjährige Otto III. am 19. Mai 992 einen ausgedehnten Bannforst am Unterlauf der Ahr. Diese Wildbannverleihung war die Voraussetzung dafür, dass die Familie von Ahr-Hochstaden hier Wurzeln schlagen konnte; hier bauten sie die Burgen Altenahr, Neuenahr und Nürburg und konnten in der Folge ein kleines Territorium errichten. Gleiches trifft für die flämischen Brüder Rutger und Gerhard zu, die Ahnherren der Häuser Kleve, Geldern und Heinsberg-Wassenberg, die zur Zeit Heinrichs II. (1002–1024) mit Reichsrechten, besonders Forstrechten, ausgestattet wurden. Auch der aus Schwaben stammende Graf Werner erhielt von Kaiser Heinrich II. um 1020 eine Grafschaft in Hessen und von Konrad II. im Jahre 1025 die Besitzungen des Unruhestifters Balderich im deutsch-niederländischen Grenzraum. In die Zeit Konrads II. (1024–1039) fällt auch die Ausstattung des thüringischen Landgrafen Ludwig mit dem Barte mit Reichsrechten nördlich des Thüringer Waldes, darunter Forstregal und Rodungshoheit. Hier wurde ein vom unteren Main stammendes fränkisches Geschlecht in eine neue Umgebung eingepflanzt. Nach 1038 ist das braunschweigische Grafenhaus der Brunonen im Besitz der Grafschaft in Mittelfriesland.

„Lothringer in die Eifel, Flamen an die Maas und an den Niederrhein, ein Schwabe nach Hessen, ein Franke nach Thüringen, Niedersachsen nach Friesland und Bayern, man wird ein System und eine Überlegung hinter diesen Grafenverpflanzungen vermuten dürfen" (Justus Bockemühl). Der tragende Gesichtspunkt scheint gewesen zu sein, durch **Einsetzung ortsfremder Machtträger**, die ihre Position ausschließlich der Förderung des Herrschers verdankten und von denen deshalb Loyalität erhofft wurde, den zentrifugalen lokalen Kräften ein einigermaßen verlässliches Gegengewicht bieten zu können und somit die Reichsgewalt zu stärken.[43] Nicht nur Heribert Müller erkennt in dem „vir probus et nobilis" Hermann, den Anführer der militärischen Eskorte, den Kaiser Otto III. zur Befriedung der Verhältnisse im Raume Köln eingesetzt und zurückgelassen hatte, den ersten Hochvogt der mit Willen des Kaisers im Kastellgelände gegründeten Abtei Deutz.[44]

## Thüringische Verwandtschaft der Grafen von Berg?

Wir können davon ausgehen, dass der erste Vogt Hermann der Abtei Deutz nicht aus einem der damals bekannten Edelgeschlechter des Rheinlandes stammt, nur müssen wir nach Unterstützungen der hypothetischen Annahme, dass die Grafen von Berg aus Thüringen stammen, suchen.

Das Bindeglied für weitere Erkenntnisse in der möglichen Abstammung ist der Zisterzienser Eberhard von Berg, Abt der Zisterze Georgenthal (damals noch Georgenberg) in Thüringen. Erzbischof Heinrich von Mainz bestätigt in einer Urkunde vom

20. März 1143 Eberhard von Berg als Abt von Georgenthal und nennt ihn „cognatus" des Grafen Sizzo (Graf Sizzo von Käfernburg).[45] Der Begriff „cognatus" bedeutet Blutsverwandtschaft, vorwiegend in männlicher Linie. Darüber hinaus weist die Chronik des Klosters Lausnitz aus, dass die Gemahlin Gisela des Grafen Sizzo als Nichte der Bertha, der Gemahlin Heinrichs von Groitzsch (Markgraf der Lausitz), eine Schwarzburgerin war. Als Folgerung des Verbotes von Nahehen ist deshalb eine Verwandtschaftsbeziehung anzunehmen, die mehrere Generationen zurückliegen müsste. Die vorgeschriebenen vier Grade führen mindestens bis zum Beginn des 11. Jahrhunderts zurück, wenn nicht noch in das ausgehende 10. Jahrhundert. Das haben Hans Müller, Justus Bockemühl und zuletzt auch Jürgen Stohlmann versucht, deutlich zu machen.

Graf Sizzo II. von Käfernburg, Stifterfigur im Naumburger Dom (Thüringen). Die Käfernburger, später Schwarzburger, sind wahrscheinlich Verwandte der Berger. Sizzo I. wird „cognatus" Blutsverwandter) des Bergers Eberhard, 1. Abt der Zisterze Georgenberg/Georgental, genannt.

Auch in der Altenberger Gründungsgeschichte „De fundacione Bergensis cenobii" werden Graf Sizzo und dessen Gemahlin Gisela „consanguinei" Eberhards und ein weiteres Mal Sizzo allein „cognatus" genannt. Auch die von manchen Historikern geschmähte Cronica comitum des Levold von Northof erwähnt – unabhängig von der Altenberger Gründungsgeschichte – die Verwandtschaft, indem sie Sizzo von Käfernburg als einen „nepos" Eberhards bezeichnet. Mit dem nicht ganz eindeutigen „nepos" werden oft Vettern, jedenfalls weiter entfernte Verwandte bezeichnet.

Als Eberhard sein Zisterzienserkloster allzu nahe zum Benediktinerkloster Reinhardsbrunn erbaute, sah sich Abt Ernst veranlasst einzuschreiten. Er bat deshalb Papst Lucius II. (1144–1145) um einen päpstlichen Befehl zur Verlegung der Neugründung der Zisterzienser, da er Streitigkeiten voraussah.

Bei diesem Schreiben ist wichtig, wie Abt Ernst seinen geistlichen Kontrahenten Eberhard einstuft, nämlich als „Mann eines

jahrhundertealten Adelsgeschlechtes". Eine ähnliche Formulierung fand Abt Rupert aus dem Kloster Deutz für diejenigen, die
vor 1128 in Deutz Festungswerke errichteten und von denen der
weltliche wahrscheinlich Graf Adolf II. von Berg war. Beide Äbte
bewerten also unabhängig voneinander Eberhard und Adolf II.
als vom „(ur)alten Adel" abstammend.
   Bei der Vielzahl zisterziensischer Neu- und Filialgründungen
im 12. Jahrhundert müssen wir nicht zuletzt verwandtschaftliche
Vorbilder oder Einflussnahmen durch Verwandte als eine mit-
entscheidende Ursache ansehen. Die engen Familienbeziehungen
zwischen Eberhard und den Grafen von Käfernburg-Schwarzburg werden entscheidend dazu beigetragen haben, dass diese
das Gründungsgut aus ihrem Familienbesitz zur Verfügung
stellten. Auch bei der ersten Tochtergründung der jungen Abtei

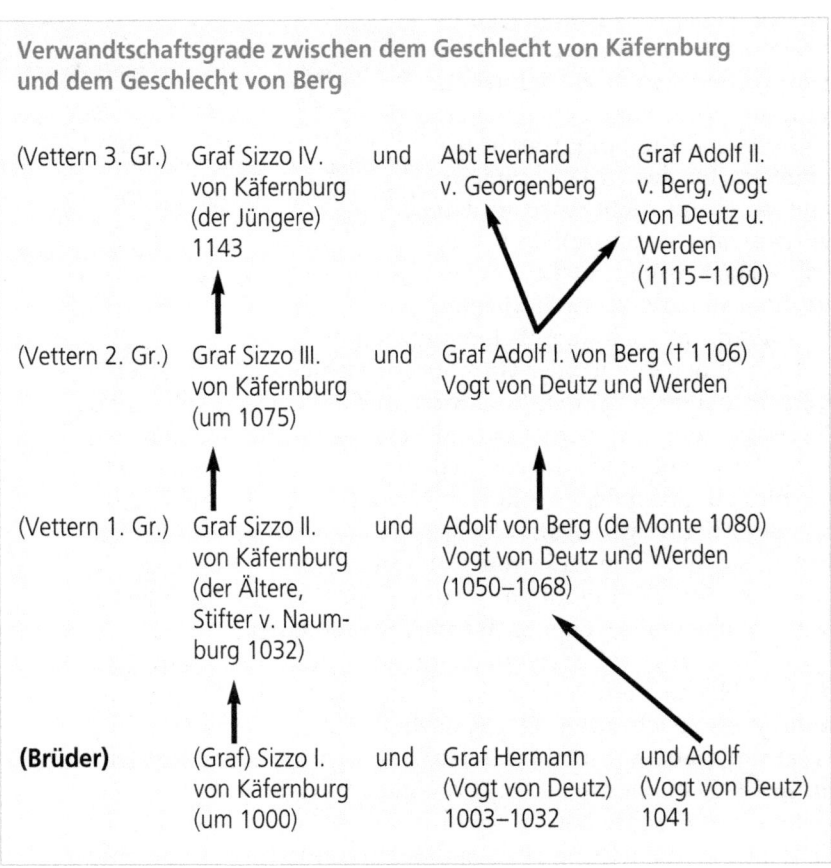

**Verwandtschaftsgrade zwischen dem Geschlecht von Käfernburg
und dem Geschlecht von Berg**

| (Vettern 3. Gr.) | Graf Sizzo IV.<br>von Käfernburg<br>(der Jüngere)<br>1143 | und | Abt Everhard<br>v. Georgenberg | Graf Adolf II.<br>v. Berg, Vogt<br>von Deutz u.<br>Werden<br>(1115–1160) |
| --- | --- | --- | --- | --- |
| (Vettern 2. Gr.) | Graf Sizzo III.<br>von Käfernburg<br>(um 1075) | und | Graf Adolf I. von Berg († 1106)<br>Vogt von Deutz und Werden | |
| (Vettern 1. Gr.) | Graf Sizzo II.<br>von Käfernburg<br>(der Ältere,<br>Stifter v. Naum-<br>burg 1032) | und | Adolf von Berg (de Monte 1080)<br>Vogt von Deutz und Werden<br>(1050–1068) | |
| **(Brüder)** | (Graf) Sizzo I.<br>von Käfernburg<br>(um 1000) | und | Graf Hermann<br>(Vogt von Deutz)<br>1003–1032 | und Adolf<br>(Vogt von Deutz)<br>1041 |

Altenberg in Marienthal stammte das Ausstattungsgut aus ganz naher Verwandtschaft, nämlich von der Familie der Pfalzgrafen von Sommerschenburg. Die Mutter Eberhards, Adelheid von Lauffen, hatte nach dem frühen Tod ihres ersten Gatten (Adolf I., † 1106) den Pfalzgrafen Friedrich I. von Sommerschenburg geheiratet. Beider Sohn, Pfalzgraf Friedrich II., stiftete gemeinsam mit seiner Schwester Adelheid das Gründungsgut für die Zisterze. Graf Adolf II., Eberhard und Erzbischof Bruno waren also Halbgeschwister Friedrichs II. von Sommerschenburg.

Die gut bezeugte Verwandtschaft zwischen den Grafen von Berg und dem thüringischen Grafenhaus von Käfernburg-Schwarzburg haben Jürgen Stohlmann veranlasst, die Verwandtschaftsbeziehungen beider Geschlechter nach der gemeinsamen Wurzel zu untersuchen und die Hypothese einer Generationenfolge aufzustellen. Nach dieser Übersicht waren die ersten Vögte der Abtei Deutz Hermann und Adolf Brüder des Sizzo I. von Käfernburg (s. Schaubild auf der linken Seite).

Die Käfernburger benannten sich nach der Käfernburg südwestlich von Arnstadt. Sizzo IV. († 1160), der 1143 das Kloster Georgenberg/Georgenthal aus Hausbesitz westlich von Ohrdruf stiftete, war der Erste, der den Titel Graf führte. Über Arnstadt, die Vogteien über hersfeldische Güter und das Stift Ohrdruf lassen sich möglicherweise die Anfänge der Käfernburger bis in das 8. Jahrhundert zurückverfolgen, der Ansatz für ein „jahrhundertealtes Geschlecht".

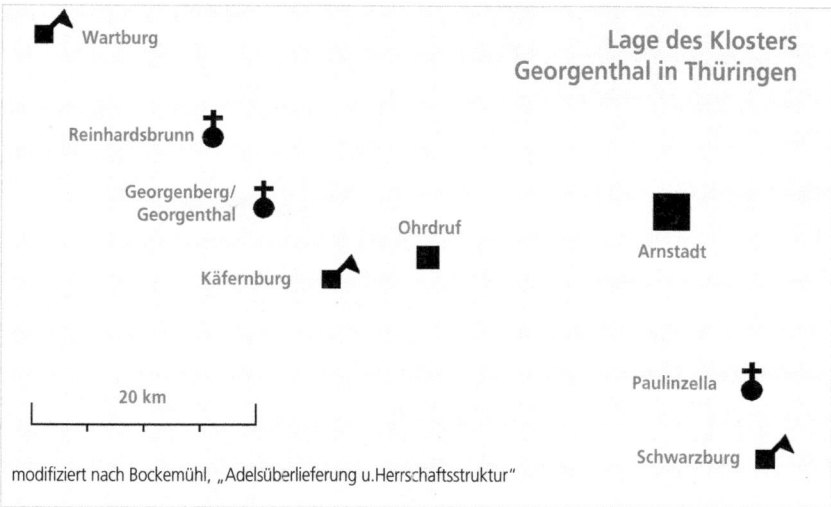

modifiziert nach Bockemühl, „Adelsüberlieferung u.Herrschaftsstruktur"

Die Altenberger Fundatio bezeichnet Sizzo und seine Gemahlin Gisela, also beide Ehepartner, als Blutsverwandte des Abtes Eberhard, dabei wird bei der Wortwahl deutlich unterschieden zwischen der Verwendung des Begriffes *„cognatus"* für Sizzo allein und *„consanguinei"* für das Grafenpaar. Diese doppelte Verwandtschaft scheint über die Familie Schwarzburg zu bestehen.

### Der „Adolfus puer" von 1093, Graf Adolf I. (†1106)

Drei der vorgenannten Generationen des bergischen Grafenhauses haben wahrscheinlich, zumindest zeitweise, auf der archäologisch untersuchten Burg Berge gewohnt, nach der sie sich ab etwa 1060 ja benannten. Es kann kein Zweifel darüber bestehen, dass die Bewohner zum hohen Adel gehörten. Die wenigen gefundenen Dinge – die Burg wurde vor der Stiftung der Abtei Altenberg (vor 1133) ordnungsgemäß geräumt – sprechen deutlich vom hervorragenden Lebenszuschnitt des Adelshauses. Die hohe Lebensqualität zeigt sich in Kleidung, Ausrüstung, Freizeit und Reichtum.[46]

*Historisierendes Standbild von Graf Adolf I. auf Schloss Burg*

Während wir uns zuvor nur mit Vermutung begnügen konnten, erlaubt uns eine Urkunde von 1093, sicheren Boden zu betreten, weil sie es sehr wahrscheinlich macht, dass die Vogtei der Reichsabtei Werden zu dieser Zeit schon in einer Familie erblich war. In dieser Urkunde wird ein Vogt erwähnt, der zur Zeit der Beurkundung noch ein Knabe, also unmündig war: *„Adolfus, qui tunc temporis puer erat"*. An diesem „Adolfus puer" und seiner Einordnung in die Genealogie der Grafen von Berg entzündete sich in der Vergangenheit der Streit der Historiker, obwohl dieser „unmündige Knabe", der offenbar von seinem verstorbenen Vater die Vogteischaft übernommen hat, sich zwanglos in die Generationenfolge der Familie der Berger – und nur in diese – einordnen lässt.[47]

Es kann sicher sein, dass man als weltlichen Vertreter dieser bedeutenden Reichsabtei keinen unmündigen, handlungsunfähigen Vogt erwählte. Wenn nun seit 1115 die Grafen von Berg als Vögte von Werden belegt sind und auch die Erblichkeit nachgewiesen ist, kann man davon ausgehen, dass auch der Vater die Vogteischaft ausübte, wohl der Werdener Vogt Adolfo advocato (1050–1063).

*Alte Lehrbücher der Kriegführung wurden im 15. und 16. Jh. übersetzt und vermitteln die Kenntnis alter Belagerungsmaschinen. Hier der Rammbock, „Widder" genannt. (Flavius Veegetius Renatus, 4 Bücher der Ritterschaft, Augsburg 1529)*

Wenn der „Adolfus puer" 1093 noch unmündig ist und kurz darauf als selbständig handelnd auftritt, kann er, das fränkische Mündigkeitsalter von 15 Jahren vorausgesetzt, zwischen 1078 und 1080 geboren sein. Das Jahr 1080 ist just der Zeitpunkt, an dem die bergischen Grafen mit dem Kognomen de Monte oder von dem Berge auftreten. Dieser Vater (noch ohne Ordnungszahl) ist vermutlich der erste Inhaber der Burg Berge gewesen und sein Sohn (lat. puer genannt) möglicherweise dort geboren. Im Jahre 1106 verstirbt ein Graf Adolf von Berg, wie aus verschiedenen Quellen zu erschließen ist. Das kann nur der 1093 genannte „puer" gewesen sein, der in zwei Kaiserurkunden (1101 und 1105) Graf genannt wird, weshalb man diesem Adolf die Ordnungszahl I. zuwies.

## Königsgut im rechtsrheinischen Vorland von Köln

Wenn wir davon ausgehen, dass die Vorfahren der Grafen und Herzöge von Berg schon um die Jahrtausendwende nach Deutz kamen und Vögte der 1003 gegründeten Benediktinerabtei waren, stellt sich die Frage, ob und wann sie in Deutz im ehemali-

**Heribert**

Erzbischof von Köln (970–1021), wird im Zuge eines Spontankultes als Heiliger verehrt. Zunächst Dompropst in Worms, dann Hofkaplan von Kaiser Otto III., später Kanzler für Italien und Deutschland, wird er 999 Erzbischof von Köln. Durch seinen Einfluss wurde das Kloster Deutz gegründet, wo er auch bestattet wurde.

*Heinrich II. „der Heilige" 973/978–1024), seit 1002 König des Ostfrankenreiches und ab 1014 Kaiser des Heiligen Römischen Reiches. Er war der letzte Ottonen-Kaiser.*

gen Kastellgelände über Besitz verfügten. Es bot sich an, dass der „starke Mann" des Kaisers sich zeitweise dort aufgehalten haben kann.

Es ist wahrscheinlich, dass Erzbischof Heribert bei der Gründung der Abtei nicht über das ganze ehemalige Römerkastell verfügen konnte. Dies geht allein schon aus dem Vorhandensein der Pfarrkirche mit Friedhof innerhalb der Römermauern hervor, da das Gelände schon einige hundert Jahre Teil der „civitas divitia" war.

Innerhalb des Mauerberings befand sich wohl schon seit den Merowingern ein Königshof, eine Anlage, die dem Anspruch eines Königs genügen konnte. In diesem Gebäude wohnte im Jahre 1020 Kaiser Heinrich II., als er die Burg Hammerstein bei Andernach belagerte. Auch Erzbischof Heribert und seine Kleriker und Ministerialen benutzten die Gebäude als Wohnaufenthalt, wie die um 1050 verfassten Ausführungen des Mönches Lantbert in seiner Vita Heriberti (Lebensbeschreibung Erzbischof Heriberts) belegen.[48]

Dieser Königshof war wahrscheinlich schon unter den Frankenkönigen Verwaltungsmittelpunkt für umfangreichen Reichsbesitz (Königsforst, Frankenforst, Miselohe). Bemerkenswert sind einige Ortsnamen in Zusammensetzungen mit König im Gebiet weiter östlich (z. B. Königsspitze, Königreich etc.).

Das Land rechts des Rheines, das von den Römern nicht besetzte Germanien, war noch lange von Wald, Heide und Sumpf bedeckt. Dieses Gebiet wurde vom König mit einem Forstbann (Wildbann) belegt. Erzbischof Bruno (953–965) verfügte in seinem Testament, dass seine Besitzungen in Deutz – es handelte sich um den Fronhof Rolshoven mit einem Anteil

## Der Forst

Während wir heute mit dem Begriff „Forst" einen vor allem staatlicherseits kultivierten Wald verbinden, umfasste der mittelalterliche **Forst** zum einen nicht nur Waldungen (es gab noch im 18. Jahrhundert einen „Forst auf dem Bodensee") und bezeichnete zum anderen keineswegs ein besonders gepflegtes, der herrschaftlichen Jagd vorbehaltenes Revier. Ein Forst war nach der damaligen Auffassung die unbebaute und von keinem privaten Rechtsanspruch berührte Einöde schlechthin, die von einem Herrscher „eingeforstet" war.

Das Forstregal (Wildbannprivileg) war ein Hoheitsrecht und ist nicht zu verwechseln mit den etwa ab dem 15. Jahrhundert in den „Weistümern" festgelegten Waldnutzungsrechten der Grundherren und ihrer Hintersassen, wie da sind Holzfällen, Stockausschlag, Streugewinnung für das Vieh, Waldweide (Viehtrift), Imkerei, Gewinnung von Lohe und Schälen von Bast etc. Es galt als ein übergreifendes Recht, das nicht mit dem Eigentum an Grund und Boden verbunden war. Sein wichtigster Bestandteil war das Recht, anzulegen und Besiedelungen vorzunehmen. Auch die Gerichtsbarkeit über alle Menschen, die innerhalb des Forstes wohnten oder sich dort aufhielten, war damit verbunden. Der Inhaber des Forstregals war darüber hinaus berechtigt, den Rodezehnten einzuziehen.

am Königsforst – zur Errichtung eines Hospitals verwendet werden sollten. Auch Erzbischof Heribert besaß im Jahre 1003 einen Teil des Königsforstes, den er der von ihm gegründeten Abtei Deutz übertrug. Reichsbesitz war also schon zu Erzbischof

## Der Wald

Die großen Waldflächen waren im Mittelalter von zentraler Bedeutung. Holz war Brenn- und Baustoff. Die ländliche Bevölkerung wohnte in Holz- bzw. Fachwerkhäusern, die Bessergestellten konnten sich Steinhäuser leisten. Auch die zunehmende Bewirtschaftung der Felder und die Rodung der Wälder führten zu einer größeren Bedeutung der Besitz- und Zugangsrechte des Waldes. Deshalb wurden die Auseinandersetzungen immer häufiger. Die Nachfrage nach Brennholz in den Städten stieg, Handwerker, der Bergbau und die Metallverhüttung benötigten Holz.

Der ländlichen Bevölkerung war es unter Androhung der Todesstrafe untersagt, im Wald zu jagen, so blieb ihr nur die Möglichkeit, Beeren und Waldfrüchte zu sammeln. Die Jagd war den Landherren und den Adeligen vorbehalten. Vor dem Jagdtermin wurde das Wild zum Jagdplatz getrieben. Der Platz wurde von den abhängigen Bauern (Fron- oder Lehnsleuten) mit Leinwänden umgrenzt. Diese wurden später bewegt, um das Wild am Durchbrechen zu hindern. Daher stammt auch der Ausdruck: „Der ist mir durch die Lappen gegangen."

*Der Heilige Gezelin wird in der Region nach wie vor verehrt. Dem Wasser der Gezelinusquelle in Leverkusen-Schlebusch wird eine heilende Wirkung nachgesagt. Auf dem Bild ist die zur Quelle gehörende Gezelinuskapelle zu sehen.*

Brunos Zeiten an die Kölner Kirche gefallen. So verwundert es nicht, dass im rechtsrheinischen Vorland von Köln meist kirchlicher Besitz nachzuweisen ist. Auch die Grafen von Berg sind wahrscheinlich schon im 11. Jahrhundert mit der Forsthoheit im Bereich des späteren Amtes Miselohe und in der Umgebung belehnt worden. So findet man folgende Belege: Im Jahre 1117 besaß Adolf von Berg im Gebiet von Dünnwald die Rodungshoheit. 1202 gestattete Adolf von Berg der Abtei Heisterbach die Rodung für den „Neuenhof" im Kirchspiel Burge (Leverkusen-Bürrig). Dieser „neue Hof" gegenüber dem „alten Hof" Hemmelrath übertrug 1187 Ulrich von Hemersbach an die Abtei Himmerode bzw. deren Tochterkloster Heisterbach.[49] Aber auch im Gebiet längs der Dhünn bis zum Rhein hin hatten die Berger die belegte Rodungshoheit.[50]

An die umfangreiche Binnenkolonisation nach Rodungstätigkeit erinnern die vielen Namen in Zusammensetzungen mit -rath im Bereich der königlichen Forste, beispielsweise Rath, Refrath, Lückerath, Gierath, Paffrath im Königsforst, Alkenrath, Schlebuschrath, Hemmelrath, Edelrath, Menrath im Forst Miselohe, aber auch die Orte Odenthal/Udindarre (= Drainage des Udo), Rotbroich (= Rodung im Bruch) und Morsbroich (= der Bruch des Ritters Mor) im Verlaufe der Dhünn haben mit der Ackerlandgewinnung durch Urbarmachung zu tun; denn dazu gehörte auch die Trockenlegung von Sümpfen. Ein interessanter Rodename ist der Name Alkenrath bei Schlebusch, der laut einer Altenberger Akte im 15. Jahrhundert noch „Ailfkeroide" (= Adolfsrodung) geschrieben wurde. Der Namensgeber war jedenfalls ein Adolf. Nach der Gezelinuslegende hatte Graf Adolf in dieser Gegend einen Schafstall, den dieser der Abtei Altenberg schenkte und auf dem Gezelinus die Schafe gehütet haben soll.[51]

Dem Rodungsstreifen waren im rheinnahen Altsiedelland die fränkischen Heim-Namen vorgelagert. Sie waren an der Strunde nordöstlich von Deutz besonders häufig: Mülheim, Buchheim, Wichheim, Schweinheim, Merheim. Hier zeichnete sich ein Besiedelungszug ab, der zur Zeit der fränkischen Landnahme von Deutz aus seinen Anfang nahm. Bei Divitia selbst und auch bei Vingst (Vince) und Kalk (Kalke) war vom Namen her eine Siedlungskontinuität seit der Römerzeit anzunehmen. Dieser ehemalige „Brückenkopf" der Römer gegenüber Köln war allem Anschein nach ständig bewohnt.

Als die Vorfahren der Grafen von Berg vermutlich um die Jahrtausendwende nach Deutz kamen, begann gerade der zweite große Angriff auf den Urwald östlich des Rheines zur Gewinnung von neuen Ackerflächen. An diesen Unternehmungen werden sich die Berger beteiligt haben, denn die Herrschaft über Rodungsbauern und auch die kirchlichen Vogteischaften waren wichtige Grundlagen für die Ausbildung der späteren Landesherrschaft.

Zu den ersten rechtsrheinischen Besitztümern der Berger gehörte der Hof Merheim, den Adolf III. von Berg im Jahre 1217 vor dem Aufbruch zum Kreuzzug der Abtei Altenberg verkaufte. Merheim und die anderen Orte mit Heim-Namen gehören zu denjenigen Siedlungen, die schon ab dem 7./8. Jahrhundert im Zuge der rückläufigen fränkischen Landnahme besiedelt wurden. In diesem Altsiedelland standen also Güter für ein hinzuziehendes Edelgeschlecht zur Verfügung.

Manche Historiker sahen erste Besitztümer der Berger im linksrheinischen Altsiedelland. Hier darf nicht übersehen werden, dass diese Besitztitel erst für den Anfang des 13. Jahrhunderts belegt sind. Wie viele Güter konnte aber ein wohlhabendes und expandierendes Geschlecht wie das der Berger in einer Zeitspanne von mehr als 200 Jahren erwerben, erheiraten, vererben und auch wieder abgeben?[52]

Die Fundation des 1133 eingerichteten Klosters Altenberg, die „hereditas Berge" – also ein Lehen – stammt vermutlich aus Oberbesitz des Reiches; keine Sicherheit besteht aber über den sekundären Lehnsgeber. Einige Autoren argumentieren damit, es wäre ein pfalzgräfliches Lehen gewesen, weil im „Alzeyer Weistum",

*Belagerung einer Burg. Hier wird der Alltag im Lager dargestellt: Essen und Trinken, Musizieren und die Beschäftigung mit dem „schönen Geschlecht".*

das im 15. bzw.16. Jahrhundert aufgezeichnet wurde, die Graf-schaft Berg als Lehen des Pfalzgrafen aufgezählt wird. Das dort genannte Lehen bezieht sich allerdings nur auf die Gerichtsstät-te Kreuzberg, die vorher nachweislich im Besitz des Pfalzgrafen Hermann von Stahleck war. Es wäre ein Kuriosum, wenn Pfalz-graf Heinrich, nachdem er von Erzbischof Anno II. vertrieben worden war, in diesem Gebiet ein Lehen vergeben hätte, das sich infolgedessen gar nicht mehr in seinem Besitz befand.

Die umfangreichen Lehen bei Odenthal an der Dhünn können auch aus den oben genannten Schenkungen der Könige an die Kölner Kirche herrühren. Sichere Nachrichten über Besitzver-hältnisse im rechtsrheinischen Vorland von Köln waren eben nur im Zusammenhang mit kirchlichen Institutionen zu finden.

Ausgehend von den belegten Besitzhinweisen am Unterlauf der Dhünn schien eine fränkische Enklave bei Schlebusch be-standen zu haben. Hier finden wir die Heim-Namen „gucum-hem", Hummelsheim (1327 Hundilshem) und Nittum (1327 Ni-them). Zum Rhein hin breitete sich ein großer Fronhof des Kölner Erzbischofs aus. Er wurde in den Jahren 1107 bis 1120 – Regentschaftszeit des 7. Abtes Eberhard – gegen eine Liegen-schaft der Abtei Brauweiler an der Mosel eingetauscht.[53]

In der Brauweiler Klosterchronik steht die Übertragung des Hofes an die Abtei am Anfang der Erwerbungen des Abtes Eber-hard, so dass der Zeitpunkt der Übergabe eher bei 1107 als bei 1120 zu suchen ist. Wie lange vorher dieser Haupthof in der Hand des Erzbischofs war, ist nicht belegt. Er war der größte Hof zwischen der Dhünn und dem Land vor Mülheim; seine Lände-reien reichten vom Rhein bis nach Nittum/Schildgen. Von ihm abhängige große Höfe waren der Büchelter Hof, der Hemmelrat-her Hof und der Kurtekottenhof. Letzterer galt als der wichtigste Besitz des Klosters Dünnwald.

Erzbischof Friedrich I. übertrug aber nicht das ganze Gelände dieses Hofes. Am Übergang über ein Gewässer – wahrscheinlich die Dhünn – nahm er ein genügend großes Gelände heraus, um dort an einer Rodestelle einen neuen, vermutlich befestigten Hof zu errichten. Von dort aus wurden die erzbischöflichen Zehnten eingezogen. Die ältesten vorhandenen Aufzeichnungen über den Fronhof Wiesdorf und den neuen Rodungshof am Übergang über ein Gewässer stammen aus der zweiten Hälfte des 13. Jahr-hunderts. Wir wissen heute, dass dieser neue erzbischöfliche Hof (es war der spätere Büchelter Hof) Ersatz für den an die Ab-tei Brauweiler übertragenen Fronhof Wiesdorf war. Dieses Objekt war wahrscheinlich eine Motte; denn es wird in den Fronhofsakten „stritbuggele" (Kampfhügel) genannt. Erzbischof Friedrich musste an der Sicherung seines Weges zu den westfälisch-engrischen Besitzungen interessiert sein, weshalb er den Dhünnübergang unter seine Kontrolle brachte. Bezeichnend ist, dass kurze Zeit später auch der Graf von Berg in der Nähe dieser Anlage eine Genburg errichtete, die er mit seinen Ministerialen besetzte: die

*Die „Doktorsburg" in Leverkusen war im Mittelalter ein Lehen derer von Berg. Federzeichnung, teilweise mit Aquarell koloriert, von F. A. de Leuw (1846)*

Ritter Jakob von Ophoven und, als Nachfolger, dessen Sohn Engelbert. An dieser Stelle steht heute die „Doktorsburg", während der benachbarte ehemalige Büchelter Hof dem Bau des Leverkusener Forums hat weichen müssen.

Erzbischof Friedrich II. bestätigte im Jahre 1157 dem Kloster Altenberg Besitzungen, u. a. einen Zehnten, den der Ritter Heinrich von Odenthal gegen eine jährliche Rente von 5 Solidi aus der *„terra que vocatur Stega"* (Zehnthof am Küppersteg) eingelöst und der Abtei übergeben hatte. Es handelte sich hier um die Zehnten des Gründungslandes des Klosters einschließlich des benachbarten Hofes Bülsberg. Das Gründungsland des Klosters (die hereditas Berge) stand also in einer Zehntabhängigkeit zum erzbischöflichen Hof am Küppersteg, eben dem Büchelter Hof, das vorher *„stritbuggele"* genannte Objekt.[54]

## Der Bergbau im Mittelalter

Der Bergbau hatte eine zentrale Rolle im Mittelalter. Erst durch die Gewinnung von den geförderten Erzen, im Bergischen-, Sauer- und Siegerland (hauptsächlich Silber, Eisen, Kupfer und Blei) wurden die Metalle im täglichen Leben und für die Politik unverzichtbar. Dies galt für die Waffenproduktion, in der Kunst sowie auch für den Handel. Da sich die Erze über ein großes Gebiet verteilten und sich der Transport zur damaligen Zeit schwierig gestaltete, entstanden um die jeweiligen Förderstätte herum regelrechte Bergbaustätten, die die Erze weiterverarbeiteten. Oft wurden Kinder zur Arbeit herangezogen, die wegen ihrer Körpergröße in den engsten Stollen arbeiteten. Die Schwere der Arbeit, die Feuchtigkeit, der Staub und die schlechten hygienischen Verhältnisse führten zu einer geringen Lebenserwartung der Kinder.

*Der Glockenturm von St. Pankratius in Odenthal*

Auch in Nittum (= Nitheim) bei Schildgen gab es einen Hof, der an den ehemaligen erzbischöflichen Fronhof Wiesdorf (Wistubbe) Abgaben leisten musste. Als er in den ältesten vorhandenen Fronhofsakten genannt wird, war er im Besitz des Grafen von Berg, ohne dass wir wissen, wie lange er ihn schon besaß und wie er in dessen Hand gekommen war. Nitheim/Nittum ist wie Merheim ein fränkischer Heim-Name und es ist schon bemerkenswert, dass die Grafen von Berg im rechtsrheinischen Vorland von Köln zwei dem Namen nach so alte Höfe besaßen.

Der Graf von Berg hatte also als Lehnsgebühren einen Malter Weizen und einen Malter Roggen nebst 28 Kölner Silberpfennigen vom Hof Nittum an den ehemaligen erzbischöflichen Fronhof in Wiesdorf abzuführen. Das war für die damalige Zeit eine beachtliche Abgabe und lässt auf eine ziemliche Größe des Nittumer Objektes schließen.[55]

Der nächste große Hof dhünnaufwärts war Osenau. Er gehörte ursprünglich dem Stift St. Gereon in Köln. Weiter östlich folgte der Hof Menrath. Er war zeitweilig im Besitz des bergischen Ministerialen „Adolf de Pomerio" und wurde später der Abtei Altenberg übertragen. Menrath stand in Zehntabhängigkeit zur Pankratiuskirche in Odenthal, die vom Alter her eine Taufkirche des Erzbischofs gewesen sein kann. Das 2 m dicke Turmfundament der Kirche datiert man ca. auf das Jahr 1000.

Um die Wende zum 11. Jahrhundert hatten der fränkische Adelige Matilfrit und seine Gemahlin Adelita Teile ihres Erbgutes zu Dabringhausen dem Andreas-Stift in Köln vermacht. Die Schenkungsurkunde ist erhalten. Mit einiger Wahrscheinlichkeit wurde sie zwischen 980 und 1006 ausgefertigt. Im Andreas-Urbar wird das Gut im Jahre 1230 unter den Stiftsbesitzungen aufgeführt.

Matilfrit war ein Franke. Dabringhausen gehört aber zu den sächsischen Inghausen-Orten, die im sogenannten „Wupperviereck" häufig vorkommen, z. B. Lüttringhausen, Böninghausen, Elbringhausen etc. Bei Dabringhausen verlief die Grenze zwischen sächsischem und fränkischem Gebiet.

Das sächsisch-engrische Siedlungsgebiet im Wupperviereck gehörte allerdings nicht zu den ersten Erwerbungen der Berger.

Dieses von Sachsen erschlossene Land kam erst über die Heirat Adolfs I. († 1106) mit Adelheid, Tochter Heinrichs von Lauffen und der Ida von Werl, in die Hand der Berger. Es stellt sich nun die Frage nach dem Umfang des Territoriums, in welchem das in der zweiten Hälfte des 11. Jahrhunderts in das Licht der Geschichte eintretende Geschlecht „de monte" anfänglich Macht ausübte. Man darf annehmen, dass die Burg, nach der sie sich schließlich benannten, schon aus organisatorischen Gründen etwa in der Mitte ihres Besitz- und Einflussbereiches lag. Die „hereditas Berge" wird dabei nur ein Teil des in ihrer Hand befindlichen Gutes gewesen sein, wie es rückschließend aus den später bezeugten umfangreichen Besitzungen der Berger im Großraum Odenthal hervorgeht.

Wenn wir davon ausgehen, dass der 1101 und 1105 genannte Graf Adolf im Jahre 1093 noch ein Knabe war, dann muss der in den 1080er-Jahren auftretende *Adolfus advocatus de monte* dessen Vater gewesen sein. Das Gebiet im Wupperbogen besaß dieser noch nicht, weil es erst durch die Heirat seines Sohnes mit Adelheid von Lauffen in die Hand der Berger kam.

Damit ist das einst von Sachsen besiedelte Gebiet im „Wupperviereck" – so nennt man das durch die dreimalige Richtungsänderung der Wupper umschriebene, südlich bis zur Wasserscheide zwischen Wupper und Agger reichende Gebiet – für den Besitz- oder Einflussbereich des ältesten „de monte" als Abschluss nach Norden zu sehen.

Nach Osten sind an der mittleren Wupper zur Zeit des ersten „de Monte" die Grafen von Hückeswagen bezeugt, deren Territorium erst später in Pfandbesitz der Berger überging. Nördlich der Wupper sind die Hardenberger bis in die 50er-Jahre des 12. Jahrhunderts nachweisbar. Im Rhein-nahen Gebiet zwischen Düsseldorf und Wiesdorf hatten die Herren von Eller umfangreichen Besitz.

Im Westen wird der Rhein die Grenze gewesen sein, während nach Süden ein nur schwer zu lokalisierender und nur wenig bezeugter „Deutzgau"[56] sich anschließt, in dem bis zum Jahre 1141 ein Graf Arnold von Deutz genannt wird. Vermutlich ging der Geltungsbereich von dessen Grafschaft nur wenig über den lange Zeit im erzbischöflichen Besitz gewesenen Bereich um Deutz/Divitia und die fünf „Beifangdörfer" Kalk, Vingst, Rolshoven, Poll und Westhofen hinaus. Das Gebiet südlich davon an der unteren Sieg war Domäne der Grafen von Bonn bzw. von Sayn. Als mögliches Gründungsterritorium verbleibt für die Grafen von

Anno II. (ca. 1010–1075), Erzbischof von Köln, entstammte einer schwäbischen Familie. 1056 wurde er Erzbischof von Köln.

Anno war eine schillernde Persönlichkeit, einerseits der Askese verpflichtet, eine ehrwürdige Gestalt, andererseits war er äußerst ehrgeizig, wenn nicht gar skrupellos. Nach Beschlagnahmung eines Kaufmannsschiffes und den folgenden Händeln kam es 1074 in Köln zum Volksaufstand, dem Anno nur durch Flucht entgehen konnte. Einige Tage später kehrte er mit Soldaten zurück, schlug den Aufstand nieder und zwang das Volk zur Buße. Anno ist in Siegburg begraben. Berühmt ist der prächtige Annoschrein.

Berg dann nur der Großraum um Odenthal mit einer ungewissen Ausdehnung in Richtung Deutz (Merheim, Buchheim/Mülheim?).

## Der „ungezählte" Adolf, Vater des „Adolfus puer" von 1093

In zwei Urkunden des Erzbischofs Anno II. von Köln aus dem Jahre 1068 führt „Adolfus advocatus de monte" die Reihe der Laienzeugen an. Der Urkundenkritiker Oppermann sieht nach Schriftvergleichen in diesen Urkunden „angebliche Originale", die in der zweiten Hälfte des 12. Jahrhunderts „von der gleichen Werdener Hand angefertigt wurden". Ganz abgesehen von den Schriftvergleichen Oppermanns, die umstritten sind, führte er formale Mängel an, die die Urkunden haben sollen und deshalb ihre Unechtheit beweisen. So wäre z. B. das Wort „curia" für Fronhof im Zeitpunkt der Datierung der Urkunde noch nicht üblich gewesen. Hier irrte Oppermann, denn Anno benutzte „curia" auch für eine Urkunde des Stiftes St. Georg. Anstoß nahm er an der seiner Meinung nach „ungewöhnlichen und unrichtigen" Wortfolge „Adolfus advocatus de Monte". Auch dieser Einwand ist nicht stichhaltig, denn in der Siegburger Überlieferung des 12. Jahrhunderts finden wir ebenso die Formulierung Adolf Vogt von

*Zeile aus der Anno-Urkunde vom 30.7.1068 mit „Adolfus advocatus de monte".*
*Hier haben wir möglicherweise den ersten Hinweis auf den „ungezählten" Vater*
*des „Adolfus puer", der vielleicht um 1045 geboren ist.*

Berg (adolfus advocatus de Berge). In die Vorstellungswelt des
Schreibers versetzt heißt das: „der Vogt Adolf von der Burg Berge",
so wie er vielen damals bekannt war.

Im 11. und noch in der 1. Hälfte des 12. Jahrhunderts scheinen
die Geschlechternamen nicht so manifestiert gewesen zu sein.
So wird Graf Adolf II. von Berg, der in erzbischöflichen Urkunden ziemlich regelmäßig als „Adolfus comes de Monte" (oder de
Berge) aufgeführt ist, in Westfalen „Adolfus de huvili" (von Hövel) oder „Adolfus de Altena" genannt. In erzbischöflichen Urkunden werden häufig Titel oder Herkunftsbezeichnungen weg-
gelassen. Wenn der „Adulfus comes" der Sigewinurkunde vom
22. März 1080 als Adolf von Berg zu identifizieren wäre, hätten
wir hier den Beweis, dass die Berger schon vor den Kaiserurkunden von 1101 und 1105 den Grafentitel führten (Reg. I, Nr. 139).

## Graf Adolf II., der Klostergründer von Altenberg

Während wir von den Vorfahren Graf Adolfs II. wenig wissen,
sind wir für dessen Zeit als Graf (1115–1160) wesentlich besser
unterrichtet. Damals ist eine entscheidende Entwicklungsphase
im Bergischen Grafenhause festzustellen.

Das Geburtsdatum Adolfs II. (um 1100) ergibt sich aus seiner
Stellung in den Zeugenlisten, in denen er mit Regelmäßigkeit
als Nachbar von Adolf von Saphenberg erscheint (meist vor
ihm), von dem wir wissen, dass er auch um diese Zeit geboren
ist. Es ist deshalb nicht verwunderlich, dass Adolf II. – oder ein
anderer Berger – nicht vor 1115 in den erzbischöflichen Urkunden genannt wird, denn erst zu diesem Zeitpunkt ist er großjäh-
rig geworden, während sein gleichnamiger Vater im Jahre 1106
als verstorben gemeldet wird. Dass man einen noch so jungen

*Die Markuskapelle, das älteste Gebäude des Altenburger Doms. Hier wurde Adolf II. im Jahre 1170 begraben. Nach Fertigstellung des Altenberger Doms wurden die Gebeine 1313 in den Dom selbst überführt.*

Mann in den Zeugenreihen der Urkunden des damals mächtigsten Mannes am Niederrhein – des Kölner Erzbischofs – findet, spricht für eine schon länger bestehende hervorragende Stellung des Geschlechtes der Berger in Reich und Erzbistum.

Die besondere Gunst Erzbischof Friedrichs zeigte sich, als er die Heirat einer seiner Nichten mit Adolf II. vermittelte. Es war Adolfs zweite Ehe, nachdem seine erste Frau vor 1128 verstorben war. In erster Ehe wurden drei Söhne geboren: Adolf (* 1120–1125, † 1148 vor Damaskus), Eberhard (* um 1122), der sich nach der Teilung des bergischen Territoriums im Jahre 1160 Graf von Altena nannte, und Friedrich (* 1121–1126), der von 1156–1158 als Friedrich II. Erzbischof von Köln war.

In der zweiten Ehe mit der Nichte des Erzbischofs Friedrich wurden noch drei Söhne geboren. Der erste erhielt den Namen Engelbert aus der Familie der Schwarzenburger (der Vater der Frau hieß so), der 1160 nach der Teilung das Land Berg übernahm, während ein zweiter Sohn der Schwarzburgerin als Bruno II. ebenfalls Erzbischof von Köln wurde (1191 bis 1193). Ein dritter Sohn, nochmals mit dem Namen Adolf, wurde spätestens um 1150 geboren. Er urkundet von 1192–1197 auch als Graf von Berg und ist wahrscheinlich Mitbegründer des Deutschen Ordens gewesen.

Nach einer im Kloster Altenberg nur mündlich überlieferten Nachricht erbauten die Berger ab 1118 die Burg an der Wupper, die sie „novus mons" oder „novum castrum" (Neuenberg) zur Unterscheidung von „vetus mons" (Altenberg) nannten.

Die erste urkundliche Erwähnung des heutigen Schloss Burg finden wir erst 1160. In diesem Jahre schenkte Warner von Berghausen der Pankratiuskirche einen Hof auf dem neuen Berg. Graf Adolf II. von Berg ließ diese Urkunde in der Burg auf dem neuen Berg *(in nostro novo monte)* ausstellen, kurz bevor er als

Mönch ins Kloster Altenberg eintrat. Als zusätzliche Datierung nennt er die Regentschaftszeit des Kaisers Friedrich Barbarossa und des Erzbischofs Reinald von Dassel, unter denen sich sein Sohn und Nachfolger Engelbert zum Kreuzritterzug „gürtete".

Zu diesem Zeitpunkt ist die neue Burg, heute Schloss Burg, vollendet, die Kapelle erbaut und die Anlage mit einer Burgmannschaft belegt. Damit ist die Behauptung, erst Erzbischof Engelbert I. von Berg († 1225) habe die neue Burg an der Wupper erbaut, widerlegt. Sein Vater, Graf Engelbert I., übergab die Kapelle an die Johanniter, nachdem er die Gründung einer Kommende in seiner umfangreichen Burg gestattet hatte.

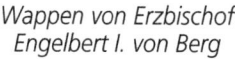

*Wappen von Erzbischof Engelbert I. von Berg*

Schon der Übergang der gewählten Bezeichnungen vom „Alten Berg" zum „Neuen Berg" bestätigt eine Hintereinanderfolge in der Familientradition des Wohnsitzes. Wenn auch in der ersten Hälfte des 12. Jahrhunderts in westfälischen Urkunden einmal ein „Adolf von Hövel" und ein andermal ein „Adolf von Altena" erscheint, ändert das nichts an der Weiterführung des Geschlechternamens „de Monte" in erzbischöflichen Urkunden. „Adolf von Hövel" ist jedenfalls niemand anderer als Adolf I. von Berg, Gatte der Adelheid von Lauffen (der „puer" von 1093, † 1106), der Vater des Klostergründers.

Der 1122/25 als „Adolf von Altena" bei der Gründung des Prämonstratenserstiftes Cappenberg auftretende Zeuge ist mit Sicherheit der Klostergründer von Altenberg. Wenige Jahre später (1126) wird in einer Urkunde des Bischofs von Utrecht Adolf II. von Berg wieder ein „Adolf von Hövel" genannt. Wenn in zeitgleichen Urkunden des Erzbischofs Friedrich I. von Köln – wie berichtet – nur der Zusatz „de Monte" (von Berg) vorherrscht, kann das doch nur bedeuten, dass der Geschlechtername zu dieser Zeit noch nicht überall bekannt und fest gefügt war. Der Annalist Saxo kannte in der Mitte des 12. Jahrhunderts einen Adolf von Hövel von einer Burg in seinem „überschaubaren" Bereich, wie auch der Bischof von Utrecht, bzw. dessen Kanzleischreiber, im Jahre 1126 bei der Herkunftsbezeichnung auf diesen ihm be-

*Bäuerliches Leben. Neben den Tätigkeiten des Landlebens, Säen, Pflügen, Umgraben, Ernten, Kohlschneiden, Dreschen und Holzhacken, sind auch die Strafen dargestellt: Pranger, Galgen, Rad (um 1470).*

### Das Leben eines Bergischen Bauern

Da es im Bergischen Land eine sehr schlechte Infrastruktur gab, begrenzte sich der wirtschaftliche Horizont eines einfachen Bauern auf seinen Hof, das Dorf, manchmal auch die nächste Stadt. Der Bauernhof bildete hierbei oft einen Selbstversorgerhof. So wurde Getreide angebaut, aus dem Brot gebacken wurde. Vieh wurde gehalten, von dem man Fleisch und Kleidung bezog. Neben der Arbeit auf dem eigenen Hof musste die bäuerliche Bevölkerung auch noch dem Grundherrn Frondienste leisten und zudem der Kirche einen Zehnt zahlen. Diesen Hof durften die Bauern ohne ausdrückliche Erlaubnis ihres Herrn nicht verlassen oder veräußern. Ein Grundherr wurde für diese Landvergabe von jedem behausten Unfreien in Naturalien bezahlt. Die Größenordnung belief sich auf jährlich ein Ferkel, fünf Hühner und zehn Eier. Außerdem war der Bauer verpflichtet, vier Jungschweine seines Herrn zu mästen, ein halbes Ackerwerk von ihm zu pflügen, an drei Tagen in der Woche auf dem Herrenhof zu helfen, Botendienste zu leisten und ein Pferd oder einen Ochsen zum Pflügen und zum Transport von Waren bereitzustellen. Die meisten Bauern konnten gerade so das Überleben ihrer eigenen Familie sichern. Dafür erhielt der Bauer vom Grundherren Land und Schutz. Der Grundherr war also für seine Leibeigenen verantwortlich.

kannten Burgbesitz zurückgriff, während die Cappenberger 1122/25 die ihnen „näher liegende" Burg Altena bevorzugten. Dass die Berger nach Aufgabe der Burg Berge (Altenberg) „ihren Wohnsitz nach Westfalen verlegten" – wie manche behaupten –, ist aus politischen und geo-strategischen Überlegungen unwahrscheinlich. Die Wahl der Beinamen weitab von der rheinischen, von den Bergern selbst erwählten „Stammburg" könnte rechtliche Gründe gehabt haben, wiesen sie doch Adolf als Herrn eines Sitzes auf sächsischem Boden aus.

Die politische Vernunft erforderte den Anschluss der Berger an den Kölner Erzbischof Friedrich I. (von Schwarzenburg), dessen Name ab 1115 in Urkunden häufig zu finden ist. Die Nähe zum Kölner Metropoliten und die Vogteischaften im rechtsrheinischen Vorland von Köln machten eine dortige Präsenz nötig.

## Erste Nachrichten über Stützpunkte der Berger in Deutz

Am 25. August 1128 brach abends in dem vieltürmigen Kastell Deutz, in dessen Mitte sich seit 1003 das von Erzbischof Heribert gegründete Benediktinerkloster befand, ein Feuer aus, das rasch um sich griff und alles Holzwerk in den umstellenden Türmen verbrannte und auch die Pfarrkirche St. Urban in der Nähe des Brandherdes schwer beschädigte. Das Kloster wurde zwar von den Flammen umringt, blieb aber wie durch ein Wunder verschont.

Der damalige Abt Rupert hat der Nachwelt diesen Brand in seiner Schrift „De incendio" (über den Brand) ausführlich und anschaulich übermittelt. Seine Schrift gibt uns bei richtiger und logischer Interpretation nicht nur wichtige Aufschlüsse über die Topographie und vorhandene Bauten im ehemaligen Kastellgelände von Deutz, sondern ermöglicht auch Identifikationen von hochstehenden Personen, die zur damaligen Zeit dort aktiv waren. In Ruperts Ausführungen können wir nach „Entschlüsselung" zwei Männer erkennen, die erst kürzlich durch Wiederaufbauten im Kastell den klösterlichen Frieden störten und deshalb seinen heftigen Zorn erregten.

Rupert traute sich nicht, diese Störenfriede mit Namen zu nennen, weil er von ihnen abhängig war. Der eine war der Erzbischof Friedrich I. von Köln, der ihn eigens nach Deutz gerufen hatte, der andere aber – ein nicht geistliche Widersacher – ist mit großer Wahrscheinlichkeit der Graf von Berg (ob er zu damaliger Zeit Klostervogt war oder nicht, sei dahingestellt). Seine Identifikation hat Herbert Grundmann in einer ausführlichen Studie „Der Brand von Deutz 1128 in der Darstellung Abt Ruperts von Deutz" überzeugend dargelegt.[57]

Rupert nennt den Erzbischof sein „rechtes Auge". Das „Auge" begann, einen Turm mit einem Haus wieder aufzubauen. Die Bauarbeiten stellte der Erzbischof – wohl auf Protest des Abtes – vorerst wieder ein.

Der andere, nur umschrieben dargestellte Mann, den Herbert Grundmann als den Klostervogt Adolf identifiziert, baute einen

Turm an einer Stelle, die Rupert für die Gründung eines Hospitals vorgesehen hatte. Darüber waren die Mönche am meisten betrübt und der Deutzer Abt schleuderte deshalb gegen ihn den Josuafluch: „Verflucht sei der Mann vor dem Herrn, der sich aufmacht und Jericho wieder aufbauen will! Wenn er den Grund dazu legt, das kostet ihn seinen ersten Sohn, und wenn er die Tore setzt, kostet es ihn seinen jüngsten Sohn."[58]

Der Mann, gegen den sich der Fluch richtet, zählt Rupert zu seinen ehemaligen Freunden *(quia nostrorum quidam amicorum)*, die zurzeit gegen ihn stehen *(tunc temporis oportunitate)* und die zu den seit 100 Jahren edlen Geschlechtern gehören *(homines honesti quidem secundum seculum)*.

Auch Abt Ernst vom Benediktinerkloster Reinhardsbrunn wählte bei der Herkunftsbewertung des ersten Abtes Eberhard des Zisterzienserklosters Georgenthal – er war ein Bruder Adolfs II. von Berg – eine ähnliche Formulierung.[59] Die Zeitspanne von mehr als 100 Jahren führt uns zu dem „vir probus et nobilis" zurück, dem tüchtigen und adeligen Grafen Hermann (mit Bruder Adolf) der Jahrtausendwende, der vermutlich identisch ist mit dem ersten Deutzer Vogt Hermann. Die fast gleichlautenden Formulierungen der beiden Äbte ist ein weiteres Indiz für das hohe Alter des adeligen Edelgeschlechtes derer von Berg.

Derjenige, gegen den sich Ruperts Fluch richtete, war jedenfalls ein verheirateter Mann mit Söhnen, die dieser Fluch gleich mitbetraf. Damals war gerade die Frau dieses Mannes gestorben. Rupert schreibt, dass er dadurch milde gestimmt wurde und deshalb zu einer Verständigung mit ihm bereit war: Ein Haus,

*Rekonstruktionsversuch des Deutzer Kastells*

Als man 1880 an der Westseite des Deutzer Kastells die alten Römermauern am Rhein ausgrub, fanden sich auf den Fundamenten der römischen „Porta decumana" (Westtorburg) die Reste eines **mittelalterlichen Turmes** mit einem Durchmesser von 18 m. Bei diesem Turm handelte es sich mit großer Wahrscheinlichkeit um das von Abt Rupert in seiner Brandschrift von 1128 beschriebene Bauwerk. Was hier im Gegensatz zu den dickwandigen Römertürmen besonders auffiel, war die viel geringere Wandstärke. Angebaut an die nördliche Seite dieses Turmes befand sich die mittelalterliche Tordurchfahrt, die eine Breite von 4 m und eine Höhe von über 3 m aufwies.

welches dieser unterhalb eines von ihm rekonstruierten Turmes zu bauen angefangen hatte, überließ er dem Abt, dies tat er „teils für sein Seelenheil, teils für Geld". Das geschah schon im Jahre 1127.

Rupert konnte nach der Übergabe dieses Hauses das von ihm schon länger geplante Laurentiushospital einschließlich Oratorium einrichten. Die Gewölbe beabsichtigte er in gleicher Höhe aufzufahren wie das danebenliegende Torgebäude. Das Hospital lag am Eingang des Kastells, ein Ort, den der Abt zur Aufnahme von Kranken und zur Verteilung von Almosen gut geeignet fand.

Am Strohdach des Laurentiushospitals fand das Feuer reiche Nahrung, loderte an dem Turm hoch, drang über schmale, schlitzartige Öffnungen in das Innere ein und zündete alles Brennbare an. Dieser Turm konnte keiner der Römertürme gewesen sein, deren 3,60 m dicke Wände für Fenster oder Schießscharten denkbar ungeeignet waren. Diese hatten meist nur in Höhe der Wehrgänge breitrunde Öffnungen zum schnellen Heraustritt der Mannschaften. Auch der Römerturm in Köln hat keine erkennbaren Öffnungen.

Wenn wir nun Standort und Beschaffenheit des von Rupert genannten Turmes, an dessen Fuß sich das Laurentiushospital befand, kennen, müssen wir bei der Frage nach dem Erbauer noch einmal auf die Person zurückkommen, gegen den der Deutzer Abt wahrscheinlich den Josuafluch schleuderte. Einige Historiker halten es für nicht genügend gesichert, dass es sich bei diesem Mann um den Grafen von Berg handelt, wie es Grundmann überzeugend dargelegt hat. Justus Bockemühl dagegen sieht in ihm den Grafen Arnold von Deutz. Er übersieht dabei jedoch, dass sich der Josuafluch auch auf die Söhne bezieht. Er schreibt selbst, dass Graf Arnold von Deutz „offenbar söhnelos nach 1041 starb".

Graf Arnold und seine Frau Uda erschienen als Wohltäter im Sterbeverzeichnis der Abtei Deutz, während man einen Berger dort vergeblich sucht. Arnold und Uda waren nicht etwa für ein Haus in Deutz eingetragen, sondern für einen gestifteten Zehnten in Quinheim. Noch 1158 ist die „nobilissima comitissa Uthilhildis" von Odenkirchen, Arnolds Frau, lebend bezeugt . Von Adolf II. wissen wir, dass er um die Zeit, als Rupert seinen Brandbericht schrieb, die Frau verlor und mehrere Söhne hatte, von Graf Arnold ist nichts weiter bekannt.

Wie groß der Einflussbereich des Grafen Arnold in und um

*Mittelalterliche Marktszene. Im Mittelpunkt steht der Bischof als Stadt- und Marktherr. Die Marktstände sind Zelte. Manchmal sind die Verkaufsstände auch vorgebaute kleine Bretterhäuschen, die in Köln Gadden genannt wurden.*

Deutz war, konnte mangels Quellen nicht geklärt werden. Die Burg Odenkirchen kaufte im Jahre 1153 Erzbischof Arnold II. zurück. Sie war also vorher erzbischöflicher Besitz und wahrscheinlich von Erzbischof Friedrich I. zu Lehen ausgetan.[60]

Die Anwesenheit eines Grafen Arnold in Deutz muss nicht unbedingt Aktivitäten anderer Leute im Deutzer Kastell ausschließen. Abt Rupert spricht von mehreren Personen, die den klösterlichen Frieden durch Kastellbauten stören. Nur wenige Jahrzehnte später ist jedenfalls Besitz der Berger in Deutz gut bezeugt. Die Kölner und auch der Erzbischof hatten unter den kriegerischen Aktivitäten der Berger im Rheinhandel mehrfach zu leiden. Der

Erzbischof konnte die Ansprüche auf das Geleitregal in seinem Herzogtum Westfalen nicht nur deshalb nicht durchsetzen, weil die Berger ältere, vermutlich vom Kaiser verliehene Geleitrechte besaßen, sondern weil diese auch Druck mit militärischen Mitteln machten, indem sie Ritter und Schützen gegenüber Köln postierten *(eques lancea a litore Reni, apud Tuicium, in Renum sagittare posset)*.[61] Die erste sichere Nachricht über Besitz der Berger in Deutz stammt aus einer Schreinseintragung der Martinspfarre in Köln. In den Jahren 1175/76 gab Graf Engelbert I. von Berg die Deutzer Burg an Erzbischof Philipp von Heinsberg zurück. Dieses Ereignis war für die Kölner bedeutungsvoll und einschneidend genug, um es als Datierungshilfe heranzuziehen: *„eo anno, quo comes Eingelbertus resignavit presidium Tuicii Ph(ilippo) archiepiscopo"* (in dem Jahre, als Graf Engelbert die Burg Deutz an den Erzbischof Philipp zurückgab).

Hier wird nur von der Rückgabe des „presidium Tuitii" gesprochen. Wir wissen nicht, wie lange das Lehen schon bestand. Joseph Milz identifizierte das „presidium Tuitii" mit der Osttorburg, die ehemalige römische „Porta praetoria". Diese Anlage allein war aus strategischen und waffentechnischen Gründen zu weit vom Rhein entfernt und hatte wegen des hohen Zentralbaus der Klosterkirche kein freies Schussfeld. Sie war deshalb für die „sagitarii", die mehrfach in der Kölner Königschronik genannten Bogen- oder Armbrustschützen der Berger, denkbar ungeeignet.[62] Erzbischof Arnold II., der im Juli 1152 die Burg Sayn völlig zerstört, nennt sie „fortissimum presidium comitis Everhardi", die starke Burg des Grafen Eberhard.

Zusätzliche Erkenntnisse gewinnen wir aus den damaligen großpolitischen Ereignissen. Graf Adolf II. von Berg taucht erstmals im Jahre 1115 in den Urkunden des Erzbischofs Friedrich I. auf, dessen waffenpflichtiger Lehnsmann er war. Ein Jahr zuvor hatte Kaiser Heinrich V. das Deutzer Kastell belagert, um von hier aus die Stadt Köln zu bedrohen.[63] Hier wird wieder das „presidio" erwähnt, das von den Kölnern zur Abwehr des kaiserlichen Angriffs besetzt wurde. Es kann sich hier nicht nur um die ehemalige römische Osttorburg gehandelt haben, sondern um die Deutzer Befestigung insgesamt, einschließlich der festungsartigen Klosterkirche. Die Osttorburg hat vermutlich im Mittelalter, wie bei der Westtorburg archäologisch belegt ist, als Steinbruch gedient und nur die Fundamente sind heute noch erhalten.[64]

Erzbischof Friedrich I. von Köln stand im Jahre 1114 an der Spitze des Adelsaufstandes in Niederlothringen und Sachsen gegen Kaiser Heinrich V. Es ist anzunehmen, dass er auch den jugendlichen Grafen von Berg, Adolf II. war damals etwa 15 Jahre alt, als Verbündeten gewann, indem er ihm vermutlich die Deutzer Befestigung zu Lehen gab. Eine Waffenbrüderschaft mit dem Grafen von Berg brauchte nicht ausdrücklich erwähnt zu werden, weil dieser als Lehnsnehmer ohnehin zum Kriegsdienst für den Lehnsherrn verpflichtet war. Ein Bündnis mit dem Grafen von Berg gegen die Selbstständigkeit anstrebenden Kölner war strategisch sinnvoll. Mit der Burg eines Lehnsmannes direkt am Rhein stellten die Erzbischöfe ein Gegengewicht zu den Emanzipationsbestrebungen der Kölner Bürger her, die vor wenigen Jahren (1106) die neue Stadtmauer mit Konsens des in Köln weilenden Kaisers Heinrich IV. erbauten und dadurch den bischöflichen Stadtherrn zu Gegenmaßnahmen gezwungen hatten.

Mit den Festungsbauern in Deutz zogen auch dubiose Leute in das Kastellgelände ein, über deren Anwesenheit sich Abt Rupert heftig beschwert: „Man weiß nicht, woher sie kommen und wohin sie gehen"; fahrendes Kriegsvolk aller Schattierungen. Sie hausten mit Erlaubnis des Erzbischofs und wohl auch der anderen Störer des klösterlichen Friedens in den Kellern derjenigen Türme, die nicht wieder aufgebaut wurden.

Diese engen und dunklen Kellerhöhlen befanden sich unter den Römertürmen, die Abt Rupert mit eigener Wortschöpfung „subterturria" nennt. Sie können nur vom Innenraum des Kastellgeländes betreten werden. Da man nicht annehmen kann, dass diese Personen von schlechtem Ruf – es waren wohl Kriegsknechte der untersten Stufe – sich durch die klösterliche Immunität Zutritt verschafften, ist zu vermuten, dass die Klausur ohne Verbindung zum ehemaligen römischen Mauerbering in der Mitte des Kastellgeländes lag. Dieser Befund lässt sich durch die Brandschrift „De incendio" bestätigen.

Das Kloster lag nach Ruperts Beschreibung in der Mitte des Kastells und war von den Kastelltürmen umstanden, die im Verlaufe des Brandes Feuer fingen, ohne dem Kloster etwas anhaben zu können. Diese Beschreibung passt gut zu den ältesten Abbildungen, die uns vom Deutzer Kloster und seinem Zentralbau vorliegen. Auf diesen ist die mächtige Klosterkirche von einer mehr oder weniger hohen Mauer umschlossen. Diese Mauer hat möglicherweise wie eine Brandmauer gewirkt. Auf einem Holzschnitt von 1499 ist der Zentralbau von einer zinnenbewehrten Mauer umgeben. Detailreicher ist ein Kupferstich aus dem Jahre 1583. Auf ihm erkennt man einen Durchbruch der mehreckigen Mauer für die Erweiterung des Klosters.

Zur Lokalisierung des Platzes, an dem die Berger im Kastellbereich am Rhein ihre Befestigungen errichteten, können auch spätere Nachrichten herangezogen werden. Diese Anlagen wurden nämlich mit Schiffen unmittelbar vom Rhein her angegriffen. Sie lagen also dicht am Ufer. Als im Jahre 1205 Erzbischof Adolf von Altena durch den Papst abgesetzt worden war, besetzte als Folge davon Graf Adolf III. mit seinen Rittern und Schützen die Deutzer Burg und sperrte abermals den Rhein für die Schifffahrt. Keine Lebensmittel und andere Waren konnten mehr nach Köln gelangen, so dass die Stadt in große Not geriet.[65] Die bergischen Armbrust- oder Bogenschützen saßen in einem mit Brustwehren versehenen Objekt (Turm/Haus) in direkter Nähe des Ufers. Die Kölner setzten zur Abwehr große, mit hölzernen Bergfrieden *(propugnaculis)* ausgerüstete Kriegsschiffe ein, die in der Mitte des Rheines operierten und die bergischen Befestigungen mit Wurfmaschinen *(balistarios)* und – im Nahkampf! – mit Hakenlanzen *(sariantos)* bekämpften.

Im Jahre 1225, als mit Graf Adolf III. und Erzbischof Engelbert I. von Berg das Geschlecht der Berger in männlicher Linie ausgestorben war, ging die Grafschaft über seine Frau Irmgard von Berg auf den Herzog Heinrich von Limburg über. Unter der Herrschaft des Limburgers endete die über 100 Jahre andauernde Zusammenarbeit und Freundschaft mit der Kölner Kirche. Fünf Männer aus dem Geschlecht der Berger waren in dieser Zeit Erzbischöfe.

Die beginnende Feindschaft wurde im Jahre 1230 augenscheinlich, als Erzbischof Heinrich von Molenark der „Stadt Deutz" das Befestigungsrecht verlieh, was einer Belagerung der Deutzer Burg der Berger gleichkam. Noch in demselben Jahr kam es zum Kampf zwischen dem Erzbischof und dem Herzog, wobei des

*Große Wurfmaschine „Mangonneau" (mange). Außer Kugeln warf man auch Steinkartätschen, Brandsätze und sogar Tierkadaver, ja in besonders makabren Fällen die Leichen von gefangenen Gegnern.*

*Belagerung einer Stadt. Holzschnitt um 1502. Um die Belagerten einzuschüchtern und womöglich die Übergabe zu veranlassen, werden die abgeschnittenen Köpfe von zwei Gefangenen auf Stangen präsentiert.*

Letzteren Stützpunkt zerstört wurde.

Im Verlauf des 1239 ausbrechenden Aufstandes der Territoriumsherren gegen den Erzbischof Konrad von Hochstaden griffen die Truppen des Erzbischofs mit Unterstützung der Kölner Bürger die Deutzer Türme des Grafen von Berg abermals an. Diesmal eroberten die Angreifer wie 1205 mithilfe von zwei großen, mit Bergfrieden und Sturmbrücken ausgerüsteten Schiffen die bergische Anlage, die also wieder direkt am Rhein gelegen haben muss.

Nur ein Jahr später teilten der Erzbischof und der Graf von Berg das Deutzer Kastell. Der Berger erhielt seine Hälfte zu Lehen. Der Erzbischof wählt die Hälfte im höheren Teil, in der die noch zerstörte *„mansio"* der Berger, jedenfalls eine turmbewehrte Anlage, lag. Die Identität mit der im Jahre zuvor angegriffenen Anlage ist wahrscheinlich. Das Objekt am Rhein erschien dem Erzbischof beim Kampf gegen die Kölner Bürger aus strategischen Gründen interessanter als seine vom Rhein abgelegene *„mansio"* – ebenfalls eine turmbewehrte Anlage –, wie aus einer Urkunde Herzogs Heinrich von Limburg hervorgeht. Die *„castrenses"*, die Burginsassen, wohnen in den ehemaligen Römertürmen, die zur Zeit Konrads von Hochstaden instand gesetzt worden waren, wobei der Erzbischof den „Turm St. Heribert", den Zentralbau der Klosterkirche, in die Befestigung mit einbezogen hatte.

Verständlich, dass die Kölner die oppositionelle Haltung und die Gefährdung ihrer Stadt infolge der Behinderung des Rheinhandels durch die nun Verbündeten – Erzbischof und Graf – nicht hinnehmen mochten und alles daransetzten, die geballte militärische Präsenz in Deutz durch Geldzahlungen, gepaart mit gewalttätigen Bedrohungen, zu beenden. Im Jahre 1242 wurden die gesamten Deutzer Befestigungen durch die Kölner abgetragen und die Teile der Anlage, die vorher Kloster waren – hier wohl in erster Linie die turmartige Klosterkirche – wieder religiösen Zwecken zugeführt. Ähnliches wiederholte sich im Laufe der Jahrhunderte mehrmals.

Bei der Frage nach demjenigen, der vor 1128 in Deutz ehemalige Römertürme wieder aufbaute und damit den Zorn Ruperts erregte, dürfen nicht die intensiven Bestrebungen der Berger, auf den Erzstuhl von Köln ein Mitglied ihres Geschlechtes zu setzen, übersehen werden. Um dieses Ziel zu erreichen, konnte zu damaliger Zeit eine militärische Präsenz in Deutz recht hilfreich sein.

Nachdem Erzbischof Friedrich I. aus dem Hause Schwarzenburg am 25. Oktober 1131 gestorben war, wurde in Gegenwart von drei päpstlichen Legaten einmütig der Propst Gottfried von Xanten und St. Severin zum neuen Erzbischof von Köln gewählt. Graf Adolf II. von Berg setzte daraufhin alle Hebel in Bewegung, um durch Umstimmung eines Teiles der Wähler die Wahl Gottfrieds rückgängig zu machen und seinen Bruder Bruno auf den Erzstuhl zu bringen. Wenn auch König Lothar von Supplinburg, der zum Weihnachtsfest 1131 in Köln weilte, zwischen den streitenden Parteien entschied, können auch gewisse Bedrohungen auf Teile des Kölner Klerus dafür gesorgt haben, dass Bruno von Berg als Bruno II. letztendlich Erzbischof von Köln wurde. Auch Friedrich II., Sohn des Klostergründers Adolf II., der von 1156 bis 1158 Erzbischof von Köln war, gelangte erst nach einer heftig umstrittenen Wahl und massivem Einfluss seines Vaters in Amt und Würden.

Beispiele von schweren und direkten Gewaltanwendungen im Zusammenhang mit der Besetzung von kirchlichen Ämtern sind uns an verschiedenen Stellen überliefert. Im Jahre 1063 ließ der Kölner Erzbischof Anno II. unter Anwendung von Gewalt seinen Bruder Werner – zuvor Propst des Stiftes Mariengraden in Köln – durch König Heinrich IV. zum Erzbischof von Magdeburg erheben. Als im Jahre 1066 der Neffe Annos II., Konrad, gegen den Willen des Klerus und des Volkes vom König zum Erzbischof von Trier ernannt worden war, überfielen Mitglieder der übergangenen Trierer Kirche den unbeliebten Konrad und warfen ihn kurzerhand von einem hohen Felsen hinab.

Der Deutzer Abt Rudolf, der nur zweimal 1101 / 03 in Urkunden Erzbischof Friedrichs I. zu belegen ist, starb angeblich durch Gift, als er sich um den Osnabrücker Bischofssitz bemühte.[66] Er könnte ein Berger gewesen sein. Die Bezeichnung „de

Bierge" bedeutet wahrscheinlich „de Berge". Eine spätere Überlieferung nennt ihn „von der Mark". Nach einem Zusatz in der Abtsliste (16. Jahrhundert), die der Deutzer „Küster Theodericus Aedituus" im 12. Jahrhundert angefangen hatte, war er auch Abt von Werden und des Kornelimünster.

Wir können heute die mittelalterlichen Verhaltensweisen der Menschen nur schwer nachvollziehen. Hauptbeschäftigung vieler Ritter in Westeuropa war die Belagerung der Nachbarburgen, um nach deren Einnahme das dazugehörige Land in Besitz zu nehmen. Die häufigen Fehden führten zu einer Herabsetzung der Hemmschwellen. Schon bei geringfügigen Auseinandersetzungen, selbst unter Freunden, griff man überhastet zur Waffe. Auch die aus ritterlichen Familien stammenden geistlichen Söhne wuchsen mit ihren weltlichen Brüdern im Milieu von Kampf und Gewalt auf.

*Die mittelalterlichen Strafen waren grausam und brutal. Zur Abschreckung wurde z. B. den Dieben die Hand abgehackt und diese am Galgen, auf dem Rad, am Pranger oder am Stadttor aufgehangen. Zeitstrafen im heutigen Sinne für geringere Vergehen waren selten. Turm und Verlies kamen meist nur bei Leuten mit Vermögen infrage.*

Das 11. Jahrhundert brachte auf Grund agrarischer Verbesserungen einen sprunghaften Bevölkerungsanstieg mit weitreichenden sozialen Umschichtungen und dem Abstieg vieler. Überall in Europa war das Leben für die Armen äußerst hart. Sie hatten wenig zu essen, liefen zerlumpt umher und wohnten in elenden Hütten. Sie waren häufig der Willkür ihrer Feudalherren ausgesetzt und hatten bei deren häufigen kriegerischen Auseinandersetzungen am meisten zu leiden.

Damals wurden auf Grund des sozialen Elends wurzellose Menschen aller Bevölkerungsschichten über die Fernstraßen Europas hin und her gespült. Sie waren willfährige Leute für die Werber zum Kreuzzug. Die Vorstellung, in ein weit entferntes, sonniges Land auszuwandern und sich dabei Gottes Gunst und die Vergebung der Sünden zu erwerben, sprach natürlich Tausende aus den niederen Ständen an.

Wir erinnern uns an Ruperts Brandbericht, an die Leute von schlechtem Ruf, die in den dunklen Kellerlöchern unter den alten Römertürmen hausten. Unter diesen Störern der klösterlichen Ruhe, von denen keiner weiß, woher sie kamen und mit welchem Recht sie von den Mächtigen (Erzbischof und Graf) geduldet wurden, können wir uns solche entwurzelten Leute vorstellen. Sie wurden nicht nur für die Kreuzzüge gebraucht. Die Grafen von Berg sind gewiss unter denjenigen zu suchen, die über eine so zusammengesetzte Kriegstruppe verfügten. Schon die Größen ihrer frühen Hauptburgen, Burg Berge und Schloss Burg, lassen auf Raumbedarf für die Unterbringung einer größeren Mannschaft schließen. Der Umfang der „Stammburg" Berge, einschließlich der durch Wälle zu erschließenden Vorburg, war – wie schon oben dargelegt – wesentlich größer als der durch Matthias Untermann im Jahr 1981 untersuchte Bereich der Kernburg.

Ihre Lanzenreiter und besonders die „sagitarii", die Bogen- oder Armbrustschützen, wurden wiederholt im Zusammenhang mit Deutz erwähnt. Die Berger kamen wohl eher für das Eindringen in das Kastellgelände und die Erbauung des dortigen befestigten Stützpunktes infrage als der politisch nicht so hervortretende und wenig genannte Graf Arnold von Deutz, dessen Grafschaft sich wohl nur auf den damals dünn besiedelten Großraum Deutz bezog. Im Gegensatz zu den Bergern, die viele einträchtige Vogteischaften besaßen, hatte er wohl geringe Einnahmen für die Bestreitung

## Kriminalität und Kreuzzüge

Scharen des mehr oder weniger straff organisierten Verbrechertums schlossen sich der Kreuzzugsbewegung an und unterwanderten sie. Selbst Bernhard von Clairvaux wies ausdrücklich darauf hin, beim (zweiten) Kreuzzug fänden auch Mörder, Räuber, Ehebrecher, Meineidige und viele andere Verbrecher eine Gelegenheit zum „Heil". Und staunend berichtet Otto von Freising im Jahre 1147: „Und auch eine solche Menge Räuber und Landstreicher lief wunderbarerweise herzu, dass jeder Vernünftige erkannte, dass eine solche ungewohnte plötzliche Sinnesänderung durch die Rechte des Höchsten bewirkt war." Die unvorstellbaren Exzesse im Zusammenhang mit den Kreuzzügen sind zu einem guten Teil durch die Teilnahme solcher verrohter und entwurzelter Menschen zu erklären.[67] Wie ein Heuschreckenschwarm zogen sie über den Balkan und plünderten und brandschatzten unterwegs Belgrad. Als Jerusalem eingenommen war, wurden die Muslime – gleichgültig, ob Männer, Frauen oder Kinder – zu Tausenden niedergemetzelt, Moscheen ausgeraubt und der Felsendom geplündert.

der hohen Kosten einer Kriegertruppe, wenn er überhaupt Ambitionen zur Machterweiterung hatte.

Von den zahlreichen Erdburgen im Bergischen Land sowie von den Landwehren sind einige wahrscheinlich schon im II. Jahrhundert entstanden. Die Landwehren dienten dem Schutz von ganzen Distrikten. Die vielen umherziehenden landschädlichen Leute zwangen die Bauern zur Selbsthilfe. Man war gezwungen, Refugien zu schaffen, in die man sich bei Annäherung von umherziehenden Kriegsleuten schnell zurückziehen konnte. Wenn man die Standorte alter Höfe in den Schriftstücken untersucht, findet man oft in der unmittelbaren Nähe Erdwerke, die einen Zusammenhang sehr wahrscheinlich machen.

Die Gottesfriedensordnungen der Kirche und die Landfriedensordnungen der weltlichen Herren dienten nicht allein zur Eindämmung der häufigen Fehden der Ritterschaft, sondern be-

## Recht und Strafmaß

Im Mittelalter erfolgte die gesamte Rechtsprechung und -setzung und deren Vollzug aus einer Hand, von einer höheren Gewalt, etwa dem König bzw. seinen Stellvertretern.

Oftmals geschah dies aber auch nicht. Dies hatte zur Folge, dass nicht selten unschuldige Menschen nur auf Grund einer bloßen Anschuldigung verurteilt wurden. Dass das mittelalterliche Strafgesetz vom Glauben geprägt war, erklärt ansatzweise die uns oft so grausam erscheinenden Methoden dieser Zeit. Die Gerichtsverhandlungen im 12. und frühen 13. Jahrhundert bestanden aus einem Kläger und einem Angeklagten, die von einem unparteiischen Richter angehört wurden. Beide mussten einen Eid ablegen, um ihre Glaubwürdigkeit zu beweisen. Der Meineid galt als Todsünde, die von Gott sofort bestraft wurde, aber es stellte sich natürlich oft heraus, dass sie keine Strafe nach sich zog. Dies führte zur Entwicklung des Gottesurteils. Um Schuld oder Unschuld eines Angeklagten zu beweisen, tauchte man die Hände eines Angeklagten in kochendes Wasser, blieb die Hand unverletzt, war die Unschuld bewiesen.

Die Tätigkeit des Scharfrichters stellte den unmittelbaren Umgang mit dem Hinzurichtenden dar und war eine offizielle Tötungshandlung. So war der Scharfrichter auch immer Objekt des Aberglaubens und damit Relikt des dämonisch-sakralen Weltbildes. Die Foltermethoden reichten von aufhängen über kitzeln, an den Pranger stellen, zu Tode strecken, vom Verätzen bis zur Wasserfolter. Die Todesstrafen waren nicht weniger grausam: Enthauptung, lebendig begraben, Pfählen, Rädern, Verbrennen und Vierteilen sind nur einige Beispiele.

absichtigten auch den Schutz der Untertanen vor Räubern, Wegelagerern und anderen Schadensbringern. Parallel zu den Friedensordnungen erfolgte eine Änderung und Verschärfung des Strafrechts. Aus der reinen Bußgerichtsbarkeit wurde im 11. Jahrhundert die Blutgerichtsbarkeit mit Leib- und Lebensstrafen, die uns heute brutal erscheinen. Bei Verstößen gegen die Friedensordnung wurden bei einem Totschlag Unfreie enthauptet und zugefügte blutige Wunden mit Verlust der Hand bestraft.

Das mittelalterliche Köln. Im Vordergrund ist Deutz zu sehen. Holzschnitt aus der „Chronica van der hilligen stat van Cöllen", Köln 1499

Fassen wir die Erkenntnisse zusammen: Die Berger waren wahrscheinlich schon zur Zeit Erzbischof Friedrichs I. (1100–1131) im ehemaligen Kastell Deutz militärisch präsent, das geht aus dem Brandbericht „De incendio" des Deutzer Abtes Rupert aus dem Jahre 1128 hervor. Eine Lücke besteht zwischen diesen Nachrichten des Abtes und der Rückgabe der Burg Deutz an den Erzbischof (etwa Dezember 1175 bis April 1176). Sicher sind: 1205 die Wiederbesetzung der Burg Deutz nach Absetzung des Erzbischofs Adolf von Altena, 1230 Einnahme der Deutzer Burg des Herzogs von Limburg durch Erzbischof von Molenark und die 1239 erfolgte erneute Zerstörung der Burg.

Vermutet wird eine Waffenhilfe der Berger für Erzbischof Friedrich I. bei dessen nach 1114 erkennbarer Opposition gegen Kaiser Heinrich V., denn die Grafen von Berg waren nicht nur Vögte der Kölner Kirche, sondern auch Lehnsmänner des Erzbischofs; und das nicht erst bei Rückgabe des Deutzer Burglehens 1175/76. Möglicherweise ist auch die „hereditas Berge", die Grundausstattung des Klosters Altenberg von 1133, ein kölnisches Lehen gewesen. Am 31. Juli 1226 übertrug der Kölner Erzbischof Heinrich von Molenark an Irmgard von Berg und Heinrich von Limburg alle Lehen, die der 1218 verstorbene Adolf (III.) von Berg von der Kölner Kirche empfangen hatte.[68]

Der 1128 von Abt Rupert erwähnte Wiederaufbau der Deutzer Kastelltürme konnte auch im Zusammenhang mit der entgegengesetzten Haltung des Erzbischofs Friedrich I. von Schwarzenburg zu derjenigen der Kölner bei der Wahl des Herzogs von Sachsen (Lothar) zum deutschen König gestanden haben (August 1125). Der Kölner Metropolit hatte gemeinsam mit Erzbischof Adalbert von Mainz die Zurückweisung der Kandidatur des Staufers Herzog Friedrich von Schwaben erreicht. Lothar hatte sich durch die Unterstützung des Aufstandes der deutschen Fürsten gegen Kaiser Heinrich V., dessen Führer bekanntlich Erzbischof Friedrich I. war, bei diesem beliebt gemacht. Als Folge davon konnte Lothar sein Herrschaftsgebiet von Westfalen bis zum Rhein ausdehnen.

Die Kölner aber, die schon 1125 vom Erzbischof bis „tief ins Mark getroffen waren", als dieser die Kaufleute der „villa Sigeberg" vom Schiffs- und Marktzoll und den sonstigen Abgaben zu Köln befreite, hielten lieber zu Friedrich von Schwaben, von dem sie sich günstigere Handelsbedingungen erhofften.

Nachdem die Burg der Berger in Deutz im Jahre 1242 zusammen mit den anderen Befestigungswerken völlig zerstört war, verschlechterte sich in den folgenden Jahrzehnten unter den Herrschern aus dem Hause Limburg das Verhältnis zu den Kölner Erzbischöfen immer mehr. Die bergische Politik zeigte nun in zunehmendem Maße eine Annäherung an die Bürgerschaft von Köln. Eine ganze Reihe von Freundschaftsverträgen zeugt von diesem Umschwung. Die Waffenbrüderschaft fand während des Limburgischen Erbfolgekrieges in der Schlacht von Worringen (1288) mit der totalen Besiegung des Erzbischofs ihren Höhepunkt und Abschluss. Ebenso bauten und erwarben die Berger von nun an gegen das Erzstift gerichtete neue Burgen.

## Anfänge der Landesherrschaft im 12. Jahrhundert

Das Zusammengehen mit Erzbischof Friedrich I. und das Fuß-
fassen im ehemaligen Kastell in Deutz gegenüber der Bischofs-
stadt Köln mit all seinen Konsequenzen waren wichtige Voraussetzungen für die Manifestation der Bergischen Hausmacht am
Rhein. Die Tatsache, dass es den Bergern nach dem Tod von Friedrich I. von Schwarzenburg gelang, mit Bruno ein Mitglied ihrer
Familie auf den Kölner Erzstuhl zu setzen, kann man als wesentliches Zeichen für diese Entwicklung werten.

Vor allen Dingen war es den Bergern gelungen, zahlreiche
Vogteischaften der Kirche an sich zu ziehen, dazu gehörten auch
Besitzungen des Domstiftes im Rechtsrheinischen, so in Wahn,
Ranzel und Zündorf (die Lokalisierung von Husekine, nach Dittmaier „Häuschen" bei Richrath, ist unsicher). 1118 ist Graf Adolf II.
Vogt in Dünnwald, 1152 in Buchheim (mit Mülheim), 1160 in Paffrath. Um 1150 wird er als Vogt in Dünfeld (Besitz von St. Martin)
und zur selben Zeit auch in Hitdorf (Fronhof von St. Panthaleon)
genannt. Man kann davon ausgehen, dass die Aufstellung der
vorgenannten Lokalvogteischaften nicht vollständig ist und mit
weiteren Besitztiteln zu rechnen ist.

Wesentlicher waren natürlich die Altarvogteischaften der Abteien
Deutz, Werden und Siegburg. Der Übergang der Altarvogtei-
schaft von Siegburg an Adolf II. hängt wohl mit der Anhänger-
schaft an Erzbischof Friedrich I. von Schwarzenburg zusammen;
jedenfalls fällt die Übertragung in dessen Amtszeit hinein.

Um dem Geschlecht weiteres Ansehen zu verleihen und für
das eigene Seelenheil und das der Verstorbenen zu sorgen, folgten die Berger einer damals in den Adelshäusern aufkommen-
den Sitte und stifteten auf der verlassenen Dynastenburg Altenberg ein geistliches Institut.

Von den „drei bergischen Brüdern" Adolf, Eberhard und Bruno, Söhne des Vaters Adolf I. und der Mutter Adelheid von Lauffen, war einer üblicherweise von vornherein für den geistlichen
Stand bestimmt. Der zweitälteste Sohn Eberhard blieb als „Ersatzmann" vorerst weltlich. Der jüngste Sohn Bruno avancierte
auf Grund von Protektionen schnell zum Propst von St. Gereon,
das nach dem Domstift unter den Kölner Stiften immer den
zweiten Rang einnahm (er soll 1130 auch Propst von Koblenz gewesen sein). Als Propst von St. Gereon konnte er den in seiner
Abwesenheit – Bruno befand sich zu Studien in Frankreich – gewählten Propst Gottfried von Xanten verdrängen.

Eberhard trat im Jahre 1120 in das neu gegründete, auf der Grenze von Burgund und Lothringen gelegene Zisterzienserkloster Morimund ein, das allerdings wenige Jahre nach seiner Gründung in eine ernste Krise geriet. Gegen Ende des Jahres 1124 verließ dessen Abt Arnold mit zahlreichen Mönchen das Kloster. Angeregt von der Kreuzzugsbewegung beabsichtigte er, im Heiligen Land eine neue Niederlassung zu errichten. Er entließ seine Mönche in ihre Heimat, damit sie bei ihren Verwandten Geld für dieses geplante Unternehmen besorgen sollten. Bernhard von Clairvaux, der Abt der Schwestergründung von Morimund, musste „einspringen", um den Bestand des jungen Klosters zu retten. Er schrieb einige Briefe an einflussreiche Bekannte mit der Absicht, die Reisenden durch Einflussnahme der Briefempfänger zur Rückkehr zu bewegen.

So richtete er das unten stehende Schreiben an Bruno von Berg, den er kurz vorher in der Krönungs- und Studienstadt Reims kennengelernt hatte.

Dieser Brief von 1124 beweist, dass Eberhard von Berg bereits vor der blutigen Schlacht von Duras bei St. Trond am 7. August 1129 seine „Weltflucht angetreten hatte". Die guten Kontakte zwischen Bernhard von Clairvaux und dem späteren Erzbischof von Köln, Bruno von Berg, sind auch noch später bezeugt. Bruno

---

**Schreiben des Bernhard von Clairvaux an Bruno von Berg aus dem Jahre 1124**

Seitdem wir unlängst zu Reims gegenseitig angenehme Bekanntschaft machten, erlaube ich mir anzunehmen, dass Sie meine Wenigkeit nicht ganz vergessen haben. Deshalb schreibe ich nicht mit Zurückhaltung wie an einen Fremden, sondern mit größtem Vertrauen alles an Sie, wie es mir einfällt, und zwar als einen Bekannten und gut Vertrauten. Neulich hat Abt Arnold von Morimund unter Verachtung aller Vorschriften und zum großen Ärgernis des gesamten Ordens sein Kloster verlassen …

Er hat ja von der großen Menge der Mönche, die er also nutzlos zu Wasser und zu Lande nicht für Christus, sondern für sich gewonnen hatte, die Besseren und Vollkommeneren sich als Gefährten seiner Irrfahrt angegliedert, während er die kleinere Zahl der Schwächlicheren und Minderwertigeren ratlos zurückließ. Unter den ersteren bringt uns besonders der Abgang dreier in Verlegenheit, die er zu verführen wagte, indem er sie mit sich zu führen beschloss: nämlich Eberhard, Euren Bruder, und Adam, den Ihr gut kennt, auch Konrad, jenen adeligen Knaben, den er vordem, nicht ohne Ärgernis zu erregen, von Köln entführt hatte…[69]

befragte nämlich nach seiner Wahl zum Erzbischof den Abt Bernhard, ob er die Wahl annehmen solle. Bernhard antwortete, er solle es wohl bedenken, zumal gemäß seiner Selbstanklage sein Lebenswandel unwürdig gewesen sei; er möge sich im Gebet an Gott wenden und den Rat Norberts (Norbert von Xanten) – zu jener Zeit Erzbischof von Magdeburg – einholen, der die göttlichen Geheimnisse besser zu offenbaren verstehe.[70] Bernhard von Clairvaux, der den vermutlich etwas skurrilen Lebenswandel Brunos kannte, drückte sich hier um eine eindeutige Antwort.

Bruno von Berg blieb während seiner ganzen Amtszeit in Kreisen des Kölner Klerus und auch beim Volk unbeliebt. Als Kaiser Lothar III., der Bruno auf den Erzstuhl gehoben hatte, im Dezember 1133 in Köln das Weihnachtsfest feierte, kam es zu einem Bürgeraufstand, der möglicherweise mit der unkanonischen Erzbischofswahl von 1131 zusammenhing. Im Januar 1134 war Bruno noch nicht im Besitz des Palliums (Band, das über dem Bischofsgewand getragen wird), Weihnachten 1134 schickte dann die Stadt Köln eine Abordnung zu Kaiser Lothar III. nach Aachen, um ihn um Verzeihung für den Aufstand vom Jahr zuvor zu bitten. Diese Verzeihung erlangten die Kölner Anfang 1135, während sich nun Erzbischof Bruno von Berg mit dem Kaiser entzweite. 1135 söhnten sie sich wieder aus.

Damit waren die Voraussetzungen für eine Teilnahme des Erzbischofs Bruno II. am Italienzug des Kaisers im Jahre 1136 gegeben. Dabei kam es zu einem Rangstreit zwischen seinem Bannerträger und dem des Erzbischofs von Magdeburg. Es ging um die Ehre, dem kaiserlichen Bannerträger zur Rechten zu schreiten. Dadurch entstand ein blutiger Kampf zwischen den Mannschaften von Köln und Magdeburg, dem nur ein energisches Einschreiten Kaiser Lothars ein Ende bereiten konnte.

Am 29. Mai 1137 starb Erzbischof Bruno II. von Berg auf der Heerfahrt in Trani/Apulien und wurde in der Kirche St. Nikolai zu Bari beigesetzt. Er war der erste bekannte Berger, der auf einem Kriegszug sein Leben ließ.

## Exkurs: Das Altenberger Urkundenbuch

Um weitere Erkenntnisse aus der Geschichte des Bergischen Landes zu gewinnen, können wir das Altenberger Urkundenbuch heranziehen. Eine Urkunde vom 13. März 1138 – von Erzbischof Arnold II. von Wied ausgestellt – bestätigt einige Besitzungen der Abtei: den halben Petersberg in Rhens (Weinberg) mit den Zehnten, den Zehnten des Weinberges zu Bacharach, den schon Bruno ohne Zehnten geschenkt hatte, ein Kammerforst genanntes Objekt bei Blatzheim mit Zehnten und Wälder und das Eigengut Wanemale.[71]

Aus dieser Liste geht hervor, wie wichtig der Besitz des Zehnten war. Er war die ertragreichste Einnahme des Mittelalters und es ist deshalb nicht verwunderlich, dass wir immer wieder von langwierigen Zehntstreitigkeiten hören. Als Papst Innozenz II. am 27. Februar 1140 die Abtei Altenberg in seinen Schutz nimmt, bestätigt er u. a. ihre Besitzungen und verleiht ihr Zehntfreiheit für eigene Wirtschaftsbetriebe. Auch hier wird die Erwähnung der Zugehörigkeit des Zehnten bei verschiedenen Immobilien nicht vergessen. Gegenüber der Urkunde Erzbischof Arnolds II. von Wied kommen noch Weinberge hinzu, einer liegt in der Nähe von Randersacker in der Diözese Würzburg.[72]

In den Jahren 1147 bis 1148 bestätigt Erzbischof Arnold II. von Wied den Tausch einer fünf Hufen großen Immobilie in Widdauen gegen zwei Häuser in Köln, die im Gebiet Büchel liegen *(duas domos in Colonia in vico qui dicitur Bugchel)*, sowie einen Weinberg in Bonn. Das Land in Widdauen hatten vorher die Ritter Benjamin und Konrad vom Apostelstift in Köln zu Lehen, die zur Schadloshaltung mit Zahlung von 30 Mark abgefunden werden mussten. Interessant ist der letzte Zeuge dieser Urkunde: Adholfus de Buggel (Adolf von Büchel), dessen Familie oder Geschlecht hinter der Äbtissinenküche des St.-Ursula-Klosters in Köln ansässig war. Die von Büchel begegnen uns mehrfach in den Kölner Schreinskarten als *„de monticulo"*[73] (mittellateinisch kleiner Hügel), aber auch bei der Motte „stritbuggele" in Wiesdorf. Zuweilen findet man in Köln und Wiesdorf die Wortformen *„bugchel, buchel, buchele, buggel, buggele"*.[74]

Wenn nun die Abtei Altenberg in den Jahren 1147/48, also 12 bis 13 Jahre nach der Klostergründung (1133), schon zwei Häuser in Köln besitzt, dann gehören diese wohl zu den ältesten Stiftungen. Es wurde mehrfach von Historikern gerätselt, von wem die so entfernt liegenden Besitzungen der Abtei Altenberg im Würzburger Raum (Randersacker, Lützelfeld, Lindelbach u. a.) herrühren und wie sie in die Hand der Altenberger Mönche gekommen sein könnten. Interessant in diesem Zusammenhang ist, dass die Zisterze Georgenthal, dessen erster Abt ja der Berger Eberhard war, ebenso dort Besitz hatte. Mögliche Spuren führen zum Kreuzritterorden der Johanniter, der in Biebelried (in der Nähe der Altenberger und Georgenthaler Besitzungen im Bistum Würz-

*Haus Dahl (Marienheide), das älteste Bauernhaus im Oberbergischen Land, heute ein sehenswertes Museum*

burg) eine Burg besaß. Das Johanniterkastell von Biebelried ist das einzige (zum Teil) erhaltene Johanniterkastell Bayerns. Die interessante Anlage ist heute allerdings durch einen Bauernhof überbaut. Im Jahre 1244 erwarb der Komtur der Johanniterkommende Konrad von Buchele von Bischof Hermann von Lobdeburg dieses Objekt.[75] Hier begegnet uns wieder der Name „von Buchele", der – wie oben berichtet – in Köln und Wiesdorf vorkommt.

Schon 1181 finden wir in einer Urkunde des Bischofs Reginhard von Würzburg, „Cunradus de Buchele".[76] 1217 weilt ein Albert von Buchele mit Graf Adolf III. und 27 bergischen Rittern im Heiligen Land. Während des Pontifikats von Erzbischof Engelbert von Berg urkundet ein Albert de Buchele als Prior der deutschen Zunge des Johanniterordens. In den Dünnwalder Urkunden des 13. Jahrhundert kommen mehrfach Wiesdorfer Schöffenzeugen mit dem Namen „buchele/buggele" (= Büchel/monticulo) vor, darunter ist auch ein Albertus, allerdings als Doppelname: „Gerlacus Albertus de buggele".[77]

Die Berger hatten engste Kontakte zu den Johannitern. Graf Engelbert I. erlaubte ihnen schon im Jahre 1176 die Gründung einer Kommende in seiner neuen Burg an der Wupper. Auf den Kreuzzügen lernten sich viele Ritter des Johanniterordens kennen. Unter diesen ist der unbekannte Stifter der Ländereien aus dem Würzburger Raum zu suchen.

Folgen wir weiter unserer Hauptquelle der bergischen Geschichte aus dem 12. und 13. Jahrhundert, dem Altenberger Urkundenbuch von Hans Mosler. Die drei päpstlichen Bullen und die Besitzbestätigungsurkunden des Erzbischofs sollten eventuellen Streitigkeiten vorbeugen, welche sich aus der nicht immer einwandfreien und widerspruchslosen Weise der Erwerbung der Güter ergeben könnten. Auch Papst Eugen III. nahm in der Urkunde vom 1. Oktober 1151 nach dem Vorbild seines Vorgängers Innozenz II. die Abtei Altenberg in seinen Schutz und wiederholte die ihr verliehenen Freiheiten. Neu hinzukommen in dieser Urkunde das schon von Erzbischof Arnold erwähnte Land in Widdauen, der Hof Mülheim mit Zubehör (Zehnten?) und eine Hufe zu Rödingen.[78]

Erzbischof Friedrich II. von Köln, Sohn des Klostergründers Adolf II., nimmt am 11. August 1157 die Abtei ebenfalls in seinen Schutz und bestätigt ihre Besitzungen. In dieser Urkunde wird als Wohltäter der Abtei der Ritter Heinrich von Odenthal genannt, der aus der *„terra Stega"* die Zehnten des Gründungslandes und die des benachbarten Hofes Bülsberg auslöst und der Abtei schenkt. Dabei handelt es sich wahrscheinlich um einen bischöflichen Zehnten. Hans Mosler identifizierte die *„terra Stega"* mit Küppersteg beim Dhünnübergang in Wiesdorf. Dort bei dem (oder auf dem) befestigten erzbischöflichen Hof (Motte) am Küppersteg ist mehrfach ein Zehntherr *(dechen, deggen, decanus)* belegt, der in Dünnwalder Urkunden einen hervorragenden Platz einnimmt.[79] Die Möglichkeit von erzbischöflichem Besitz im Raume Odenthal stellt die Herkunft der Fundation der Berger in Odenthal *(hereditas Berge)* als ein pfalzgräfliches Lehen – wie es von manchen Historikern vermutet wird – in Frage. Jedenfalls ist im Großraum westlich von Odenthal nur erzbischöflicher oder kirchlicher Grundbesitz nachzuweisen.

Zurückführend auf das staatliche Zehntgebot Karls des Großen – das sich zuerst nur auf königliche Eigenkirchen bezieht – erhalten nach 818/19 auch die weltlichen Grundherren für die auf ihren Fronhöfen errichteten Eigenkirchen den Zehnt (mittellateinisch: *decima*) zugesprochen. Er besteht aus einer regelmäßigen Abgabe von einem Zehntel der Erzeugnisse der Landwirtschaft. Dabei wurde unterschieden zwischen dem großen Zehnt, der von den Erträgen an Getreide, Wein und Obst bestimmter Grundstücke erhoben wurde (Feld-, Wein- und Fruchtzehnt) und dem kleinen Zehnt von Groß- und Kleinvieh bzw. ihren Produkten wie Milch, Eier, Butter (Vieh-, Blutzehnt).

Die erzbischöflichen Zehntrechte gehen zum Teil auf die während der Missionierung errichteten Taufkirchen zurück. Darüber hinaus hatten in den Binnenkolonisationsgebieten die Grundherren das Recht, den Rodezehnten zu erheben (mittellateinisch: *decima novalis*). Oft wurde mit dem Zehnt auch das sogenannte „Rauchhuhn" an den Grundherrn abgeführt, das von jedem Haus, aus dem der Rauch einer Feuerstätte aufstieg, gezahlt werden musste.

Vielfach wurde der Kirchenzehnt geviertelt (je ein Teil an Bischof, Klerus, Arme, Kirchenfabrik); bei weltlichen Eigenkirchen wurde auch gedrittelt: zwei Drittel dem Herrn, ein Drittel dem Pfarrer. Manchmal wurden auch andere in Prozenten festgelegte Verteilungen durch richterlichen Beschluss angeordnet.

*Spätmittelalterliche Bauernkate. Ein Bauer schlägt den Herrenvogt. Fachwerk mit strohgedecktem Dach, die Fenster haben keine Scheiben.*

Die von einer Kirche abhängigen Zehnten, bischöflicher oder weltlicher Art, wurden häufig verselbstständigt, d. h. von dem ursprünglichen Rechtsgrund losgelöst und gegen Zahlung eines Geldbetrages an einen „Zehntherrn" *(dechen/decanus)* zu Lehen ausgegeben. Erzbischof Heinrich von Molenark bekundet 1229/38, dass die von ihm zu Lehen gehenden Zehnten in Rode, Stammheim und Buchheim von dem Ritter Theoderich von Siendorp zurückgegeben und dem Kloster Altenberg übertragen wurden.[80]

Der Zehnt des Hofes Menrath in der Nähe von Altenberg – der Hof soll nach einer unbestätigten Nachricht (Montanus) am Ende des 12. Jahrhunderts von dem Ritter zu Odenthal erworben worden sein – war an die Odenthaler Kirche abzuführen. 1254 bestätigte der Pfarrer von Odenthal, der Bonner Kanonikus Konrad, einen durch seinen Oheim vor 60 Jahren abgeschlossenen Vertrag, wonach als Zehnt von diesem Hof jährlich vier Solidi von der Abtei an die Pfarre abgeführt werden sollten.[81]

In diesen Zusammenhang gehört auch die Papsturkunde aus dem Jahre 1205, aus der wir erfahren, dass vor 70 oder mehr Jahren durch den Klostergründer Adolf bestimmt worden war, dass das Kloster anstatt der Zehnten von gewissen, nicht näher bezeichneten Gütern nur einen jährlichen Zins zahlen solle. Diese Bestimmungen wurden von dem damaligen Odenthaler Pfarrer, dem Bonner Kanonikus Reinhard, Oheim des Konrad, nicht anerkannt.[82] Erst ein Odenthaler Pastor aus dem Geschlecht derer von dem Bongard arrangierte sich um 1322 bei diesem Streit um den Zehnt des Hofes Menrath mit der Abtei Altenberg *(facta est concordia inter dominum Henricum de Pomerio pastorem in Odendair et monasterium)*, wie es in einer Altenberger Notiz lautet.[83]

Die Odenthaler Kirche hat das Pankratiuspatrozinium. Pankratius ist einer der 14 Nothelfer, die gerne von den im bäuerlichen Leben verhafteten Eigenkirchenherren als Patron gewählt wurden, weil sie vor Viehseuchen und Unbilden der Witterung schützen sollten.

Im Jahre 985 wurden die Reliquien des hl. Pankratius nach Gent übertragen. Solche Reliquienübertragungen führten häufig zur Einführung von Patrozinien durch die Kirchenerbauer. Die ältesten Teile der Odenthaler Kirche – der zweistöckige Turmunterbau aus Kalkstein mit 2 m dicken Mauern – werden um das Jahr 1000 angesetzt. Außerdem besitzt die Kirche eine der ältesten Glocken des Rheinlandes. Unter Berücksichtigung einer möglichen hölzernen Vorgängerkirche passen der Zeitpunkt der genannten Reliquienübertragung und das Alter der ältesten Bauteile der Odenthaler Kirche gut zusammen.

Ob ein Vorfahre des um 1160 genannten Ritters Heinrich von Odenthal der Grundherr war, ist ebenso unbestimmt, wie wir nicht wissen, ob dieser die im 14. Jahrhundert erstmalig genannte Burg Strauweiler oder eine vermutete Voranlage bewohnte. Auf Schloss Strauweiler ruht allerdings noch heute das Patronatsrecht der St.-Pankratius-Kirche zu Odenthal.

Wahrscheinlich war die Eigenkirche eines uns nicht bekannten Grundherrn nebst dem dazugehörigen Hof um 1060, als die Grafen von Berg ihre alte Burg auf dem Bülsberg errichteten (oder eine vorhandene ältere Anlage umbauten), schon vorhanden. Die Berger kommen deshalb – wie oben schon gesagt – als Erbauer der Kirche kaum infrage. Wenn nun 100 Jahre später (1160) im Zusammenhang mit einer Schenkung die Burgkapelle auf Schloss Burg erstmals genannt wird und sie das Pankratiuspatrozinium aufweist, haben möglicherweise die Grafen von Berg für die Kapelle in ihrer neuen Burg an der Wupper den Namen des ihnen aus der Jugend vertrauten Kirchleins in Odenthal übernommen.

Uns interessiert auch die rechtliche Stellung der Grafen von Berg zu der kurz nach ihrer Aufgabe der Burg Berge im Jahre 1133 gegründeten Zisterzienserabtei Altenberg. Die Berger nahmen zwar die Abtei von vornherein in ihren Schutz, aber nicht in der Stellung eines Vogtes, wie das bei anderen Klöstern (Werden, Deutz, Siegburg) der Fall war. In den Altenberger Urkunden kommt das Wort Vogt oder Vogtei überhaupt nicht vor. Nur in den Kölner Schreinsbüchern wird bei Grundstücksübertragungen ein namenloser Vogt genannt. Das Verhältnis von Schutzherrschaft und Abtei erkennt man am besten an beidseitigen Äußerungen. Graf Adolf V. verpflichtete sich 1268, wie seine Vorfahren auf den Vorteil der Abtei in gleicher Weise bedacht zu sein wie auf den eigenen. Noch 1577 erklärt Abt Sundorf dem Herzog, sein Kloster sei ihm mit Hab, Gut und in-

*Strauweiler, das heutige Schloss, war früher ein Ritterlehen der Berger.*

nigem Gebet bis zum äußersten Gehorsam unterworfen. „Und diese Anerkennung ihrer Abhängigkeit von den Grafen als ihren Stiftern, Landes- und Schirmherren und ihrer Dankesschuld ihnen gegenüber drückt sich in der Gepflogenheit jener Zeit entsprechend symbolhaft aus in ihrer Pflicht zur jährlichen Lieferung von Handschuhen an eben diesen und seine bergischen Offizianten, die noch 1500 bestand."[84]

Gewissermaßen als selbstverständlich sahen es darum auch die bergischen Fürsten an, dass das Kloster und dessen Besitzungen, insbesondere der Altenberger Hof in Köln, jederzeit für ihre Zwecke zur Verfügung standen. Für andere Dynastien – z. B. Kleve, Mark, Brabant und Limburg – sind in Köln eigene Häuser nachzuweisen, nicht aber für die Grafen und späteren Herzöge von Berg, obwohl sie sich häufig in Köln aufgehalten haben. Diese und auch ihre Gefolgschaft benutzten als Absteige den Altenberger Hof auf der Johannisstraße, wo ein umfangreicher Gebäudekomplex vorhanden war. Beim Freundschaftsvertrag im Jahre 1262 wird der Hof erstmals als Einlager für die von der Stadt Köln zu stellenden 16 Bürgen genannt. Ebenso verfahren wurde bei den vielfachen Zollstreitigkeiten in den Jahren zwischen 1372 und 1381. Auch die Hochzeit Herzog Wilhelms mit Sibylle wurde mit größter fürstlicher Pracht und vielen Gästen vom 7. bis 11. Juli 1481 in diesen Gebäuden gefeiert.[85]

## Die Ritterschaft (Ministerialen) Graf Engelberts I.

Aus welchen Personengruppen die Grafen von Berg Dienste, Unterstützung und Rat in Anspruch nahmen, erfahren wir in der bei dem Freundschaftsbündnis mit Köln im Jahre 1262 ausgestellten Urkunde; dort werden genannt: *mage* (Verwandte), *manne* (Vasallen = persönlich freie Lehnsleute mit vererbbaren Lehen), *dinstmanne* (eine Zeit lang noch persönlich unfreie Dienstleute, eben Ministerialen mit einem nicht vererbbaren Dienstlehen), *burgmanne* (Burgbesatzung mit einem von der Burghut abhängigen Lehen) und *getrue vrunde* (getreue Freunde, wohl benachbarte oder verbündete Dynasten). Auch die an anderer Stelle genannten „officiales" (Truchsess, Vogt, Schultheiß) sind wohl in einigen Fällen abhängige Dienstmannen im Unterschied zu den ritterbürtigen „fideles", die nur in einem losen Verhältnis zu den Grafen stehen.

Wenn auch die Grafen von Berg von Fall zu Fall einen benachbarten Dynasten oder einen Verwandten zur Beurkundung ihrer Rechtsgeschäfte hinzugezogen haben, so waren es doch in der Regel Ministerialen. Die Ministerialität entwickelte sich im Mittelalter stufenweise als komplexes Gebilde. Schon im Laufe des 12. und verstärkt im 13. Jahrhundert traten ansässige Ritterbürtige des Bergischen Landes in Abhängigkeitsverhältnisse zu den Grafen von Berg. Im bekannten bergischen „Ritterbuch", das in der zweiten Hälfte des 14. Jahrhunderts entstand, befindet sich eine nur aus Dienstmannen bestehende Ritterschaft.

Allgemein ist die Entwicklung des Ritterstandes bzw. der Ministerialität um die Mitte des 12. Jahrhunderts abgeschlossen. Die Belege dafür sind die von Kaiser Friedrich I. erlassenen Reichslandfriedensgesetze „Constitutio de pace tenenda" (1152) und „Constitutio contra incendiarios" (1186). Etwa ab der Mitte des 13. Jahrhunderts wird für die Erlangung der Ritterwürde durch die Schwertleite Ritterbürtigkeit, also Geburtsadel, vorausgesetzt.

Die Ministerialen übten im Mittelalter im Dienst geistlicher und weltlicher Herren die Haus- und Hofämter aus (Truchsess, Drost = *dapifer*, Marschall = *marescalcus*, Mundschenk = *pincerna* und Kämmerer = *camerarius*). Sie konnten sich bei ihren Herren durch nützliche Dienste im Kriege und in der Verwaltung unentbehrlich machen und sozial in die Freiheit aufsteigen.

Manchmal übertrugen verarmte Adelige ihre Allode (Eigentum) gegen Geldzahlung an einen kirchlichen oder weltlichen

Grundherrn und empfingen das Gut als erbliches Lehen nach Mannrecht *(ius homini)* zurück. Es kam auch vor, das ein Herr einen verarmten Edelherrn in seine Burg aufnahm, wie z. B. Graf Engelbert von Berg den niederrheinischen Adeligen Arnold von Tyvern, der nebst seiner Familie Hausgenosse in der neuen Burg an der Wupper wurde. Als Gegenleistung verpfändete Arnold dem Grafen seine Eigengüter in Holthausen, Düsseldorf, Wald, Monheim und Himmelgeist.

„Minister" ist das lateinische Substantiv für Diener oder Gehilfe und „ministerialis" (= unfreier Dienstmann) ist davon abgeleitet. Gemeint ist die absolute Dienstbarkeit eines Untergebenen gegenüber seinem Herrn. Es ist ein weiter Entwicklungsweg von den abhängigen Rittern des Mittelalters über die Hofbeamten an den Höfen der kleinen und großen Herren (Hofämter) bis hin zu den heutigen Mitgliedern der Regierung, die als höchste Mandatsträger des Staates dessen „oberste Diener" sein sollten.

„Die Ministerialen (Dienstleute, Dienstmannen) waren im Mittelalter eine Oberschicht ursprünglich Unfreier, die im Dienst weltlicher und geistlicher Großen die Hofämter ausübten und zur Verwaltung und zum Kriegsdienst herangezogen wurden. Sie entwickelten sich zu einem neuen Stand, der durch die Verschiedenheit der vom jeweiligen Dienstherrn zugewiesenen Aufgaben vielfältig differenziert war. Seit dem 11. Jahrhundert wurden ihre ursprünglich unbestimmten Pflichten und Rechte im Dienstrecht (ius ministerialium) festgelegt. Als Entgelt für ihre Dienste erhielten sie ein (nicht vererbbares) Dienstgut, das nur an Ministerialen desselben Herrn veräußert werden konnte. Der Herr hatte das Recht, das Gut bei mangelhafter Dienstleistung einzuziehen bzw. das ‚Heimfallrecht' beim Tod des Dienstmannes sowie das Ehegenehmigungsrecht. Außerdem gab es für die Ministerialen eine spezielle Gerichtsbarkeit vor dem Herrn.

Schon im 12. Jahrhundert beginnt die Grenze zwischen Ministerialen und freien Rittern zu schwinden, das Dienstgut wird zum Lehen. Die Ministerialen werden in die Lehenshierarchie eingegliedert mit eigener Stufe im Heerschild. Zu dem Vorgang der Angleichung trug bei, dass häufig verarmte Edelleute unter Vorbehalt ihrer persönlichen Freiheit freiwillig in den Ministerialenstand übertraten. Der soziale Aufstieg der Ministerialen endet mit der Beseitigung von Resten ehemaliger Unfreiheit im 13. und 14. Jahrhundert, als sie mit den schwachen Schichten des Hochadels zum neuen Stand des niederen Adels, den Kern des Ritterstandes, zusammengewachsen waren. Allerdings ist der soziale Aufstieg von ursprünglich Unfreien in den Adelsstand eine auf Deutschland beschränkte Erscheinung." (aus: Leonard Korth, „Das Kloster Dünnwald")

---

**Kommendation**

Ein Schriftstück aus einer Sammlung von Vertragsvorlagen vom Beginn des 8. Jahrhunderts, bekannt unter dem Namen „Formulae Turonenses", gibt über Art und Charakter der Unterwerfung unter den Munt eines Lehnsherrn (Kommendation) Auskunft: Darin heißt es u. a.: „… Da es allen bekannt ist, dass es mir an Nahrung und Kleidung fehlt, habe ich mich bittend an Euer Erbarmen gewandt und habe frei beschlossen, mich in Eure Munt zu begeben oder zu kommendieren … Es soll so sein, dass ihr mir mit Speise und Kleidung helft und mich unterhaltet, und zwar in dem Maße, wie ich euch diene und mir damit Eure Hilfe verdienen kann. Bis zu meinem Tode muss ich euch dienen und gehorchen, so wie ich es als freier Mann vermag … Und so kamen wir überein, dass der von uns beiden, der sich diesen Abmachungen entziehen sollte, seinem Vertragspartner soundsoviel Solidi zahlen muss …"

---

Zur **Kommendation** kam später noch der Treueid, den der Vasall unter Anrufung Gottes und bei Berührung einer Heiligenreliquie oder eines Evangeliars zu schwören hatte. Damit versicherte sich der Herr einer doppelten Bindung, die in der stark religiös orientierten Gesellschaft unverletzlich war.

Wenn auch die Ministerialen Verwaltungsdienste leisteten, war es namentlich der Kriegsdienst, der im Laufe der Zeit ihre Stellung außerordentlich hob. Adel wurde vielfach auf dem Schlachtfeld erworben. Hier näherten sich die unfreien Dienstleute den ritterbürtigen Freien.

Als Ritter genossen sie gewisse Vorrechte, wie z. B. das Fehderecht oder den Vorzug des gesonderten Gerichtsstandes vor dem Herrn. Wesentlich war auch ihre Befreiung von den seit Entstehung der Landesherrschaft eingeführten Abgaben und Leistungen. Der Zwang, aus dem geschlossenen Kreise der Ministerialität eines Lehnsherren (aus der „familia") die Lebensgefährtin zu wählen, ist auch bei den bergischen Rittern zu erkennen, die ja vielfältig miteinander verwandt waren.

Diese Tatsache macht uns für die Zeit, in der uns in den Zeugenlisten nur die Namen der Ritter begegnen, ihre Identifikation und besonders die Lokalisierung auf bestimmte Besitzungen und Wohnplätze schwer. Von den Bergern selbst ausgestellte Urkunden sind in der Frühzeit ihres Auftretens fast nicht vorhanden, so dass man für diese Zeit nur von einzelnen Spuren reden kann. Von diesen ist nicht auszumachen, welcher Art ihre Gefolgschaft war.

Während bis zum Ende des 11. Jahrhunderts in den niederrheinischen (geistlichen) Urkunden die Ministerialen nur vereinzelt auftreten, können wir sie im ersten Viertel des 12. Jahrhunderts, besonders in den Urkunden des Kölner Erzbischofs Friedrich I., häufiger finden. Bei dem Kloster Deutz zeichnete sich das Vorhandensein von dienstbaren Leuten schon im 11. Jahrhundert ab. Allerdings bediente man sich damals noch nicht der Sprache des 12. Jahrhunderts. Sie sind in den Urkunden dieser Zeit unter den *„mancipia"* und *„servientes"* zu suchen. Bei den jährlichen Visitationen der abteilichen Höfe am Niederrhein ließ sich der Deutzer Abt von Rittern und Dienern begleiten. Die erste sichere Erwähnung eines Ministerialen im Dienste des vorgenannten Grafen Adolf II. finden wir in einer Urkunde des Propstes Gottfried von St. Gereon. Um 1160 begleiten Graf Adolf, Vogt des Hofes St. Gereon in Osenau und des Klosters Dünnwald, zwei Dienstmänner, die allerdings nur einnamig vorkommen und von denen einer Siegfried heißt: *„ministeriales quoque predicti comitis Adolphi Seath et Sijfridi".*[86]

14 Jahre später treten uns unter Engelbert I. nochmals eindeutig zwei Ministerialen entgegen. Als nämlich im Jahre 1174 der Propst Konrad von St. Severin zu Köln dem Schirmvogt seiner Kirche, dem Grafen Engelbert von Berg, u. a. die Zehnten zu Gummersbach und Meinerzhagen verlieh, finden wir in der Zeugenreihe hinter dem Namen des Grafen zwei Ministerialen: *„ministeriales eius Theod(orus) und Pilgrimus".*[87]

Im Jahre 1210 bekundete Graf Adolf III. von Berg, dass sein ehemaliger Ministerial und Truchsess Pilgrim eine auf dem Grimberg liegende Hufe Wald (in unmittelbarer Nähe von Altenberg) der dortigen Abtei übertragen habe.[88] Dieser Truchsess Pilgrim begegnet uns auch an anderer Stelle.

Aufgrund der urkundlichen Erwähnungen von Ministerialen in den Jahren 1160 bis 1210 zeichnet sich ab, dass die Berger

---

**Namensgebung**

Im 14./15. Jahrhundert setzte sich der Gebrauch des gleichen Bei- bzw. Familiennamens allmählich durch. In der sozialen Oberschicht wurden Beinamen dem Rufnamen oftmals hinzugefügt. Dies war nicht nur eine zusätzliche Kennzeichnung des Namensträgers, sondern auch eine deutliche Abgrenzung von anderen sozialen Schichten. Beinamen wurden nur selten vererbt. In der Stadt wird die Vergabe eines aus Ruf- und Familiennamen bestehenden Gesamtnamens unter der Stadtbevölkerung zur Gewohnheit. Vor allem die Vererbbarkeit des Besitzes wird durch die Namensweitergabe des Beinamens ergänzt, der damit zum Familiennamen wird und auch eine soziale Wertigkeit erhielt. Bei Handwerkern wurden die Berufsbezeichnungen wie Schmied, Müller oder Fleischhauer übernommen.

schon zu dieser Zeit über Dienstmannen verfügten, die allerdings als solche nur selten gekennzeichnet und deshalb von anderen Leuten in ihrem Gefolge nicht zu unterscheiden sind. Im Jahre 1160 wurden dem im Jahre 1118 gegründeten Kloster Dünnwald umfangreiche Besitzungen in seiner Umgebung übertragen. Diese Ländereien besaßen vorher die Ministerialen Daniel und Bruno, Söhne des Kölner Zöllners Warner, als zinslose Dienstlehen von der Abtei Brauweiler. Hier wird erkennbar, dass Ministerialen im Dienste von mehreren Lehnsgebern stehen konnten. Bei eventuellen Fehden zwischen ihren Herren mussten sie sich dann neutral verhalten, was auch in den betreffenden Urkunden ausdrücklich erwähnt wird.[89]

In demselben Jahr wird eine andere Urkunde von dem Grafen Adolf II. von Berg in seiner Burg an der Wupper *(in novi montis castro)* ausgestellt. Der Inhalt betrifft eine Schenkung des Warner von Berghausen und seiner Gattin an die Pankratiuskirche zur Burg. Unter den Zeugen dieser Urkunde ist der Burgmann Gerhard (Gerhardus de castro) wohl als ein Ministeriale auszumachen. Bei den anderen − Reinbodo, Oliverus, Godescalcus Schat, Wolfhardus de grunesceth (Grünscheid), heinricus de herbedde und Egilmarus de flitherde (Flittard) − muss Stand und Verhältnis zu dem Grafen offen bleiben. Die Ritter von Grünscheid erscheinen auch später noch im Gefolge der Berger.[90]

Eine aufschlussreiche, aber leider undatierte Urkunde ist ebenfalls in der Zeit des Grafen Adolf II. (ca. 1115−1160) entstanden, jedenfalls vor 1160, weil Adolf sich in diesem Jahr als Mönch in die Abtei Altenberg zurückzog. Die Urkunde ist mehrere Jahre nach dem eigentlichen Vorgang zur Bestätigung ausgestellt worden. Das geschah damals oft, denn in der weitgehend schriftlosen Zeit waren bei irgendwelchen Rechtsgeschäften symbolische Handlungen üblich, wie z. B. bei Grundstücksübertragungen der Halmwurf *(effestucatio)* oder der Handschlag beim Verkauf von Haustieren. Wenn die Rechtmäßigkeit der Handlung im Laufe der Zeit aus irgendwelchen Gründen angezweifelt wurde, musste man mit Siegeln beglaubigte Urkunden nachfertigen.

Die Zeugenreihe der Urkunde wird von Adolfus comes de monte angeführt, der damals schon etwa zwei Jahrzehnte Hauptvogt der Abtei Siegburg war. Weiter folgen − ohne trennende Gruppierung − Adolfus de Gurzenich, Reinardus et Giso de Gimnich, Heinricus de Udindar (von Odenthal; wahrscheinlich urkundet derselbe in einer Altenberger Urkunde von 1157), Amoldus frater eius, Evirhardus Upladhin (Opladen), Folcwinus de Dravinsdorp, Helmiiricus de Burnheim, Giso frater eius, Hertwicus de Westuppe (Wiesdorf). Außerdem die Ministerialen: Leo scoltetus de Siberg (Siegburg), Walterus, Richolfus, Godefridus scoltetus de Gimnich et plures alii. Abt Nikolaus von Siegburg nennt am Ende der Zeugenreihe nur die Ministerialen der Abtei (ministeriales nostris), während wir bei den nach dem Grafen von Berg aufgeführten Zeugen Heinrich von Odenthal und sein Bruder Arnold, Eberhard von Opladen und Hertwich von Wiesdorf – wieder keinen Stand ausmachen können. Die Ritter von Opladen (von Ophoven) und die Ritter von Stammheim sind erst im 13. Jahrhundert als Ministerialen der Berger nachweisbar.

Hertwich von Wiesdorf kommt in einer undatierten Urkunde der Kölner Abtei St. Martin vor. In den Jahren um 1150 kauft Abt Adalrad von Hermann von Neuss eine vom Kloster lehnrührige Manse in Dünfeld (bei Schlebusch) zurück. Nach Adolphus comes de Monte, advocatus noster et filius eius Everhardus und ei-

---

### Gruppen in der mittelalterlichen Gesellschaft

### Die Bauern

Über 3/4 der Gesamtbevölkerung waren Bauern. Die Mehrzahl von ihnen bestand aus Unfreien, die in einer Grundherrschaft lebten. Ihr Leben war gekennzeichnet durch harte Arbeit und ständige Existenzangst. Die Frondienste für die Grundherren mussten unabhängig vom Erfolg der Ernte geleistet werden. So konnte eine schlechte Ernte, z. B. auf Grund eines Naturereignisses, eine Bauernfamilie in bitterste Armut und Hunger führen.

### Die Ritter

Unter dem Einfluss der Fürsten traten die Ritter in den Dienst für Gott, den König und den Kaiser ebenso wie in den Dienst für den Lehnsherren. Zum Ritter wurde man gemacht, indem man als Sohn eines Adeligen im Alter von 10 Jahren in die Hände eines Edelmannes, z. B. in die des Lehnsherrn, zur Ausbildung gegeben wurde.

### Der Adel

Der Adel stellte eine wesentliche Stütze der königlichen Macht dar. Er hatte das „gottgewollte" Vorrecht zur Herrschaft über niedrigere Gruppen. Der König konnte auf Grund des Lehneides durch den Adel über das Volk herrschen.

nigen Klosterleuten folgen diesen die *servientes ecclesie nostre*, also die Ministerialen der Abtei: Egilmerus de fliterde (Flittard) et frater eius Henricus, Emelricus Tuskeman, Hertwicus de Wistubbe, Vogul filius Hermanni, Gerhardus Niger, Gerlacus de Wistubbe, Gerlacus de Hemmenrode (wahrscheinlich vom Hof Hemmelrath, ältester Name „Hemmerode", im heutigen Leverkusener Stadtteil Manfort) et omnis familia de Fliterde (die Hofgenossenschaft des Fronhofs Flittard), Gisilbertus camerarius abbatis (der Kämmerer des Abtes), Fastolf Tuskere, Richwinus Porcus.[91]

Einige dieser Zeugen begegnen uns in zwei weiteren, diesmal datierten Urkunden der Abtei St. Martin: einmal aus dem Jahre 1152, als Egelmer, Schultheiß des Flittarder Fronhofs, dem Kloster gewisse Güter zurückübertrug, und ein anderes Mal 1158 in einer Lehnssache in Köln. In beiden Urkunden ist auch Hertwich von Wiesdorf als Zeuge mit von der Partie, 1152 auch Gerlach von Wiesdorf. Egelmer besitzt seine Güter nach Mannrecht *(beneficio homini)*, ist also ein Vasall, während die ständische Qualität der nach Wiesdorf benannten Zeugen Hertwich und Gerlach (Hertwicus und Gerlacus) weiter fraglich bleibt.[92]

Zur Zeit, als die Grafen von Berg im Rechtsrheinischen ihre Macht ausbauten, gab es neben umfangreichem kirchlichem Besitz auch Rechte und Güter von landrechtlich freien Personen. Ob die von Wiesdorf, von Opladen und von Stammheim dazu gehörten, entzieht sich unserer Kenntnis.

## Graf Engelbert I.

Als Adolf II. in den 6oer-Jahren des 12. Jahrhunderts in das Kloster Altenberg eintrat, um als einfacher Mönch seinen Lebensabend zu verbringen, hatte er vorher das Land unter seine Söhne aufgeteilt. Der älteste noch lebende Sohn Eberhard erhielt den westfälischen Landesteil mit den Burgen Hövel und Altena (nach letzterer benannte er sich Graf „von Altena"), während Engelbert die bergischen Besitzungen übernahm. Nach der Erbteilung richtete Engelbert stärker als sein Vater sein Augenmerk auf das zwischen Rhein, Ruhr, Wupper, Dhünn und Sieg gelegene Gebiet. Er wird zwischen 1152 und 1189 in den Urkunden genannt und zeugt 1159 erstmals als „Engelbertus comes de Monte".[93] 1160 finden wir ihn in der Umgebung Kaiser Friedrichs I. bei der Belagerung von Mailand.

Am 31. August 1165 ist Graf Engelbert I. in Köln nachweisbar. Offensichtlich hatte er sich für Kaiser und Reich besonders verdient gemacht, denn schon kurze Zeit nach der Rückkehr Friedrichs I. von seinem vierten Italienzug erhielt er am 28. Juni 1168 auf dem Reichstag in Würzburg den Hof Diederen an der Maas zu Lehen. Engelbert war mit Erzbischof Philipp von Heinsberg verwandt. Das gute Verhältnis zu dem Kölner Metropoliten erkennt man daran, dass er in seinen zahlreichen Urkunden als Zeuge erscheint. Er war auch dessen Lehnsmann. Im Jahre 1175/76 verzichtete Graf Engelbert auf die Burg Deutz.

*Vom Einfluss der Johanniter im Bergischen Land zeugt die einst Johanniter-komturei genannte Malteserkomturei in Herrenstrunden bei Bergisch Gladbach (errichtet im 14. Jahrhundert).*

Um das Jahr 1176 stiftete Graf Engelbert I. in seiner Burg an der Wupper eine Kommende der Johanniter. Schriftlich wird dies von seinem Sohn Adolf III. im Jahre 1217 bestätigt. „Sein Vater", heißt es in der Urkunde, „dem der Himmel hohe Macht und Ehre reichlich verliehen, habe die Pankratiuskapelle auf dem Berge mit den eingehörigen wachszinsigen Leuten, die Tischgenossenschaft im Schlosse, Güter und Gefälle zu Remscheid, Dürscheid usw., sowie das Pfarrhaus nebst dem Patronate über die Pfarrkirche zu Remscheid dem Orden des hl. Johann vom Grabe zu Jerusalem gewidmet."[94]

1174 erhielt Engelbert, der seinen Machtbereich an der unteren Sieg gegen die Interessen der Grafen von Sayn ausweiten wollte, von Heinrich Raspe dem Jüngeren von Thüringen die neue Burg Windeck *(castrum novum in windeke et non vetus* = die neue und nicht die alte Burg) als Unterlehen. Das Obereigentum über beide Burgen, das sich Heinrich Raspe d. J. vorbehalten hatte, erwarb bald durch Kauf der Kölner Erzbischof Philipp von Heinsberg und gab es im Jahre 1197 dem Grafen Dietrich von Landsberg zu Lehen.

Das Land um Windeck war schon in der ersten Hälfte des 12. Jahrhunderts durch Vermählung des Landgrafen Ludwig I. von Thüringen († 1140) mit Hedwig von Gudensberg, Tochter des Grafen Giso IV. und der Kunigunde von Bilstein, an die Thüringer gefallen.

Als Heinrich Raspe im Jahre 1184 ohne Erben starb, heiratete seine Gemahlin Jutta den Grafen Dietrich von Landsberg. Aus dieser Ehe ging nur eine Tochter Mechthild hervor, die Heinrich den Jüngeren von Sayn († 1246) ehelichte. Durch die Ehe Heinrichs mit der Erbin des Thüringer Besitzes am Mittelrhein wurde die Stellung der Sayner vorerst gefestigt. Engelbert blieb während dieses im 13. Jahrhundert entbrennenden Streites um das Obereigentum an beiden Burgen, in den der Kölner Erzbischof, Gräfin Mechthild von Sayn, Landgraf Heinrich von Thüringen und Graf von Wildenburg verstrickt waren, im ungestörten Besitz des Unterlehens an der Burg Neu-Windeck.

Alt-Windeck, das Mechthild von Sayn dem Grafen von Wildenburg als Lehen übertragen hatte, verkaufte dieser im Jahre 1267 an Graf Adolf von Berg. So hatte Berg ab 1267 beide Windeck unter seine Herrschaft gebracht. Von diesem Zeitpunkt an verschwindet die Nennung von „Alt-Windeck", und so stellt sich die Frage, ob nicht das am Fuße des Burgberges in Tal-Windeck gelegene „Haus Broich" – eine Wasserburg – die ehemals als „Alt-Windeck" bezeichnete Anlage war.

Broich wird im Jahre 1273 – also fünf Jahre nach dem Erwerb von „Alt-Windeck" – erstmals genannt, als Graf Adolf von Berg von diesem Anwesen einen jährlichen Zins an das Kloster auf der Rheininsel Nonnenwerth abführt. Am Anfang des 15. Jahrhunderts besaßen das Gut Broich die von der Lippe, genannt Hoen (auch Hoen von der Wintegge / Windeck). Reinhard Hoen, herzoglich bergischer Burgmann zu Windeck, bat am 13. August 1479 den Herzog Wilhelm von Jülich und Berg, „ihm seinen Burgsitz zu Windeck zu vergönnen". Daraus geht her-

---

Im Bergischen Ritterzettel von 1555 heißt es: „Bertram Hoen, Drost zu Mörs, hat vor kurzem das ‚hus uf dem Broich' Wihelm Quaide zu Isengarden verkauft." Im Jahre 1613 gibt ein Friedrich von Hoen den Burgsitz zu Windeck an den Landesherrn zurück. Das Haus Broich wird noch bis gegen Ende des 18. Jahrhunderts im Besitz der Familie von Hoen genannt.

Oswald Gerhard schreibt 1925: „Von dem Hause Bruch oder Broich sind nur noch Grundmauern vorhanden. Zwei viereckige Plätze erheben sich in einer flachen Talmulde. Der größere, dicht an der Eisenbahn gelegen, ist 55 Schritte (etwa 41 m, d. Verf.) lang und 50 Schritte (etwa 37 Meter ) breit, der dahinter gelegene kleinere etwa 30 Schritte (etwa 22 Meter) lang und breit … Vorplatz und Burgplatz werden von breiten, jetzt trocken gelegten Wassergräben umgeben und durch einen 20 Schritte (etwa 15 m, d. Verf.) breiten Graben voneinander getrennt."[95] Das Haus Broich war also eine typische Wasserburg.

vor, dass die Hoen schon früher im Besitz desselben waren. Mit
Reinhards Burgsitz kann aber nicht die Burg „Neu-Windeck"
selbst, sondern nur der in unmittelbarer Nähe am Fuße des Berges gelegene Rittersitz Broich oder Bruch gemeint sein. Broich
ging dann von Reinhard auf dessen zweiten Sohn Philipp über,
der mit einer von Landsberg verheiratet war.

Durch den Erwerb der Burg Windeck konnte Graf Engelbert
die Herrschaftsrechte an der mittleren Sieg und im angrenzen-
den Oberbergischen Land weiter ausbauen und die Grundvor-
aussetzung für das spätere bergische Amt Windeck schaffen.
Aber auch in anderen Gebieten vermochte Eberhard durch geschickte Politik und Geldzahlungen den bergischen Herrschaftsbereich abrunden.

Als im Jahre 1176 Erzbischof Philipp Geld benötigte, um den
Kaiser bei einem neuen Heerzug nach Italien zu begleiten, bot
sich Engelbert wieder eine Gelegenheit. Für ein Darlehen von
400 Mark gab ihm der Erzbischof den Burghof zu Elberfeld
nebst dem Hof Hilden zu Pfand. Als wenig später die Erhöhung
der Pfandsumme auf 600 Mark notwendig wurde, kam auch der
kölnische Hof zu Schwelm in den Pfandbesitz des Bergers. Beide
Pfandverschreibungen wurden durch den Kaiser bestätigt. Die
letzte Bestätigungsurkunde war am 27. Mai 1189 in Pressburg
ausgestellt worden. Auch hier sind die Pfänder – wie mehrmals
bei Pfandbesitztümern der Berger zu beobachten – nicht mehr
eingelöst worden. In diesem Zusammenhang ist anzumerken,
dass Pfandgüter – anders als heute – mit allem Zubehör und allen Rechten unmittelbar in die sofortige Nutzung des Pfandneh-
mers übergingen.

Im Jahre 1189, kurz vor seinem Tode, stellte Engelbert noch eine Urkunde aus, in der uns seine ritterliche Gefolgschaft ent-
gegentritt. Anlass war der Geldbedarf des Grafen Heinrich von
Hückeswagen, der sich genötigt sah, dem Berger für ein Darlehen von 100 Mark sein Stammgut Hückeswagen zu verpfänden.
Erste urkundliche Erwähnung fand Hückeswagen im Jahre
1085, als Äbtissin Swanhid von Essen verschiedene Erbgüter, darunter auch Hückeswagen, ihrem Konvent schenkt (Lac. I, 235).
Als frühester Graf begegnet uns Friedrich (Lac. I, 328). Der zweite urkundlich bekannte Graf von Hückeswagen war der oben genannte Heinrich, den wir zwischen 1176 und 1205 im Gefolge
der Erzbischöfe Philipp von Heinsberg und Adolf von Altena
treffen. Der Name „Hukengeswage" oder „Hukingiswage" (wage/
wac = nasse, sumpfige Niederung und Huking = Personenname)

*Das Hückes-
wagener
Schloss*

deutet auf eine frühe Burg des Hucking im Sumpf. Als man
später auf die Höhe zog, änderte man den Namen in „Heukes-
hoven".

Der dritte bekannt gewordene Dynast war Graf Arnold von Hückeswagen, der sich in Böhmen neu orientierte. Wir finden ihn
im Juni 1228 in Diensten und am Hofe Königs Przemysl Otakar I.
von Böhmen. Franco und Heinrich von Hückeswagen verzichten
1260 endgültig auf ihr Stammgut.

Die oben genannte Urkunde gibt uns Gelegenheit, die Gefolgschaft des Grafen Engelbert zu untersuchen. Als Zeugen erscheinen: *Rembertus scudesper et Theodericus filius eius, Godescalcus
castellanus de berge* (wohl der Burgvogt der neuen Burg an der
Wupper), *Herimannus de bodelenberg* (von dem Bottlenberg), *Everhardus de upladhen* (Opladen), *Heindenricus de plettebreht* (Plettenberg oder Plettenburg bei Dabringhausen), *Theodericus de wipper-
vorde et filius eius olricus, Hartlivus de hesceidhe* (Herscheid bei
Witzhelden), *Hartlivus de lintlon* (Lindlar), *Henricus flecco* (möglicherweise ein Vorfahre der Flecke von Nesselrode), Andreas
Scoltetus (Schultheiß) u. a. Der Beiname Scuzzespere „Speer-
schütze/Speerwerfer" bei Rembert lässt an einen im Kampf erworbenen Namen denken. Wie uns Thomas R. Kraus mitteilt,
besaßen Rembert und Dietrich Scuzsper bzw. deren Familie Allode bei dem zwischen Ahrweiler und Remagen gelegenen
Kirchdaun.[96] Schon in der vom Kaiser ausgestellten Urkunde
vom 24. Februar 1174, die die Verlehnung der neuen Burg Wind-

eck durch Heinrich Raspe den Jüngeren von Thüringen an den Grafen Engelbert von Berg beinhaltet, erscheint Reimbertus Scuzsper als Zeuge. Im Jahre 1202 wird ein Dietrich „scuzzespere" erwähnt.

Die Stammsitze weiterer Zeugen der Urkunde von 1189, Eberhard von Opladen und Heinrich Flecke, liegen im „Kernland" der Berger zwischen Dhünn und Wupper, wie auch die Plettenburg an der oberen Dhünn oder Herscheid, eine alte Burg bei Witzhelden, dort zu finden sind.

Zu dem Heinrich Flecke von 1189 ist Folgendes anzumerken: Der Name „Flecke" ist ein Ausdruck der Ritterkultur, der seinem ersten Träger buchstäblich „auf den Leib oder das Gewand geschrieben" war, so dass sein eigentlicher Taufname davon verdrängt wurde; der Name wurde sozusagen zu einem Ehrentitel, den sich der Träger durch besonders rittermäßige Leistungen erworben hatte; da waren die Ritter Sobbe (Zobbo), Stael, Hugenpoet, Ruselpaffe u. a. Diese auf eine Person geprägten Ritternamen wurden „Leitnamen". Man wollte eine Verbindungslinie zu einem ruhmreichen Vorfahren herstellen, auf den man stolz war und dem man nachzueifern trachtete. Diese Übernamen wurden dann ebenso erblich wie die Taufnamen, und das in männlicher und weiblicher Linie. Bei dem „henricus flecco" der Urkunde von 1189 – das ist der früheste Zeitpunkt, an dem ein „Flecke" erscheint – werden der Taufname und der ritterliche Übername noch zusammen genannt, was sich später änderte, so dass man in genealogischer Hinsicht die einzelnen „Fleckes" kaum noch auseinanderhalten kann.

Es ist das Verdienst von Kurt Niederau, dass wir heute die Genealogie derer von Nesselrode, eines der ruhmreichsten bergischen

*Schloss Ehreshoven ist erstmalig im Jahr 1355 erwähnt und war mehr als 500 Jahre im Besitz der Grafen von Nesselrode. 1920 wurde es von der letzten Gräfin dieses Geschlechtes als Damenstift vermacht.*

Adelsgeschlechter, bis zum Jahre 1256 zurückverfolgen können. Der erste identifizierte Familienangehörige nennt sich zwar Albert „Sobbe" von Leysiefen (1256, 1263 Ritter), aber bei seinem Sohn Heinrich Flecke von Nesselrode (1301 Knappe, 1303–1308 Ritter) wird Vorname, Übername und Geschlechtername genannt, wie auch bei einigen späteren Nachkommen. Weil, wie es üblich war, meist der Name des Großvaters für einen Enkel gewählt wurde, kann der Vater des 1256 genannten Sobbe (später auch Zobbo) durchaus ein Heinrich Flecke gewesen sein. Und von diesem „Urflecke" von 1189 kann der „ruhmbedeckte" Name auch in andere Verwandtschaften, möglicherweise in die Familien von Holstein, von der Mühlen, von Heltorf u. a., gekommen sein. Leider werden in den Zeugenlisten der älteren Urkunden – diese sind oft die einzigen Quellen – die Namen der Frauen selten genannt, wie auch die Frau des Sobbe von Leysiefen (1256) nicht bekannt ist. Auffällig nahe ist die Lage der alten Burg Leysiefen (im Volksmund Zobbesmur genannt) zum neuen Schloss Nesselrode.

Die von Nesselrode führen wie viele bergische Rittergeschlechter einen Wechselzinnenbalken in ihrem Wappen. Es ist aber nicht ausgemacht, dass es das erste Wappen dieses Geschlechtes war. Die „Nessel" ist möglicherweise in einem „Urwappen" vorhanden, das eine Linie des Geschlechtes der Zobbe im 14. Jahrhundert weiterverwendet, nämlich drei silberne Blätter, die möglicherweise Nesselblätter sein können. Wie genealogisch von Kurt Niederau dargestellt, besaß der Vater Albert Sobbe die Burg Leysiefen, ehe sich sein Sohn Heinrich († 1351) nach einem vermutlich neu erbauten Sitz „von Nesselrode" benannte.[97] Ein anderer Sohn des Sobbe von Leysiefen mit dem Namen Adolf (1280–1307, verheiratet mit Adelheid) und wiederum deren Sohn Flecke von Leysiefen (1311 Ritter genannt) könnten das alte Familienwappen weitergeführt haben. Wenn also die Sobbes das Nesselwappen führten, wäre über dieses Urwappen der Familienname „Nesselrode" (= Rodung in einem mit Nesseln bestandenen Gelände) zu erklären.

Vermutlich stammte auch der in der Urkunde von 1189 genannte „Herimannus de bodelenberg" (später wird die Namensform „von dem Bottlenberg" üblich) aus dem Herkunftsraum der „urbergischen Ritterschaft", die zum Teil mit dem Wechselzinnenbalken siegeln, wie auch die von dem Bongard, die im 13. Jahrhundert in zahlreichen bergischen Urkunden vorkommen, wahrscheinlich in diesem Gebiet ansässig waren. Es gibt

Indizien dafür, dass die von dem Bottlenberg im Bereich des näheren oder weiteren Umkreises von Odenthal ihren Besitz- und Lebensraum hatten, ohne dass mit Sicherheit ein „Stammsitz" auszumachen wäre. Die Höfe Schirpendhünn und Kesselsdhünn, genannt nach Familienlinien derer von dem Bottlenberg, liegen unweit der Plettenburg. Ein Nachbarschaftsverhältnis ergibt sich auch mit dem „Heidenricus" von Plettenberg der mehrfach genannten Urkunde von 1189.

Ungeklärt ist, welcher Zusammenhang zwischen dem Geschlecht derer „von dem Bottlenberg" (Bodelenberg) und dem Hof Boddenberg bei Steinbüchel sowie dem „Bodtberg" genannten

*Vollwappen des bergischen Ministerialengeschlechtes von dem Bottlenberg*

Objekt im Besitz der Strauweiler besteht.[98] Es fällt auf, dass um 1189 sich in der Gefolgschaft des Grafen Engelbert fast nur Männer befanden, die aus dem Gebiet um Odenthal stammten. Dort hatten die Berger ihre erste Burg, dort konnten sie aus ihrer Umgebung das Gefolge auswählen. Allerdings wissen wir nicht, bei welchen Zeugen es sich um Ministerialen, Vasallen, Verwandte oder verbündete Freunde handelt. Ebenso wissen wir nicht, ob diese Leute auf „eigenen" Burgen oder befestigten Höfen saßen, oder ob diese Objekte im Namen oder mit Weisung oder Genehmigung der bergischen Grafen erbaut wurden.

Der finanziell gut gestellte Graf Engelbert konnte manche Gebietsvorteile gegenüber verarmten Edelfreien im Bergischen Land und am Niederrhein gewinnen. Hauptgründe für die Finanzschwäche der adeligen Grundherren waren die Folgen der zahlreichen Missernten des 12. Jahrhunderts.

Die zunehmende Attraktivität der Rodungsgebiete im Neusiedelland und die Landflucht der Lehnsbauern in die neu entstehenden Städte ließen die Einnahmen aus den alten Grundherrschaften immer mehr zusammenschmelzen. Den geringen Einkünften standen hohe Kosten gegenüber, die durch Kriegsdienste und Geleite und häufige Abwesenheit entstanden. Pferde,

*Das alte Schloss Bensberg, eigentlich eine Burg, ist möglicherweise Anfang des 12. Jahrhunderts von den Bergern zur Sicherung des südlichen Territoriums ausgebaut worden.*

Rüstung etc. waren teuer. Der große Geldbedarf der Edelfreien vom Niederrhein zwang z. B. die Herren von Angermund, Mündelheim, Heltorf und Ratingen, ihre Allode dem Erzbischof Philipp von Köln zu übertragen.

Familiensitz der Berger war seit etwa 1118 die neue Burg an der Wupper, die Engelbert von seinem Vater Adolf II. geerbt hatte und deren genaues Baudatum nicht bekannt ist. Eine Verwechslung mit einer anderen „neuen Burg" der Berger, Neuenberg bei Scheel in der Gemeinde Lindlar, kann mit Sicherheit ausgeschlossen werden. Der Erbauer der im Jahre 1433 erstmals genannten Burg ist nicht bekannt. Sie war als Rundburg eine typische Grenzburg von bescheidenem Ausmaß mit 2200 m² und ohne Zwinger sowie Bergfried vergleichsweise schwach befestigt .

Wann Bensberg erworben oder erbaut wurde, liegt nach wie vor im Dunkeln. Die Burg Bensberg war, wie der Name vermuten lässt, wohl ursprünglich eine königliche Bannburg für den Königsforst. Sicher als bergischer Besitz wird sie erst unter Adolf III. († 1218) genannt. Seit 1210 sind bergische Ministeriale bekannt, die von der Burg ihren Namen herleiteten. In den Jahren 1138/39 ist noch ein Edelherr Wicher nach der Burg Bensberg benannt. Die Berger dürften also irgendwann zwischen 1140 und 1210 in den Besitz der Burg gekommen sein .

Im Unterschied zu vielen damaligen Herren im Bergischen Land
und am Niederrhein muss Engelbert über viele Geldmittel verfügt
haben

Wichtige Einnahmequellen waren verschiedene Zehnte, hier
besonders Rodezehnte, die den
Bergern auf Grund von Wildbann-
rechten zustanden. Nicht unerheb-
lich werden auch die Einkünfte
gewesen sein, die sie für vogteili-
che Tätigkeiten erhoben haben,
sowie die Gefälle aus Gerichtskos-
ten. Dazu kamen die Einnahmen
aus umfangreichen Grundherrschaften, die die Berger zum Teil

„Die **Erfolge Engelberts** bei seinen
Bemühungen um Ausbreitung und Sicherung der bergischen Herrschaft
wären ohne finanzielle Rückhalte nicht
möglich gewesen. Die Wichtigkeit des
Geldes für die Herrschaftsausübung
kommt in den Worten Erzbischof Engelberts I. von Köln „sine pecuniis pa-
cem se non posse facere in terris" (ohne Geld lässt sich der Friede im Land
nicht herstellen) deutlich zum Ausdruck. Zusammensetzung und Höhe
des bergischen „Haushalts" können
wegen der schlechten Quellenlage nur
unzureichend bestimmt werden (…).[98]

erheiratet hatten. Außerdem hatten sie schon früh verschiedene
Steuern und Zölle eingeführt sowie Geleitschutzgelder für durch-
reisende Händler.

Allerdings scheinen im Zusammenhang mit der Ehe Engelberts
mit Margarete von Geldern, Tochter Heinrichs und Schwester Ottos von Geldern, keine territorialen Veränderungen gestanden zu
haben. Umso wertvoller waren die guten verwandtschaftlichen
Verhältnisse, die sich durch die Heirat auftaten. Die nicht näher
datierbare, aber spätestens 1175 bestehende Ehe mit Margarete
machte Engelbert zum Verwandten *(consanguineus)* einflussrei-
cher Herren. Über die Abstammung seiner Mutter war Engelbert schon Blutsverwandter *(cognatus)* des Grafen von Geldern.
Engelberts Ehe mit Margarete ist der Grund, weshalb Erzbischof
Adolf I. von Köln aus dem Hause Altena den Herzog Heinrich I.
von Brabant seinen Verwandten nannte und Engelbert selbst
dem Grafen Balduin von Flandern und Hennegau, dem Kaiser
von Konstantinopel, im Jahre 1204 als *consanguineus* galt.

Die Ehe mit Margarete brachte also einen beachtlichen Anse-
hensgewinn, der besonders bei der Besetzung des Kölner Erz-
stuhls und anderer Kirchenämter von Bedeutung sein konnte.
Den Bergern war bewusst, wie wichtig das Amt des Erzbischofs
für den Aufstieg zu Territorialherren war. In Verfolgung dieses
Zieles besaßen oder besetzten sie aus militärischen und politischen Gründen auch mehrfach die Burg Deutz.

Das Verhältnis des Grafen Engelbert zum Kaiser war bis 1180

Friedrich III., ab 1147 Herzog von Schwaben, wurde als **Friedrich I. Barbarossa** („Rotbart, 1122 – 1190) 1152 einstimmig zum deutschen König gewählt. Er übertrug Heinrich dem Löwen das Herzogtum Bayern und legte so den staufisch-welfischen Gegensatz bei. Sein erster Italienfeldzug (1154 – 1155) führte zur Kaiserkröung durch Papst Hadrian IV., aber auch zu Spannungen mit den lombardischen Städten, die nach Autonomie strebten, und mit Rom, da er sich weigerte, das Kaisertum als päpstliches Lehen zu akzeptieren. Die langwierigen Spannungen (mehrere Italienfeldzüge) führten erst 1777 zum Frieden von Venedig mit Papst Alexander III. und 1778 zum Frieden von Konstanz mit dem Lombardenbund. Friedrich festigte seine Macht durch Städtegründungen und eine durch den aufstrebenden Stand der Reichsministerialen gestützte Verwaltung. Bei dem 1189 begonnenen und von ihm angeführten Dritten Kreuzzug ins Heilige Land ertrank Friedrich Barbarossa 1190 beim Baden im Saleph (Kleinasien). Nicht zuletzt auf Grund seines Endes ranken sich zahlreiche Legenden um den Kaiser.

gut. Nach 1180 scheint es zu Verstimmungen mit Kaiser Friedrich I. Barbarossa gekommen zu sein, da sich die Versuche der Staufer, ihre Stellung am Niederrhein politisch und wirtschaftlich auszubauen, mit den Plänen Engelberts auf Herrschaftserweiterung im Westniederbergischen nicht vertragen konnten.[99]

„Mitte April 1180 verweilte Engelbert am Hofe in Gelnhausen, wo er die bekannte Gelnhäuser Urkunde, mit der dem Kölner Erzbischof vom Kaiser das Herzogtum Westfalen verliehen wurde, und eine Urkunde Friedrichs zugunsten des Baseler Bischofs bezeugte. Gleich [Erzbischof] Philipp nahm auch Engelbert an der Politik des Reiches Anteil. Er hielt sich sowohl am 4. September 1171 als auch Ostern 1174 beim Kaiser in Aachen auf. Am 9. Mai 1174 war Engelbert in Sinzig bei Hofe anwesend. Belege für seine Teilnahme am 5. Italienzug des Kaisers (1174 – 1178) fehlen allerdings."[100]

## Übergangszeit zwischen Engelbert I. und Adolf III.

Als Graf Engelbert I. von Berg im Jahre 1189 bei Kovin in Serbien verstarb, hinterließ er zwei unmündige Söhne: Adolf (III.) wird jünger als 14 Jahre alt gewesen sein und Engelbert, der spätere Erzbischof von Köln, zählte gerade vier bis fünf Jahre. Es waren damals ereignisreiche Jahre, in denen der Tod die Mächtigen des Reiches nicht verschonte. Kaiser Friedrich I. Barbarossa ertrank am 10. Juni 1190 im Fluss Saleph in Armenien. Sein Nachfolger Heinrich VI. starb 32-jährig am 28. September 1197 in Messina an einer Seuche. Für den erst dreijährigen Sohn Friedrich (II.) des verstorbenen Kaisers übernahm dessen Onkel Herzog Philipp von Schwaben die Herrschaft im Reich.

Ob Eberhards Sohn, der blutjunge Adolf (III.), die Regierungsgeschäfte der Grafschaft allein und sofort übernahm, scheint fraglich. Adolfs Mutter Margarete von Geldern, die 1198 noch lebte, könnte ihren Sohn in den ersten Jahren – ohne urkundlich aufzutreten – unterstützt haben. Eine Vormundschaft des noch lebenden Bruders seines Vaters, „Adolf der Ältere", der 1192 bis 1197 urkundlich in Erscheinung tritt, ist wahrscheinlich, aber nicht belegt. Bemerkenswert ist in diesem Zusammenhang, dass Adolf der Ältere im Jahre 1193 als Graf und Vogt des Klosters Dünnwald auftrat. Die Urkunde unterscheidet zwischen einem „*Adolphus comes de Monte ... legitimus advocatus ecclesiam de Doenwalt*" und einem „*Adolphus iunior comes de Monte*". Beide werden also Graf genannt. Die Urkunde beinhaltet einen Gütertausch zwischen dem Ritter Manfred von Rheindorf und dem Kloster Dünnwald. Hier wird erstmals der Hof Wambach in (Leverkusen-)Rheindorf genannt, von dem noch heute ein Mottenhügel erhalten ist.[101]

Im Jahre 1194 lesen wir dann „*Adolfus filius comitis Engelberti de Berge*".[102] Adolf und sein Oheim begegnen uns im Jahre 1197 nochmals zusammen in einer Urkunde Erzbischof Adolfs I. von Altena. Der junge Adolf hat ein Besitztum bei Dünnwald, das im Obereigentum der Kölner Kirche stand und das gegen Grundstücke zu Uckerath, Büttgen, Wanheim und Neuß getauscht wurde. Das Dünnwalder Gut hatten die bergischen Ministerialen von Wanheim mit Namen Dietrich, Hermann und Rutger vom jungen Grafen zum Unterlehen. Ein „*Adolphus comes de monte*" ist Zeuge und erscheint als Erster (also als Ältester) in der Reihe der Grafen vor Wilhelm von Jülich und seinem Bruder Gerhard sowie Graf Arnold von Altena. Hier wird also nochmals der ältere

Graf genannt.[103] Ein Graf Adolf fehlt in den Urkunden des Kölner Erzbischofs des Jahres 1198. Der 1199 genannte Graf von Berg ist gemäß der Zeugenreihe mit Sicherheit der „selbstständige" Graf Adolf III.[104] „Adolf der Ältere" ist nach 1197 nicht mehr zu belegen. Vielleicht hat er wie viele andere aus dem Rheinland an dem Kreuzzug von 1197 teilgenommen und ist nicht mehr heimgekehrt. Die aus dem 15. Jahrhundert stammende „Jüngere Hochmeisterchronik" will von der Anwesenheit eines Grafen von Berg bei der Gründung des Deutschen Ritterordens im Frühjahr 1198 zu Akkon wissen. Der jüngere Graf Adolf III. kann es nicht gewesen sein, denn dieser hielt sich nachweisbar im Jahre 1198/99 im Rheinland auf und konnte bei einer Teilnahme mit einiger Wahrscheinlichkeit noch nicht zurück sein. Adolf der Ältere könnte aber auch im Herbst 1198 oder im Sommer 1199 beim Kampf gegen König Philipp von Schwaben getötet worden sein.[105]

Am 13. August 1191 starb der Kölner Erzbischof Philipp von Heinsberg vor Neapel an der Pest. Zu seinem Nachfolger wurde zunächst Lothar von Hochstaden gewählt, der aber unter dem Druck des Geschlechts derer von Berg zurücktrat. An seiner Stelle wurde der alternde Bruno von Berg, Sohn des Grafen Adolf II., gewählt, der schon seit 1168 Dompropst in Köln war. Bereits 1193 legte dieser auf Grund seines hohen Alters das Amt nieder und trat in das bergische Familienkloster Altenberg ein, wo er am 23. April 1200 verstarb.

---

Die **Handwerker** waren freie Menschen. Ihre Zahl und Spezialisierung stieg und sie begannen, Waren auf Vorrat zu produzieren. Ihre gefertigten Waren wollten sie auf den Marktplätzen verkaufen, wo sie aber auf den Widerstand der Patrizier stießen. Daher schlossen sich die Handwerker des gleichen oder verwandten Gewerbes zu Zünften zusammen.

Vielerorts erhoben sich aber im 14. Jh. die in Zünften zusammengeschlossenen Handwerker gegen ihre Herrschaft und forderten ebenfalls Einfluss auf die Regierung der Stadt, den sie z. T. auch erhielten. Sehr weit ging die Entwicklung in Köln, wo 1396 eine Verfassung entstand, die allen Bürgern ein Mitbestimmungsrecht in der Stadt zubilligte.

Später wurden sie wirtschaftliche Organisationen. Sie reservierten sich die Märkte für die Zunftmitglieder. Untereinander bestand auch eine soziale Funktion, wie die Gewährung von Darlehen und der Austausch von Informationen. Die verschiedenen Berufe wie Bogner, Weber, Schmied oder Metz hatten in ihren Zünften oftmals die gleiche Aufbaustruktur.

Vorher hatte er sich im Dezember 1192 mit den Herzögen Heinrich von Brabant und Heinrich von Limburg sowie mit anderen Fürsten verbündet, um Rache an den Mördern des am 24. November 1192 getöteten Bischofs Albert von Lüttich zu nehmen. Der Bund richtete sich in erster Linie gegen den der Tat verdächtigen Gegenkandidaten Alberts, Lothar von Hochstaden, Propst zu Bonn, der in Köln dem Erzbischof Bruno III. aus dem Hause Berg hatte weichen müssen. Die Verbündeten fielen nach Weihnachten in die Grafschaft Hochstaden ein und verwüsteten sie. Brunos Nachfolger wurde sein Neffe Adolf von Altena. Über diesen nahtlosen Übergang innerhalb der Familie muss es eine Übereinkunft gegeben haben. Adolf entstammte der westfälischen Linie der Berger, die nach der Erbteilung von 1160 von Eberhard von Altena begründet worden war. Adolf war seit 1183 Domdekan, folgte 1191 seinem Onkel Bruno als Dompropst und wurde am 26. März 1194 zum Priester sowie am nächsten Tage zum Erzbischof geweiht.

Philipp von Schwaben (1179–1208), der jüngste Sohn von Friedrich Barbarossa, war von 1198 bis zu seinem Tod römisch-deutscher König. Nachdem er zunächst für eine geistliche Karriere vorgesehen war, wurde er 1196 Herzog von Schwaben. Nachdem sein Bruder Heinrich VI. überraschend verstarb, wurde er von der Staufenpartei zum König gewählt. Die Welfenpartei wählte im selben Jahr Otto von Brauschweig zum König. In der folgenden militärischen Auseinandersetzung konnte er sich allmählich durchsetzen und wurde 1205 zum zweiten Mal gekrönt. Kurz vor seiner Wahl zum Kaiser wurde er vom Bayerischen Pfalzgrafen Otto VIII. von Wittelsbach ermordet.

Erzbischof Adolf I. von Altena versagte dem vom Reichstag zu Würzburg Anfang April angenommenen Vorschlag des Kaisers, die deutsche Königskrone erblich zu machen, seine Zustimmung; ebenso wies er die Forderung, den zweijährigen Kaisersohn Friedrich (II.) zum König zu wählen, erst zurück, um dies im August 1197 in Boppard dann doch zu tun. Gleichzeitig leistete er in Boppard Herzog Philipp von Schwaben den Treueid.

Die sächsischen und andere Fürsten wählten im März 1198 Philipp von Schwaben zum König, während am 9. Juni 1198, nach dreitägigen Verhandlungen im erzbischöflichen Palast zu Köln, der Kölner Erzbischof Adolf I., der Bischof Konrad von Straßburg sowie die meisten niederrheinischen und niederlothringischen Fürsten den etwa 20-jährigen zweiten Sohn Heinrichs des Löwen, Otto (IV.) von Braunschweig, zum Gegenkönig wählten.

## Die Berger im staufisch-welfischen Thronstreit

Am 8. Januar 1198 war einer der bedeutendsten Päpste des Mittelalters, Innozenz III., auf den Papstthron gewählt worden. Er spielte eine bedeutende Rolle im Zusammenhang mit der Doppelwahl der deutschen Könige, die sich beide um seine Anerkennung bemühten. Innozenz III. war der Auffassung, dass die Entscheidung grundsätzlich ihm zustehe, denn die Päpste seien es gewesen, die das Kaisertum vom Morgen- auf das Abendland übertragen und die Kaiser gekrönt hätten. In einem Schreiben vom 1. März 1201 teilte Papst Innozenz mit, dass er sich für Otto von Braunschweig als römisch-deutschen König entschieden habe. Gegen die Tatsache, dass so viele Reichsbischöfe für Philipp von Schwaben votierten, argumentierte er: „es komme nur auf diejenigen Fürsten an, denen die Wahl principa-

'EN TIVS EPS SERVVS SERVORV DI. OIU

**Innozenz III.** (*22. Februar 1161; † 16. Juli 1216) gilt als der bedeutendste Papst des Mittelalters. Geboren wurde er als Lotario de Conti, als Sohn einer römischen Adelsfamilie, der mehrere Päpste entstammten. Er studierte in Rom, Paris und Bologna und zählte zu den besten Kirchenrechtlern seiner Zeit. Zum Papst gewählt wurde er 1198 nach dem Tod von Coelestin III.

Innozenz verstand es, aus den deutschen Streitigkeiten zwischen Welfen und Staufern Vorteil zu schlagen, sicherte sich Ländereien des Kirchenstaats und bestand darauf, dass der Papst bei der Kaiserwahl das letzte Wort habe (Dekret Venerabilem 1202). Innozenz machte den 1198 von ihm ausgerufenen Vierten Kreuzzug zu seiner Sache, die allerdings scheiterte. Durch die Plünderung von Zara 1202 und von Konstantinopel 1204 nahm der Kreuzzug eine irreversible Wendung und trug zum endgültigen Schisma zwischen katholischer und orthodoxer Kirche bei. Innozenz galt als unerbittlicher Verfolger der Häresie. Er sorgte für die Vernichtung der Katharer und anderer Häretiker in allen päpstlich kontrollierten Staaten. Unter der Führung von Simon von Montfort erfolgte der Albigenserkreuzzug 1209, wobei die Kirche auf Innozenz' Geheiß die Organisation übernahm. Die Häretiker sollten der päpstlichen Linie folgen oder exkommuniziert werden.

liter und specialiter zustehe", doch nannte er diese – außer den Kölner Erzbischof – nicht.[106] Dass Erzbischof Adolf von Altena vorerst auf die Seite des überwiegend vom sächsischen und niederrheinischen Adel gewählten, aus dem welfischen Hause stammenden Gegenkönigs Otto von Braunschweig trat, war ganz im Sinne der Kölner Bürger, da die Welfen mit dem englischen Königshause versippt waren. Das Interesse der Kölner Kaufleute am Handel mit England ließ ihre schon länger bestehende Gegnerschaft zum Erzbischof in den Hintergrund treten. König Johann von England sprach daraufhin am 4. Juni 1202 den Kölnern seinen Dank „für die guten Dienste, die sie seinem lieben Neffen König Otto erwiesen haben" aus. Er versprach ihnen dabei die volle Verkehrsfreiheit in seinem Reich.

Unter dem Druck eines großen kölnischen Heeres öffnete die sonst dem König Philipp von Schwaben treu ergebene Stadt Aachen ihre Tore, damit der Kölner Erzbischof am richtigen Ort den päpstlichen Kandidaten Otto IV. krönen konnte. Als Gegenleistung zeigte sich dieser mit der Verfügung erkenntlich, dass niemand im Reiche eine Münze prägen darf, die der kölnischen an Gewicht, Form und Reinheit gleichkommt.

Die standhafte Parteinahme der Kölner für König Otto IV. hielt auch dann noch an, als dieser sich mit Erzbischof Adolf von Altena entzweit hatte. Adolf traf nämlich am 12. November 1204 den Staufer Philipp von Schwaben in Koblenz und leistete ihm den Treueschwur. Am 6. Januar 1205 krönte Adolf von Altena in Aachen auch König Philipp und dessen Gemahlin Irene, Tochter des byzantinischen Kaisers Isaak II. Angelos. Unterdessen weilte König Otto IV. untätig in Köln, weil er sich mit dem eigenen Schwert verletzt hatte. Philipp zeigte sich am 12. Januar 1205 gegenüber dem Erzbischof dankbar, indem er ihm die Herzogtümer Engern und Westfalen bestätigte und den Besitz schützen wollte. Auch versicherte er ihm u. a. alle Rechte zu Andernach und Eckenhagen.

Adolf von Altena wurde auf Grund seiner intriganten Machtpolitik am 29. Mai 1205 vom Papst exkommuniziert und am 19. Juni 1205 abgesetzt. Am 25. Juli 1205 wählten das Domkapitel und die Prioren den aus dem Hause Sayn stammenden Bruno, der bisher Propst des Cassiusstiftes war. Bruno neigte hingegen dem Gegenkönig Otto IV. zu.[107]

Graf Adolf III. von Berg und sein Bruder Engelbert ergriffen aus verwandtschaftlicher Solidarität Partei für den exkommunizierten und abgesetzten Erzbischof Adolf von Altena. Wie Otto und Philipp um die deutsche Kaiserkrone, so kämpften nun Bruno und Adolf um den Kölner Bischofsstuhl. Im Verlauf der Feindseligkeiten besetzte Graf Adolf im August 1205 mit seinen Rittern und Armbrust- oder Bogenschützen die Deutzer Burg. Selbst Köln wurde mehrfach durch König Philipp angegriffen, ohne dass es ihm gelang, die starken Mauern der Stadt zu brechen. Allerdings konnte er mithilfe der Berger und anderen Verbündeten den Rhein ober- und unterhalb der Stadt sperren und sie von der Lebensmittelzufuhr und vom Fernhandel abschneiden. Hungersnot und Elend unter der Kölner Bevölkerung waren die Folge.

Auch Engelbert, der schon in jungen Jahren Dompropst in Köln geworden war, konnte nicht neutral bleiben. Sein Protest gegen das von politischen Motiven geprägte Vorgehen des Papstes Innozenz III. verhallte wirkungslos. Als Sohn eines ritterlichen Hauses ergriff er gemeinsam mit Adolf von Altena das letzte Mittel des Rittertums: die offene Gewaltanwendung. Der abgesetzte Erzbischof Adolf und sein Dompropst Engelbert zogen plündernd und verwüstend im Lande umher, um sich an den ihnen feindlich gesinnten Geistlichen, besonders den Mitgliedern des Domkapitels, zu rächen; Kirchen wurden geplündert und Geistliche eingekerkert. Von einem Überfall mit Rittermord in der Kirche von (Leverkusen-)Wiesdorf berichtet Cäsarius von Heisterbach.[108]

Den Kampf gegen das Domkapitel setzte Engelbert auch dann noch fort, als nach Brunos (von Sayn) Tod der Stiftspropst von St. Aposteln, Dietrich von Hengebach, zu dessen Nachfolger gewählt wurde; denn auch dieser war ein erbitterter Gegner der Berger. Erst 1209 ließ Engelbert von seinen Raubzügen ab und versöhnte sich mit dem Erzbischof und seinen Parteigängern. Um Sühne für sein bisheriges Leben zu leisten – der Papst bezeichnete ihn damals als „Räuberhauptmann" –, beteiligte er sich 1211 mit seinem Bruder Graf Adolf III. an einem Kreuzzug gegen die Albigenser und Waldenser in Südfrankreich und suchte auch den Marienwallfahrtsort Rocamadour bei Cahors auf. Da allerdings zur Erfüllung des Gelübdes eine Reise von gerade einmal 40 Tagen ausreichte, kehrten sie alsbald in die Heimat zurück.

1212 geriet auch Dietrich von Hengebach in ein Zerwürfnis mit dem Papst und wurde ebenfalls gebannt und abgesetzt. Nun hielt Adolf von Altena den Zeitpunkt für gekommen, seine erzbischöflichen Rechte wieder geltend zu machen. Aber auch Dietrich gab sich mit seiner Absetzung nicht zufrieden; so kam es zur Spaltung, zum Schisma der Kölner Kirche. Über das Erzbistum und die Stadt Köln wurde das Interdikt verhängt, die Glocken verstummten, die Toten starben ohne priesterlichen Beistand. Innozenz III. war nicht gewillt,

> Das **Interdikt** (lat. interdictum = Verbot) wurde im Mittelalter häufig über Orte und Personen verhängt. Es untersagte den Vollzug, also die Teilnahme an Gottesdiensten. War das lokale Interdikt im Mittelalter eine der großen Waffen der Kirche im Kampf gegen politische Gegner, so existiert das Personal-Interdikt auch heute noch.

diesem Zustand ein Ende zu bereiten, ehe nicht die letzte Entscheidung im Thronstreit gefallen war. Erst nachdem Philipp von Schwaben im Jahre 1208 plötzlich bei einem privaten Streit getötet und einige Jahre später (1213/14) Otto IV., der durch die Einmischung in die Kämpfe zwischen England und Frankreich bereits viele seiner Anhänger verloren hatte, in der Schlacht bei Bouvines geschlagen war, konnte der junge Friedrich II. im Jahre 1215 unangefochten die Macht ergreifen. Am 4. Juli 1215 sprach im Auftrag des Papstes Erzbischof Dietrich von Trier Geistlichkeit und Volk von Köln von der Exkommunikation frei.

Wie zuvor dargelegt, war Adolf III., wie sein Oheim Erzbischof Adolf I. von Altena, Anhänger des Gegenkönigs Otto IV. von Braunschweig. Bei dessen Krönung am 12. Juli 1198 in Aachen war er anwesend. Er verweilte am Hofe bis in den Monat August. Anfang des Jahres 1201 nahm er an dem Feldzug teil, den König Otto IV. und Erzbischof Adolf I. von Altena rheinaufwärts gegen König Philipp von Schwaben führte. Eine Vermittlertätigkeit übernahm Graf Adolf III. von Berg im Jahre 1203, als Streitigkeiten zwischen Herzog Heinrich I. von Brabant und einem anderen Parteigänger Ottos, dem Grafen Otto von Geldern, mit dem er durch seine Mutter verwandt war, ausbrachen. Den Friedensschluss sicherte man 1203 mit einem Heiratsvertrag, laut dem der Berger als Bürge für den Grafen Otto von Geldern auftrat.

Auch Adolf III. war auf der Seite seiner Freunde und Verwandten in die Zwistigkeiten der niederländischen Herren verstrickt. So nahm er zu Anfang des Jahres 1204 mit den Herzögen von Brabant und Limburg sowie dem Grafen von Loos an einer Fehde des Grafen Philipp von Namur gegen Bischof Johann von Cambrai teil und wurde auf Geheiß des Papstes wegen der angerichteten Verwüstungen exkommuniziert.[109]

Otto IV. von Braunschweig (1175/82–1218), der Sohn Heinrichs des Löwen, wurde am Hof seines Onkels Richard Löwenherz in England erzogen. 1198 wählte ihn die Welfenpartei zum Gegenkönig Philipps von Schwaben. 1209, ein Jahr nach Philipps Tod, krönte man ihn zum Kaiser. Er begann die Eroberung Siziliens, das unter päpstlicher Lehenshoheit stand, woraufhin Papst Innozenz III. den Staufer Friedrich II. zum Gegenkönig bestimmte. Nachdem er 1214 gegen den mit Friedrich II. verbündeten französischen König unterlag, blieb sein Einflussbereich auf Braunschweig beschränkt.

Die verschiedenen Bündnisse und verwandtschaftlichen Beziehungen des Bergers waren sehr nützlich, als es darum ging, nach vierjährigem Ringen die Wahl seines Bruders Engelbert zum Dompropst durchzusetzen. Bezeichnend für das Ansehen des Geschlechtes war, dass die Wähler Engelberts erklärten, man habe ihn wegen des stärkeren Rückhalts bei den Mächtigen unter den weltlichen Herren seinem Kontrahenten Dietrich von Hengebach vorgezogen.

Als sich herauskristallisierte, dass König Otto IV. und seine Brüder ihren 1198 erklärten und 1201 in Weißenburg wiederholten Verzicht auf den westfälischen Besitz Heinrichs des Löwen auf die Dauer nicht aufrechterhalten würden, kam es zum Bruch zwischen Welfen und Erzbischof Adolf, der sich nun dem aufsteigenden Stern Philipps von Schwaben zuwendete. Niemanden wunderte es, dass Graf Adolf als Verwandter und treuer Anhänger des Erzbischofs wie auch die lothringischen und niederrheinischen Herren den Wechsel mitmachten.

Adolf III. von Berg war bei der Krönung Philipps am 6. Januar 1205 in Aachen zugegen und befand sich am 16. Januar in Andernach, wohin sich der Hof begeben hatte, und bezeugte dort eine Urkunde des Erzbischofs Adolf von Altena zugunsten der Kölner Münzergenossenschaft. Ende Mai/Anfang Juni 1205 besuchte er den Hoftag König Philipps zu Speyer, wo man dem Erzbischof Hilfe gegen seine Feinde versprach, insbesondere gegen die jetzt wieder feindlich dem Erzbischof gegenüberstehende Stadt Köln, welche weiter den Welfen verbunden blieb. Im selben Jahr 1205 besetzte Graf Adolf, wie bereits beschrieben, gegen Köln die Burg Deutz. Adolf III. blieb auch weiter im Lager des Staufers: 1206 war er mit König Philipp in Boppard, 1207 in

Köln, 1208 beim Hoftag in Aachen. Die Erschlagung des Staufers Philipp am 21. Juni 1208 in Bamberg veränderte dann plötzlich die politische Landschaft zugunsten des Welfen Otto. Wie aus einer am 30. Juni 1209 in Speyer ausgestellten Urkunde hervorgeht, gehörte auch der Graf von Berg zu den zahlreichen Großen, die nach dem gewaltsamen Tode des Staufers Philipp König Otto IV. anerkannten.[110]
Am Italienzug des Königs hat er sich zwar nicht beteiligt, als aber Otto IV. unmittelbar nach seiner Rückkehr am Palmsonntag des Jahres 1212 Hof zu Frankfurt hielt, war er dort unter jenen niederlothringischen und nieder-

*Siegel Graf Adolfs III. von Berg von 1217 (HStA. Düsseldorf, Johanniterkommende Herrenstrunden, Nr. 5). Für Adolf III. ist erstmalig das Wechselzinnenmotiv im Wappen der Berger nachgewiesen.*

rheinischen Adeligen anwesend, die, nachdem Papst Innozenz III. zur Empörung gegen Otto, da dieser sich durch sein Vorgehen in Sizilien mit ihm überworfen hatte, zugunsten des Staufers Friedrich II. aufrief, an der Seite Ottos blieben. Adolf III. blieb dem Welfen aus politischen Gründen auch dann noch eine Zeit lang treu, nachdem einige niederrheinische Herren, darunter auch sein Vetter Adolf von Altena und sein Bruder Engelbert, ins staufische Lager übergewechselt waren. Dieses Verhalten gebot sich durch die damals starke Stellung des Welfen am Niederrhein und besonders die Nähe der bergischen Besitzungen zu Ottos Machtzentrum in Köln.

Wie seine Vorfahren war auch Adolf III. dem Kreuzzugsgedanken sehr zugetan. Schon im Jahre 1211 hatte er das Kreuz genommen und zum Zuge gegen die Katharer in Südfrankreich (Albigenser) gerüstet. Von Frankfurt aus brach er mit seinem Bruder Engelbert und vielen anderen Herren auf. Das deutsche Heer erreichte Anfang Mai, kurz vor dem Pfingstfest des Jahres 1212, den südfranzösischen Kriegsschauplatz.

Nach der schon erwähnten Niederlage der englisch-welfischen Koalition bei Bouvines am 27. Juli 1214 war auch Adolf III. im Lager Friedrichs zu finden. Jedenfalls belagerte er bereits seit dem 4. März 1215 im Auftrage des Staufers die Festung Kaiserswerth, in der Otto IV. den Bischof von Münster gefangen hielt. Noch während der Belagerung von Kaiserswerth eilte Adolf nach Andernach, wohin König Friedrich seine Anhänger zum 1. Mai gerufen hatte, um zu besprechen, wie der geschwächte Welfe endgültig auszuschalten sei.[111]

Als Erzbischof Dietrich von Hengebach im Jahre 1212 exkommuniziert und abgesetzt worden war, wurde im April 1212 Adolf von Altena durch den päpstlichen Legaten Erzbischof Siegfried von Mainz wieder in sein Kölner Amt eingesetzt, allerdings ohne Bestätigung durch Papst Innozenz III. Am 2. Mai 1212 erschien Adolf in Köln und verlangte vom Klerus erneut Gehorsam. Als Anfang 1216 Papst Innozenz III. die Kölner Prioren zur Neuwahl eines Erzbischofs aufforderte, trat er zurück. Am 29. Februar 1216 wählte dann das Domkapitel einstimmig den sowohl dem neuen König Friedrich wie auch dem Papst genehmen Engelbert von Berg.

Erzbischof Engelberts I. Bruder, Graf Adolf III. von Berg, konnte währenddessen das von seinen Vorgängern geschaffene Territorium nach Norden und Süden weiter abrunden. In seiner Regierungszeit wurde besonders der Aufbau der Verwaltung des bergischen Herrschaftsgebietes und die einheitliche Organisation seiner ministerialen Ritterschaft erkennbar. Cäsarius von Heisterbach schrieb, dass Adolf III. über *multi ministeriales* verfügte. Im Gefolge Adolfs III. fanden sich erstmals Inhaber von Hofämtern, wie Truchsess *(dapifer)* und Mundschenk *(pincerna)*.

*Gotisches Kastenbett, jetzt in Kreuzstein bei Wien. Die Decke diente hauptsächlich zum Schutz gegen Ungeziefer.*

Vermutlich führte Adolf III. für die Angehörigen seines ritterlichen Gefolges das „urbergische" Wappen mit dem Wechselzinnenbalken ein. Die verbesserte Verwaltung führte, wie dies auch bei anderen weltlichen und geistlichen Herren des 13. Jahrhunderts zu beobachten ist, zu einem gesteigerten schriftlichen Verkehr und zur Ausbildung einer eigenen Kanzlei. Für das Jahr 1218 wurde ein *Henricus capellanus et notarius noster* (unser Kapellan und Notar Heinrich) bezeugt.[112]

Vogteischaften Adolfs III. wurden selten genannt, obwohl eine gewisse Kontinuität der älteren bergischen Rechte nicht auszuschließen ist. Im Jahre 1199 fungierte er z. B. als Ortsvogt der Abtei St. Panthaleon in Rolshoven bei Deutz. Adolf III. ist der erste Berger, der als Vogt des Stiftes Gerresheim nachweisbar ist. Wenn auch Adolf III. sich nach wie vor dem Kölner Erzbischof als mächtigstem Mann am Niederrhein annäherte, vergaß er nicht, sich für das Reich nützlich zu machen und bei Hofe präsent zu sein.

Graf Adolf III. von Berg war ein kämpferischer Mann, sah aber sein Tun in Gott verwurzelt und nannte sich selbst, anlehnend an die Königsaussage, demütig *dei gratia comes* (Graf von Gottes Gnaden) oder *divina permissione comes* (von Gott geduldeter Graf). In der feierlichen Einleitung einer Urkunde von 1202 erklärte er, damit zu rechnen, dass er zu wenige vor Gott gültige Verdienste erwerben würde und beabsichtige, geistliche Personen und ihre Anstalten zu begünstigen. „Zu göttlicher Liebe entflammt" war er gegen die Albigenser gezogen. Bevor er als dritter oder vierter Angehöriger seines Geschlechtes auf dem Kreuzzug blieb, hatte er im Hinblick auf göttliche Vergebung die Abteien Heisterbach, Siegburg, Altenberg, Knechtsteden, die Johanniter und den Deutschen Orden gefördert.[113] Besonders die von seinen Vorfahren gestiftete Abtei Altenberg lag ihm am Herzen. Es war wohl dem Einfluss Adolfs und seines Bruders, dem damaligen Dompropst Engelbert, zuzuschreiben (sie kamen beide in der entsprechenden Urkunde von 1208 vor), dass Erzbischof Dietrich von Köln den Waldbesitz der Abtei in Rhens bestätigte. Auch in zwei Urkunden des Jahres 1210 war Graf Adolf als Förderer zu erkennen. Beide Urkunden sind von ihm ausgestellt: In der einen bekundete er den Verkauf von Besitztümern des Grafen Arnold von Tyvern in Himmelgeist, laut der anderen übertrug der bergische Ministeriale und ehemalige Truchsess Pilgrim für sein und seiner Frau Gertrud Seelenheil an die Abtei Altenberg eine Hufe Wald auf dem Grimberg.[114]

In der letztgenannten Urkunde fungieren als Zeugen Adolf von Stammheim, Giso von Opladen, der Kämmerer Hermann von Bacheim, der Truchsess Puls, Ludwig von Ensen, Gottfried von Keldenich, der Schreiber Wolbero, der *capellanus* Heinrich u. a. Einige begleiteten 1117/18 den bergischen Grafen auf seinem Kreuzzug nach Ägypten: Adolf von Stammheim, Giso von Opladen und der Hausgeistliche Kaplan Heinrich.

Im Jahre 1216 befreite Graf Adolf III. von Berg alle Besitzun-

Die **Bede** (Mittelhochdeutsch = Bitte bzw. Gebot) gilt als die älteste direkte Steuer im deutschen Sprachraum, die auch unter den Bezeichnungen „Schatz" oder „Schoß" von der Bevölkerung erhoben wurde.
Die Landesherren in allen deutschen Territorien „erbaten" sie seit etwa dem 12. Jahrhundert meist nur auf den Grundbesitz und Gebäude der Bauern und Bürger. Lediglich der landsässige Adel und zum Teil die Geistlichkeit waren davon befreit.

gen der Abtei Altenberg, soweit diese in seinem Herrschaftsgebiet lagen, von der Bede (eine Steuer).[115]

Als Erzbischof Engelbert von Berg am 7. März 1217 der Abtei Altenberg den Besitz zu Wasars und Buir bestätigt, der ihr von der Gräfin Alveradis von Molbach geschenkt, aber von Herzog Heinrich von Limburg widerrechtlich beschlagnahmt worden war, finden wir Adolf III. unter zahlreichen Edelleuten *(nobiles)* des Erzbistums Köln als Zeuge.[116]

Charakteristisch für das ganze Mittelalter – und für uns heute schwer vorstellbar – war das stetige Hin- und Herschwanken der Menschen zwischen Weltverachtung und Weltbejahung im ständigen Wechsel zwischen roher Gewalt und guten Taten.

Wann Adolf III. von Berg den Entschluss fasste, an einem Kreuzzug ins Heilige Land teilzunehmen, ist unbekannt. Obwohl Papst Honorius III. die Kreuzfahrer der Kölner Kirchenprovinz bereits für den April 1217 in die Bestimmungshäfen zur Überfahrt nach Palästina beordert hatte, brach Adolf erst später, in der ersten Hälfte des Jahres 1218, auf, denn in diesem Jahre schenkte er mit Zustimmung seines Bruders Engelbert der Abtei Knechtsteden das Patronat der Kirche zu Rommerskirchen.[117]

Aber schon vor Antritt des Kreuzzuges, im Jahre 1217, verkaufte er im Kreise seiner Vasallen und Ministerialen, „um zur Ehre Gottes und zur Verzeihung unserer Sünden im Zeichen des Kreuzes das Heilige Land zu befreien", für 100 Mark den Hof Merheim unter Vorbehalt der Wiedereinlösung.[118]

Wenn Adolf 1217 vor Antritt seines Kreuzzuges Geld für den an die Abtei Altenberg übertragenen Hof Merheim verlangte, kann das damit zusammenhän-

*Kreuzritter im Gefolge Christi, Anfang 14. Jahrhundert*

*Kreuzritter im Kampf mit Sarazenen (Kirchenfenster-Motiv des 11. Jahrhunderts in St. Denis)*

gen, dass er Mittel für die teure Überfahrt und für die benötigte Ausrüstung und Verpflegung für sich und sein Gefolge brauchte. Der einzelne Kreuzfahrer musste die Kosten des Kreuzzuges selber tragen, was manch einer aus eigenem Besitz und Vermögen nicht bestreiten konnte, es sei denn, er verkaufte oder verpfändete seinen Hof. Solchermaßen begründete Verkäufe sind uns aus Urkunden einige Male bekannt geworden. Auch der später eingeführte Kreuzzugszehnte konnte die Kosten nur zum Teil tragen.

Wie ein besorgter Vater sein Haus bestellt, bevor er eine gefährliche Reise antritt, von der er möglicherweise nicht zurückkehren wird, bestätigte Adolf III. vorsorglich das von seinem Vater Engelbert gestiftete Ordenshaus zur Burg und dessen Besitzungen in Remscheid und an anderen Orten.[119]

Schon Ende Mai 1217 war das Heer der niederländisch-niederrheinischen Kreuzfahrer von Holland aus zur See gegangen und erst am 1. Juni 1218 kam es nach einem weiten Weg über Zwischenstationen vor Damiette in Ägypten an. Der Kölner Domscholaster und spätere Bischof von Paderborn und Kardinalbischof von S. Sabina Oliver berichtete, dass Graf Adolf von Berg der Hauptmann der fränkischen und friesischen Kreuzfahrer war.

Allerdings scheint Olivers wohl idealisierende Darstellung, Adolf III. sei im Kampf gefallen, nicht zuzutreffen. Oliver vermeidet die glückliche Abreise im Hospital des Deutschen Ordens in Ossa (Thessalonien). Große Teile des Heeres wurden von einer furchtbaren Seuche befallen, der auch der Graf von Berg wahrscheinlich erlegen ist. Letztendlich ist der Kreuzzug wohl auch wegen der Schwächung durch das Sumpffieber erfolglos verlaufen, denn die Geschichtsschreibung hat diesen wie auch den unsinnigen Kinderkreuzzug mit keiner Ordnungszahl versehen.

Wohl in Dankbarkeit und Sorge um den Fortbestand und zur Unterstützung des verhältnismäßig jungen Deutschen Ritterordens, dem er sehr verbunden war, schenkte er diesem am 15. Juni 1218 den großen Hof Diederen an der Maas, der aus Reichsbesitz stammte und seinerzeit dem Grafen Engelbert von Berg vom Deutschen Kaiser für vorzügliche Dienste übertragen worden war.[120] Die Urkunde ist kurz abgefasst und lässt die Eile erkennen, in der sie ausgestellt wurde. Bei anderen Urkunden Graf Adolfs III. von Berg nicht vorkommende Besonderheiten sowie die Verschreibungen der Namen lassen darauf schließen, z. B. das *dictus* bei *de monte* oder das *de* vor *vileke* = Flecke (das „von" Flecke ist sonst in den Urkunden nicht überliefert).

Bemerkenswert lang ist die Liste der Zeugen, in der uns einige bergische Ritter genannt werden, die damals mit Graf Adolf III. vor Damiette lagen, als da sind neben dem Kapellan und Notar Heinrich: Hermannus de Elslo, Theodericus de Herlare (vom Haus Herl bei Mülheim), Rembodo de Hursbecke (Orsbeck), Albertus de Hurde, Suederus de Dingede, Hermannus de Alftere (Hermann von Alfter war Marschall Erzbischof Engelberts), Teodericus de Coslar, Adolfus de Bernsovle (Bernsau), Henricus frater suus, Remboldus de Bernsovle, Wikardus de Linnefe (Lennep), Adolfus de Stamheim, Bruno frater suus, Gerardus de Upladin (Opladen), Gyso frater suus, Marsilius de Durscheide (Dürscheid), Lambertus de Scherve (Scherf bei Odenthal), Suikerus de Lintlo (Nachfolger von Lindlar), Bruno de Holte, Bruno lupus (1217 Bruno Wolf), Henricus de vilecke (Heinrich Flecke), Godefridus de Mendorp, Albertus de Buchele (von Büchel), Elger de Mendorp, Richwin Rusche, Henric de Schonrode (Schönrath vor Mülheim) u. a. Wie viele von ihnen vom Kreuzzug zurückkamen, ist nicht überliefert.

Adolf III. hatte aus seiner Ehe mit Bertha nur eine Tochter, Irmgard, die sich vor 1216 mit Heinrich von Limburg, dem ältesten Sohne des Herzogs Walram von Limburg, verheiratete. Wegen dieser ehelichen Verbindung entstanden nach dem Ableben Adolfs erhebliche Zwistigkeiten im Kampf um das Erbe der Grafschaft Berg zwischen der Familie der Limburger und dem Erzbischof Engelbert von Köln, dem letzten männlichen Überlebenden der ersten Grafenfamilie von Berg. Dieser Konflikt fand am 7. November 1225 bei Gevelsberg seinen entsetzlichen Abschluss.

In den Jahren, als der Erzstuhl von Erzbischöfen aus den bergerfeindlichen Häusern Sayn und Hengebach/Heimbach besetzt war, schien eine Ehe mit einem Limburger politisch sinn-

*Älteste Stadt des Bergischen Landes: Wipperfürth (Ploennies „Ducatus Montani",*
*1715)*

voll zu sein. In einem Bündnis konnte man das Erzstift militärisch „in die Zange nehmen", indem man eine Zweifrontensituation schaffte. Die Situation der Irmgard von Berg, die mit einem Manne aus dem feindlichen Lager verheiratet war, schien prekär. Wahrscheinlich hat sie zu ihm gehalten, auch dann noch, als die Erbitterung gegen die Limburger sowohl bei ihrem Vater Adolf III. als auch bei dessen Bruder Engelbert so groß wurde, dass man beabsichtigte, die Ehe mit Heinrich zu lösen, um eventuelle Erbansprüche auf die Grafschaft Berg auszuschließen. Erst als der Vater Heinrichs, Herzog Walram von Limburg, am 30. März 1217 seiner Schwiegertochter Irmgard neben Rüdesheim einige Lehngüter überließ, kam es zu einer Entspannung.

## Engelbert, Erzbischof von Köln und Graf von Berg

Graf Engelbert II. von Berg, als Erzbischof von Köln Engelbert I., gehört zu den bedeutendsten Persönlichkeiten des hohen Mittelalters. Er war ein hervorragender Politiker, besorgter Fürst und Bischof, aber auch ein tapferer Ritter sowie ein weit gereister Weltmann. Er konnte es deshalb kaum vermeiden, Neider und Feinde zu haben. Der junge Kaiser Friedrich II. ernannte den erfahrenen Mann und mächtigsten rheinischen Fürsten zu seinem Verweser im Reichsgebiet nördlich der Alpen und zum Vormund seines Sohnes Heinrich (VII.), den Engelbert 1222 im Alter von 10 Jahren zum deutschen König krönte. Während seines Pontifikats als Erzbischof und nach dem Tode seines Bruders Adolf III. waren unter ihm für kurze Zeit die Verwaltungen des Erzstiftes und der Grafschaft Berg in einer Hand vereint. Als fünfter Erzbischof aus dem Geschlecht der Berger wird er als dessen hervorragendster Vertreter in diesem Amt betrachtet.

Engelberts Zeitgenosse und Biograf Cäsarius von Heisterbach charakterisierte Engelbert II. folgendermaßen: „Er war ein Mann von großer Schönheit, dessen Äußeres schon den Herrscher bekundete, eine hohe Heldengestalt von schlankem, ebenmäßigem Wuchse, kräftig und gewandt in den ritterlichen Künsten. Dabei besaß er hohe geistige Gaben und Charakterzüge; er war mit durchdringendem Verstande, scharfer Beobachtungsgabe und schneller Beurteilungskraft ausgestattet, so dass er gleich das Richtige zu treffen wusste. Er liebte rasches, entschiedenes Handeln und zeigte eine durch nichts zu erschütternde Festigkeit und Beharrlichkeit. Durch gelehrte Bildung scheint er sich nicht hervorgetan zu haben. Natürlich fehlten auch bei ihm die Schattenseiten nicht. Mag er auch nicht frei von Herrschsucht, Ehrgeiz und Prachtliebe gewesen sein, sich auch Gewalttätigkeiten zuschulden kommen lassen, so werden diese Fehler doch durch seine hohen Regententugenden überstrahlt und vermögen den Glanz seines Bildes kaum zu verdunkeln."

Im Jahre 1222 erhob Engelbert Wipperfürth zur ersten Stadt des Bergischen Landes. Dieser Standort am Übergang über die Wupper war strategisch klug gewählt. Wie sehr ihm am Zuzug zahlreicher Bürger gelegen war, sieht man daran, dass er als Anreiz dafür die Bewohner von allen Abgaben und Lasten befreite. Der Stadt verlieh er einige Privilegien und das Befestigungsrecht.

Cäsarius von Heisterbach schrieb die Biografie Engelberts im Auftrage seines Nachfolgers Heinrich von Molenark unter dem nachhaltigen Eindruck der grausamen Erschlagung und verglich ihn mit Thomas Becket. Wir wollen im Folgenden anhand der Quellen untersuchen, was von den Ausführungen des schreibfreudigen Mönches zu bestätigen, was abzuschwächen oder sogar in Frage zu stellen ist.

Nur wenige von den erhaltenen Urkunden, die uns von der Tätigkeit Engelberts Auskunft geben, beziehen sich auf das bergische Stammland. Aus dem Kölner Erzstift, dem Herzogtum Westfalen und auch vom übrigen Deutschland sind schon mehr Schriftstücke vorhanden. Eine erste überlieferte Regierungshandlung des am 29. Februar 1216 gewählten Erzbischofs Engelbert für das Erzstift war die Erneuerung des alten Bündnisses zwischen der Kölnischen Kirche und Herzog Heinrich von Lothringen.

Der neue Papst Honorius III. verweigerte die Übersendung des Palliums an Engelbert mit der Begründung, er müsse erst die Schulden seiner Vorgänger bezahlen. Erst am 24. April 1218 wurde Engelbert mit diesem Symbol der erzbischöflichen Jurisdiktionsgewalt ausgezeichnet.

Engelbert selbst schien an einer schnellen Übersendung nicht besonders interessiert gewesen zu sein, denn so lange er im Besitz der Pfründe der Propsteischaften war, standen ihm die gewiss nicht geringen Einkünfte zu. Er war von 1198–1206 sowie 1208 bis 1216 Dompropst und von 1210–1216 Propst von St. Severin sowie Propst in Aachen. Am 1. Februar 1218 befahl Papst Honorius III., die Propstei zu Aachen, die durch die Wahl des bisherigen Propstes zum Erzbischof von Köln frei geworden sei, dem päpstlichen Kaplan Alatrinus zu verleihen. Wie seine Vorfahren war Engelbert Wohltäter von geistigen Institutionen. Der Abtei Altenberg schenkte er die Felle von allem Wild, das von seinen Jägern in der Grafschaft Berg erlegt wurde, zur Anfertigung von Schuhwerk. Er zeigte sich 1218 gegenüber der Abtei Siegburg erkenntlich, indem er die Besitzungen ihrer Probstei zu Oberpleis in seinen besonderen Schutz nahm. Die Siegburger Klostervogtei war seit Graf Adolf II. im Besitz der Berger.

*Erzbischof Engelbert der Heilige. Holzskulptur, um 1230. Westfälisches Landesmuseum Münster*

Nachdem er zum Erzbischof gewählt worden war, setzte er das von ihm initiierte „Besetzungskarussell" um die frei gewordenen kirchlichen Ämter in Gang. Sein Großneffe Dietrich von Altena, bisher Propst von Soest und Xanten, wurde an seiner Stelle im Jahre 1217 Dompropst in Köln. Im nächsten Jahr betrieb er dessen Wahl zum Bischof von Münster. Ebenfalls 1218 setzte er sich für die Wahl seines Großneffen Engelbert von Altena als Propst von St. Georg in Köln ein. 1224 ernannte man diesen auf sein Betreiben zum Bischof von Osnabrück. Darüber hinaus machte er vor 1222 seinen Großneffen Philipp von Altena zum Kanonikus und Thesaurar am Dom zu Köln.

Engelbert übernahm von seinem verstorbenen Bruder Adolf III. nicht nur die Macht im Bergischen Land, sondern notwendigerweise auch einen Teil seiner Ministerialen. So ist vermutlich der bergische Mundschenk Bruno von Bongard derselbe, der als *Bruno pincerna* einige Male in Engelberts Urkunden vorkam. Im Jahre 1224 stellte er sich laut einer Urkunde schützend vor seine Ministerialen Daniel und Amilius, die auf Grund ihres Geburtsrechts und dem gesonderten Recht der Ministerialen unterworfen waren.

Von Anbeginn seines Pontifikats als Erzbischof verwickelte sich Engelbert in kriegerische Handlungen, deren Wurzeln in den voraufgegangenen Kämpfen während der Thronwirren und den Auseinandersetzungen um den Kölner Erzstuhl zu suchen sind. Das Erzstift Köln und auch die niederländisch-niederrheinischen Territorien waren nämlich aus der Zeit des staufisch-welfischen Thronstreites geschwächt hervorgegangen. Dies ermunterte die „landhungrigen" Limburger, diesen für sie militärisch günstigen Zustand zur Ausdehnung ihres Besitz- und Herrschaftsbereiches auszunutzen. Da dies nicht im Sinne Engelberts sein konnte, kam es zur Konfrontation. Er musste gleich nach seiner Wahl zum Erzbischof gegen Gebietsaneignungen des alten Herzogs Heinrich von Limburg einschreiten, indem er ihn zum Verzicht auf Güter der Abtei Altenberg zwang. Bald danach kam es zum offenen Kampf zwischen Engelbert und Heinrichs Sohn Walram von Limburg, weil dieser im Bereich des Erzstifts eine Burg gebaut hatte. Während dieser Fehde wurde die Burg der Limburger zerstört und im Anschluss daran für kurze Zeit Frieden geschlossen.

Als Adolf III. ohne männliche Nachkommen verstarb und die Limburger über die Erbtochter Irmgard, verheiratet mit Heinrich von Limburg dem Jüngeren, Erbansprüche auf die Grafschaft Berg geltend machen konnten, entbrannte 1218 erneut der Kampf. Die Limburger fanden Unterstützung bei dem Grafen Dietrich von Kleve. Erzbischof Engelbert wollte das Territorium Berg den Limburgern nicht überlassen, weil er fürchtete, die Verbindung zu seinem Herzogtum Westfalen zu verlieren. Er ging erneut als Sieger aus dem Kampf hervor, und Walram von Limburg musste sich ihm unterwerfen.

Im August 1218 nahm Erzbischof Engelbert von Berg die Graf-

---

Adelige beschenkten **Klöster**, damit die Mönche und Nonnen für ihr Seelenheil beteten. Deshalb gründeten auch adelige Stifterfamilien Eigenklöster. Das brachte den Familien viele Rechte und Vorteile – und vor allem Verdienste. Dennoch wollten die Klöster lieber frei sein und sich selbst verwalten. Deswegen unterwarfen sie sich dem König. Die Mönche dieser Klöster hatten besondere Aufgaben: Sie mussten Wälder roden, Geleitschutz leisten etc.

Klöster hatten oft einen sehr großen Besitz und waren durch Einnahmen und Dienste sehr reich. Die im Gebiet des Klosters erwirtschafteten Waren wurden häufig im Klosterhof weiterverarbeitet. Mönche hatten auch oft wegen ihrer guten Bildung hohe politische Ämter inne.

schaft Berg in seinen Besitz. Zum endgültigen Frieden kam es aber erst nach dem Vergleich im August 1220, bei dem auch die Frage der Erbschaft der Grafschaft Berg zugunsten von Engelbert geregelt wurde. Walrams Sohn Heinrich, der Gatte der Irmgard von Berg, durfte nicht mehr von dem Erbe seiner Frau in Besitz nehmen, als ihm der Erzbischof freiwillig zubilligte. So sollten bis zu Engelberts Tode Irmgards Ansprüche auf die Grafschaft Berg ruhen und zum Ausgleich eine Jahresrente gezahlt werden

In der von Cäsarius von Heisterbach verfassten Lebensbeschreibung Engelberts lautet eine Textstelle: „(Die) neue Burg, die der Erzbischof auf seine Kosten erbaute" *(Novum castrum, quod b. episcopus suis edificaverat).* Das kann nicht ganz richtig sein, denn die Burg an der Wupper bestand schon länger. Deshalb wird diese Nachricht bedeuten, dass Engelbert entweder die Burg nach eventuellen Beschädigungen wiederhergestellt hat oder zu einem Schloss

*Reiterstandbild Graf Engelberts II. von Berg. Eine Arbeit von Paul Wynand für den Schlossbauverein Burg a.d. Wupper. Graf Engelbert, zugleich Erzbischof von Köln, ließ 1218 bis 1225 die Anlage zur weitläufigen Hofburg mit Palas, Wehrgängen, Mauern, Toren und Türmen umbauen.*

mit einem neuen repräsentativen Palas, Mauern, Wehrgängen und Türmen erweitern ließ. Wie der bauliche Befund aussagt, ist Schloss Burg wirklich zu Anfang des 13. Jahrhunderts großzügig ausgebaut worden.

Engelbert wurde auch sonst als Burgenbauer tätig. In der weisen Voraussicht, dass die Limburger die erlittenen Demütigungen nicht ertragen würden, errichtete er gegenüber ihrem Schloss Herzogenrath die Burg Valentia (Valenz?). Wahrscheinlich errichtete Engelbert auch die Burg Angermund bei Düsseldorf, die 1222 erstmalig erwähnt wurde, auf einem kölnischen Lehen.

Als er sich in den Jahren 1216/17 mit Gewalt der Burg Turon an der Mosel und auch anderer pfälzischer Besitzungen bemäch-

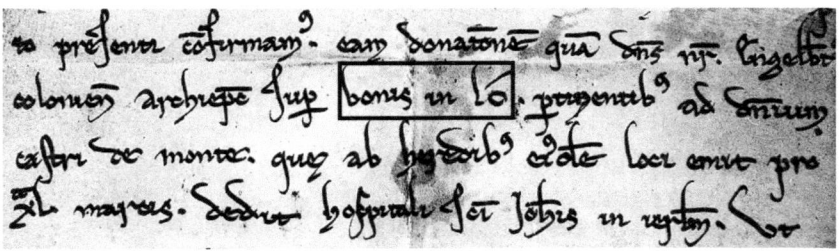

*Auszug aus der Urkunde Herrenstrunden Nr. 6, betrifft Schenkung der Güter in Luhen (n ist gefälscht in ll durch Verlängerung der beiden Schenkel nach oben)*

*Auszug aus der Urkunde HStAD Herrenstrunden Nr. 7. Bestätigung der Schenkung Engelberts durch den Herzog von Limburg. Hier steht „bonis in Ló" der Güter in Luhen (n ist gefälscht in ll durch Verlängerung der beiden Schenkel nach oben)*

tigt hatte, erbaute er vor der eroberten Burg Turon einen neuen Turm, um sie von dort aus zu kontrollieren.

Die Erbtochter Irmgard konnte aus ihrem Familienbesitz nicht ausgeschlossen werden. Die Tatsache wird dadurch erkennbar, dass Erzbischof Engelbert dem Heinrich von Limburg und seiner Gemahlin die Besitzungen in „Lůhen" oder „Lō" erst abkaufen musste, ehe er sie dem Johanniterorden zur Burg schenkte. Das spricht für Erbbesitz der Tochter Adolfs im Stammland der Berger. Allerdings ist die in der Literatur zu findende Lokalisierung von „Lůhen" oder „Lō" mit dem Büchelter Hof in Herkenrath einem Urkundenfälscher zuzuschreiben, der aus Luhen „Luhell" gemacht hat: die beiden Schenkel des „n" sind nach oben zu „ll" verlängert, um als Buhell oder Bühl = Büchel gelesen zu werden.

Noch zu Lebzeiten Engelberts bestätigten Heinrich von Limburg, Herr von Montjoi, und seine Gemahlin Irmgard diese Schenkung des Erzbischofs an den Johanniterorden. Die Güter in Lo gehörten zum Herrschaftsbereich der Burg an der Wupper, womit wohl Irmgards Erbbesitz an dem Familieneigentum der „Neuen Burg" seinen Ausdruck fand. Möglicherweise saßen dort Ritter des Gefolges des Limburgers. Dies würde erklären, warum Engelberts Begleiter mit seiner Leiche am Tage nach seiner Erschlagung an der Burg abgewiesen wurden, weil man eventuell innerhalb der Burg Übergriffe der aufgebrachten Ritter Engelberts gegen Anhänger des Heinrich von Limburg befürchten musste. Eine Urkunde sprach von der Schenkung eines von Burg an der Wupper abhängigen Ministerialen an die Abtei Brauweiler. Da Heinrich hier Herzog von Limburg und Graf von Berg genannt wurde, muss diese Urkunde nach 1225 entstanden sein. Als einen der größten Übelstände auf kirchlichem Gebiet betrachtete Engelbert die ungerechte Unterdrückung, welche die Vögte auf die ihrem Schutz anvertrauten geistlichen Institute ausübten. Deshalb suchten die Klöster und Stifter sich ganz von der Vogtei zu befreien und sandten diverse Beschwerden an den Papst. In diesen Zusammenhang fielen einige Anordnungen des Papstes Honorius III. bezüglich der Kirchenvogteien, die er im März 1221 an die Kölner Diözese schickte. Es erschien den geistlichen Instituten bald günstiger, den Erzbischof zu ihrem Vogt zu bestellen als sich den habgierigen Adeligen zu beugen. Das konnte Engelbert im Hinblick auf die von ihm angestrebte Vermehrung der Einkünfte und Ausdehnung der Macht im Erzstift nur recht sein.

Das zeigte sich schon bald in Bezug auf die Abtei Siegburg, die seit Adolf III. unter der Vogtei der Berger stand. Engelbert fungierte in seinen Urkunden für die Abtei Siegburg bis zum Jahre 1223 in seiner Eigenschaft als Graf von Berg, was sich aus den Ministerialen ergibt, die in den Zeugenreihen herangezogen werden. In den Urkunden, die Engelbert in seiner Eigenschaft als bergischer Graf ausstellte, traten bergische Ministerialen auf, sonst hauptsächlich Zeugen der Kölner Kirche.

Ein Übergang der Siegburger Vogteischaft an die Kirche hätte nicht nur Vermögenseinbußen für den Familienfundus der Berger gebracht, sondern es wären auch Einschränkungen im Einflussgebiet und Herrschaftsbereich an der mittleren und unteren Sieg zu befürchten gewesen. Die Herrschaftsansprüche Engelberts auf Berg haben wohl schon damals zu Spannungen

Annalen: Geschichtliche Jahrbücher

Regest: Zusammenfassung des rechtsrelevanten Inhaltes einer mittelalterlichen und frühneuzeitlichen Urkunde. Diese Urkunden liefern Informationen über politische Aktivitäten, über das Recht, über die Verfassung oder das Wirtschaftsleben.

Urkunde: Eine schriftliche Aufzeichnung, die rechtliche Vorgänge beglaubigt zwischen ihm und seinem Schwager nebst Schwester geführt. Heinrich von Limburg konnte aber seine Gegnerschaft auf Grund der Umstände zunächst nicht offen zeigen. Die Auseinandersetzung um die Vogteischaft der Abtei Siegburg führte aber nach dem Tod des Erzbischofs Engelbert unter der Regentschaft des Herzogs Heinrich von Limburg zu einer langjährigen Fehde mit seinem Nachfolger Heinrich von Molenark, bei der dieser letztendlich Sieger blieb.

Im September 1221 befreite Engelbert auch das Kloster St. Walburgis in Soest von jeder Vogteigewalt, nachdem Ritter Thymo von Soest, sein Getreuer, der sich „Vogt der Kirche" nannte, und Graf Gottfried von Arnsberg ihre „angeblichen" Rechte in seine Hand resigniert hatten.

Ende 1220 wurde Erzbischof Engelbert von Kaiser Friedrich II. zum Vormund seines Sohnes Heinrich (VII.) und zum Reichsverweser diesseits der Alpen bestellt. In einer zwischen 1220-1225 ausgestellten Urkunde nannte Engelbert sich „Vormund" bzw. „Beschützer König Heinrichs" *(tutor Heinrici Romanorum regis)*. Er bestellte in seinem Namen Schiedsrichter in dem Streit zwischen der Abtei Burtscheid und ihrem Vogt Gerhard.

Der Widerstandswille, den Engelberts Politik unter den Geschlechtern des Niederrheins und Westfalens erzeugte, führte damals zu einer Verschwörung, an der besonders Friedrich von Isenberg als Inhaber der Vogtei über das Damenstift Essen beteiligt war. Die Isenberger entstammten einer Nebenlinie der Berger. 1160 erfolgte eine Erbteilung unter den Söhnen Graf Adolfs II. Der älteste Sohn Eberhard erhielt den westfälischen Besitz, während der jüngere Engelbert den rheinischen Teil der Grafschaft Berg übernahm. Eberhard hatte zwei Söhne, Arnold und Friedrich. Arnold wurde die Burg Isenberg an der Ruhr als kölnisches Lehen zuteil. Von ihm stammte der bereits erwähnte Friedrich, der sich nach der Burg „Graf von Isenberg" nannte. Von dem anderen Sohn Eberhards, Friedrich, stammte Adolf, der nach einer bei Hamm gelegenen Burg den Namen „Graf von der Mark" annahm. Dadurch war in den ersten Jahrzehnten des 13. Jahrhunderts die bergische Grafenfamilie in drei Linien geteilt.

Im August 1225 spitzten sich die Unstimmigkeiten zwischen Erzbischof Engelbert und seinem Verwandten Friedrich von Isenberg zu. Auf päpstliche Intervention hin ermahnte Erzbischof Engelbert den Isenberger, von Übergriffen auf das Damenstift Essen abzulassen. Als dies keinen Erfolg brachte, bot Engelbert dem Isenberger für den Fall, dass er die Vogtei in vorgeschriebener, weniger Abgaben fordernder Art verwalten würde, eine Jahresrente an. Vor dem 5. November 1225 verhandelte Engelbert in Soest drei Tage lang erfolglos mit Graf Friedrich über die Essener Vogtei; dann setzte er auf den 10. November für einen Vergleich einen neuen Tag zu Köln an, der wegen Engelberts Tod nicht mehr wahrgenommen werden konnte. Am 7. November 1225 kam es in einem Hohlweg bei Gevelsberg zwischen Hagen und Schwelm zum schon erwähnten Überfall auf den Kölner Erzbischof Engelbert. Über dieses Ereignis sind wir durch seinen Biografen Cäsarius von Heisterbach gut unterrichtet.

Aus der „Geschichte des Bergischen Landes" von Bernhard Schönneshöfer übernehmen wir eine deutsche Übersetzung des Geschehens:

„Um Mittag erschien Friedrich von neuem bei dem Erzbischof, der ihn freundlich einlud, bei ihm über Nacht zu bleiben: aber bald empfahl er sich wieder. Als er nun gegen Abend zum dritten Mal dem Zuge sich zugesellte, war dies dem Bischof Konrad von Dortmund verdächtig; er warnte Engelbert und riet ihm, vom Zelter auf sein Streitross zu wechseln, was dieser ablehnte. Von dem Gefolge des Erzbischofs waren schon viele vorausgeeilt, um in Schwelm das Nachtlager zu bereiten; andere blieben aus Furcht vor dem Isenberger zurück, so dass nur noch wenige bei ihrem Herrn verweilten. So kam man nun in der Abenddämmerung an den Ort, wo Friedrichs Genossen im Versteck lagen.

Zur Ausführung des Mordes hatte man die Höhe des Gevelsberges gewählt, wo die Straße durch einen Hohlweg führte und kein Entrinnen möglich schien. Heribert von Rinkore (wahrscheinlich Rinkerode) gab durch einen gellenden Pfiff das Zeichen zum Angriff, und im Nu sah sich Engelbert von Bewaffneten umzingelt. Rasch bestieg er sein Streitross, wurde aber gleich gefährlich am Schenkel verwundet. Nur Konrad von Dortmund wagte es, ihn zu verteidigen; die anderen ergriffen erschrocken die Flucht.

Engelbert suchte nun seinen Feinden zu entkommen; seine letzte Hoffnung setzte er auf die Schnelligkeit seines Rosses, aber es wurde verwundet, Heribert riss ihn zur Erde und rang mit ihm. Von allen Seiten fiel man nun über den Erzbischof her; Friedrich rief: ‚Greift ihn, haltet ihn, er wird uns zu mächtig!' – und als Engelbert um Gnade flehte, schrie er wütend: ‚Schlagt ihn nieder, den Räuber, der die Edlen ihres Erbteils beraubt und keinen verschont!' Ein Knecht des Grafen Giselbert sprang vom Pferde und tötete den Unglücklichen; alle stürzten über ihn her und zerfleischten seinen Körper. Bei diesem Anblick aber kam dem Isenberger ein Grausen an; er rief: ‚Wehe mir Elenden, es ist zu viel!' und ließ den wütenden Giselbert, der noch das Haupt des Erschlagenen abhauen wollte, durch seine Diener bei den Haaren zurückreißen. Dann saßen alle auf und ritten zum Isenberg". (Der Ausruf ‚es ist zu viel' lässt vermuten, dass Friedrich von Isenberg den Erzbischof nur gefangen nehmen wollte, um von ihm ein hohes Lösegeld zu fordern, und es dann infolge Engelberts heftiger Gegenwehr und der unbedachten Tat des Knechtes zur Katastrophe kam. Wie Cäsarius von Heisterbach berichtet, rang Heribert von Rinkerode am Anfang mit ihm, d. Verf.).

„So endete Engelbert. Der mächtig geherrscht als Erzbischof und Herzog, der Verweser des Reiches, der Pfleger des Königs, lag da – ein entseelter, zerfleischter Leichnam, einsam und verlassen im schaurigen Dunkel der Nacht, zerschlagen auf das Geheiß seines eigenen Blutsverwandten." (Schönneshöfer merkt hier noch an, dass nach Abt Emo von Werum, der auch über die Tat berichtete, nur Konrad von Dortmund bis zuletzt ausgeharrt hätte. Nach einer anderen Version war nur ein kleiner Knabe bei ihm geblieben).

Ein Ritter und der Kellermeister Heinrich von Hemmerode kehrten zuerst zur Mordstätte zurück, wo sie nach langem Suchen ihren Herrn als Leiche fanden. Sie eilten nun nach dem nächsten Hause und erhielten dort nur eine Karre, auf der noch an demselben Abend Dünger gefahren worden war. Als sie zurückkehrten, fanden sie den Leichnam schon beraubt. Inzwischen hatte sich auch des Erzbischofs Almosen- und Armenpfleger zugesellt. Die drei wickelten nun den Leichnam in ein Tuch, hoben ihn auf die Karre und brachten ihn nach Schwelm. Dort wollten sie denselben in der Kirche niedersetzen, aber der Priester verweigerte es, weil sie dadurch entweiht werde, sie brachten ihn daher in das Haus, wo das Nachtlager bereitet worden war, und stellten brennende Kerzen bei demselben auf.

*Gefolge Engelberts mit seiner Leiche. Nach der Erschlagung wird der Zutritt in Schloss Burg verweigert (Gemälde im Rittersaal von Schloss Burg).*

*Schloss Burg zur Zeit, als Bernhard Schönneshöfer seine „Geschichte des Bergischen Landes" verfasste.*

Am folgenden Morgen wurde die Leiche auf einem Wagen der Heimat zugeführt, begleitet von dem versprengten Gefolge, das sich allmählich wieder eingefunden hatte. Man kam zum Herrschersitz der Grafen von Berg, der neuen Burg an der Wupper, welche Engelbert mit großen Kosten ganz neu hatte umbauen lassen. Aber der Einlass wurde verweigert aus Furcht vor dem neuen Herrn, Heinrich von Limburg, den man als bitteren Feind des Erschlagenen kannte.

Man zog nun nach Altenberg; der Prior Randulf war gekommen, um den Trauerzug dorthin zu führen, und die Mönche zogen ihm in feierlicher Prozession entgegen. In Altenberg angekommen, wurde die Leiche unter lautem Wehklagen in den Betsaal gebracht. Herz und Eingeweide wurden herausgenommen und anfangs auf den Kirchhof, später in die Klosterkirche vor den Hochaltar verbracht. Am vierten Tage nach der Ermordung wurde Engelberts Leichnam nach Köln überführt, wo er mit großer Trauer in Empfang genommen und in feierlicher Prozession durch den bischöflichen Palast in den Dom gebracht wurde. Erst im folgenden Jahre wurde er dort beigesetzt.

Engelbert, dem man den Beinamen „der Heilige" gab, wurde nie offiziell von der Kirche heilig gesprochen, doch ließ Erzbischof Ferdinand von Bayern 1622 die Gebeine erheben und gab

*Schloss Burg heute. Seit dem 1. Drittel des 12. Jahrhunderts bis zum 14. Jahrhundert Residenzburg der Grafen und Herzöge von Berg.*

einen kostbaren Reliquienschrein in Auftrag, in den die sterblichen Überreste Engelberts am 7. November 1633 gebettet wurden. Dieser Schrein hat seinen Platz im Kölner Dom, so dass man seine noch vorhandenen Gebeine später untersuchen konnte.

Ein an dem Mord Beteiligter wurde vier Tage nach der Tat vom Grafen Heinrich von Berg (von Limburg), der dadurch vielleicht jeden Verdacht der Mitschuld von sich ablenken wollte, in Deutz ergriffen und sofort auf eine vor Köln gelegene Rheininsel gebracht, um dort auf das Rad geflochten zu werden. Nicht lange danach wurde man eines zweiten „Sündenbocks" habhaft, der gefesselt nach Köln geführt wurde. Hier band man ihn mit den Füßen an den Schweif eines Pferdes und schleifte ihn durch die Straßen der Stadt. Nachdem ihm mit einem Beil alle Glieder zerschlagen worden waren, wurde er außerhalb der Stadtmauer gerädert. Zwei andere erlitten ähnliche Strafen.

Der Isenberger wurde erst ein Jahr später von dem Ritter Balduin von Gennep gefangen und nach Köln ausgeliefert. Nach-

1979 setzte der Kölner Gerichtsmediziner Günter Dotzauer den inzwischen zerbrochenen **Schädel Engelberts** wieder zusammen und untersuchte auch die übrigen Gebeine auf die noch feststellbaren Tateinwirkungen von 1225. Cäsarius von Heisterbach spricht von 47 Verletzungen. Die Untersuchung ergab eine Körpergröße von knapp 1,80 m. Dieses Maß war für die damalige Zeit ungewöhnlich. Cäsarius von Heisterbach bestätigt mit seiner Beschreibung *„pulchritudine corporis"* die auffällige Größe des Erzbischofs. Es ergab sich auch die Bestätigung von vielen Verletzungen, die nicht alle im bloßen Kampf, um einer Gefangennahme zu widerstehen, entstanden sein können. Vielmehr scheint ein berserkerhaftes Einschlagen auf einen bereits Wehrlosen stattgefunden zu haben. Mehrere Schläge auf den Schädel haben dem Erzbischof gewiss sofort den Tod verursacht. Neben den vorwiegend den Kopf verletzenden stumpfen Gewalteinwirkungen fand sich eine große Zahl scharfer Verletzungen, die vermutlich von Kurzschwertern oder Langschwertern herrühren. Das Kollektiv der Mörder musste großen Zorn auf Engelbert gehabt haben.

dem er noch drei Tage im erzbischöflichen Palast in Haft geses-
sen hatte, führte man ihn am 13. November 1226 zum Richt-
platz, einem kleinen Hügel vor dem Severinstor. Hier zerschlug
ihm der Henker zunächst alle Glieder, dann flocht er ihn auf das
hoch auf einer Steinsäule befestigte Rad. Einige der Mitschuld
verdächtige edle Ritter wurden vom späteren Erzbischof Heinrich von Molenark, zuvor Propst des Cassiusstiftes in Bonn,
zum Reinigungseid zugelassen.

Molenark wurde am 15. November 1225 einstimmig vom Dom-
kapitel und den Prioren gewählt. Danach schwor er, den Mord an
Engelbert von Berg zu rächen. Dem bei der Wahl anwesenden
Herzog Walram von Limburg, Bruder des Grafen Heinrich von
Berg aus dem Hause Limburg, verweigerte er die Belehnung mit
den kölnischen Lehen, weil Walram gleich nach der Ermordung
Engelberts die von diesem erbaute Burg Valentia (Valenz) hatte
belagern und zerstören lassen. Die frei gewordenen kölnischen
Lehen erhielt 1226 Graf Adolf von der Mark. Den Bürgern von
Köln versagte er seine Huld, weil diese die von Erzbischof Engel-
bert der Stadt gegebenen Satzungen verbrannt und mit Herzog
Walram ein Bündnis geschlossen hatten.

Der neue Erzbischof überführte im Dezember 1225 die Leiche
des Ermordeten zum Königstag nach Frankfurt vor Heinrich VII.
In deren Anblick wurde erneut die Acht gegen die Mörder ausgesprochen. Bei einem Rachezug zerstörte Heinrich von Müllenark
die Isenburg sowie die Burg Nienbrügge und verwüstete ebenfalls das Gebiet der Grafen von Tecklenburg und Schwalenberg.

Unweit der Stelle, an der Engelbert erschlagen wurde, ist nach
1226 eine Kirche bezeugt, die wahrscheinlich eine Sühnestif-
tung der an der Tat beteiligten Sippen war. Sie entwickelte sich
zu einer Wallfahrtsstätte. Die Kirche wurde kurze Zeit später in
ein Nonnenkloster umgewandelt, das 1236 erstmals urkundlich
genannt wird.

## Wende in der bergischen Politik unter Heinrich von Limburg

Seit Erzbischof Anno II. um 1064 die Macht des Pfalzgrafen im
Kölner Raum brach, schafften die Berger im Zusammengehen
mit der Kölner Kirche den Aufstieg. Die Berger hatten es verstanden, Einfluss auf die Geschicke der Kölner Kirche zu nehmen, indem sie fünf Mitglieder ihres Hauses als Erzbischöfe
nach dort entsandten, wenn dies auch nur mit den damals üb-

---

**Die Burg**

Im Spätmittelalter waren Burgen eher klein, eng und zugig. Sie hatten Platz für ca. 100 Menschen. In der Vorburg befanden sich Wirtschaftsgebäude und die Gesindehäuser sowie Scheunen und Ställe, in der Hauptburg dagegen die Bauwerke der Burg wie Zisternen und Brunnen. In deren Mitte erhob sich meistens der sogenannte Bergfried, der als größter Turm einer Burg auch letzte Zufluchtsmöglichkeit der Burgbewohner war. Im Turmstumpf lagerte man Vorräte oder man benutzte ihn als Verlies.

Das Leben der Burgbewohner fand aber zumeist auf dem Palas (Haus) statt. Dort befand sich auch die Küche, darüber gelegen die Kemenate (Kaminraum) und bei größeren Burganlagen und aufwendigerem Lebensstil ein Saal, wo man Feste feiern konnte.

---

lichen Druckmitteln gelang. Die meisten Erzbischöfe, die nicht aus ihrem Hause stammten, kann man als „bergerfreundlich" einstufen; einige waren mit ihnen verwandt. Aber inzwischen war das Haus Berg im Streben nach Territorium und Landesherrschaft in Konkurrenz mit dem Erzstift zu mächtig geworden und Konfrontationen konnten deshalb nicht ausbleiben.

Mit dem Aussterben der ersten Berger im Mannesstamm und Übergang der Grafschaft Berg an die Herren aus dem Limburgischen Geschlecht trat eine allgemeine Veränderung der Politik zwischen den konkurrierenden Mächten am Niederrhein ein. Diese Entwicklung war weniger den Bergern als der Kölner Kirche zuzuschreiben, die mit dem Bonner Propst Heinrich von Molenark einen Mann auf den Erzstuhl setzten, der von seiner Herkunft her eher eine bergerfeindliche Politik betreiben würde. Wenn dieser auch alles daran setzte, seinen Vorgänger Engelbert zu rächen, tat er dies nicht für einen Grafen von Berg, sondern für den Erzbischof von Köln.

Nachdem Heinrich nach dem Tode seines Vaters Walram Anfang des Jahres 1226 auch das Herzogtum Limburg übernommen hatte, entstand in politischer wie in militärischer Sicht eine für das Erzstift gefährliche „Zangensituation", nämlich die Bedrohung von zwei Seiten. Dies konnte der beabsichtigten territorialen Entwicklung des Erzstiftes entgegenwirken. Deshalb war dem neuen Erzbischof die seit den Tagen der Zusammenarbeit mit dem Erzbistum noch in bergischer Hand befindliche Burg in Deutz ein Dorn im Auge.

1228 nahm Heinrich von Limburg an dem Kreuzzug des gebannten Kaisers Friedrich II. teil. Nach seiner Rückkehr weitete sich der Streit mit dem Erzbischof Heinrich von Molenark um die Siegburger Vogtei aus. Bei den Kämpfen fanden beide Seiten

Verbündete. Große Heere wurden ins Feld gestellt. Es kam aber nicht zu einer offenen Schlacht, sondern nur zu Angriffen auf die jeweiligen Burgen und Ländereien der Gegner.

Den ersten Schachzug unternahm Heinrich von Molenark, indem er dem Ort Deutz – in dem die Burg der Berger an der Rheinseite des ehemaligen Römerkastells lag – im Jahre 1230 das Befestigungsrecht verlieh und den Zuzug von Neubürgern durch steuerliche Vergünstigungen anregte. Das kam einer Belagerung der Deutzer Burg des Herzogs von Limburg gleich. Es war nur eine Frage der Zeit, dass der Erzbischof den Stützpunkt der Berger einnehmen und zerstören konnte. Gleichzeitig belagerte von Molenark vereint mit dem verbündeten Grafen von Sayn auch die Burg in Bensberg, ohne sie einnehmen zu können. Die erzbischöflichen Truppen hatten dabei 50 Tote zu beklagen.

Ein Parteigänger des Limburgers, Herzog Heinrich von Brabant, eroberte die Burg Daelheim an der Maas aus den Händen des Grafen Lothar von Hochstaden, der mit dem Erzbischof verwandt war. Auch die erzbischöfliche Burg in Zülpich nahmen Helfer des Herzogs Heinrich von Limburg ein, nachdem sie diese vorher in Brand gesetzt hatten.

Im Zusammenhang mit den damaligen Auseinandersetzungen und Konfrontationen scheinen auch einige strategische Burgen im Verlaufe der Dhünn bzw. eines alten Rheinarmes entstanden zu sein, das spätere Haus Büchel oder „Doktorsburg" und der Büchelter Hof oder *stritbuggele*, und zwei weitere am Übergang des Mauspfades über die Dhünn: der Rittersitz Rode oder Schlebuschrath und die Burg Morsbroich. Als Nachfolgeanlagen sind heute nur noch die Doktorsburg und das Schloss Morsbroich (= der Bruch des Mor) vorhanden.[121]

Wie schon gesagt, stammen die Ritter Mor aus dem Limburgischen. Ihr Name taucht im Bergischen in derselben Zeit auf, als

## Die Belagerung einer Burg

Die Eroberung einer Burg war eine weit verbreitete strategische Handlung. Doch zur Eroberung bedurfte es eines ganzen Heeres, während deren Verteidigung sich mit einigen wenigen Männern bewerkstelligen ließ. Wurde eine Burg angegriffen, so zogen sich die Burgbewohner ins Innere der Burg zurück, versorgt mit Nahrungsmitteln und Waffen. Da eine Burg meistens nicht erstürmt werden konnte, verlegte man sich auf deren Belagerung gemäß den gängigen Regeln der Kriegsführung, um so die Burg mit relativ geringen Verlusten einzunehmen. Eine Belagerung konnte mehrere Monate dauern, und so richteten sich die Angreifer in unmittelbarer Umgebung der Burg auch häuslich ein. Handwerker und Händler boten ihre Dienste an.

*Morsbroich im Jahre 1762 vor dem Neubau (1775). Ausschnitt aus der Karte des Landmessers Franz Ehmans (Original im Stadtarchiv Leverkusen)*

*Luftbild des Schlosses Morsbroich in Leverkusen. Hier befand sich einst der Rittersitz (Motte) des Geschlechtes „Mor vanme Broiche" (13. Jahrhundert).*

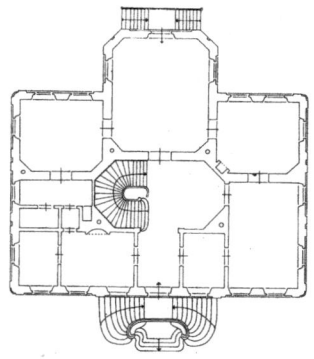

*Erdgeschoss des Hauptgebäudes vor der Erweiterung durch F. H. von Diergardt von 1885 bis 1887 (H. J. Mahlberg 1973, Rekonstruktion nach Aufnahme von H. O. Pflaume 1885)*

Heinrich von Limburg durch Heirat mit der bergischen Erbtochter Irmgard hier Fuß fasste. Bei der Ausstellung des schon erwähnten Sühnevertrages zwischen Erzbischof Engelbert I. von Köln und Graf Walram von Luxemburg im August 1220 gehörten Wilhelm Mor und sein Sohn Udo zu fünf Rittern (Gerhard von Horn, Hermann von Eylslo, Alexander von Wilre und Dietrich von Hufalis), die beschwören, dass, wenn Walram und seine Söhne, Heinrich und Walram, gegen die getroffenen Vereinbarungen verstießen, sie den Erzbischof gegen die Limburger so lange unterstützten, bis ihm wieder Genüge getan sei. Hier sind also unschwer Limburger Ministerialen zu erkennen, die für ihren Herrn bürgen müssen. Eigenen Leuten brauchte Engelbert keinen Schwur abzuverlangen, weil ihre Waffenhilfe fast selbstverständlich war. Der anwesende Herzog von Brabant und die Grafen von Sayn, von Lon und Friedrich von Isenberg schwörten ebenfalls, dem Erzbischof gegebenenfalls Waffenhilfe zu leisten, wenn die Limburger den Vertrag nicht einhalten sollten.[122]

Als im Januar 1222 Herzog Walram von Limburg mit seinen Söhnen und seinem Bruder Gerhard von Wassenberg dem Norbertinerstift zu Heinsberg das Patronat der Kirche zu Hoengen bei Sittard schenkt, sind neben den schon oben genannten limburgischen Ministerialen Alexander von Wilre, Hermann von Elslo auch *Willelmus moer et sui filii Udo et Tiricus* dabei. Am 31. Januar 1224 wird Udo Mor, Sohn des Wilhelm Mor, für das Gut Floverich Lehnsmann des Grafen Wilhelm von Jülich. Er gelobte dem Grafen von Jülich im Fehdefall Beistand gegen jedermann, mit Ausnahme gegen seinen Herrn, den Herzog von Limburg.[123]

Wie schon erwähnt, nahmen im 13. Jahrhundert Ritter Lehen von mehreren Herren. Das ist z. B. von den Herren von Stammheim bekannt. Ein Mitglied dieses Geschlechtes lagerte 1217 mit Graf Adolf III. vor Damiette. Trotz kirchlicher Ämter und Lehen, z. B. 1228 Vogt der Abtei St. Martin und Inhaber von Besitzungen und Fischereigerechtsamen in Stammheim, waren sie auch Ministerialen der Grafen von Berg.

Der Besitz mehrerer Lehen wurde bei den Ritterbürtigen fast zur Regel, denn die Ausrüstung eines gewappneten Reiters war teuer, insbesondere vor der Vermehrung der Eisenproduktion und der Waffenschmiede und im Laufe der Verfeinerungen der Kriegstechnik. Die Kosten eines einzigen gepanzerten Reiters neben notwendigen Knappen und Knechten deckten oft den Gegenwert eines ganzen Bauernhofes.

Nachdem Heinrich von Limburg die Grafschaft Berg übernommen hatte, begegnet uns bald wieder der Ministeriale Udo Mor. In der Urkunde vom 1. Oktober 1231 (Graf Wilhelm von Jülich und sein Bruder Walram schenken dem Kloster Dünnwald den Rottzehnten von 18 Morgen Land zu Garsdorf) wird sofort sein neuer Burgsitz, nämlich Rode (Schlebuschrath) genannt, und seine Wertschätzung durch Heinrich von Limburg erkennt man daran, dass er als Truchsess nach diesem Ort benannt ist. Auch der im 13. Jh. auftretende limburgische Ministerial Alexander von Weiler ist wohl mit dem Herzog von Limburg ins Bergische gekommen. Aus der altbergischen

Nicht nur der Harnisch, sondern auch die benötigten **Pferde** verschlangen große Summen. Jeder Ritter musste im 13. Jahrhundert über mindestens drei Pferde verfügen. Das wichtigste und auch teuerste dieser Pferde war das Streitross, das in der Regel das Vierfache, oft das Zehnfache und mehr eines normalen Pferdes kostete, einschließlich der Panzerung. Das Streitross, stets ein Hengst, wurde beim Kampf Mann gegen Mann erst in der letzten Phase des Angriffs geritten. Um das Streitross zu schonen, wurde ein zweites Pferd (der Zelter) die meiste Zeit geritten. Mindestens ein drittes Pferd benötigte der begleitende Pferdeknecht oder Knappe. Hatte der Ritter einen größeren Tross, so konnte die Anzahl der Pferde leicht größer sein. Reiche Herren hatten noch je ein Reisepferd oder Schlachtross zum Wechseln.

Ritterschaft zeugten Adolf von Stammheim und Gottschalk von der Burg. Ausgestellt ist die Urkunde am Remigiusfest in Köln.[124]

Über das Ende des Ritters Udo Mor sind wir gut unterrichtet, denn er kam im Oktober 1268 beim bekannten Kampf an der Ulrepforte in Köln um. Der Anschlag gegen das Stadtregiment der Overstolzen, der von Anhängern des Erzbischof Engelberts von Falkenburg und des aus der Stadt vertriebenen Geschlechts der Weisen gemeinsam ausgeführt wurde, misslang bei starken Verlusten. Herzog Walram von Limburg geriet dabei in stadtkölnische Gefangenschaft. Fünf Jahre später beurkundete er für sich und seine Genossen die vollständige Sühne. Unter denjenigen, die auf des Herzogs Veranlassung die „Urfehde" (= Verzicht auf Rache für Schäden aus einer Fehde, körperlicher oder materieller Art) kundtun, sind die Kinder des Ritters Udo Mor, deren Vater in Köln getötet wurde.[125]

Erst 60 Jahre später werden Nachfolger des Udo genannt. Am 15. Mai 1328 verkaufen „Johan genant Moir van dem Broiche" und Frau Bela dem Kloster Dünnwald zwei Holzgewalten im Rheindorfer Busch. Zur selben Zeit ist „Johan der moyr van dem Bruche" Zinszahler an den Wiesdorfer Fronhof, der einen Bruder Engelbert hat. 1363 ist „Johannis van dem Broiche" beim Verkauf des Fronhofes und der Kirche zu Solingen an die Abtei Altenberg Siegelzeuge unter 22 bergischen Rittern und Knappen. Sein Siegel zeigt die Umschrift „Johis more vamme Broich", im oberen Feld des Siegels befinden sich drei Sterne.[126]

Seit dem 14. Jahrhundert führen die Ritter Mor die Beifügung „von dem Bruch". Das heutige Morsbroich liegt bei Schlebuschrath (früher Rode).

Ort und Kirche von Rode wurden schon um 1222 von Cäsarius von Heisterbach erwähnt. Die Kirche wird zu dieser Zeit von dem Bürriger Pastor Michael, einem Konventualen aus Altenberg, bedient. Sie ist aber wahrscheinlich noch älter. Dort befand sich in der Mitte des 12. Jahrhunderts ein Lehen der Abtei St. Martin zu Köln. Schon 1130 ist in einem Schriftstück des Klosters St. Martin ein „Arnolfus de Rothe" als Zeuge aufgeführt.[127] 1174 wird genannt „Arnoldus de Rode".[128] 1179 heißt es, dass Abt Gottschalk von St. Martin nach dem erblosen Tode des „Suikers von Rothe zu Dunevelt", trotz Widerstrebens der Verwandten, dessen Lehen eingezogen habe. Arnold ist wahrscheinlich ein Ministeriale von St. Martin.[129] 1238 erscheint in einer Urkunde des Erzbischofs Heinrich von Molenark „Godescalcus de Rode".[130] 1229–1238 urkundet Gottschalk von Rode. In der Mitte des 13. Jahrhunderts erscheinen die Ritter von Rode in den Zinsregistern des (kirchlichen) Wiesdorfer Fronhofs. Zuerst wird eine „vrouwe van royde", wohl die Witwe des vorgenannten Gottschalk erwähnt; dann erscheint zwischen 1264 und 1281 „Her Goltschalc der ridder van rode" im Wiesdorfer Zinsregister.[131] Der Name Rode kommt häufig vor, aber die hier herangezogenen Nennungen sind wohl Zeugnis genug für die Lokalisierung des später Schlebuschrath genannten Ortes mit Mottenhügel und Kirchplatz. Jedenfalls ist ein Nebeneinander des Ritters Gottschalk von Rode und des Udo Truchsess von Rode auf nur wenige 100 m auseinander liegenden Objekten zu erkennen. Wegen der nahen Lage der Burgen zueinander ist eine Gegenburg der Berger zu einer erzbischöflichen Befestigung möglich. Ein schriftliches Zeugnis dieser Konfrontation gibt es allerdings nicht.[132]

In einer von Heinrich Herzog von Limburg und Graf von Berg für die Abtei Altenberg ausgestellten Urkunde begegnen uns am 28. Dezember 1238 zahlreiche bergische Vasallen und Ministerialen, darunter wiederum „Udo dapifer de Rhode". Als 1242 die Festungswerke in Deutz zerstört werden, ist bei der Ausstellung der betreffenden Urkunde durch Herzog Heinrich von Limburg auch Udo.

Im März 1244 bekunden Herzog Heinrich von Limburg, Graf von Berg, dessen Gemahlin, Söhne und Schwiegertöchter die Steuerfreiheit der Stadt Remagen, welche wegen dieses Anerkenntnisses fünf Morgen Weinberge dem Herzog verehren. Die lange Zeugenreihe der bergischen Ritter wird angeführt von „Udo miles dictus Mor dapifer de Rode". Udo Mor ist gemäß seiner Stellung der älteste und angesehenste bergische Ritter. Auch hier erscheint er wieder in seiner gehobenen Stellung als Truchsess.[133] Heinrich von Limburg starb am 25. Februar 1247. Vorher hatte er Limburg und Berg an seine Söhne aufgeteilt, Adolf erhielt die Grafschaft Berg, Walram das Herzogtum Limburg.

Über 10 Jahre später, im Jahre 1258, erscheint Udo nochmals in einer Urkunde des Herzogs Walram von Limburg, der in Duisburg im Beisein seines Bruders Adolf für den Königshof eine Urkunde ausstellt.

Kehren wir in die ersten Jahre der Regierungszeit Heinrichs von Limburg als Graf von Berg zurück. Auf Befehl des Königs kam 1232 vorübergehend ein Friede zustande, der aber bald darauf aufs Neue gebrochen wurde, so dass sich die Fehde fast ununterbrochen bis in die Regierungszeit des folgenden Erz-

*Modell „Alter Palas" von Schloss Burg. Er gehörte wahrscheinlich zur ersten Burg (vor 133), die um 1150 erweitert wurde. Hier ist eine vollständige Baustelle des Mittelalters mit Baugerüst, Tretkran und Steinrutsche dargestellt. Die alten Fundamente dieses Gebäudes wurden im nördlichen Teil des Burggeländes entdeckt. Erst nach 1220 wurde unter Graf Engelbert II., als Erzbischof von Köln Engelbert I., der neue, größere Palas an der heutigen Stelle erbaut.*

bischofs Konrad von Hochstaden hinzog. Herzog Heinrich von Limburg und Graf von Berg blieb aber im Besitz der Siegburger Vogtei. Die Abtei hat auch in der Folgezeit das freie Vogtwahlrecht nicht wahrnehmen können.

Gleichzeitig war in Westfalen eine heftige Fehde um die Erbschaft des hingerichteten Grafen Friedrich von Isenberg entbrannt, welche mit den anderen Kämpfen zwischen den Bergern und der Kölner Kirche eng zusammenhing. Graf Adolf von der Mark, der vom Kölner Erzbischof mit dem ehemaligen Gut der Isenberger belehnt worden war, stand natürlich auf dessen Seite. Somit handelte Herzog Heinrich von Limburg zugleich im eigenen Interesse, wenn er die Ansprüche, welche sein herangewachsener Neffe Dietrich von Isenberg auf das Erbe seiner Eltern hatte, unterstützte und deshalb den Grafen von der Mark befehdete.

Mit einem starken Heer fiel Heinrich wahrscheinlich im Jahre 1232 in Westfalen ein und baute an der Lenne eine starke Burg, die er nach seiner Stammburg Limburg „Neuenlimburg" (heute Hohenlimburg) benannte. Mit dieser Burg belehnte er seinen Neffen Dietrich, der sich statt von Isenberg nun den Titel „Graf von Limburg" zulegte.

Heinrich von Limburg scheint auch im Bergischen Güter an seinen Neffen abgetreten zu haben. Urkundlich wird dieser zwar nur einmal als Lehnsgeber erwähnt. Am 13. August 1301 verkauften der Ritter Adolf von Stammheim und seine Gemahlin Juliana den Fronhof in Bechen mit dem Patronat über die dortige Pfarrkirche der Abtei Altenberg zum freien Eigentum. Lehnsherr war der oben genannte Edelherr Dietrich von Limburg, der mit einem anderen Hof der Stammheimer in Seelscheid schadlos gehalten werden musste.[134]

Die ein Jahrzehnt andauernden Fehden zwischen Maas und Weser, die auch im Zusammenhang mit der Untat an Engelbert standen, wurden von handfesten Anschuldigungen gegen Erzbischof Heinrich von Molenark begleitet, die über mehrere Jahre erhoben wurden.

Zuerst wurde er vom Domkapitel beim Papst „angeschwärzt". Dieser teilte dem Kölner Erzbischof daraufhin mit, dass man ihn eines unwürdigen Lebenswandels bezichtige. Gemeint waren damit sittliche Verfehlungen – er soll mit der Frau eines Ritters Ehebruch begangen haben – und Geldverschwendung. Es werde eine baldige Untersuchung stattfinden, und er solle den möglichen Verzicht auf sein Amt erwägen.

*G. A. Fischer zeichnete im Jahre 1892 unter dem Namen „ehemaliges Schnitzhaus" diesen alten Palas.*

Der Erzbischof wehrte sich dagegen heftig, indem er gegen diejenigen, die ihn denunziert hatten, mit Suspension vom Amt und Exkommunikation vorging. Der Papst verbot dies und teilte dem Domkapitel in diesem Zusammenhang mit, dass es für die Schulden, „die gewisse Erzbischöfe von Köln" in beträchtlicher Höhe bei verschiedenen Kaufmannsgesellschaften in Rom und anderswo gemacht hatten, nicht haftbar sei. Auch die Kölner Erzbischöfe hatten wohl des Öfteren Geldsorgen. Damit unterschieden sie sich in keinster Weise von ihren weltlichen Adelsgenossen.

Die Untersuchungen zogen sich zwei Jahre hin, in denen Heinrich von Molenark auch beim Papst in Rom – wohl ohne nachhaltigen Erfolg – vorstellig wurde, denn am 19. April 1233 befahl der Papst den Untersuchungsführern, den Kölner Erzbischof zur Abdankung zu bewegen. Dieser wiederum warf den Untersuchungskommissaren eigene Verfehlungen vor und verdächtigte sie der Konspiration mit den Mördern Engelberts von Berg. Papst Gregor IX. forderte daraufhin den Erzbischof auf, den Wahrheitsbeweis für die Anschuldigungen gegen die Kommission zu erbringen und die Akten zur Einsicht nach Rom schicken zu lassen.

Dies schien jedoch ohne sichtbares Ergebnis ausgelaufen zu sein. Am 17. Juni 1233 befahl der Papst, gegen die Söhne und den Bruder des Mörders von Erzbischof Engelbert, die mit ihren Genossen die Kölnische Kirche und den Erzbischof Heinrich von Molenark bedrängten, mit kirchlichen Strafen vorzugehen, ohne „dass aber dadurch der Prozess gegen den Erzbischof eine Verzögerung erleide". Der Ausgang des Prozesses ist nicht bekannt; Heinrich von Molenark regierte noch fünf Jahre bis zu seinem Tode am 26. März 1238.

Heinrichs Nachfolger auf dem Kölner Erzstuhl, Konrad von Hochstaden, setzte die Politik seines Vorgängers vorerst fort. Neun Jahre nach dem ersten Angriff auf Deutz gelang es dem mit diplomatischem Geschick ausgestatteten Erzbischof, die Kölner Bürger für sich und gegen die Berger zu gewinnen. Zu diesem Zwecke hatte er Köln für drei Jahre von der an ihn zu

*Der Kölner Erzbischof Konrad von Hochstaden (1238–1261)*

entrichtenden Biersteuer befreit und andere Vorrechte eingeräumt. Im Juni 1239 griffen die Verbündeten die Türme des Grafen von Berg in Deutz mit besonders dafür ausgerüsteten Schiffen an und zerstörten sie aufs Neue.[135]

Erzbischof Konrad von Hochstaden ließ danach das ehemalige Kastell Deutz, nämlich die noch vorhandenen 15 ruinösen Türme, erneuern und zog auch den „Turm" der Abteikirche in die Befestigung ein. Gerade Letzteres lässt erkennen, dass er von dem hohen Turm aus den Rhein bedrohen wollte – die Lebensader des Kölner Handels. Die alten Machtkämpfe Erzbischof gegen die Bürger von Köln flammten wieder auf. Im April 1240 kam nach weiteren Kämpfen und Verwüstungen im Erzstift und im Bergischen ein Friede zustande, der durch eine Doppelehe gefestigt wurde: der Sohn des Herzogs Heinrich von Limburg, Adolf (IV.), nahm Erzbischof Konrads Schwester Margarete von Hochstaden zur Frau und wurde mit der halben Burg Deutz belehnt; der Neffe des Erzbischofs Dietrich, Graf von Daelhem und Hochstaden, heiratete die Tochter Walrams (Bruder des Herzogs Heinrich von Brabant).

Aus den politisch begründeten Eheverbindungen und der erneuten Besetzung der Burg Deutz durch bergische Ritter lässt sich die Zielrichtung der damaligen Politik erkennen: Das Bündnis zwischen Erzbischof und Graf war gegen die Kölner Bürger gerichtet, die gezwungen werden sollten, die Stadtherrschaft des Erzbischofs wieder anzuerkennen, was sie aber keineswegs taten.

Herzog Heinrich von Limburg, Graf von Berg, bekundete am 2. und 3. September 1240, dass ihn der Kölner Erzbischof mit der Hälfte der Burg in Deutz belehnt hatte. Die Burg sollte in einem Krieg zwischen beiden neutral bleiben. Der Erzbischof übernahm die Hälfte des Kastells *in parte superiore* mit den zerstörten Türmen des Grafen von Berg, die dieser in gleicher Höhe erneuern musste wie die erzbischöflichen, die er zu Lehen hatte. Die Burgmannen schwörten beiden Herren die Treue, die Wächter und Pförtner wurden von beiden besoldet. Innerhalb der Burg durfte keine Trennmauer errichtet werden. Die Kölner Bürger wollten eine so starke Burg gegenüber ihrer Stadt nicht dulden. Aufgrund von Geldzahlungen – der Erzbischof versprach, bei der Eintreibung der Summe bei den Bürgern behilflich zu sein – gaben Heinrich von Limburg und Konrad von Hochstaden ihre Einwilligung zur vollständigen und nachhaltigen Zerstörung aller Befestigungswerke zu Deutz. Mit einer Urkunde vom 21. November 1242 versprachen Herzog Heinrich und dessen Sohn Adolf, die von der Stadt Köln eine Summe Geld empfangen hatten, im Falle von Übergriffen ihrer Burgleute, die während der Zerstörung der Burg vorkommen könnten, Schadenersatz zu leisten. Der Abbruch sollte ihrem Seelenheil und zur Beruhigung des Landes dienen.[136]

Als endlich nach jahrelangen Kämpfen der Friede wiederhergestellt war, erwarb Herzog Heinrich den Hof Barmen, der das Gebiet der Grafschaft Berg nach der märkischen Seite hin erweiterte und abrundete. Der Hof hatte vorher eine Zeit lang dem Grafen Ludwig von Ravensberg gehört, der ihn am 14. Januar 1244 dem Herzog Heinrich, Graf von Berg, überließ.

Heinrich von Limburg konnte auch in Remagen ein wertvolles Gut erwerben. Schon zu Lebzeiten hatte er – wie berichtet – seine Lande aufgeteilt. Adolf IV. kam schon in den letzten Urkunden seines Vaters, die insbesondere das Bergische Land betreffen, als Mithandelnder vor, ja es hat sogar den Anschein, als ob Adolf IV. während der letzten Lebensjahre seines Vaters Heinrich die Regierung des Bergischen Landes allein geführt habe; denn in einem Verzichtsbrief des Grafen Heinrich von Arnsberg auf den Hof Barmen liest man den Ausdruck *venerabilis* (ehrwürdig), den man in jener Zeit für geistliche Ordensritter gebrauchte. Der Text in der Urkunde für Remagen betreffs der Verleihung der Steuerfreiheit „*et quia huius rei nota est veritas ei nos recognoscimus et per presens instrumentum manifeste profitemur … ob reverendam nostre pietatis memoriam, dignum duximus innovandam*" lässt vermuten, dass Heinrich von Limburg vielleicht gegen Ende seines Lebens in die Genossenschaft der Johanniter auf der Burg eingetreten ist.[137]

### Adolf IV. „mit dem Barte"

Nach dem Tode Heinrichs von Limburg am 25. Februar 1247 folgte ihm sein ältester Sohn Adolf als Graf von Berg, während dessen Bruder Walram das Herzogtum Limburg übernahm. Als die Mutter Irmgard behauptete, ein fortdauerndes Erbrecht an der von ihrem Vater herrührenden Grafschaft zu haben, wurde zur Lösung der Frage ein Schiedsgericht gebildet, bestehend aus dem Erzbischof Konrad von Hochstaden, den Grafen Otto von Geldern, Arnold von Loos und Wilhelm von Jülich. Am 16. Juni 1247 entschied das Gremium, dass eine Teilung stattfinden sollte. Der Mutter wurden – mit Rückfall an den Sohn bei ihrem Ableben – die Burgen Angermund und Burg, dem Sohn die Burgen Bensberg und Windeck zugeteilt. Eine Kommission von bergischen Adeligen sollte sämtliche Einkünfte des Landes zu gleichen Hälften aufteilen und zuweisen. Irmgard starb aber bereits 1248 oder 1249. Wie ihre Vorfahren zeigten sich auch Adolf und Gemahlin Margarete von Hochstaden mit der Abtei Altenberg verbunden und übertrugen 1253 zunächst tauschweise einige zu ihrem Hofe Holz bei Odenthal zugehörende Besitzungen. 1255 befreiten sie Teile von den vorgenannten Besitzungen, nämlich Spezard und Humboldt, von allen Dienstleistungen und machten sie zu Eigengütern der Abtei, schlossen aber jeden späteren Verkauf oder Tausch aus."[138]

Im Unterschied zu seinem Vater war Adolf IV. ein treuer Bundesgenosse des Erzbischofs, dessen Reichspolitik er unterstützte. Er stellte sich auf seine Seite, als dieser im Jahre 1246 gegen Kaiser Friedrich II. und seinen Sohn König Konrad IV. den Landgrafen Heinrich Raspe von Thüringen zum Gegenkönig ausrief. Als Heinrich Raspe bald starb, ließ Konrad von Hochstaden im Jahre 1247 Graf Wilhelm von Holland zum Gegenkönig wählen. In den nun folgenden Kämpfen wurde sowohl Kaiserswerth erobert als auch Aachen, wo Wilhelm 1248 die Krone empfing. Als Dank für

*Siegel Graf Adolfs IV. Er benutzt als Sohn Herzog Heinrichs von Limburg das Löwenwappen mit Turnierkragen (1242, HStA. Düsseldorf, Kurköln Nr. 20).*

*Der Altenberger Dom im Jahre 1834. Radierung von Eduard Gerhardt. Der Grundsteinlegung wohnte Adolf IV. bei.*

die geleisteten Dienste erhielt der Berger von König Wilhelm die beiden Reichshöfe Rath (bei Düsseldorf) und Mettmann. Gleichzeitig bestätigte der König den Bestand und die Verfassung der Grafschaft Berg. An der Grundsteinlegung des gotischen Kölner Domes am 15. August 1248 nahm Adolf teil und legte am 3. März 1255 (oder nach neuen Erkenntnissen 1259) den Grundstein zum „Bergischen Dom" in Altenberg.[139] Bei einer erneuten Fehde zwischen dem Erzbischof und der Stadt Köln standen Graf Adolf von Berg, sein Bruder Herzog Walram von Limburg und Graf Wilhelm von Jülich – als Kölnische Lehnsträger, wie sie in ihrer Erklärung vom 2. Oktober 1257 sagen – auf der Seite des Erzbischofs. Sonst scheint sich Adolf wenig an den Fehden seines Schwagers Konrad beteiligt zu haben. Im Jahre 1257 bestätigte Adolf IV. mit seiner Gemahlin Margarete von Hochstaden dem Kloster Gräfrath die Zollfreiheit zu Monheim. Im Februar 1259 bekundete er in Gemeinschaft mit seinem erzbischöflichen Schwager, dass die Witwe des Gottfried von Lagheim ihre Güter dem Kloster Altenberg verkauft habe.

Der Berger endete unrühmlich bei einem Turnier in Neuss am 27. April 1259. Er soll dem Pferd seines Gegners aus Rauflust die Vorderläufe abgeschlagen haben. Anschließend wurde er durch einen Lanzenhieb vom eigenen Ross gestoßen und erschlagen. Seine Witwe lebte noch lange Jahre auf der Burg Hückeswagen, die man ihr als Sitz zuwies.

*Die Kirche St. Walburga in Overath wurde zwischen 1100 und 1150 erbaut.*

Beider Sohn, Adolf V., war beim Tode des Vaters noch unmündig. Am 20. Juli 1259 bekundete Gräfin Margarete allein, dass Udo von Scherve und seine Gemahlin den Wald Grimberg der Abtei Altenberg schenkten.[140] Außer dem genannten Adolf hinterließ Adolf IV. noch mehrere Kinder: die Tochter Irmgard vermählte sich 1274 mit dem Grafen Eberhard von der Mark; Heinrich war zwischen 1268 und 1290 Herr von Windeck; Wilhelm, zuerst Geistlicher, folgte nach dem Tode seines Bruders Adolf V. als Graf von Berg (Wilhelm 1.); Konrad, Engelbert und Walram waren Pröpste in Köln. Die Mutter Margarete von Hochstaden trat noch bis 1267 als Mitregentin ihres Sohnes Adolf auf.

## Adolf V., Teilnehmer der Schlacht bei Worringen

Unter Adolf V. zeichnet sich eine Wende in der Politik der Berger ab. Er schloss mit der Stadt Köln am 9. Juni 1262 einen Freundschaftspakt, der durch Herzog Walram von Limburg und den Graf von Jülich vermittelt wurde. In diesem Vertrag wurde schon erkennbar, dass er die Möglichkeit des Erzbischofs einschränken sollte, in Deutz militärische Positionen zu beziehen. Adolf versprach nämlich den Kölnern gegen Zahlung von 2000 Mark mit aller Macht zu verhindern, dass „irgendjemand" in Deutz eine Festung baue oder in feindlicher Absicht gegen die Stadt dorthin Truppen lege oder dort auf dem Rhein Kriegsschiffe verankern würde. Die Deutzer Bürger traten im eigenen Interesse dem Bündnis sofort bei. Um der Sache Nachdruck zu verleihen, waren mehrere Kölner bereit, bei Nichtzahlung des Geldes durch die Stadt sich so lange als Bürgen in die Kölner Niederlassung der Abtei Altenberg in der Johannisstraße zu begeben, bis die Schuld getilgt sei, was praktisch einer Gefangenschaft gleichkam.

Zunächst hatte Adolf V. eigene Angelegenheiten zu klären. Als im Jahre 1264 Ritter Konrad von Elberfeld mit Unterstützung seines Vaters Arnold und anderen wegen seiner Rechtsansprüche auf die gräfliche Burg zu Windeck eine Fehde anstrengte, blieb Adolf Sieger. Bei der Sühne vom 26. Juni 1264 verzichteten Konrad von Elberfeld und seine Parteigänger auf ihre Ansprüche an „Turm, Tor und Schlüssel" zu Windeck.[141]

Bald trat Adolf V. offen in das Lager derjenigen, die die politische Vormacht des Erzbischofs am Niederrhein brechen wollten. Im Jahre 1267 stand er dem Grafen von Jülich im Kampf gegen den Erzbischof bei. Bei diesen Auseinandersetzungen fiel Erzbischof Engelbert von Falkenburg in die Hände des Grafen Wilhelm von Jülich und wurde auf der Burg Nideggen dreieinhalb Jahre gefangen gehalten. Das war die Antwort des Grafen von Jülich an Engelbert, der vorher raubend und brennend in sein Land eingedrungen war. Erst nach der Sühne vom 16. April 1271, wohl gegen Zahlung eines hohen Lösegeldes, wurde Engelbert von Falkenburg wieder freigelassen. Der Erzbischof musste darüber hinaus viele Zugeständnisse machen und erklärte dabei auch, dass er „völlig mit seinen geliebten, treuen Kölner Bürgern ausgesöhnt sei". Er war also in Zukunft an einer Loyalität der Kölner ihm gegenüber stark interessiert, weil er sie gegen die mächtig aufstrebenden Feinde an Rhein und Maas brauchte. Erzbischof Engelbert von Falkenburg starb am 20. Oktober 1274 in Bonn und wurde wegen des vom Papst über die Stadt Köln verhängten Interdikts nicht im Kölner Dom, sondern in der Bonner Münsterkirche beigesetzt. Nach Engelberts Tode wäre beinahe nochmals ein Berger Erzbischof von Köln geworden. Das Domkapitel wählte nämlich den allseits beliebten Propst von Mariengraden, Konrad von Berg, ein Bruder Graf Adolfs V., zum Nachfolger. Das fand aber nicht die Gegenliebe des Papstes, der sich – wie auch König Rudolf – für Siegfried von Westerburg entschied, der vom Domkapitel allerdings nur eine Stimme erhalten hatte.

Sozusagen als Antrittsgeschenk für die Stadt Köln hob im Jahre 1275 der dafür vom Papst ermächtigte Erzbi-

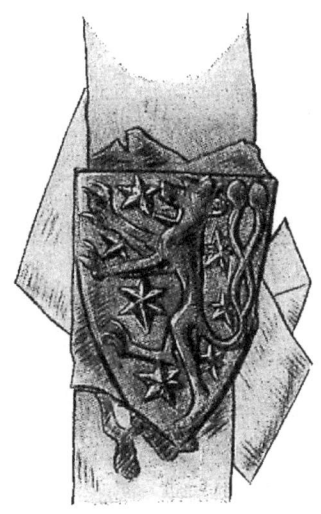

*Siegel Adolfs V. Er benutzte als Enkel Heinrichs von Limburg im Jahre 1308 den Löwen mit Sternbeizeichen (Urkunde Nr. 202 des Stiftes Essen).*

schof Siegfried das wegen der Gefangennahme seines Vorgängers verhängte Interdikt über die Stadt auf und machte ihr auch sonst Versprechungen. Er gelobte öffentlich „seinen geliebten Bürgern von Köln" zur Erhaltung der Freundschaft und des Friedens, die der Stadt von Kaisern, Königen und Erzbischöfen verliehenen Rechte, Freiheiten und Gewohnheiten, „mögen solche geschrieben oder nicht geschrieben, alt oder neu sein", unverbrüchlich wahren zu wollen. Richter, Schöffen, Rat und Gemeinde der Stadt Köln gelobten ihrerseits Anerkennung und Achtung, um Huld und Schutz in reicherem Maße zu besitzen; sie versprachen außerdem, alle erzbischöflichen und erzstiftischen Rechte und Freiheiten treu zu achten.

Am 25. November 1276 begann Erzbischof Siegfried von Westerburg mit dem Bau einer Burg zu Worringen als Gegenburg zu der von Graf Wilhelm von Jülich gebauten Burg im Worringer Bruch. Um den Kölnern den Verdacht zu nehmen, dieser Burgenbau sei gegen sie gerichtet, versicherte er, dass, wenn sie ihm bei der Eroberung der Burg des Grafen von Jülich Hilfe leisten würden, es in ihrer Entscheidungsgewalt läge, beide Burgen nach der Einnahme der Jülicher Feste zu zerstören.

Im Vorfeld der Schlacht von Worringen wurden in den nächsten Jahren zahlreiche Verträge geschlossen und je nach geänderten Interessen auch wieder gebrochen. Kurz nachdem Herzog Johann von Brabant und der Kölner Erzbischof am 31. März 1277 das zwischen ihnen bestehende Schutzbündnis erneuert hatten, versammelten sich am 7. April 1277 in Deutz viele niederrheinische Herrscher zu einem Bündnis gegen den Kölner Erzbischof Friedrich von Westerburg, darunter auch Graf Adolf von Berg und dessen Bruder Heinrich von Windeck. Bezeichnend ist, dass sich Siegfrieds Gegner zu Deutz versammelten, welches der Erzbischof immer als sein Eigentum betrachtet hatte. Dass man sich gerade hier traf, sollte wohl dessen Machtlosigkeit auf der Köln und dem Erzstift gegenüberliegenden Rheinseite demonstrieren.

Am 9. Januar 1279 erneuerten die Stadt Köln und Adolf von Berg ihr Bündnis von 1262 und vereinbarten abermals, der Graf solle mit aller Macht verhindern, dass jemand zu Deutz eine Feste baut, in feindlicher Absicht dorthin Truppen gegen die Stadt legt oder auf dem Rhein Kriegsschiffe verankert. Ferner sollten die Kölner im Lande Berg Schutz genießen, ebenso die Bergischen in der Stadt Köln. Letzteres galt nicht bei einer Fehde des Grafen mit dem Erzbischof, d. h., die Kölner wollten dann entweder den Erzbischof unterstützen oder neutral bleiben. Die Berger besaßen um diese Zeit Deutz als Lehen.

Am 1. April 1279 kam dann zwischen dem Erzbischof und dem Grafen Adolf von Berg eine Sühne zustande. Der Graf erhielt bei dem Vertrag die Kölnischen Lehen zugesprochen, beide vereinbarten gegenseitigen Beistand. Der Graf musste versprechen, die inzwischen zu Mülheim und Monheim errichteten starken Türme niederzureißen und nie wieder aufzubauen. Diese Vereinbarung schien von den Bergern nicht oder nur ungenügend befolgt worden zu sein, denn am 23. November 1286 wurde aus diesem Grund eine weitere Urkunde ausgestellt, nach der die „Festung Mülheim" geschleift werden sollte.

In Köln schlossen am 17. Dezember 1282 Erzbischof Siegfried von Westerburg und Johann, Herzog von Lothringen und Brabant, ein Bündnis. Demnach sollte Siegfried dem Herzog mit aller Macht und auf eigene Kosten gegen alle seinem Herzogtum benachbarten Edeln bei der Verteidigung seines Besitzes und seiner Rechte zwischen Maas und Rhein beistehen. Als Gegenleistung versprach Herzog Johann dem Erzbischof ebenso gegen „jedermann" zwischen Maas, Rhein und Ahr wie auch jenseits des Rheins (hier ist der Graf von Berg der mögliche Gegner) und in Westfalen beizustehen, und zwar mit 200 gewappneten Reitern. Bis zum Rhein sollte Herzog Johann die Kosten tragen, jenseits des Flusses Erzbischof Friedrich von Westerburg. Beute und Lösegeld sollten gleichmäßig geteilt werden. Sie beschlossen, eine eventuell zu erbauende Burg, sei es auf Kölner Gebiet oder „anderswo", gemeinsam zu besitzen.

Die getroffenen Vereinbarungen zwischen Erzbischof Siegfried von Westerburg und Herzog Johann von Brabant ließen einen geplanten Angriff auf die Länder Jülich und Berg vermuten. Bald aber trat ein Ereignis ein, das eine andere politische Lage schuf und alle Absichten und Vereinbarungen „über den Haufen warf": Der Limburger Erbfolgestreit.

Als Herzog Walram von Limburg, Bruder Graf Adolfs IV. von Berg, 1279/80 starb, hinterließ er lediglich eine Tochter Irmgard. Als Erbin des Herzogtums Limburg war sie natürlich für die damaligen benachbarten Herrscher sehr interessant, und es gelang dem Grafen Reinald von Geldern, sie als Gattin zu gewinnen. Graf Reinald herrschte nun in ihrem Namen über ein Gebiet, das zwar klein war, aber seine Grafschaft attraktiv ergänzte. Jedoch galt die Herrschaft über Limburg nur zu Lebzeiten seiner Frau, brachte Rechte lediglich für gemeinsame Nachkommen.

Deshalb ließ sich Graf Reinald am 18. Juni 1282, als seine Frau
von König Rudolf von Habsburg mit dem ererbten Herzogtum
belehnt wurde, für den Fall ihres Todes den Besitz des Herzogtums für seine Lebzeiten garantieren, falls die Ehe kinderlos
bleiben sollte. Seine Sorge um den Bestand des Besitzes bestätigte sich, als kaum ein Jahr später Irmgard starb, ohne einem
Kind das Leben geschenkt zu haben. Reinald lebte noch bis zum
Jahre 1326 – wenn auch in den letzten Jahren in geistiger Umnachtung, Spätfolge einer in der Schlacht von Worringen erlittenen Kopfverletzung.

Aber die Verwandtschaft seiner Frau erkannte die Rechtmäßigkeit von Reinalds Erbfolge nicht an. Einer der näheren Erben war
Graf Adolf von Berg, der Cousin der verstorbenen Herzogin.
Erbforderungen stellte außerdem Graf Heinrich III. von Luxemburg, allerdings aus entfernterer Verwandtschaft. Interesse zeigte
aber auch der expansionsfreudige Herzog Johann I. von Brabant,
der sich auf die Reichtümer der aufstrebenden brabantischen
Städte stützen konnte, d. h., er verfügte über große Geldmittel
und eine schlagkräftige Streitmacht. Auf der einen Seite hatte
Graf Adolf V. von Berg wohl keine Ambitionen, sich mit den Miterben und dem hervorragend gerüsteten Herzog von Brabant
herumzuschlagen, auf der anderen Seite war mit der Abtretung
seiner Rechte eine große Summe zu verdienen. Die Zahlung von
32 000 Mark, ca. 8 Tonnen Silber, war für jene Zeit ein außerge-
wöhnlich hoher Preis. Der Verzicht Adolfs auf das Herzogtum
Limburg – sein Großvater Heinrich von Limburg hatte es noch
besessen, bevor er es an seinen Sohn Walram übertrug – war ein
erkennbarer Akt politischer Klugheit; denn der Vertrag vom
17. Dezember 1282 zwischen dem Herzog von Brabant und dem
Kölner Erzbischof Siegfried von Westerburg versprach nichts
Gutes für Berg. Die Abmachung, dass im Falle eines eventuellen
Kriegszuges des Brabanters jenseits des Rheines die Kosten der
Erzbischof tragen sollte und der Passus über die Teilung von Beute und Lösegeld sprachen für sich und ließen dem Berger in militärischer Hinsicht keine andere Wahl. Adolf V. war damals auch
vereint mit seinen Parteigängern zu schwach, der geballten
militärischen Kraft des Herzogs von Brabant, des Erzbischofs
und deren Verbündeten zu widerstehen. Außerdem war nicht
vorauszusehen, an wen der König das Herzogtum neu verlehnen
würde.

Durch das Abtreten seiner Ansprüche an den neben dem Erzbischof mächtigsten Kriegsherrn in dieser Region schaffte Adolf

praktisch eine Spaltung der Kräfte, die ihm gefährlich werden konnten. Damals war das Verhältnis zwischen Erzbischof und den Bürgern von Köln auf Grund von einigen Zugeständnissen gegenüber der Stadt relativ gut, wie einige zu dieser Zeit abgeschlossene Verträge und sogar Treueschwüre der Kölner erkennen ließen. Sollte es dem Erzbischof gelingen, das aufstrebende Berg und die anderen Territorien niederzuzwingen, wäre der Kölner Metropolit für lange Zeit gestärkt und unangefochten der mächtigste Mann im Nordwesten des Reiches geworden.

Damit wären auch die besten Voraussetzungen geschaffen worden, die emanzipierten Kölner Bürger zur Raison zu bringen und die Stadtherrschaft wieder ganz in die Hand zu bekommen. Dann hätte der Erzbischof seine Residenz nicht nach Bonn verlegen müssen. Die dortigen prachtvollen Schlossgebäude ständen heute wahrscheinlich in Köln, so wie sie in den anderen Bischofsmetropolen, z. B. Mainz und Trier, die Städte zieren.

Indirekt hatte Graf Adolf mit seinem Entschluss, auf das Erbe von Limburg zu verzichten, auf diese Entwicklung Einfluss genommen. Am 13. September 1283 teilte er allen limburgischen Vasallen, Ministerialen, Lehnsleuten, Burgleuten und Bewohnern mit, dass er als Erbe seines Onkels Walram, des verstorbenen Herzogs von Limburg, und dessen Tochter Irmgard, Gräfin von Geldern, seine Rechte auf Limburg dem Herzog von Brabant übertragen habe. Er forderte sie auf, diesen als ihren Herrn anzuerkennen.

Keine zehn Tage später schlossen sich Graf Reinald von Geldern und der Kölner Erzbischof zu einem Bündnis zusammen. Die Feindseligkeiten wurden eröffnet. Der Erzbischof zerstörte die Burg des Brabanters in Kerpen und Herzog Johann antwortete mit einem Plünderungszug in das erzbischöfliche Gebiet von Lechenich, Friedheim und Blatzheim. Beide bemühten sich um Verbündete und gute Ausgangspositionen für die zu erwartenden Kämpfe.

1286 gelobten Graf Adolf von Berg und sein Bruder Heinrich von Windeck nochmals der Stadt Köln, an beiden Ufern des Rheines zwischen Rheindorf und Zündorf keine Burgen oder Befestigungen zu errichten. Das Verhältnis Kölns zu Berg konnte man also zu dieser Zeit als neutral ansehen.

Am 2. Juli 1287 kam zwar ein Waffenstillstand zustande, der bis zum 25. November dauerte. Aber nach Ablauf desselben führte der Erzbischof sofort einen Einfall in die Grafschaften Berg und Mark aus und verwüstete vor allem das Bergische Land durch Feuer und Schwert. Dass die bergischen Bauern ihm das sehr übel nahmen, ersah man an der berserkerhaften Art, wie diese sich laut dem zeitgenössischen Chronisten Jan van Heelu als *„duveliken ghebueren van den Berge"* in der im Folgenden zu beschreibenden Schlacht bei Worringen einsetzten.

Die Lage spitzte sich 1288 zu. Zunächst verkaufte auch Reinald von Geldern, der seine Erfolgsaussichten wohl nicht mehr sehr hoch einschätzte, seine Ansprüche für 40 000 Mark – knapp 10 Tonnen Silber – an den Grafen von Luxemburg und dessen Bruder Walram, blieb aber der Verbündete des Erzbischofs Friedrich von Westerburg. Andere Parteigänger des Erzbischofs waren inzwischen in das Lager des Brabanters übergetreten und auch die Stadt Köln war am 13. April 1288 dort gelandet.

Ende Mai 1288 ließen die Kölner den Herzog von Brabant mit seinen Bewaffneten in die Stadt, schlossen mit Brabant, Berg, Mark und Jülich einen Landfrieden und wendeten sich unter Missachtung der bisherigen Verträge von dem Erzbischof ab. Grund für das Umschwenken war das Verhalten des Kölner Metropoliten, der von seiner Worringer Burg aus die Rheinschifffahrt und damit den Kölner Handel sehr behinderte. Burgen am Rhein, unter welcher Herrschaft auch immer, waren den Kölnern stets ein Dorn im Auge. Darüber hinaus schien es ihnen sinnvoll, das erzbischöfliche Stadtregiment ein für alle Mal loszuwerden, was ihnen als Ergebnis der bald nachfolgenden Schlacht auch vollkommen gelingen sollte.

Brabanter und Kölner Ritter und Bürger zogen am folgenden Tage nach des Herzogs Ankunft in Köln nach Worringen, um die Burg des Erzbischofs zu belagern. Am 5. Juni traf Siegfried von Westerburg mit einem zahlenmäßig überlegenen Heer vor Worringen ein, wo Herzog Johann sofort die Belagerung abbrach und sein Heer in Schlachtordnung formierte. Auf der Fühlinger Heide, südwestlich des Worringer Bruches, stand sich fast die gesamte Ritterschaft der Region um Rhein und Maas gegenüber, aber auch viel schlecht bewaffnetes Fußvolk aus Bürgern und Bauern, die mit der versprochenen Aussicht auf Beute in Scharen herbeigelaufen waren.

Wir sind über die Ereignisse von Worringen über einen schreibgewandten Augenzeugen – wie es um diese Zeit sonst selten ist – ziemlich gut unterrichtet. Wenn man auch dem Brabanter Jan van Heelu die besondere Herausstellung der brabantischen Heldentaten, besonders die des Herzogs Johann, nachsehen muss, ist sein Bericht von der „Slag van Woeringen" als historisch korrekt anzusehen. Er hatte sein Werk der Herzogin Margarete von England, der Frau von Herzog Johanns gleichnamigem Sohn, zugedacht. Er schrieb: „Ich will ein Geschenk in Form einer Erzählung in deutscher Sprache machen, mit der sie diese Sprache lernen möge, die sie nicht beherrscht; die Geschichte handelt von ihrem Schwiegervater, dem Herzog, die ich hier beschrieben habe; denn es kann nichts Schöneres als große Rittertaten geben." Noch betrachtete man sich am Hofe Johanns I. von Brabant als zum deutschen Sprachbereich zugehörig.

Das Werk des Jan van Heelu dient in erster Linie dem Preis der Helden aus Brabant und wird sicherlich dem Anteil, den ihre Mitkämpfer, die Bergischen, Jülischen, Märkischen und Kölner, an dem Kampfgeschehen hatten, nicht gerecht. Vor allem bleibt das von ihm erwähnte relativ späte Eingreifen der bergischen und kölnischen Fußtruppen unerklärt. Den Darstellungen Heelus stehen die etwa 25 Jahre später geschriebene Österreichische Reimchronik Ottokars mit stark sagenhaften Zügen und die Gesta Baldewini gegenüber, die die von van Heelu geschilderten Einzelheiten in etwa bestätigen, aber eine andere, verloren gegangene Quelle, wahrscheinlich bergischer Herkunft, benutzt haben, weil hier dem Grafen von Berg der Ruhm des Tages zugeschrieben wurde.

Die Schlachtordnung war folgende: Die drei Treffen des Herzogs von Brabant standen südlich von Worringen zwischen der Neusser Landstraße und dem Rhein zu beiden Seiten der alten Römerstraße. Im rechten Treffen bzw. Flügel standen die Grafen von Loos und Jülich, in der Mitte befanden sich die Brabanter mit ihrem Herzog, während der Graf von Berg mit seinen Rittern und den streitbaren Bürgern von Köln unter der Führung von Gerhard Overstolz den linken Flügel bildeten. Die kampfunerfahrenen bergischen Bauern blieben vorerst in der Reserve, vermutlich, um die Schlachtordnung der Ritter nicht durcheinanderzubringen.

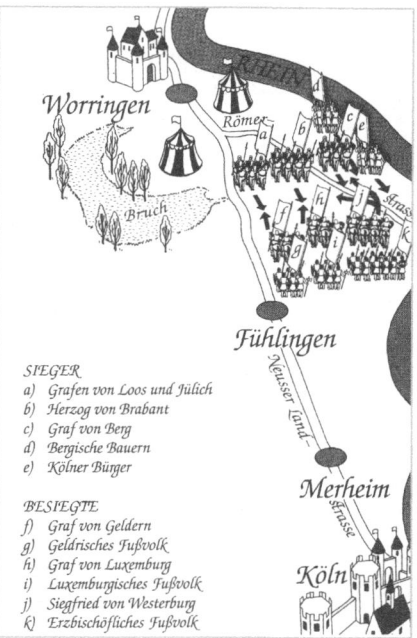

SIEGER
a) Grafen von Loos und Jülich
b) Herzog von Brabant
c) Graf von Berg
d) Bergische Bauern
e) Kölner Bürger

BESIEGTE
f) Graf von Geldern
g) Geldrisches Fußvolk
h) Graf von Luxemburg
i) Luxemburgisches Fußvolk
j) Siegfried von Westerburg
k) Erzbischöfliches Fußvolk

Ihnen gegenüber, die weit entfernte Stadt Köln im Rücken, standen auf dem rechten Flügel der Erzbischof Siegfried von Westerburg, dessen ritterliche Tugenden bei van Heelu ausdrücklich gewürdigt wurden, in der Mitte die Truppen der Luxemburger und links führte Reinald von Geldern das Treffen an. Auch Graf Reinald hielt sein Fußvolk erst einmal in Reserve. Dieses verselbstständigte sich alsbald, um das fast verlassene brabantische Zeltlager in der Mitte des Worringer Bruchbogens zu plündern. Die Schlacht begann gegen 9 Uhr. Im Getümmel der stundenlangen Einzelkämpfe lösten sich die einzelnen Treffen nach und nach auf und das Schlachtfeld wurde zunehmend unübersichtlicher.

Einige der Einzelkämpfer kannten sich von den Turnieren her und waren vermutlich aus Revanchegelüsten vom Kampfeseifer besessen. Dabei hat es manche Versuche gegeben, den jeweiligen Gegner gefangen zu nehmen, um von ihm später ein Lösegeld oder die Übertragung eines Lehnshofes abzupressen. Dietrich Flecke von Holstein z. B. geriet in die Gefangenschaft des Grafen von Jülich und musste deshalb später an ihn einen Hof abgeben. Es gab aber auch Hemmnisse wegen verwandtschaftlicher Beziehungen, so wollte der Luxemburger nicht gegen den mit ihm verwandten Graf Adolf V. kämpfen.

*Johann von Brabant in der Schlacht von Worringen (Codex Manesse), Zürich 1305–1340*

Als am frühen Nachmittag die bergischen und kölnischen Fußtruppen ins Kampfgeschehen eingriffen, sah der Erzbischof wohl die Schlacht verloren. Im Anblick der mit furchtbaren Keulen um sich schlagenden bergischen Bauern fürchtete er um sein Leben. Ihm war wohl bewusst, dass sich diese einfachen Leute für die jüngst von ihm im Bergischen begangenen Brandschatzungen und Plünderungen rächen wollten. Deshalb ergab er sich per Zuruf dem brabantischen Ritter Gottfried von Arschot. Ihm mag es günstiger erschienen sein, in brabantische Gefangenschaft zu geraten als etwa in bergische oder auch kölnische. Als es dem Ritter Gottfried nicht möglich war, die Zügel von Erzbischof Siegfrieds Pferd zu ergreifen – diese symbolische Handlung war notwendig, um den anderen Schlachtteilnehmem anzuzeigen, dass dieser sich ergeben hatte und nun von ihm aus dem Kampfgetümmel herausgeführt wurde – überließ der brabantische Ritter

---

**Jan van Heelu beschreibt die Bewaffnung der bergischen Bauern und der Bürger von Köln so:** „… Aber ich werde erst berichten, wie sie mit ihren Knüppeln, die mit Eisenspitzen versehen waren, hinzukamen und zu Werke gingen, die kühnen Bauern von Berg, die, in der Sprache Brabants, zu Recht Dorfleute genannt werden. Diese kamen alle wohl zum Kämpfen bereit, in der Gewohnheit, die dort besteht. Ein Großteil von ihnen hatte Wams und auch Haube, ein Teil sogar Panzer; zwar der Schwerter mit scharfen Klingen wollten sie sich nicht bedienen; aber Knüppel hatten sie alle, am Ende mit großen Hufnägeln gespickt. Ihren Scharen hatten sich die Kölner mit ihren Treffen beigesellt: In ihrer Gesellschaft sah man glänzende Kettenhemden, Halsberge und Schwerter blinken (die Kölner Bürger waren schon deshalb besser mit Harnisch und Waffen ausgerüstet, weil sie diese zur Verteidigung der Tore und Mauern ihrer Stadt benötigten, d. Verf.).

Ein Mönch namens Walter Dodde ermunterte die Fußtruppen: „Wollt ihr gewinnen Gut, dass Ihr es nun angeht; denn die Feinde sind ermattet". Mit dem Schlachtruf „Hya, ruhmreiches Berg" zogen die Bergischen daraufhin tapfer in das Gefecht. Einige von ihnen „stellten sich an einen Graben und schlugen nieder Freund und Feind, ohne Schonung; denn wer zu den einen oder anderen gehörte, davon hatten sie keine Kenntnis".

Nachdem der Graf von Berg seinen erzbischöflichen Gefangenen nach Monheim gebracht hatte, waren die bergischen Fußtruppen praktisch ohne Führung. Die übernahm nach Jan van Heelu ein Gefolgsmann und Knappe des Herzogs von Brabant namens „Battele". Dieser führte nun die Bauern und Kölner Bürger in den Rücken der erzbischöflichen Kämpfer. Jan van Heelu dazu: „Da waren des Feindes Heer niemand, waren auch noch so tapfer, der nicht abgewehrt wurde, denn durch die Schwerter der Brabanter fielen sie ohne Umschweife, wenn sie vorwärts drängen wollten, und wenn sie umkehren wollten, fanden sie die Kölner oder die Bauern von Berg … Als die Bauern sahen, dass die Herren die Gewohnheit hatten, die Feinde alle zu fangen, um sie für Gut loskaufen zu lassen, da wollten sie daran mitverdienen und taten das gleiche. Darum ließen sie das Schlagen und gingen tapfer die zu fangen, die bei ihnen um Gnade baten, aber die dagegen fochten, erschlugen sie sogleich. Da sah man jämmerlich gezwungen die Wackersten des ganzen Christenreiches, dem armen Bauernvolk sich ergeben."

*Der Wagen des Kölner Erzbischofs mit dem Schlüssel der Stadt Köln (aus: Johann Koelhoff der Jüngere: Die Cronica van der hilligen stat van Coellen, Köln 1499)*

den hohen Gegner dem günstiger stehenden Grafen von Berg, nicht ohne ihm mit Zuruf zu verstehen zu geben, ein Lösegeld sei nur mit Willen des Herzogs von Brabant zu vereinbaren. Graf Adolf von Berg scheint dann mit dem gefangenen Erzbischof, wohl in Begleitung seiner Ministerialen, das Schlachtfeld verlassen zu haben. Mit Siegfrieds Gefangennahme war die Schlacht praktisch entschieden. Dies musste normalerweise eine demoralisierende Wirkung auf sein Heer haben. Aber viele der erzbischöflichen Ritter kämpften der Ritterehre wegen und vielleicht auch in der noch nicht aufgegebenen Hoffnung, zur Erzielung eines Lösegeldes einen Gefangenen heimführen zu können, unverdrossen weiter.

Nach dem Kampf war das Schlachtfeld mit Toten und Verwundeten übersät. Rund 6000 bis 10 000 Streiter waren je nach Schätzungen an der Schlacht bei Worringen beteiligt. Die Zahl der Berittenen betrug auf erzbischöflicher Seite etwa 3600 – darunter ein besonders großes Kontingent Limburger und Luxemburger – und auf der brabantischen 2500, davon allein 1500 aus des Herzogs Gefolge. Nach Jan van Heelu waren die brabantischen Opfer mit „weniger als 40 Mann" und 100 Schwerverwundeten gering, während die Feinde mehr als tausend Mann verloren haben sollen.

Mehr als 4000 Pferde lagen unter den Reitern abgeschlachtet auf dem Feld, dabei ist zu beachten, dass viele Ritter mehr als ein Pferd bei sich führten. Als Gefallene der Berger, Märker und Kölner kennt van Heelu nur drei, darunter den Marschall des Grafen Eberhard von der Mark und den Kölner Patrizier Gerhard von Overstolz, der zu Fuß seine Leute führend fiel. Die gewiss zahlreich getöteten bergischen Bauern und anderes Fußvolk erwähnt der Chronist nur pauschal.

Mönche der verschiedenen religiösen Orden übernahmen das Zusammentragen der Leichen und bestatteten sie bei der Worringer Kirche. Damit hatte eine der größten Ritterschlachten des Mittelalters ihr schaurig-bemerkenswertes Ende gefunden.

Graf Adolf V. von Berg setzte den Erzbischof auf seiner Burg an der Wupper gefangen. Der Papst versuchte daraufhin ohne Erfolg, dessen Gefangenschaft zu beenden. Aber Adolf konnte nicht allein über das Schicksal des Erzbischofs entscheiden, denn er war seinen Kampfgenossen von Worringen verpflichtet. Graf Eberhard von der Mark und die Kölner Bürger bemühten sich, die Freilassung Erzbischof Siegfrieds zu verhindern, ja sie versuchten sogar, seine Gefangenschaft zu verlängern, indem sie dem Grafen in Aussicht stellten, dass sein Bruder Konrad, Dompropst zu Köln, zum Schützer *(tutor)* der Kölner Kirche erhoben werden könnte. Graf Adolf von Berg, der die Chance sah, wieder größeren Einfluss auf den Kölner Erzstuhl zu gewinnen, versuchte daraufhin,

Nach der Schlacht, „als der Kampf schon zu Ende gegangen war und mancher Mann tot oder kläglich gefangen auf dem Schlachtfeld war, geschah dort ein seltsames Treiben", so Jan van Heelu, „denn dann setzte man so manchem Packpferd und manchem Wagen nach, die einen hier, die anderen dort ... Es wurde auf Pferde und auf Leute, die dort aus dem Kampfe schieden, außerhalb des Schlachtfeldes hartnäckig Jagd gemacht ... Ritter, die sich dort im Lande auskannten, ... folgten in Schlachtordnung mit aufgerollten Bannern und fingen und plünderten forsch alles, was ihnen unterkam, sowohl Leute als auch Gut ..." Als die Ritter später ihre gefallenen Kampfgenossen suchten, konnten sie diese nicht ausfindig machen, weder den Graf von Luxemburg, den Herrn Berthout, noch andere Herren; „... denn Diebe, die Gewinn machen wollten, beraubten sie, ehe sie tot waren, und hatten sie ihrer Waffen entledigt, dass sie so nackt dalagen, wie sie geboren waren ..."

durch Bitten und Geschenke einige Prioren dazu zu bringen, die erzbischöflichen Amtleute und Ministerialen zu einer Neuwahl nach Bonn zusammenzurufen. Erst als die Erhebung nicht zustande kam, war der Graf zu Verhandlungen über die Bedingungen der Freilassung Siegfrieds bereit. Unter denjenigen, die damals den Plänen des Bergers Widerstand leisteten, war auch der damalige Domscholaster Wikbold von Holte, Siegfrieds Nachfolger als Erzbischof von Köln (1297–1304).

Am 19. Mai 1289 wurden zu Burg an der Wupper mehrere Urkunden über die Sühne zwischen den verschiedenen an der Schlacht von Worringen beteiligten ritterlichen Herren ausgestellt. Die Sühne mit dem Schwur der Urfehde musste nach damals geübtem Recht der Freilassung des Erzbischofs vorausgehen. Der Vertrag des Erzbischofs mit Graf Adolf von Berg und dessen Bruder Heinrich von Windeck war dabei mit Abstand der umfangreichste. Der Hauptteil der Sühneleistung, der mit insgesamt 12 000 Mark Schadenersatz beziffert wurde, enthielt auch die Abtretung von Deutz – das Siegfried wieder einmal ausdrücklich „seine Stadt" nannte – sowie die dortige erzbischöfliche Hofverwaltung, mit Ausnahme der Mühlen, die an das Domkapitel verpfändet waren. Das nie erloschene Interesse der Berger an Deutz auf Grund der Einwirkungsmöglichkeit auf die gegenüberliegende Stadt Köln trat erneut klar hervor.

Weiter wurde Folgendes vereinbart: Der Erzbischof durfte ohne Zustimmung des Grafen zwischen Sieg und Anger keine Burg am Rhein oder sonst wo in der Grafschaft Berg errichten. Die dort lebenden Laien wurden gleichzeitig der weltlichen Gerichtsbarkeit des Erzbischofs, seines Offizials und seiner Archidiakone entzogen. Ferner durfte Siegfried nicht die Geistlichen zur Verantwortung ziehen, die trotz des verhängten Interdikts Gottesdienst – auch in Anwesenheit des Grafen – gehalten hatten. Heinrich, Herr von Windeck, wurde vom Erzbischof mit Zustimmung des Domkapitels und der Kölner Prälaten mit dem erzstiftischen Erbkämmeramt belehnt, das früher die Grafen von Hochstaden verwalteten. Hier ging es wohl in erster Linie um die Zuweisung der Pfründe, die mit diesem Amt verbunden waren.

Dazu kamen noch Abtretungen der erzstiftischen Burgen Altenwied, Waldenburg, Rodenberg und Aspel als Pfand. Die verpfändeten Burgen lagen in strategisch wichtigen Grenzbereichen des erzstiftischen Herrschaftsgebietes am Mittel- und Niederrhein sowie in Westfalen. 1289 wurde noch die Burg Lechenich an Graf Adolf V. verpfändet.

Ohne das Hindernis erzbischöflicher Vorrechte und Einreden entstand wieder eine bergische Münzstätte. Die Grafen von Berg hatten schon im 12. Jahrhundert Münzen geprägt, ohne dass darüber ein königliches oder erzbischöfliches Diplom bekannt geworden ist. Die Tatsache, dass sie Münzen geprägt haben, setzt eine solche Genehmigung voraus. Erzbischof Siegfried, der damals die Konkurrenz zum Kölner Pfennig (Denar) befürchtete, führte 1279 einen Schiedsspruch herbei, der dem Grafen Adolf V., dem späteren Mitsieger von Worringen, die Münzprägetätigkeit zunächst untersagte.

Am 6. Juli 1289 wurde Erzbischof Siegfried von Köln aus der Gefangenschaft entlassen. Er war in der letzten Zeit so schwer erkrankt, dass man mit seinem Ableben rechnen musste. Er soll in

der Burg einem Adeligen würdig untergebracht gewesen sein –
also nicht im Verlies –, aber der Graf von Berg soll ihm angeblich
nicht gestattet haben, seinen Harnisch abzulegen, damit niemand sagen könne, er hätte ihn in seiner Eigenschaft als Erzbischof gefangen gehalten.

Nach dem Sieg von Worringen war die politische Macht des
Kölner Metropoliten am Rhein und in Westfalen gebrochen und
der Weg frei für die Entwicklung zu einer vom bischöflichen
Episkopat unabhängigen Herrschaft der Berger, wenn man auch
noch nicht von einer absoluten Landesherrschaft sprechen kann.
Die Erhebung Bergs zu einem selbstständigen Herzogtum erfolgte erst im Jahre 1380. Allerdings konnte der Erzbischof seine
im Jahre 1151 von König Konrad III. verliehenen Herzogsrechte im
rheinischen Herrschaftsraum praktisch nicht mehr überall aus-
üben.

Als äußeres Zeichen der nun gewonnenen politischen Unab-
hängigkeit gründete Graf Adolf die Stadt Düsseldorf. Zwar hatten die Grafen von Berg innerhalb der Grafschaft schon einigen
Städten Abgabenfreiheit, Privilegien und das Befestigungsrecht
verliehen. Aber Wipperfürth (gegründet 1222), Lennep (1230)
und zuletzt Ratingen (1276) durch Adolf V. selbst lagen zu weit
vom Rhein entfernt, um die Wasserstraße wirtschaftlich nutzen

---

### Das Machtgefüge innerhalb der Städte

Der Grundherr des Gebietes, auf dem die Stadt entstand (oft ein Bischof, Herzog,
Graf oder bei Reichsstädten der König) wurde zum Stadtherrn. Er konnte Markt-
gebühren und Zölle festlegen. Zu den Patriziern gehörten die Groß- und Fern-
handelskaufleute. Sie stellten mit den Stadt- und Ratsherren ca. 10 % der Stadtbevölkerung dar. Eine weitere Oberschicht, ebenfalls 10 % der Bevölkerung,
waren reiche Handwerker und vermögende Grundbesitzer.

Jede Stadt besaß einen Stadtherrn, dessen Beauftragte (Ministerialen) zunächst
Verwaltung und Rechtsprechung ausübten. An der Spitze standen die Bürgermeister und die Räte, die für Verwaltung und Rechtsprechung zuständig waren.

Die Mittelschicht bestand aus Handwerkern, Händlern und Krämern. Über 50 %
der Stadtbewohner stellten die Unterschichten (z. B. Gesellen, Tagelöhner, Mägde) und die Randgruppen (z. B. Bettlern) dar. Sie konnten kein Bürgerrecht erwerben, weil sie mittellos waren. Ebenso erging es den Ehrlosen und Henkern.

Isoliert in der Stadt wohnten die Juden, die nur wenige Rechte hatten. Da ihnen
die meisten Berufe verschlossen waren, ergriffen viele den Beruf des Geldverlei-
hers, was sie bei der Bevölkerung noch unbeliebter machte.

zu können. Bisher war den Bergern der Weg zum Rhein vertraglich verwehrt. Allerdings scheinen sie ihn bei Mülheim gebrochen zu haben, denn dort soll ein Turm von Siegfried von Westerburg zerstört worden sein. Im Jahre 1322 gewährte Graf Adolf städtische Freiheiten und Sonderrechte für Mülheim, womit er wohl einen schon länger bestehenden Zustand sanktionierte. Wie oben beschrieben, hatten die Berger längere Zeit Lehnsrechte an Deutz.

Graf Adolf wählte zur Gründung seiner ersten offiziellen Stadt am Rhein das Dorf an der Mündung der Düssel, wo vor nahezu 100 Jahren Engelbert I. von Berg das Erbgut des Edelherrn Arnold von Tyvern erworben hatte. Die Urkunde der Stadterhebung trägt das Datum 14. August 1288. Auch Düsseldorf war offenbar bereits befestigt, d. h. mit Wall und Graben umgeben. Auch diese Urkunde war nur die Bestätigung eines schon länger bestehenden Zustandes, wie es 1322 auch bei Mülheim der Fall war. Allerdings blieb die Größenentwicklung des Ortes zunächst bescheiden. Die erste Befestigung um die Siedlung herum hatte kaum 800 m Umfang. Nach dem Tode des Stadtgründers Adolf V. stagnierte der weitere Ausbau. Seine Nachfolger kümmerten sich kaum um die erste bergische Stadt am Rhein. Hinzu kam die Konkurrenz der Nachbarstädte, z. B. der wichtige Handelsort Duisburg. Nur fünf Tage vor der Stadterhebung von Düsseldorf kam es am 9. August 1288 zu einem Vertrag zwischen Adolf V. von Berg und der damals noch freien Reichsstadt Duisburg, in dem gegenseitiger ungehinderter Verkehr, Schutzgewährung und gleichmäßige Rechtspflege mitsamt einem paritätisch besetzten Schiedsmännergremium vereinbart wurden.

Zwei Jahre später wurde die alte und bedeutende Stadt von König Rudolf von Habsburg an Graf Dietrich von Kleve verpfändet, womit die Vorentscheidung über ihre spätere territoriale Zugehörigkeit gefallen war.

Konkurrenz boten dem kleinen Ort an der Mündung der Düssel auch die wichtige Zollstätte Kaiserswerth, die aufstrebende Nachbarstadt Ratingen sowie Neuss als bedeutendster Ort im Kölner Niederstift, von der europäischen Metropole Köln ganz zu schweigen. Die Folge davon war, dass Düsseldorf für Jahrzehnte auf der Stufe einer „Minderstadt" verharrte. Erst im 15. Jahrhundert wurde Düsseldorf eine größere Stadt.

Residenz der Berger blieb nach wie vor die Burg an der Wupper, obwohl Graf Adolf V. vermutlich schon damals an eine Übersiedelung von Schloss Burg nach Düsseldorf dachte.

Graf Adolf muss schon unmittelbar nach der Schlacht von Worringen gehandelt haben, denn Papst Nikolaus IV. wies mit Mandat vom 5. September 1288 den Siegburger Abt an, dem Wunsche des Grafen zu einer Stiftsgründung stattzugeben. Die Anerkennung eines Erzbischofs unterblieb aber vorerst. Erst Siegfrieds zweiter Nachfolger, Heinrich von Virneburg, erteilte 1306 dem neuen Kanonikerstift in Düsseldorf die erzbischöfliche Anerkennung.

Graf Adolf V. war gewiss einer der bedeutendsten Repräsentanten des Hauses Berg-Limburg, der mit politischem und klugem Weitblick die Weichen für die weitere Entwicklung des Territoriums Berg zu einer Landesherrschaft stellte. Er förderte Handwerk und Gewerbe, holte Kolonisten aus den Niederlanden und Bergleute aus dem Harz, die Rodungen wurden fortgesetzt, Flussläufe reguliert und die Landwirtschaft wurde gefördert. Adolf V. starb am 28. oder 29. September 1296, ohne einen Erben zu hinterlassen. Abweichend von der Familientradition fand er seine letzte Ruhestätte in der Gräfrather Stiftskirche, wo auch seine Frau Elisabeth von Geldern beigesetzt wurde.

## Die Wappen der Grafen von Berg

Die Wappen der Ritterschaft waren im Mittelalter den Adeligen ebenso geläufig wie in der Neuzeit den Fans die farbigen Trikots der Fußball-Bundesligaspieler. Sie dienen heute wie damals demselben Zweck: der Identifizierung und Unterscheidung der Gegner in Kampf oder Spiel. Zum Wesen des Wappens gehört die eindeutige Zuordnungsmöglichkeit zu einer bestimmten Person, Familie oder einer Gruppe, z. B. zu Ritterorden oder städtischen Milizen.

Die Einführung der Kettenkapuze und des Nasalhelms, wie er auf dem berühmten Teppich von Bayeux mehrfach abgebildet ist, die nur noch Augen und Oberteil der Wangen freiließen, machten bei gleicher Bewaffnung und Rüstung den Einzelnen weitgehend unkenntlich. Spätere Helme nur mit Augenschlitzen, wie z. B. der Topfhelm der adeligen Ritter in der Schlacht bei Worringen, verstärkten noch die Unkenntlichkeit der Personen. Im Schlachtgetümmel, aber auch bei Turnieren, wären ohne Wappen die Gegner oder Freunde kaum zu unterscheiden gewesen.

Aus der Schlacht bei Worringen, die in ihrem Ursprung eine Reiterschlacht war, ist das durch Wappen und Fahnen differenzierte bunte Bild der Kämpfenden überliefert. In der Regel war es so, dass Schild, Wappenrock oder Mantel sowie die Pferdedecke von gleicher Grundfarbe

Nesselrode    Opladen v.d.    Quadt    Schlebusch
              Bottlenberg

Stammheim    Hövel (Mark)    Isengarten    Katterbach    Lülsdorf

*Wappen Bergischer Geschlechter. Viele Geschlechter trugen das Wechselzinnenmotiv in ihrem Wappen.*

waren. Die Schildfiguren wurden möglichst flächendeckend auf Brust und Rücken sowie auf Vorder- und Rückenteil der Pferdedecken aufgenäht oder aufgesteckt. Auch die zum Kampf zusammengeschlossenen Verbände der Knappen und die lehnspflichtigen Ritter trugen als Hinweis auf einen gemeinsamen Herrn dessen Wappen.

Wir haben heute kein Bild oder eine Zeichnung mit einer Darstellung von Wappenschild, Wappenrock und Pferdedecken, wie sie die Grafen von Berg und die sie begleitenden Dienstmannen in der Schlacht bei Worringen benutzt haben. Wir können nur auf wenige nur schlecht erhaltene Siegel zurückgreifen, die das Motiv des damaligen bergischen Wappens, den Wechselzinnenbalken, erkennen lassen. Die Gleichsetzung des Schildes mit seinem Träger drückt sich in den Siegeln aus, die rechtliche Bedeutung der Siegel überträgt sich auch auf die Wappen.

Die ersten Grafen von Berg haben den Wechselzinnenbalken bis zum Jahre 1225 in ihrem Wappenschild geführt. Es ist aber durchaus möglich, dass der Wechselzinnenbalken nicht das älteste bergische Wappen war. Dieses Wappen ist erstmalig im Reitersiegel für Adolf III. von Berg nachgewiesen. Von Adolfs Vater Engelbert I. sind zwar Siegel überliefert, auf ihnen ist jedoch kein Wappen zu erkennen. Engelbert war aber der jüngere Sohn, und es ist wahrscheinlich, dass Eberhard von Altena als Älterer das eigentliche Familienwappen behielt, während Engelbert sich nach der Landesteilung um 1160 wohl ein neues Wappen zulegte. Das Haus Altena trug im Wappenbild jedenfalls eine Rose, die nach der Altenberger Überlieferung im ältesten bergischen Wappen vorhanden war.

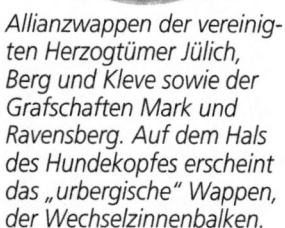

Nach Aussterben des ersten bergischen Grafenhauses im Jahre 1225 fiel die Grafschaft Berg an Herzog Heinrich von Limburg. Über die Limburger kann das Löwenmotiv in das Haus Berg gelangt sein.

Der rechtsgewandte Limburger Löwe begegnet uns im „Großen Wappensiegel" des Grafen Adolf V. von Berg, das an einer Urkunde vom 28. Januar 1269 hängt. Auf diesem ist ein fünflätziger Turnierkragen zu erkennen. Der Turnierkragen ist ein sogenanntes Beizeichen, um das Wappen entweder von Vater und Sohn oder der einzelnen Familienglieder, die das gleiche Wappen führen, zu unterscheiden.

*Allianzwappen der vereinigten Herzogtümer Jülich, Berg und Kleve sowie der Grafschaften Mark und Ravensberg. Auf dem Hals des Hundekopfes erscheint das „urbergische" Wappen, der Wechselzinnenbalken.*

Eine Veränderung des Wappens durch Beizeichen finden wir bei Heinrich von Windeck, dem Bruder von Adolf V., der das Schild mit der Löwendarstellung durch eingestreute Hermelinschwänze ergänzte.

Neben dem großen Wappensiegel und einem kleineren Rücksiegel oder Sekretsiegel benutzte Adolf V. auch ein großes Reitersiegel, das z. B. an einer Urkunde von 1283/84 hängt. Die großen Reitersiegel gelten als die vornehmeren Siegel des hohen Adels.

## Die kurze Regierungszeit Wilhelms I. (1296–1308)

Wie berichtet, starb Adolf V. kinderlos am 28. oder 29. September 1296. Sein Nachfolger wurde einer seiner drei geistlichen Brüder, Wilhelm, den der Papst kurz vorher vom geistlichen Stand losgesprochen hatte. Ein anderer geistlicher Bruder Adolfs V., der Dompropst Konrad von Berg – es war derjenige, der um 1302 die Kramerburg erbaut hatte – war wohl schon zu alt für eine Nachfolge und starb wenig später. Heinrich von Windecks Sohn Adolf, der ebenfalls Erbansprüche hatte, musste vorerst zurückstehen, ebenso die Söhne der Schwester Irmgard.

Wilhelm I. wandte sich sofort mit der Bitte an den König, ihn mit der Grafschaft Berg zu belehnen, soweit sie Reichslehen sei.

*Burg Overbach bei Much aus dem 13. Jahrhundert, wahrscheinlich zum Schutz der dortigen Bleizinkerzgruben erbaut*

Um den Berger zu gewinnen, war König Adolf von Nassau dazu im Interesse des Reiches gern bereit. Wer aber nach der siegreich beendeten Schlacht von Worringen gehofft hatte, dass im Bereich der niederrheinischen Lande politisch Ruhe einkehren würde, sah sich getäuscht. Das Ränkespiel um Machtpositionen setzte sich unvermindert fort. Bei den alten Kontroversen Erzbischof und Erzstift gegen die Reichsmacht befand sich der Berger mit dem König im selben Lager. Die Belehnung mit der Grafschaft Berg wurde am 10. Februar 1297 in Koblenz ausgesprochen.

Wilhelm vermählte sich mit Irmgard der Schönen von Kleve. Seine Frau und er erwarben sich den Ruf der besonderen Wohltätigkeit. Am 25. März 1297 befreite er die Kirchspielsgenossen von Hückeswagen von allen Frondiensten und machte sie zu Wachszinsigen des Altares der hl. Katharina in der dortigen Pfarrkirche. Er förderte den Orden der Kreuzbrüder, der sich in einem von den Bergern im Jahre 1298 geschenkten „Steinhaus" niedergelassen hatte. Erzbischof Heinrich von Virneburg bestätigte am 6. Juni 1307 die Niederlassung der Kreuzbrüder in Beyenburg. Auch Papst Johannes XXII. nahm mit Urkunde vom 13. April 1318 den Konvent in seinen Schutz und bestätigte die Besitzungen.

Nachdem König Adolf von Nassau am 23. Juni 1298 im Beisein oder im Namen der Kurfürsten im Mainzer Dom für „untauglich und unnütz" erklärt und abgesetzt worden war, wurde Albrecht von Österreich dessen Nachfolger. Graf Wilhelm I. von Berg ging sofort in das Lager des neuen Königs über und leistete ihm wichtige Dienste. Wegen seiner Verdienste für das Reich versprach ihm der neue König Schutz und Hilfe. Dazu erklärte er die Grafschaft Berg frei von jedem Landvogt oder anderen königlichen Beamten, die er im Zuge einer Verbesserung der königlichen Machtstruktur am Niederrhein etablieren könnte.

Auch Wilhelm I. starb kinderlos am 21. April (oder am 11. Mai) 1308 und wurde in der Altenberger Familiengrablege beigesetzt. Neben ihm ruht seine Gemahlin Irmgard von Kleve († 12. Mai 1319). In den Deckel des Sandsteinsarkophags, der aus schwarzem Marmor besteht, wurden die lebensgroßen Bildnisse des Grafen und der Gräfin in weißem Marmor eingelegt.[142]

## Adolf VI. (1308–1348), genannt „der Ehrwürdige"

Auf Wilhelm folgte der schon oben genannte Sohn des Heinrich von Windeck als Graf Adolf VI. von Berg. Fast gleichzeitig mit Graf Wilhelm starb auch Kaiser Albrecht von Österreich, der ermordet wurde. An seine Stelle trat Heinrich VII. von Luxemburg, dessen Vater in der Schlacht von Worringen gefallen war. Als Heinrich im Jahre 1309 nach Köln kam, standen die Grafen von Berg, von Jülich, von der Mark und andere in einer offenen Fehde mit Erzbischof Heinrich von Virneburg und seinen Verbündeten. Gegen Weihnachten desselben Jahres kam Kaiser Heinrich VII. wieder nach Köln und erteilte die Reichsbelehnungen, worauf die politische Beruhigung eintrat.

Nach Ostern des Jahres 1312 vermählte sich Graf Adolf VI. mit Agnes von Kleve, die von ihrem Bruder Duisburg als Aussteuer erhielt. Der ritterliche Kaiser Heinrich VII. fiel am 24. August 1313 der Malaria zum Opfer, ehe er seine Pläne verwirklichen konnte. Sein 17-jähriger Sohn, König Johann von Böhmen, trat zuerst als Bewerber für den Thron auf. Er versuchte, den Grafen von Berg für sich zu gewinnen, indem er ihm 5000 Mark und die Reichspfandschaft zu Duisburg versprach. Die Erzbischöfe von Mainz und Trier, die glaubten, die Wahl des blutjungen Johann von Böhmen nicht durchsetzen zu können, einigten sich auf Ludwig von Bayern als Kandidaten. Dieser Partei traten mit den Grafen von Jülich, Kleve u. a. auch Graf Adolf von Berg und die Städte Köln und Aachen bei.

### Krankheit und Sünde

Das Leben im Mittelalter war von den schlechten Lebensbedingungen sowie der mangelnden Hygiene und den damit verbundenen Krankheiten geprägt. Pest, Cholera, Lepra und Antoniusfeuer, aber auch einfache Verletzungen endeten häufig tödlich. Bei einer durchschnittlichen Lebenserwartung von nur 30 Jahren war der Glaube an Gott die zentrale Lebensauffassung. Eine Krankheit wurde als das Werk des Teufels empfunden, daher konnte die Rettung nur von Seiten der Kirche erfolgen. Zudem war die Angst groß, wegen begangener Sünden in die Hölle zu kommen. Die Kirche bot verschiedene Wege an, die Seele vor dem Fegefeuer zu retten.

Damit traten sie in Konfrontation zum Kölner Erzbischof, der am falschen Ort in Bonn Friedrich den Schönen von Österreich zum König krönte, während die andere Partei mit Ludwig von Bayern dasselbe am richtigen Ort in Aachen vollzog. König Ludwig bestätigte Graf Adolf die Reichspfandschaft von Duisburg und wies ihm für geleistete und künftige Dienste 11 000 Mark auf einen Rheinzoll an, den der Graf irgendwo in seinem Gebiet errichten sollte.

Am 26. Februar 1316 schlichtete Gerhard von Jülich als Schiedsrichter einen Streit, der zwischen der Stadt Köln und dem Grafen von Berg wegen eines bei Merkenich vorgefallenen Scharmützels entstanden war. Der Graf von Berg verzichtete bei dieser Gelegenheit auf jede Nachforderung des bergischen Bürgerlehens, sollte aber von jetzt an, sobald er den Ehrenbürgereid geleistet hatte, wie seine Vorfahren ein Kölner Bürgerlehen von 150 Mark erhalten.

Weil Köln Mittelpunkt der Partei Ludwigs von Bayern geworden war, hatte der Erzbischof, der den Gegenkönig Ludwig den Schönen unterstützte, wieder einmal „seine Stadt Deutz" befestigt. Wie bereits 1230 gegen den Herzog von Limburg verlieh er Deutz die Stadtrechte, um dadurch die Bürger zum Bau von Befestigungswerken zu animieren. Aber schon am 21. März 1317 mussten sich Schultheiß, Schöffen und Gemeinde von Deutz verpflichten, innerhalb von zwei Wochen die ausgeworfenen Gräben wieder aufzufüllen und die schon errichteten Palisaden und Schlagbäume abzubauen. Ansonsten hätten der Deutzer Schultheiss Hilger von der Stessen und einige andere Deutzer Bürger eine Geldstrafe von 1000 Mark kölnischen Pagaments zahlen müssen.

Als Folge der militärischen und politischen Aktivitäten des Erzbischofs in Deutz erneuerte Graf Adolf den Freundschaftsvertrag mit der Stadt Köln, wie schon in den Jahren 1262, 1280 und 1299. Am 2. Januar 1330 erneuerte man diesen Vertrag nochmals. Die Grafen von Berg waren damals an einem guten Verhältnis zu Köln interessiert. Sie hatten zwar selbst kein Domizil in der Domstadt, benutzten aber häufig den Altenberger Hof ihres „Hausklosters" als Unterkunft. Ein Berger feierte dort um 1400 seine Hochzeit.

Am 22. Juni brachte König Ludwig IV. zwar einen siebenjährigen Landfrieden zustande, der alle Zölle zu Wasser und zu Lande bis auf die alten Geleitsregale aufhob, aber Raub und Fehde setzten sich in verheerender Weise im gesamten Rheinland fort.

Ludwig IV. der Bayer (1281/1282–1347): Seit 1294 Herzog von Bayern und Pfalzgraf bei Rhein, seit 1314 römisch-deutscher König, seit 1328 Kaiser des Heiligen Römischen Reiches. In einer Doppelwahl wurde er gegen Friedrich den Schönen gewählt, den er 1322 besiegte. Er ließ sich auf eine Auseinandersetzung mit dem Heiligen Stuhl ein, indem er die Ghibellinen in Italien unterstützte. Nachdem ihm Papst Johannes XXII. die Anerkennung verweigert hatte, behauptete er in der „Sachsenhäuser Appellation" (1324), seine Wahl sei auch ohne Zustimmung des Papstes rechtsgültig. Der Papst bannte ihn, daher ließ er sich in Rom zum Kaiser krönen und erklärte den Papst für abgesetzt. Ludwig erwarb große Gebiete im Norden des Reiches. Seine Gegner wählten aber Karl IV. als Gegenkönig. Vom Kirchenbann wurde er erst ca. 300 Jahre später erlöst.

Wegen fortlaufender Schatzungen, die er aus seinen Zollburgen heraus vornahm, wurde Heinrich von Virneburg von der Stadt Köln und Graf Gerhard von Jülich im April/Juni des Jahres 1318 des Landfriedensbruches bezichtigt. Beide forderten die Städte Mainz, Worms, Speyer, Oppenheim, Frankfurt, Wetzlar, Friedberg und Gelnhausen auf, gegen den Kölner Erzbischof von Virneburg Hilfe zu leisten, denn dieser habe den Frieden gebrochen und Kaufleute zur Zahlung von übertriebenen Zöllen gezwungen. Am 17. Juni desselben Jahres fällten der Erzbischof Peter von Mainz, der Deutschmeister Karl von Lothringen und Graf Gerhard von Jülich einen Spruch wegen Landfriedensbruches, den sich der Kölner Erzbischof habe zuschulden kommen lassen.

Wie der Kölner Bürger Johann van Beyene vor der Versammlung der Landfriedensvertreter in Oppenheim im Auftrage des Grafen von Jülich, des Erzbischofs von Trier und der Stadt Köln vorbrachte, hatten die Kaufleute durch den erhobenen Zoll nicht nur hohe Verluste, sondern sie wurden darüber hinaus auch allzu oft gefangen genommen und beraubt.

Am 5. November 1319 schloss Erzbischof Heinrich von Virneburg mit den Bischöfen von Münster und Osnabrück sowie mit den Städten Münster, Osnabrück, Soest und Dortmund einen Landfrieden von der Wupper bis zur Weser, der bis Weihnachten 1322 dauern sollte.

In der Schlacht von Mühldorf am 28. September 1322 wurde

der Gegenkönig Friedrich der Schöne von König Ludwig IV. besiegt und gefangen genommen. Der Erzbischof von Köln, der sich seines mächtigsten Bundesgenossen beraubt sah, suchte nun sein Herzogtum Westfalen zu stärken, indem er mit dem Bischof von Münster ein Schutz- und Trutzbündnis schloss. Obwohl es gegen Graf Engelbert von der Mark gerichtet war, wird Graf Adolf in diesem Vertrag als befreundet genannt. 1323 entbrannte der Kampf. Als aber 1324 Engelbert von der Mark die erzbischöfliche Burg Volmerstein zerstörte, leistete Graf Adolf VI. von Berg dem märkischen Verwandten Waffenhilfe.

Nach dem Eintritt in die Opposition gegen den Erzbischof und Abschluss der Freundschaftsverträge mit Köln konnten die Berger ihre Präsenz in Deutz, das dem Erzbischof gehörte, nicht aufrechterhalten. Sie gründeten deshalb, sozusagen in zweiter Linie, die Stadt Mülheim. Der sogenannte Mülheimer Freiheitsbrief trägt das Datum des 7. März 1322. Auch in Lennep verstärkte Adolf VI. damals durch Erweiterung der städtischen Privilegien seine Position.

Die von König Ludwig dem bergischen Grafen bewilligte Zollstätte wurde nun in Düsseldorf errichtet. Im Januar 1324 verfügte der König, den bisher vor dem Duisburger Walde erhobenen Zoll künftig bei Düsseldorf erheben zu lassen. Dadurch wurde dem im Jahre 1288 nach der Schlacht von Worringen zur Stadt erhobenen „Dorf an der Düssel" eine weitere Förderung zur Stadtentwicklung gegeben. Der Erzbischof, der seit der Schlacht von Mühldorf in seiner Position geschwächt war, musste das hinnehmen. Als Lehnsherr des Schlosses Angermund genehmigte er, dass Adolf dasselbe seiner Gemahlin Agnes als Wittum zur Verfügung stellte. Die Lehnsabhängigkeit von Köln wurde noch 1399 anerkannt, geriet aber später in Vergessenheit.

1327/28 begleitete Adolf VI. König Ludwig zur Kaiserkrönung nach Rom. Als Belohnung erhielt er dafür das sonst nur dem deutschen König vorbehaltene Recht, in seiner Münzstätte zu Wipperfürth Silbergeld prägen zu dürfen.

Als im Jahre 1332 Erzbischof Heinrich von Virneburg starb, wollte der Papst mit einem geschickten politischen Schachzug das Haus Jülich mit dem Erzstift Köln verbinden. Zu diesem Zwecke ernannte er gegen die kanonische Regel – ohne Wahl – Walram, den Bruder des Grafen Wilhelm V. von Jülich, zum Erzbischof von Köln. Graf Wilhelm von Jülich, der 1336 von Kaiser Ludwig dem Bayern als Markgraf von Jülich in den Reichsfürstenstand und 1356 von Kaiser Karl IV. zum ersten Herzog von

Jülich erhoben worden war, bereitete durch geschickte Heiratspolitik den Anfall von Berg und Ravensberg bei Bielefeld vor, indem er seinen ältesten Sohn Gerhard mit Margarete von Ravensberg, Tochter der Schwester Adolfs Vl. und Enkelin Heinrichs
von Windeck, verheiratete.

Als es offensichtlich wurde, dass die Ehe Graf Adolfs VI. von
Berg mit Agnes von Kleve kinderlos bleiben würde, ließ sich Wil-
helm von Jülich von diesem bereits 1336 die Belehnung mit der
Grafschaft Berg für sich, seinen Sohn Gerhard und dessen Frau
Margarete von Ravensberg im Falle des kinderlosen Ablebens
des bergischen Grafen zusichern. Als enger Verbündeter des
Kaisers konnte ihm das gut gelingen. Als Adolf VI. am 3. April
1348 starb, ist deshalb die Erbfolge – diesmal ohne kriegerische
Auseinandersetzungen – geregelt.

Mit Adolf VI. starb der Mannesstamm der bergisch-limburgi-
schen Linie, die 1225 mit Heinrich von Limburg, Gatte der Erbtochter Irmgard von Berg, ihren Anfang nahm, aus. Ihm folgte
mit Gerhard der erste Herrscher aus dem Hause Jülich. Bereits
1346 war Gerhard durch seine Frau die Grafschaft Ravensberg zugefallen. Ravensberg blieb bis 1666 mit Jülich-Berg verbunden.[143]

## Die Grafschaft Berg fällt an das Haus Jülich

Graf Gerhard gelang es am 1. Oktober 1346, die Stände von Ravensberg zu bewegen, ihn als Herrn anzuerkennen. Gegen den
ihm feindlich gesinnten Grafen von Ritberg fand er alsbald
Unterstützung und konnte den Besitz der Grafschaft Ravensberg durch einen fünfjährigen Landfrieden sichern, den er am
8. Februar 1348 mit den Bischöfen von Osnabrück und Minden sowie anderen benachbarten Gebietsherren und Städten einging.

Nach dem Tod Graf Adolfs VI. am 3. April 1348 übernahm er
auch Berg, wie es ihm auf Fürsprache seines Vaters vom König
schon zugesichert war. Vor allem richtete er sein Interesse auf
die wichtige Reichsburg Kaiserswerth, welche sein Vater noch in
seinem Besitz hatte. Während die Grafschaft Ravensberg wegen
der Entfernung im Großen und Ganzen abseits blieb, entwickelten sich enge Verbindungen zwischen den benachbarten Ländern Berg und Jülich; sie ergänzten sich vor allem auf wirt-
schaftlichem Gebiet. Es kam zu einem regen Güteraustausch
zwischen dem reichen Bauernland am linken Niederrhein und
dem gewerbefleißigen und waldreichen Bergischen Land.

Allerdings war die Entwicklung anfänglich durch die Pest überschattet. Diese epidemische Infektionskrankheit wurde als schreckliche Folge der Kreuzzüge mit Ratten aus dem Orient über die Handelswege und Schiffsverbindungen ins Abendland eingeschleppt. Bei einer Dezimierung der Ratten suchten deren Flöhe den Menschen als Wirt auf. Durch Kratzwunden und Stiche der infizierten Rattenflöhe gelangten die Pestbazillen in den Körper und bewirkten hohes Fieber, endzündliche Schwellungen und Vereiterungen der benachbarten Lymphdrüsen. Während die Beulenpest eigentlich nicht tödlich war, führte die Lungenpest schon nach wenigen Tagen zum Tod. Vom „Schwarzen Tod", der von 1347 bis 1352 in ganz Europa grassierte, wurde ein Viertel der Bevölkerung dahingerafft. Zahlreiche später als Pest bezeichnete Seuchen hatten andere Ursachen. Sogenannte Pestepidemien grassierten in Deutschland und Europa immer wieder bis in die 40er-Jahre des 18. Jahrhunderts hinein.

Als riesige Heuschreckenschwärme die Ernte vernichteten und Hungersnöte verursachten, suchten die religiös-naiv denkenden mittelalterlichen Menschen eine Ursache für diese „Geißel Gottes" und fanden bequemerweise einen ohnehin ausgegrenzten vermeintlichen Schuldigen in den Juden: Verfolgungen, Mord und Beraubung waren die Reaktion. Am 23./24. August 1349 kam es auch in Köln und an einigen anderen Orten Deutschlands zu Ausschreitungen und gewalttätigen Pogromen gegen die Juden, in deren Verlauf viele um Gesundheit und Habe gebracht, vertrieben und getötet wurden. Bei einem Brand im Kölner Judenviertel wurde das unmittelbar danebenliegende Rathaus schwer beschädigt oder sogar gänzlich zerstört. Die vom Pöbel geraubte Habe wurde von der Kirche und dem Kölner Magistrat eingezo-

*Die Schreckensherrschaft des Schwarzen Todes. Wie allgegenwärtig der Tod für den mittelalterlichen Menschen war, zeigen die Bilder der Zeit sehr drastisch. Hier handelt es sich um eine Illustration zu einer 1503 veröffentlichten Ausgabe der Gedichte Francesco Petrarcas.*

gen, aber nur zum Teil an die Besitzer wieder zurückgegeben.
Von Judenpogromen im Bergischen Land ist nichts bekannt geworden. Dass die Pest auch dort
durchgezogen ist oder zumindest
die Gefahr bestand, beweisen die
vielen Pestkreuze, die Anbetung
der speziellen Schutzheiligen, wie
den sogenannten „Vier Nothel-
fern" (Stiftskirche Gräfrath) und
die Bittprozessionen, die zur Abwendung der Pestgefahr zu den
einzelnen Wallfahrtsorten zogen.
Die katholische Pfarrgemeinde
St. Antonius in Leverkusen-Wies-
dorf zieht noch heute alljährlich

*Bildergeschichte über Aburteilung und Exekution von Bauern (1525). Von links nach rechts: Rädern, Hängen, Pfählen, Erstechen, Verbrennen (Petrarca-Meister)*

auf Grund eines im Mittelalter ge-
gebenen Pestgelübdes zum Muttergottesheiligtum nach Bergheim am Niederrhein.

Als der Junggraf Gerhard sich in Gemeinschaft mit seinem
Bruder Wilhelm gegen seinen Vater empörte, trat Walram, Erzbischof von Köln und Bruder des Vaters, an die Seite des Gefähr-
deten. Walram nahm für den Altgrafen Partei, weil Gerhard von
ihm nicht die kölnischen Lehen empfangen wollte, ihn in der
Ausübung der geistlichen Gerichtsbarkeit behinderte und ohne
Ermächtigung den Zoll zu Kaiserswerth erhöht hatte. Doch
scheint es nicht zum offenen Kampf gekommen zu sein. Die
Söhne unterwarfen sich letztendlich dem gemeinsamen Schiedsspruch des Vaters, des erzbischöflichen Oheims und des Grafen
von Loos. Als Kaiser Karl IV. am 16. August 1349 nach Köln kam,
war alles ausgeglichen. Am folgenden Tage verlieh der Kaiser
dem Grafen Gerhard die Regalien von Berg und Ravensberg und
gestattete ihm, die Zollgefälle zu Kaiserswerth zu erhöhen.

Am 28. Dezember 1355 verkaufen Ritter Heinrich II. von Hardenberg und sein Sohn Heinrich III. ihre freie Herrschaft Hardenberg an den Grafen Gerhard von Berg und Ravensberg. Hierzu gehörten nicht nur Eigen und Gut, nämlich ihre Herrschaft
und Wohnung, das Haus zu Hardenberg, sondern auch ihre
zwei Höfe zu Neviges und Melmershof nebst allen Höfen, die in
den Ämtern Neviges, Langenberg, Mettmann und Düssel lagen,
sowie den Dienstleuten, Wachszinsigen und eigenen Leuten,

welche in den obigen Ämtern oder im ganzen Lande von Berg wohnten.

Im Jahre 1358 übergab Herzog Wilhelm von Jülich seinem Sohn Gerhard Burg, Stadt und Zoll von Kaiserswerth. Ein Jahr später erwarb Gerhard von dem Ritter Heinrich von Oefte den Fronhof Solingen mit dem Kirchenpatronat. Auch der Kaiser erwies Graf Gerhard I. von Berg seine Gunst, indem er ihm die Pfandschaft an dem Reichsort Remagen bestätigte und die Befestigung zu einer Stadt erlaubte.

## Einführung der Ämterverfassung im Lande Berg

Zwischen 1350 und 1360 fand im Bergischen eine Verwaltungsreform statt, an deren vorläufigem Ende die Aufteilung des Bergischen Landes in acht Ämter stand. Im Jahre 1358 werden sechs Amtleute und fünf Städte aufgezählt: Siegburg, Wipperfürth, Lennep, Ratingen und Düsseldorf. Auch die frühesten bergischen Kellnereirechnungen gehören der Zeit um 1360 an. Eine Urkunde vom 6. September 1363 gibt den ganzen Umfang der Grafschaft Berg an. Als Städte werden genannt: Ratingen, Düsseldorf, Wipperfürth, Lennep, Radevormwald und Mülheim am Rhein. Als Ämter mit ihren Dörfern und Kirchspielen werden aufgezählt: 1. Amt und Land Angermund mit Kreuzberg, Breitebrücke, Mülheim a. d. Ruhr und Homberg; 2. Amt Monheim mit Monheim, Hitdorf, Rheindorf, Reusrath, Richrath, Himmelgeist, Bilk und Hamm; 3. Amt Mettmann mit Mettmann, Gerresheim und Erkrath; 4. Amt Solingen mit Solingen, Wald, Sonnborn, Gruiten, Düssel, Schöller und Hilden; 5. Amt Miselohe mit Opladen, Neukirchen, Lützenkirchen, Leichlingen, Wiesdorf, Burscheid, Witzhelden, Schlebusch und Bürrig; 6.a Amt Bornefeld mit Dhünn, Wermelskirchen, Lüttringhausen, Remscheid und Dabringhausen; 6.b Kirchspiel Hückeswagen; 7. Amt Bensberg mit Odenthal, Paffrath, Stammheim, Dürscheid, Bensberg, Porz, Volberg, Lülsdorf, Mondorf und Bergheim; 8. Amt Steinbach mit Wipperfeld, Bechen, Kürten, Olpe, Lindlar, Overath, Engelskirchen, Keppel (Hohkeppel) und das Kirchspiel Wipperfürth.

*Rechts: Hochgrab des Grafen Gerhard I. von Jülich und Berg (1348–1360) und seiner Gemahlin Margarete von Berg und Ravensberg (gest. 1389) im Dom zu Altenberg*

In einer Urkunde vom 8. Juni 1387 werden dieselben Ämter und Ortschaften wiederholt, und noch in den Hebelisten aus dem ersten

Drittel des 15. Jahrhunderts sind nur die genannten acht Ämter als die alten Hauptämter des Bergischen Landes berücksichtigt. Im Laufe der Zeit aber stieg ihre Zahl. Durch die Vermählung von Gerhards Schwester Philippa mit Godart von Heinsberg zu Dalenbroich, dem Neffen des kinderlosen Grafen Dietrich von Loos, Herrn zu Heinsberg und Blankenberg, wurde der Grund zu einer sehr wichtigen Gebietserweiterung gelegt. Gerhard selbst erlebte das nicht mehr und auch nicht die Nachfolge von Jülich, denn er starb noch zu Lebzeiten seines Vaters. Er zog sich nämlich am 18. Mai 1360 bei einem Zweikampf in Schleiden gegen den Grafen Arnold von Blankenheim eine tödliche Verletzung zu. Ob dieser Kampf in einem Gefecht oder während eines Turniers stattfand, ist nicht bekannt. Über dieses Ereignis unterrichtet uns nur die Nachricht von der Befreiung von Gefangenen für 10 000 Goldschilde, wie Bernhard Schönneshöfer in seiner „Geschichte des Bergischen Landes" schrieb.

Damit wäre Gerhard nach Graf Adolf IV. bereits der zweite Berger gewesen, der bei einem Turnier ums Leben kam. Jedenfalls wird hier ein Beispiel gegeben, wie schnell die damaligen Ritter, wenn schon nicht auf dem Schlachtfeld, so doch auf dem Turnierplatz umkommen konnten. Graf Gerhard wurde im Altenberger Dom beigesetzt. Seine Gemahlin Margarete, die ihn lange überlebte, ließ ihm dort ein prachtvolles Grabmal errichten, welches noch recht gut erhalten ist. Auf dem mit gotischem Maßwerk geschmückten Deckel sind die plastischen Abbildungen Gerhards und seiner Gemahlin dargestellt, er in voller Rüstung, aber entblößten Hauptes, sie im weiten Gewand der damaligen Tracht.[144]

## Erwerb von Blankenberg unter Gerhards Nachfolger Wilhelm II.

Nach Gerhards Tod trat sein unmündiger Sohn Wilhelm unter Assistenz seiner Mutter, Gräfin Margarete von Ravensberg, die Herrschaft über Berg an. Noch 1374 muss sie um ihr Einverständnis zu der Erwerbung eines Hofes durch die Abtei Deutz gebeten werden, das der junge Graf bereits gegeben hatte.

In der Grafschaft Ravensberg wurden durch Einschreiten des Grafen Wilhelm II. die anfangs widerstrebenden Stände willig, der Mutter zu huldigen, die dann den Sohn zum Regenten einsetzte. Um die Region zu befrieden, schloss Wilhelm ein Bündnis mit den Bischöfen von Osnabrück und Paderborn.

Der oben erwähnte Godart oder Gottfried II. von Heinsberg und Dalenbroich hatte 1361 seinen Oheim Dietrich von Loos, Herrn von Heinsberg, Blankenberg und Löwenberg, beerbt, war aber wegen Loos, einem Lehen des Bistums Lüttich, in Fehde geraten und hatte deshalb große Schulden gemacht. Er sah sich deshalb gezwungen, seine Besitzungen an der Agger und Sieg, nämlich die Kirchspiele Honrath, Altenrath, Sieglar, Rheydt und Oberkassel, dem Grafen Wilhelm II. von Berg zu verkaufen. Gottfried von Heinsberg hatte sich schon zu Beginn der Fehde bemüht, ein friedliches Verhältnis zum Herr-

*Darstellung Wilhelms II. im Westfenster des Altenberger Doms*

schaftsnachbar Berg herzustellen. Das war besonders deshalb erforderlich, weil sein Oheim Dietrich, der dort offensichtlich Ambitionen zur Herrschaftsausweitung hatte, zum Ärger der Berger in Lohmar eine Burg errichtet hatte.

Gottfried II. von Heinsberg und Dalenbroich, der andere politische Ziele verfolgte oder verfolgen musste, verpfändete dem Grafen Wilhelm II. gegen eine große Summe Geld Stadt und Land Blankenberg, obwohl er diese schon vorher gegen eine Rentenzahlung an den Grafen Johann von Nassau übertragen hatte.

Graf Wilhelm II. vermählte sich mit Anna, Tochter des Pfalzgrafen Ruprecht des Jüngeren, die eine ansprechende Mitgift einbrachte, nämlich 24 000 Gulden aus den Zolleinnahmen zu Kaub am Rhein. Aber dieses Geld reichte nicht aus, um die Herrschaft Blankenberg zu erwerben, und Wilhelm sah sich daher gezwungen, den eben erworbenen Hof Solingen (s. Kasten auf folgender Seite) wieder zu veräußern, die Herrschaft Hardenberg zu verpfänden und weitere Anleihen zu nehmen.[145]

Wilhelm verständigte sich mit dem Grafen von Nassau gegen eine Geldentschädigung, keine weiteren Gebiete Gottfrieds an

Über den Verkauf des Hofes zu Solingen sind wir durch eine Altenberger Urkunde vom 16. Dezember 1363 gut unterrichtet: „Margaretha, Witwe des Grafen Gerhard von Berg und Ravensberg, ihr Sohn Wilhelm, Graf dieser Lande, und seine Gemahlin Anna von Bayern erklären, dass sie neulich [16. September 1363] zur Verstärkung der Grafschaft Berg die Herrschaft Blankenberg für eine große Summe Geld erworben hätten, die sie ohne Veräußerung von Erbe geringer Nützlichkeit nicht aufzubringen wussten. Sie verkaufen daher mit Zustimmung Elisabeths, Gräfin von Waldeck, und Margarethas, der Schwester Graf Wilhelms, ihren Hof zu Solingen, den weiland Graf Gerhard dem Ritter Heinrich von Oeft abgekauft hatte (26. September 1359) mit all seinem Zubehör (Lehngüter des Hofes sind die Höfe Gönrath und Höhscheid mit den Zehnten, die Fischerei in der Wupper oberhalb der Kohlfurter Brücke bis „zu der mennen Wipperen") samt dem dazugehörigen Patronat über die Solinger Pfarrkirche dem Kloster Altenberg für 3850 Goldschilde, die sie zur Erwerbung vorgenannter Herrschaft verwandt haben ..."

sich zu bringen. Blankenberg blieb in der Folge als Amtsbezirk dauernd bei Berg.

Am 23. Februar 1374 erhielt Solingen von Graf Wilhelm II. die Stadtrechte. Im Jahre 1363 bezeichnete man die Gemeinde Burg erstmals als „Freiheit", ohne dass darüber ein entsprechendes Privileg überliefert ist. Am 23. Juni 1374 wurde der neue gotische Dom zu Altenberg eingeweiht. Die Stifter Wilhelm II. von Berg und seine Frau Anna von Bayern sind im großen Westfenster verewigt. Ein neues Schloss entstand in Düsseldorf.

In Gemeinschaft mit Gemahlin, Mutter und Schwester verpfändete Graf Wilhelm II. im Jahre 1368 seinem Schwiegervater, Pfalzgraf Ruprecht, Burg und Stadt Kaiserswerth mit dem Zoll, der Vogtei und allen Zubehörungen. Für die Verpfändung war die Erwägung maßgebend, dass die Reichsburg, die von der Grafschaft unmittelbar umgeben wurde, unter keinen Umständen in fremde oder sogar feindliche Hände fallen durfte.

## Jülich und Geldern in einer Hand

Im Jahre 1371 unterstützte Graf Wilhelm II. von Berg seinen Onkel Herzog Wilhelm I. von Jülich in einer Fehde gegen den Bruder des Kaisers, den Herzog Wenzel von Brabant. Die Brabanter wurden am 22. August bei Baesweiler entscheidend geschlagen, der Herzog von Brabant gefangen genommen. Zu diesem Erfolg trug der verbündete Herzog Eduard von Geldern wesentlich bei, musste aber den Sieg mit seinem Leben bezahlen. Da sein Nachfolger, Herzog Reinald, seinen Bruder Eduard nur kurz überlebte, verlehnte Kaiser Karl IV., der schon vorher einen für Jülich günstigen Frieden vermittelt hatte, das „erledigte" Herzogtum Geldern und die Grafschaft Zütphen an Wilhelm von Jülich, Sohn Wilhelms II. So kamen Jülich und Geldern 1372 in eine Hand.

Die Schwester der Herzogin von Jülich, Mathilde von Geldern, erhob erfolgreich Ansprüche auf das Erbteil ihrer Brüder Eduard und Reinald. Das bewog Graf Wilhelm II. von Berg, nun seinerseits Ansprüche zu stellen. Darüber kam es erneut zu einem Erbstreit. Die sich daraus entwickelnde zweijährige Fehde wurde erst im März 1376 beendet.

Kaiser Karl IV. zeigte sich dem Grafen Wilhelm II. von Berg wohlgesonnen. Im November 1377 ermächtigte er ihn, an den kürzlich neu gewonnenen Orten Sinzig und Breisig einen Weinzoll zu erheben, bestätigte ihm alle Privilegien und Besitzungen und ernannte ihn zu seinem Geheimen Rat und Hausgenossen. Kurz darauf, am 4. Dezember, gestattete er dem Grafen Wilhelm, den Zoll zu Kaiserswerth, den dessen Vorfahren zu Duisburg vor dem Walde erhoben hatten, künftig in Düsseldorf oder Lülsdorf erheben zu lassen.[146]

Karl IV. (1316–1378), ab 1346 römisch-deutscher König (von Kurfürsten gegen Ludwig IV. gewählt), ab 1347 König von Böhmen und ab 1355 römisch-deutscher Kaiser. In Deutschland garantierte er durch die Goldene Bulle die Kurfürstenrechte und regelte die Königswahl. Er dehnte seinen Machtbereich v. a. im Osten (u. a. Brandenburg, Gebiete Ungarns und Polens) aus, u. a. durch Heiratspolitik. Karl machte Prag zum Mittelpunkt seines Herrschaftsbereichs, wo 1348 auch die erste Universität des Reiches gegründet wurde.

## Die Grafschaft Berg wird Herzogtum

Am 29. November 1378 starb Kaiser Karl IV. Sein Sohn Wenzel, der das 18. Lebensjahr noch nicht vollendet hatte, folgte ihm als König. Durch eine günstige Bündnispolitik sicherte sich Graf Wilhelm II. das Wohlwollen Wenzels. Auf dem Reichstage zu Aachen, am 24. Mai 1380, erhob ihn König Wenzel zu einem Fürsten und Herzog sowie seine Grafschaft Berg zu einem Herzogtum und Fahnenlehen. Zugleich verlieh er dem neuen Herzog die Würde, bei Feldzügen das kaiserliche Streitross am Zügel zu führen und bei feierlichen Gastmahlen den Kaiser zu bedienen. Diese und ähnliche Bevorzugungen wurden im Mittelalter hoch geschätzt, entsprechende Rangstreitigkeiten fanden manchmal ein blutiges Ende.

Graf Wilhelm II. nannte sich jetzt Herzog Wilhelm I. von Berg und Graf von Ravensberg. Sein Hauptaugenmerk richtete er künftig auf den Ausbau seiner Residenzstadt Düsseldorf. Schon im August 1371 hatte er der Stadt, um „sie zu bessern und zu mehren", nicht nur die bisherigen Freiheiten bestätigt, sondern auch neue Privilegien, wie das Markt- und Münzrecht, erteilt. Im Jahre 1377 kaufte er den Pempelforter Hof, aus dem später der Jägerhof nebst dem Hof- und Fasanengarten gebildet wurde. Im Jahre 1383 erwarb er wieder ein Besitztum, aus dem dann der Friedrichsplatz und die Mühlenstraße entstanden. Im Frühling 1384 zog er die

---

Alle **mittelalterlichen Städte** hatten einige gemeinsame Merkmale. Das auffallendste war der mächtige Mauerring, der die Stadt vor Feinden schützte und ihr ein burgähnliches Aussehen verlieh. Innen bildete der Markt den Mittelpunkt. Hier lagen meist auch die prachtvollen Patrizierhäuser, das Rathaus und die Hauptkirche.

Da die Straßen nicht gepflastert waren und es keine Kanalisation gab, ergaben sich Probleme bei der Wasserversorgung und der Abfallbeseitigung: Der Hausmüll wurde auf die Straße geworfen und das Abwasser lief die Gosse hinunter.

Bei den Bürgerhäusern war hauptsächlich der Fachwerkbau gebräuchlich. Im 13. Jahrhundert wurden die Häuser oft aneinandergebaut. Um möglichst viel Wohnraum zu gewinnen, waren die Obergeschosse ausgekragt und ragten über das Untergeschoss hinaus. Die Fußböden bestanden aus festgestampftem Lehm.

Wohn- und Arbeitsstätte der Bürger fielen in ein Haus zusammen. Handwerkerhäuser waren den Bedürfnissen des jeweiligen Betriebes und der Lagerhaltung angepasst. Bürgerhäuser waren Werkstatt, Wohn-, Geschäfts- und Speicherhaus zugleich. Seit dem späten Mittelalter wohnten hier neben den Eigentümern mit Familie und Gesinde auch Mieter und Untermieter.

Dorfschaften Golzheim, Derendorf und Bilk in den Stadtverband ein. 1394 kam noch das Kirchspiel Hamm hinzu. Die Stadtmauer wurde daraufhin bis zum südlichen Arm der Düssel erweitert. Herzog Wilhelm II. trieb auch den Ausbau des Schlosses am Rhein voran. Eine Art Wachturm mag wohl schon am Anfang des Jahrhunderts entstanden sein. Im Jahre 1386 wird erstmalig in Urkunden erwähnt, dass Wilhelm in Düsseldorf residierte. Schloss Burg war von nun an nur noch Jagd- und Festschloss. Um dem Hofe einen höheren Glanz zu verleihen, förderte Wilhelm das Kollegiatstift „S. Mariae beate assumptae" – später herzogliches Stift genannt an der Kirche St. Lambertus unmittelbar neben dem neuen Schloss gelegen. Die Kirche selbst wurde zu einer dreischiffigen Hallenkirche umgebaut. Durch Stiftung von 15 Kanonikerpräbenden und 12 neuen Vikarstellen stieg die Zahl der Geistlichen auf ca. 40. Schon im Jahre 1384 hatte Herzog Wilhelm in der Stiftskirche eine Familiengruft herrichten lassen, wo seine Mutter Margarete zur letzten Ruhe gebettet wurde. Durch geschickte Erwerbspolitik gewann Herzog Wilhelm für das Stift einige ertragreiche Höfe, darunter auch den großen Fronhofsverband in Wiesdorf, der bis dahin zum erzbischöflichen Eigenkloster Brauweiler gehört hatte.

Herzog Wilhelm errichtete nun die Zollstätte Düsseldorf und geriet bald mit dem Kölner Erzbischof in Streit wegen gegenseitiger Rechte in Hilden, zu Deutz und im Königsforst. Nach mehrfachen Konflikten und Verhandlungen kam es am 17. September 1390 zu einem Vergleich, den Streit „ganze" drei Jahre ruhen zu lassen.

## Die Schlacht im Kleverhamm

Bald wurde Herzog Wilhelm noch einmal in Erbauseinandersetzungen verwickelt. Die märkischen Brüder Dietrich und Adolf – Vettern Wilhelms – hatten nach dem Tode ihres Vaters Eberhard unberechtigterweise über das Erbteil ihrer Schwester Margarete, die mit Philipp von Falkenstein vermählt war, verfügt. Schon in der Vergangenheit hatte es Reibereien zwischen Mark und Berg gegeben, die nur mühsam und kurzfristig beigelegt worden waren. Um den Einfluss der Märker nicht übermächtig werden zu lassen und gereizt wegen des jugendlichen Mutwillens der beiden Vettern, trat Herzog Wilhelm für die Rechte der Ehegatten von Falkenstein ein, die ihre Ansprüche nicht durchzusetzen vermochten. Als Verhandlungen nichts brachten, rüstete Herzog Wilhelm zum Krieg. Im Mai 1397 zog er mit starker Heeresmacht gegen den Grafen Dietrich von der Mark, seinen nahen Verwandten. Das Heer des Herzogs bestand aus 90 Rittern und 2000 Mann einfacher Kriegsleute mit 1900 Pferden. In einer Geländemulde zwischen dem Rhein und einem Höhenzuge, den man Kleverhamm nannte, kam es zur Schlacht, die für den Herzog mit einer Katastrophe endete. Nach anfänglichen Erfolgen des bergischen Heeres schlug man die klevischen Truppen in die Flucht und machte den Fehler, sie über den Rhein hinweg zu verfolgen. Daraufhin lösten sich die Kämpfe in Einzeltreffen auf, was den Klevern die Möglichkeit zur Reorganisation gab. Bei der folgenden Gegenoffensive wurde Wilhelm gefangen genommen und musste sich gegen ein Lösegeld freikaufen. Weil er die verlangten 74 000 Goldschilde nicht sofort zahlen konnte, war er gezwungen, dafür einen großen Teil seines Landes zu Pfand zu stellen: Sinzig, Remagen, Windeck, Beyenburg, Mülheim an der Ruhr und andere Orte. Die Rente für den Grafen Dietrich von der Mark, die bis zur Einlösung des Pfandes bezahlt werden musste, betrug 2400 Gulden. Aber damit nicht genug. Auf die Kunde von der Niederlage und Gefangenschaft des Vaters hatten sich seine Söhne Adolf, Gerhard und Wilhelm des Schlosses zu Düsseldorf bemächtigt und ließen sich als neuen Herren huldigen. Die Kämpfe, begleitet von Intrigen und Bündnissen, wogten hin und her. Besonders Adolf ließ nicht ab, ihn zu entmachten. Schon 1395 hatte Herzog Wilhelm die Grafschaft Ravensberg an ihn abgetreten. Nachdem Wilhelm aus der Gefangenschaft entlassen war, schloss er mit seinen Söhnen einen Vertrag und überließ ihnen Schloss Hückeswagen mit dem Kirchspiele, die Stadt Wipperfürth mit dem Amte Steinbach und die Stadt Lennep mit dem Amte Bomefeld. Er gelobte, fernerhin, eigenmächtig keine Verpfändungen mehr unternehmen zu wollen.[147]

## Kampf um Elberfeld

Adolf begann sofort neue Händel mit dem Grafen Dietrich von der Mark, wobei ihm u. a. Eberhard von Limburg Beistand leistete. Bei dieser Fehde ging es um die Burg Elberfeld, die zwar in den Besitz Eberhards von Limburg gelangt war, auf die aber auch Graf Dietrich von der Mark Ansprüche besaß und durchsetzen wollte. Man traf sich bei dieser Fehde nicht zu einer offenen

Schlacht auf dem Felde, sondern Dietrich fiel brandschatzend in das Land Berg ein, kam bis in die Gegend von Mülheim und brannte auch die Burgen Reuschenberg und Strauweiler ab. Dann wandte er sich gegen die Burg Elberfeld, in der sich Adolf von Berg und Eberhard von Limburg eingelagert hatten. Dort fiel Dietrich von der Mark am 14. März 1398 tödlich von einem Pfeil getroffen. Sein Bruder Adolf von Kleve beerbte ihn. Seitdem waren Kleve und Mark in einer Hand vereinigt.

Inzwischen suchte der Jungherzog Adolf von Berg Bündnisse in Westfalen gegen Adolf von Kleve und Mark. Dieser aber stellte sich den Plänen des Bergers entgegen, indem er sich mit Agnes, Tochter des Pfalzgrafen Ruprecht von Pfalz-Bayern, des Bruders der bergischen Herzoginmutter Anna, vermählte. Da nun Adolf von Kleve-Mark in Verwandtschaft zum bergischen Herzogshause stand, kam die Versöhnung am 3. November 1399 zustande.

Adolf von Berg ging daraufhin mit Jolantha, Tochter des Herzogs Robert von Bar (im Elsass), eine Eheberedung ein, welche im April 1401 vollzogen wurde und ihm eine Aussteuer von 24 000 Goldschilden einbrachte. Er befand sich ferner wieder im Besitz der an Kleve verpfändeten Ämter Beyenburg und Windeck, die er zurückerobert hatte.[148] Im Jahre 1402 kam ein Vergleich mit Herzog Wilhelm zustande, der die Ansprüche seines Sohnes auf Burg bis zu seinem Tode zurückstellte. Adolf tauschte mit seinem Bruder Wilhelm Hückeswagen gegen Ravensberg.

## Jungherzog Adolf setzt seinen Vater auf Schloss Burg gefangen

Während einer Fehde der Berger gegen den Herrn von Heinsberg und den Junggrafen von Sayn zog Jungherzog Adolf gegen dieselben. Um mit dem mächtigen Heinsberger zu verhandeln und einen Kampf abzuwenden, wurde für den 28. November 1403 durch Altherzog Wilhelm eine Zusammenkunft in Köln vereinbart. Als Wilhelm sich in aller Frühe nach

Ein Goldschild bezeichnete eine Münze mit dem aufgeprägten Wappen des Münzherrn. Die Schilde waren anfänglich Goldmünzen. Während des Mittelalters wurden im Rheinland auch Talermünzen vereinfacht als Schilde bezeichnet. Daneben gab es noch Schildgroschen. Bei den französischen Münzen des Mittelalters ging der Name Ecu (Schild) auf die Darstellung der Wappenschilder auf den verschiedenen Typen des Ecu d'or zurück.

*Herzog Wilhelm von Berg wird durch seine Söhne Gerhard und Wilhelm befreit. Wandgemälde von August Eduard Claus Meyer im Rittersaal von Schloss Burg (1899–1902)*

Köln begeben wollte, wurde er von seinem mit 400 Berittenen herbeieilenden Sohn gefangen genommen und erst nach Haus Vorst und später nach Burg gebracht.

In der Nacht auf den 24. August 1404 gelang es ihm „mit Gottes Hilfe", wie Wilhelm seinem Sohn Gerhard schreibt, sich aus dem Gefängnis zu Burg zu befreien. Die Söhne Gerhard und Wilhelm hatten sich schon früher mit dem Vater versöhnt und traten jetzt gemeinschaftlich gegen Adolf auf. Auch die Mutter Anna stand zu ihrem Gatten und begab sich nach seiner Gefangensetzung sofort zu ihrem Bruder, König Ruprecht, und bewirkte die Reichsacht gegen den opponierenden Sohn, welche am 15. Mai 1405 ausgesprochen wurde.

Erst als es wieder unter den verschiedenen Mächtigen zum Kampfe kommen sollte, wurde ein Vergleich zwischen den Generationen vereinbart: Herzog Wilhelm behielt nur Düsseldorf mit dem Schloss und dem Zoll, außerdem die beiden Höfe Holthausen und Pempelfort, das Amt Monheim mit dem Hause Benrath, den Forst mit dem Amt Miselohe, die Burg Lülsdorf mit dem Amt Porz sowie die Kirchspiele Merheim, Flittard und Buchheim mit Mülheim.

Nach Ausgleichung von Zwistigkeiten mit dem Erzbischof und der Stadt Köln erhielt Adolf Solingen zurück und wurde Edelbürger von Köln. Mit Johann von Heinsberg und Gerhard von Sayn entstand aber 1406 eine neue Fehde, wobei die Burg Bensberg in Flammen aufging. Erst mit der Sühne vom 27. Juni 1407 wurden die kriegerischen Wirren vorläufig beendet.

Der alte Herzog Wilhelm verbrachte politisch resignierend und unter großen finanziellen Schwierigkeiten, die seine Verwandtschaft, wie z. B. König Ruprecht, durch Verschreibungen der Opferpfennige der Juden an seine Schwester zu mildern versuchte, die restlichen Lebensjahre in seinem Refugium Düsseldorf. Als er am 25. Juni 1408 starb, wurde er zunächst in der

Gruft der Mutter, die er in der Kollegiatkirche errichtet hatte, beigesetzt. Seine Gemahlin Anna von Pfalz-Bayern starb sieben Jahre später, am 30. November 1415.

Von den vier Kindern war der älteste Sohn Ruprecht Bischof von Paderborn geworden, Adolf erbte das Herzogtum und Gerhard war Dompropst zu Köln. Auch Wilhelm hatte zeitweise den geistlichen Stand erwählt, resignierte jedoch, als es ihm nicht gelang, den Kölner Erzstuhl zu besetzen, und verheiratete sich mit Gräfin Adelheid von Tecklenburg. Deren beider Sohn Gerhard wurde später nach dem kinderlosen Tode Herzog Adolfs I. dessen Nachfolger.[149]

## Weitere Fehden Herzog Adolfs I.

Adolf VII., als Herzog Adolf I., stand auch nach Übernahme der alleinigen Herrschaft in häufigen Fehden mit den herrschenden Nachbarn. Das lag zum einen an der damaligen fehdereichen Zeit und entsprach zum anderen auch seinem kämpferischen Charakter. Zuerst musste er sich mit dem Grafen von Wied-Isenburg auseinandersetzen, welcher Ansprüche an Blankenburg vorbrachte. Etwas später kam es zu Streitigkeiten wegen der Erbfolge in Jülich und Geldern. Der dritte Herzog Wilhelm von Jülich hatte 1372 auch die Herrschaft über Geldern übernommen. Nach Wilhelms Tod folgte ihm sein Bruder Reinald. Als Reinalds Erblosigkeit immer offensichtlicher wurde, musste er sich um einen Nachfolger bemühen. Er wählte Adolf von Berg, der nicht nur der nächste Verwandte im Mannesstamme war, sondern wegen seines wagemutigen Auftretens in den Fehden die Sympathien des jülischen Herzogs besaß. Ihn sah er deshalb am besten geeignet, seine Lande zusammenzuhalten.

Reinald veranlasste durch politische Bemühungen die Aussöhnung seines erwählten Nachfolgers Adolf von Berg mit dessen Widersachern und machte ihn für eine Geldsumme zu seinem Vasallen. Dem Herzog Reinald gelang es auch, bei einer Fehde zwischen dem Erzstift Köln und dem Berger Frieden zu vermitteln. Am 7. Mai 1411 schloss er die Beteiligten ein, wobei er Adolf mit dem kölnischen Kämmereramt belehnte. Reinald schenkte Adolf die Burg und das Amt Heimbach sowie die Stadt Bergheim mit Burg, Zoll und Amt, um für die Berger eine günstige Ausgangsposition bei der Erzbischofswahl zu schaffen, bei der Adolf gerne seinen Bruder Wilhelm als Gewinner gesehen hätte.

Als Erzbischof Friedrich von Saarwerden 1414 starb, wurde in Bonn Dietrich von Moers von der Mehrheit des Domkapitels als Nachfolger gewählt, nachdem er schon zu Lebzeiten von Friedrich dazu bestimmt worden war. Nur eine Minderheit des Domkapitels in Köln wählte Wilhelm von Berg, der deshalb seinen Anspruch nicht durchsetzen konnte. Der neue Erzbischof Dietrich von Moers vermittelte nun seine Nichte Adelheid von Tecklenburg dem abgewiesenen Berger Wilhelm und fand ihn mit 10 000 Gulden ab.

## Herzog Adolf I. befestigt Mülheim und Monheim

Herzog Adolf von Berg befestigte nun Mülheim und Monheim, wodurch die Stadt Köln zu einem Bündnis mit dem Erzbischof veranlasst wurde. Wie so oft entstand aus dem Bündnis ein Krieg, der besonders erbittert den Sommer und Herbst des Jahres 1416 hindurch geführt wurde. Zur Beilegung desselben lud Kaiser Sigismund die Fürsten und Herren des Niederrheins nach Aachen ein. Dort kam am 13. März 1416 ein vorläufiger Ausgleich zustande. Am 22. April 1417 erließ der Kaiser eine Verfügung, nach der der Herzog von Berg den Kölnern die Zollfreiheit zu gewähren habe. Beide Teile mussten sich verpflichten, die errichteten Festungswerke zu schleifen.

Auch dieser Friede dauerte nicht lange. Im Dezember 1417 verbündete sich Adolf von Berg wieder mit der Stadt Köln gegen den Erzbischof, der zu Deutz ein Bollwerk errichtet hatte. Diese Fehde wurde 1419 mit der Schleifung der Deutzer Befestigungen beendet. Adolf kam immer noch nicht zur Ruhe. Im selben Jahr, 1419, zog er mit einem Heer nach Lothringen, um dort die Rechte durchzusetzen, die ihm durch die Heirat mit Jolantha von Bar auf dem Erbwege zugefallen waren. Um jedoch freie Hand zu bekommen, musste er sich vorher mit Johann von Heinsberg arrangieren, dem er deshalb Rechte an Jülich und Geldern einräumte. Adolf geriet in Lothringen jedoch in Gefangenschaft und musste sich durch ein Lösegeld von 40 000 Gulden freikaufen.

Am 23. Juni 1423 starb Herzog Reinald von Jülich und Geldern und am 30. Juni empfingen Adolf von Berg und Johann von Heinsberg auf Grund ihrer Vereinbarung die Huldigung der Ritterschaft, der Städte und der Landstände von Jülich. In Geldern aber, wo man die Selbstständigkeit wünschte, huldigte man Arnold, dem Sohne Johanns von Egmont, dessen Großmutter die einzige Schwester Reinalds von Geldern war.

Herzog Adolf von Kleve-Mark geriet im Jahre 1423 mit seinem Bruder Gerhard in Fehde. Bei den anstehenden Wirren gelang es dem Kölner Erzbischof Dietrich von Moers durch geschicktes Taktieren, ein lang gehegtes Ziel zu erreichen: Gerhard von Kleve verkaufte ihm als Dank für Unterstützung Stadt und Burg Kaiserswerth mit dem Zoll, der Vogtei und allem Zubehör für 100 000 Gulden. An diesem Besitz haben die Erzbischöfe bis 1762 zäh festgehalten.

Am 24. Mai 1424 belehnte König Sigismund den Herzog Adolf gemäß einer in Ofen (Ungarn) ausgestellten Urkunde mit Jülich und Geldern und forderte die Bewohner von Geldern und Zütphen auf, diesem zu huldigen. Der König bestätigte dem Berger erneut die früher bewilligte Zollerhebung auf dem Rhein und verordnete die Einrichtung einer Münzstätte zu Mülheim am Rhein, wo Gold- und Silbermünzen unter seinem Namen und mit dem Wappen des Herzogs geprägt werden sollten. Mettmann erhielt 1424 die Stadtrechte.

Während der Wirren zwischen Adolf von Kleve-Mark und dessen Bruder Gerhard gelang es dem Herzog von Berg am 12. November 1427, die Burg und Herrlichkeit Elberfeld von Adolf Quade und dessen Gattin käuflich zu erwerben, wobei der Herzog von Kleve auf das ihm zustehende Öffnungsrecht, d. h. dass ihm im Kriegsfall die Burg zur Verfügung gestellt wurde, verzichtete. Den märkischen Edlen Lubbert von Galen, der Elberfeld im Pfandbesitz hatte, entschädigte der Herzog dadurch, dass er ihn zu seinem Amtmann in Elberfeld machte. Er sollte die Hälfte aller Einnahmen so lange behalten, bis ihm das geliehene Geld zurückgezahlt worden war. So fiel Elberfeld an Berg und die letzten Bande an den bisherigen Lehnsherrn, den Erzbischof von Köln, gerieten in völlige Vergessenheit.

Die fortwährenden Fehden nahmen große Geldmittel in Anspruch und bei den ständigen Geldverlegenheiten sah sich Herzog Adolf von Berg immer wieder zu neuen Pfandverschreibungen genötigt. Schon bald nach seinem Regierungsantritt hatte er gegen ein Darlehen von 2500 Goldgulden Schloss und Kirchspiel Hückeswagen den Eheleuten Hermann Ovelacker und Druda verschreiben müssen. Andere Verpfändungen waren bald nachgefolgt.

Im Juli 1429 schloss Herzog Adolf mit Arnold von Egmont einen vierjährigen Frieden. Adolfs Gemahlin Jolantha von Bar war schon während seiner Gefangenschaft in Lothringen gestorben. Seinen einzigen Sohn Ruprecht, nach dem Schwiegervater benannt, hatte er am 24. Februar 1426 auf Veranlassung des Erzbischofs Dietrich von Moers mit Reinald von Gelderns Witwe, Maria von Harcourt, vermählt. Da diese Ehe aber ohne Nachkommen blieb, vermählte sich Adolf am 14. Februar 1430 von Neuem mit Elisabeth, Tochter des Pfalzgrafen und Herzogs Ernst von Bayern. Jungherzog Ruprecht starb noch vor seinem Vater im August 1433. Als ihm Herzog Adolf am 14. Juli 1437 folgte, war der Streit zwischen Jülich und Geldern immer noch nicht beigelegt.

Nach seinem Dahinscheiden in der Abtei St. Martin in Köln wurde er ebenso wie sein Sohn Ruprecht in der Familiengrablege im Altenberger Dom beigesetzt.

### Die Zeit Herzog Gerhards II.

Weil Herzog Adolf I. keinen direkten Erben mehr hatte, folgte Gerhard, der kaum 20-jährige Sohn seines verstorbenen Bruders Wilhelm und der Gräfin Adelheid von Tecklenburg. Gerhard war aus „etwas anderem Holz geschnitzt" als sein „fehdebesessener" Oheim Adolf. Er war eher auf klugen Ausgleich mit seinen Kontrahenten bedacht, als kostspielige Kriege zu führen. Gleich zu Beginn seiner Regierungszeit als Herzog von Berg bestätigte er der Ritterschaft die Privilegien, die Adolf ihnen im Jahre 1404 in bedrängter Lage zuerkannt hatte, und bat gleichzeitig den Kaiser um die Belehnung,

Da der junge Fürst noch einer erfahrenen Stütze bedurfte, stand ihm Erzbischof Dietrich von Moers hilfreich zur Seite. Kaiser Sigismund erteilte deshalb die Belehnung mit der Weisung, den Lehnseid vorläufig dem Erzbischof zu leisten. Er belehnte Gerhard aber nur mit Jülich, Berg und Ravensberg, obwohl er im Protokoll der Urkunde auch Herzog von Geldern und Graf von Zütphen genannt wird.

*Petrus empfiehlt den Erzbischof Dietrich von Moers. Epitaph (Ausschnitt) im Kölner Dom*

Die Regierungshandlungen des jungen Herrschers waren zunächst nur auf Frieden nach außen und Ordnung im inneren Haushalt ausgerichtet. Dazu war er schon deshalb gezwungen, weil infolge der vorangegangenen Fehden Adolfs nicht nur die verfügbaren Geldmittel dezimiert, sondern auch fast alle Einnahmequellen reduziert oder gänzlich verloren gegangen waren.

Die nächste Sorge war auf die Regelung des Verhältnisses zum Hause Heinsberg gerichtet. Der Sohn Johanns II., Wilhelm Graf von Blankenheim, hatte 1433 von seinem Vater die Mitberechtigung an Jülich erhalten; mit ihm wurde eine Einigung erreicht. Auch mit Kleve erzielte er über schwebende Streitpunkte eine Einigung. Mit der Stadt Köln erneuerte Herzog Gerhard das Bündnis des Oheims und wurde wie er Edelbürger der Stadt. Die Edelbürgerschaft war für die Kölner ein probates Mittel, die Träger des Titels nach Zahlung einer Geldsumme an die Stadt zu binden und somit zumindest eine Gegnerschaft während einer Fehde zu vermeiden. Den Domstädtern war dieser Preis für die unbehinderte Durchführung von Handel und Wandel und für den Schutz der Stadt wert. Von der Möglichkeit der bezahlten Edelbürgerschaft, die eine regelmäßige Einnahmequelle für die benachbarte Ritterschaft darstellte, machten zur damaligen Zeit viele Adelige Gebrauch.

Als nach König Albrechts II. kurzer Regierungszeit Friedrich III. deutscher Kaiser geworden war, belehnte dieser zwei Tage nach seiner Krönung zu Aachen (19. Juni 1442) Gerhard mit den Herzogtümern Berg, Jülich und Geldern sowie den Grafschaften Zütphen und Ravensberg. Mit Geldern war die bestehende Waffenruhe durch Vermittlung des Erzbischofs bis zum 10. Oktober 1444 verlängert worden.

In der Zwischenzeit stiftete Gerhard II. zu Düsseldorf ein Kloster. Dort bestand außer der Pfarrkirche St. Lambertus, an der Graf Adolf V. schon ein Kollegiatstift gegründet hatte, noch eine Kapelle, die mit einem Gasthaus zur Pflege erkrankter Bürger und Pilger verbunden war. Herzog Gerhard II. verlegte das Gasthaus an einen anderen Ort und überwies im Jahre 1443 dessen Stätte mit Gebäuden, Kapelle und Opferstock zur Stiftung eines Klosters an die Kreuzbrüder oder Kreuzherren, die zu Beyenburg schon eine Gründung besaßen.

Im Übrigen war Herzog Gerhard II. von Berg eifrig auf Ordnung und Besserung der inneren Zustände seiner Lande bedacht. Die größten Sorgen bereiteten ihm die zahllosen finanziellen Verpflichtungen, die er mit seinem Erbe übernommen hatte.

Der Waffenstillstand mit Geldern hatte zwar sein Ende gefunden, doch schien Herzog Gerhard II. einen Wiederausbruch der Feindseligkeiten nicht zu befürchten. Aber die Tatsache, dass der

Beste nicht in Frieden leben kann, wenn es dem bösen Nachbarn nicht gefällt, musste auch er erleben. Überraschend brach Herzog Arnold von Geldern mit 2200 Berittenen in das Herzogtum Jülich ein und brannte 17 Dörfer nieder. Herzog Gerhard von Jülich/Berg musste nun reagieren und sich stellen. Eilig empfing er den Ritterschlag, den er nun weitergeben konnte, und zog mit einem Heer ins Feld. Am 3. November 1444, am Hubertustage, kam es im Feld zwischen Linnich und Bracheln zur Schlacht. Herzog Gerhard an der Spitze seiner Schar, die nur 800 Pferde zählte, drängte so mächtig gegen seine Gegner, dass diese bald weichen und sich geschlagen geben mussten. Des feindlichen Herzogs Bruder, Wilhelm von Egmont, wurde gefangen genommen. Unter dem Eindruck des Sieges stiftete Herzog Gerhard den Hubertus-Orden, der später von den Regenten aus dem Hause Pfalz-Neuburg erneuert und nach Bayern verbracht wurde, wo er als vornehmster Orden des Königreiches weiterbestand.

Um diese Zeit entbrannte auch die berühmte Soester Fehde. Herzog Gerhard II. war besonnen genug, sich von diesem Kampf nicht nur ferzuhalten, sondern er verstand es auch, davon zu profitieren. Am 21. November 1445 kam zwischen Gerhard von Jülich-Berg und Arnold von Geldern ein Vertrag auf zehn Jahre zustande, nach dem Wilhelm von Egmont aus seiner Gefangenschaft befreit worden war. Wilhelm verzichtete am 4. Juni 1447 endgültig auf Jülich.

Erzbischof Dietrich II. von Moers wollte im niederrheinischen Raum die Vorherrschaft von Kurköln erneut etablieren. Im Verlauf der daraus entstandenen Fehde versuchte der Erzbischof am 18. und 19. Juli 1444, die befestigte Stadt Soest zu erstürmen, wurde aber zurückgeschlagen. Auf dem Heimweg verheerten die erzbischöflichen Truppen Ravensberg. Erst 1449 fand die Soester Fehde ihr Ende. Soest schloss sich nun dem siegreichen Kleve-Mark an.[150]

## Herzogtum Berg beinahe an Kurköln vergeben

Im Jahre 1445 hatte sich Herzog Gerhard von Berg mit Sophia, der Tochter des Herzogs Bernd von Sachsen-Lauenburg, vermählt. Die Ehe schien anfangs kinderlos zu bleiben. In diesem Fall wäre Kleve-Mark erbberechtigt und für das bedrängte Erzstift eine zu mächtige und gefährliche Nachbarschaft geworden.

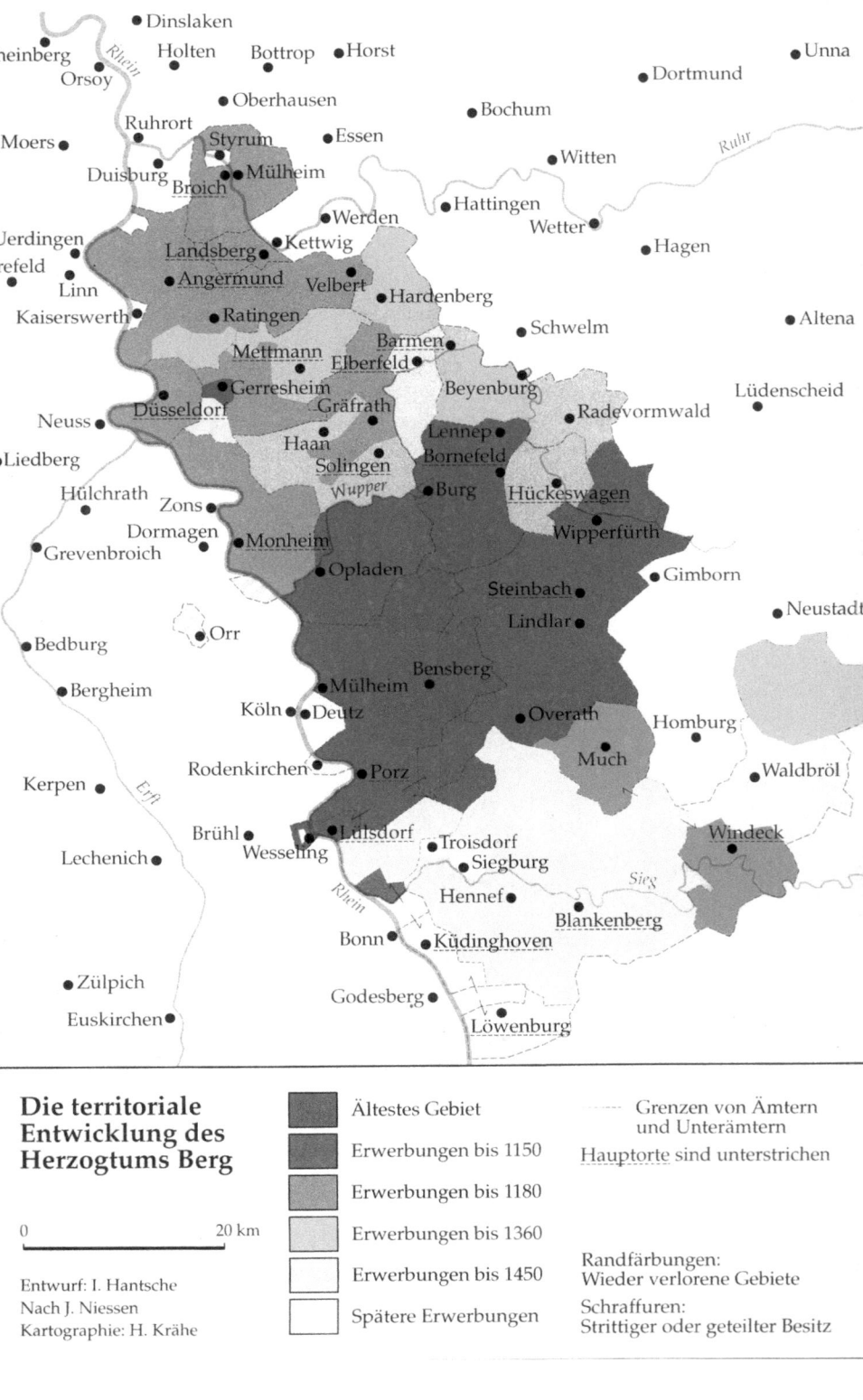

Die territoriale
Entwicklung des
Herzogtums Berg

0         20 km

Entwurf: I. Hantsche
Nach J. Niessen
Kartographie: H. Krähe

■ Ältestes Gebiet

■ Erwerbungen bis 1150

Erwerbungen bis 1180

Erwerbungen bis 1360

Erwerbungen bis 1450

Spätere Erwerbungen

----- Grenzen von Ämtern
und Unterämtern

Hauptorte sind unterstrichen

Randfärbungen:
Wieder verlorene Gebiete

Schraffuren:
Strittiger oder geteilter Besitz

**Die von Berg benachbarten Herzogtümer**

So ließ sich Herzog Gerhard zu einem Schritt bewegen, bei dem außer den angeführten Beweggründen wohl Eifersucht gegen Kleve-Mark eine Rolle spielten. Aber auch eine beginnende, erst später signifikant werdende Geistesschwäche könnte sich schon damals gezeigt haben.

Mit Urkunde vom 12. März 1451 übertrug nämlich der immer noch überschuldete Herzog Gerhard von Berg mit seiner Gemahlin Sophia das Herzogtum Berg mit der Herrschaft Blankenberg, die Grafschaft Ravensberg und die Städte Sinzig und Remagen dem hl. Peter, d. h. dem Erzbischof Dietrich von Moers, für den Fall, dass seine Ehe kinderlos bleiben würde, und auch dann noch, wenn ihre eventuellen Kinder ohne Nachkommen sterben sollten. Blankenberg wurde sofort dem Erzstift zugeschlagen, und die Amtmänner, die Ritterschaft und die Städte der gesamten Region leisteten dem Erzbischof den auf den bedingten Fall lautenden Erbhuldigungseid. Durch Privilegien und Bewilligungen hatte Gerhard die Städte und die Ritterschaft für diesen Schritt gewonnen.

Erzbischof Dietrich von Moers hatte gehofft, den Schaden, welcher ihm der unglückliche Krieg gegen Soest gebracht hatte, durch den Erbvertrag mit Herzog Gerhard ausgleichen zu können. Es kam aber anders: Gerhards Ehe wurde noch mit Söhnen und Töchtern gesegnet. Dietrichs Nachfolger, Erzbischof Ruprecht von der Pfalz, verzichtete daher 1469 auf alle Ansprüche.

Erzbischof Dietrich von Moers starb am 14. Februar 1463. Das Domstift und die weltlichen Stände des Erzstiftes waren längst entschlossen, etwaigen Herrschergelüsten seines Nachfolgers feste Schranken vorzuschieben. Sie einigten sich über Satzungen zur Erhaltung ihrer eigenen Rechte und Freiheiten. Der am 30. März 1463 gewählte Ruprecht von der Pfalz, ein Enkel des Königs Ruprecht, war der erste Erzbischof, der auf die Erblandesvereinigung vereidet wurde, die am 26. März vom Domkapitel, von den Edelherren, von der Ritterschaft und von den Städten des Erzstifts beschlossen worden war. Der Erzbischof soll danach einen Rat aus geistlichen und weltlichen Räten bilden, keine Gelder ohne Zustimmung des Domkapitels aufnehmen und nur mit Zustimmung des Domkapitels und der Landstände Krieg beginnen oder Landtage einberufen. Der Bruch der Erblandesvereinigung führte dann zur Stiftsfehde, die im Krieg gegen den Erzbischof und in der Belagerung von Neuss kulminierte. Schon am 1. September 1474 wurde von Bürgermeister und Rat der Stadt Köln dem Erzbischof Ruprecht von der Pfalz, der die

*Die Belagerung von Neuss. Holz-schnitt aus der „Geschichte Peter Hagenbachs und der Burgunder-kriege" von Conradus Pfettisheim (1477)*

vereinbarten Schranken durchbrochen hatte, der Krieg erklärt.

Da der Erzbischof dabei auch Jülich und damit Herzog Gerhard II. bedrohte, sah sich die Herzogin Sophie, welche jetzt mit den Räten für ihren seit 1460 offensichtlich in geistige Umnachtung gefallenen Gemahl regierte, veranlasst, in die alten Verbindungen der Grafen und Herzöge von Jülich und Berg mit der Stadt Köln gegen den Erzbischof einzutreten.

Als im Jahre 1468 zufällig Kriegsmannen des Erzbischofs zu Wichterich mit dem Grafen von Virneburg und dem Grafen Wilhelm von Blankenheim, dem Mitbesitzer von Jülich, zusammenstießen, wurde angeblich auf Anstiften Ruprechts Graf Wilhelm erstochen. Erzbischof Ruprecht von der Pfalz, der den Hass, welchen er bereits auf sich gezogen hatte, durch die Ermordung Wilhelms von Blankenheim noch bedeutend verstärkt sah, leistete nun gänzlich Verzicht auf die herzoglichen Lande, nicht jedoch ohne eine Erstattung von 40 000 Gulden zu verlangen.

Der älteste Sohn Gerhards, Jungherzog Wilhelm, vermählte sich am 19. Oktober 1472 mit Elisabeth, Tochter des Grafen von Nassau-Saarbrücken. Sie brachte ihm als reiche Hochzeitsgabe die Lande Heinsberg, Löwenberg, Diest und Ziehen mit in die Ehe. Aber auch der junge Herzog konnte sich seines Besitzes nicht ohne Gegenansprüche erfreuen. Die alten Familienverbände traten wieder gegeneinander an. Graf Dietrich von Manderscheid erhob Ansprüche auf den Mitbesitz von Jülich, obwohl er zuvor darauf verzichtet hatte. Als Karl von Burgund (der Kühne) auf den Plan trat, um seine Herrschaft möglichst auf den ganzen Niederrhein auszudehnen, konnte Wilhelm III. nicht mehr hoffen, seine Ansprüche auf Geldern durchzusetzen. Deshalb trat er seine Ansprüche gegen Zahlung von 80 000 Gulden an Graf Dietrich von Manderscheid ab.

Das Domkapitel hatte unterdessen den in Ungnade gefallenen Ruprecht von der Pfalz „als unnütz" für abgesetzt erklärt und Hermann von Hessen zum Administrator bestimmt. Es passte in die Pläne Herzogs Karl des Kühnen von Burgund, dass Erzbischof Ruprecht ihn zur Hilfe gegen das Domkapitel ins Land rief. Karl drang ins Erzstift ein und belagerte Neuss vom 29. Juli 1474 bis zum 5. Juni 1475. Erst als Kaiser Friedrich III. mit großen Streitkräften heranrückte, wurde der Burgunder zum Rückzug und zu Friedensverhandlungen gezwungen.

Der Bergische Herzog Wilhelm war militärisch zu schwach, um Herzog Karl dem Kühnen entgegenzutreten. Er duldete, dass Karls Truppen durch Bergische Gebiete zogen, und erneuerte am 31. Dezember 1474 sogar das Bündnis mit ihm. Das war nicht im Sinne von Kaiser Friedrich III., der einige Tage später in Köln eintraf. Daraufhin ließ er Wilhelm vorladen, der sich ihm unterwerfen musste.

Wilhelms Mutter, die Herzogin Sophia, starb am 9. September 1473. Ihr geisteskranker Gemahl überlebte sie und starb am 18. August 1475 auf der Burg zu Lülsdorf. Er fand seine letzte Ruhestätte in der Familiengrablege im Altenberger Dom. Die Herzogin Sophia ruht neben ihrem zweiten Sohn Adolf zu Nideggen.[151]

## Die Ländervereinigung Jülich-Berg und Kleve-Mark (Klever Union)

Es folgten politische Verwicklungen, Fehden, Bündnisse und Verträge, an deren Ende die Vereinigung der Länder Jülich-Berg und Kleve-Mark stand, die sogenannte „Klever Union". Die Vereinigung geht zum einen auf eine Männerfreundschaft zwischen Wilhelm III. von Jülich-Berg und Johann II. von Kleve zurück, zum anderen erneut auf einen immens wichtigen Beweggrund: Wilhelm hatte keine männlichen Nachkommen, ganz im Gegensatz zu Johann, der zahlreiche „echte" Nachkommen hatte, und dem man darüber hinaus die zweifelhafte Zahl von 63 unehelichen Kindern andichtete.

Wilhelm III. hatte nach dem frühen Tod seiner Gattin Elisabeth 1481 ein zweites Mal geheiratet. Auch Sibylle von Brandenburg brachte dem Gatten Zuwachs an Besitz. Da ihnen nur eine Tochter Maria geboren wurde, stellte sich wieder die Frage der Erbnachfolge, die „familienunschädlich" sein sollte. In einem denkwürdigen Erbvertrag vom 25. November 1496 wurde nicht nur die Verbindung sämtlicher beider Länder begründet, sondern die Verlobung der fünfjährigen Maria von Jülich-Berg mit dem sechsjährigen Johann von Kleve-Mark vereinbart. Am 25. November 1496 wurde auf Schloss Burg diese „Kinderverlobung" festlich gefeiert. Ein Bild des dort befindlichen historistischen Gemäldezyklus erinnert an dieses für beide Länder so wichtige Ereignis.

Die Landstände von Jülich-Berg-Ravensberg einerseits und Kleve-Mark-Ravenstein andererseits bekräftigten die darüber abgeschlossenen Verträge durch ihre Zustimmung.

Herzog Wilhelm III. von Jülich-Berg, der im Jahre 1510 noch die Hochzeit seiner Tochter Maria mit dem Jungherzog Johann von Kleve erleben durfte, starb am 6. September 1511 im Hause eines befreundeten Düsseldorfer Stiftsherrn. Wilhelm III. war der letzte bergische Fürst, der in der Familiengruft im Altenberger Dom beigesetzt wurde.

Durch die sogenannte „Klever Union" des Jahres 1496 wurden folgende Territorien zu einem Ganzen vereinigt:

1. Das Herzogtum Jülich, ein fruchtbares Ackerbauland, die Kornkammer des Rheinlandes
2. Das Herzogtum Kleve, ein Land mit vielen Städten und reich an ausgezeichneten Weiden
3. Das Herzogtum Berg, in welchem schon damals der „Gewerbefleiss" eine hohe Stufe erreicht hatte
4. Die Grafschaft Mark, ein viele Rittersitze umschließendes, wald- und erzreiches Gebiet (Teil des späteren Ruhrgebietes)
5. Die Grafschaft Ravensberg, welche später der Große Kurfürst „seine Linnenstadt" nannte
6. Die Grafschaft Ravenstein, auf dem linken Ufer der Maas, zwischen Grave und Herzogenbusch, rings von Brabant und Geldern umgeben, durch die Schlacht von Kleverhamm zu Kleve gekommen und 1815 an das Königreich Holland übergegangen

Diese vereinigten Landschaften erstreckten sich im Westen bis zur Maas und reichten im Osten bis zur Weser. Sie sind heute wesentliche Teile des Landes Nordrhein-Westfalen mit der „altbergischen" Hauptstadt Düsseldorf.

Hinsichtlich der Verwaltung bestand die Einteilung in Ämter. Der an der Spitze des Amtes stehende Amtmann wurde vom Landesherrn aus dem ritterbürtigen Adel ernannt. Die Burg des Amtmannes war jeweils Hauptsitz des Amtes. Bei der Aufsicht über Polizeisachen und persönlichen Rechtsklagen wurde er durch einen Richter (Dinger, Vogt) unterstützt. Die Ministerialen unterstanden einem Rittergericht, bei dem der Landesherr

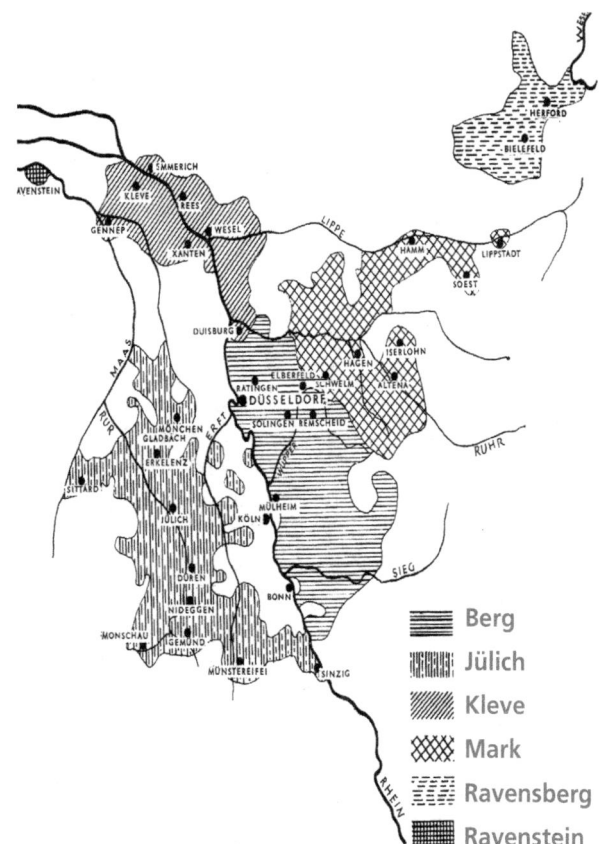

*Die „Klever Union" zur Zeit Wilhelms IV. (des Reichen) (1539–1592)*

▤ Berg
▦ Jülich
▨ Kleve
▩ Mark
▤ Ravensberg
▦ Ravenstein

oder ein Stellvertreter den Vorsitz führte. An beiden Gerichten waren Schöffen tätig. Wichtige Gerichte waren auch die Hofgerichte, die durch Erhöhung der Schöffenzahl zu Landgerichten werden konnten. Der die Pacht- und Lehnszinsen erhebende Beamte hieß Kellner und sein Büro war die Kellnerei. Es gab bergische Kellnereien in Burg und in Bensberg.

Die Verfassung war eine landständische, deren Existenz seit der Mitte des 14. Jahrhunderts nachgewiesen ist. Die Landstände, aus der Ritterschaft und den Vertretern der Städte bestehend, wurden vom Landesherrn zu den Landtagen einberufen. Die Rittergüter mussten in Größe und Befestigung landtagsfähig sein, ihre Besitzer vom geburtsständischen Adel. Das Bauernrecht wurde in Sachen, die die Landwirtschaft und das Zusammenleben im Dorf betrafen, im Hofgericht behandelt. Eine mehr oder minder große Anzahl Höfe war darin vereinigt. Schwere Verbrechen der Bauern gehörten vor ein Landgericht.

Der Landesherr hatte Einnahmen aus den Erträgen seines Grundbesitzes, aus dem sogenannten Schatz, aus der Bede, aus Zöllen, aus Gerichtsgebühren, Vogtabgaben, Münzgefällen und manchmal auch Geldverleih (Pfandschaften) etc. Lösegelder konnten von Fall zu Fall in beträchtlicher Höhe anfallen, aber auch Kriegsbeute war willkommene Einnahme. Bei den Steuern wurden zwischen den „privaten" Steuern des Landesherrn und den landständischen Steuern, die der Allgemeinheit dienten, unterschieden. Der Landesherr war verpflichtet, die Kosten der Regierung mit eigenen Mitteln zu bestreiten; nur wenn die althergebrachten Einnahmen nicht ausreichten, durfte er die Stände um Zahlungen ersuchen (Bede). Am stärksten wurden im Mittelalter die Finanzen eines Landesherrn ohne Zweifel durch kriegerische Unternehmungen in Anspruch genommen, so dass fast auf jedem Landtage Klagen über zu hohe Forderungen wegen der Kriegslasten laut wurden.[152]

Außer den Leibgarden und geringen Burgbesatzungen wurden in der Regel keine Truppen ständig unterhalten. Zur Landesverteidigung wurden oft Milizen aufgeboten, im Bergischen unter der Bezeichnung „Schützen" organisiert. Die waffenfähige Mannschaft wurde in Listen verzeichnet und in verschiedene Klassen eingeteilt. Die Führer erhielten auch im Frieden eine gewisse Vergütung, die Mannschaft nur dann, wenn sie eingezogen war.

Von Zeit zu Zeit fanden Musterungen und Übungen statt, welche häufig mit den örtlichen Schützenfesten in Verbindung gebracht wurden, um diesen den Stempel eines ernsten Zweckes zu geben und das Bewusstsein einer Zusammengehörigkeit der Mitglieder als Verteidigungs-Genossenschaft für Haus und Hof zu fördern.

Die Reiterei sollte von der Ritterschaft gestellt werden. Aber mit der Zeit wurde es üblich, sich von der persönlichen Heeresfolge mit Geld loszukaufen oder einen Ersatzmann zu stellen. Die Artillerie in den Festungen bildete eine eigene Korporation. Zur Bewachung und Besetzung der Wälle waren die Bürger verpflichtet. Bei einem ausbrechenden Krieg wurden die nötigen Truppen angeworben, nach geschlossenem Frieden wieder entlassen.

Die Schützenverbände konnten gegen gut ausgebildete und besser bewaffnete größere Söldnerheere nicht viel ausrichten, was sich in der Folge im Bergischen Land und anderswo darin zeigte, dass man den Durchzug fremder Truppen nicht verhindern konnte. Doch in der Abwehr von versprengten Plünderern und Räuberbanden, die sich vielfach aus entlassenen Söldnern bildeten und zwischen den Kriegen in Scharen mordend und brennend durch die Lande zogen, konnten sie sich oft bewähren. Deshalb förderten die Landesherren diese Schützenverbände und statteten sie mit Geld und Privilegien aus. Um ihre Gunst zu beweisen, stifteten sie manchmal silberne Vögel oder Anhänger an die Schützenketten. Besonders im Bergischen Land und am Niederrhein bildeten sich Schützenbruderschaften, die neben Schießspielen und Geselligkeit auch Krankenpflege, Armenfürsorge sowie Bestattung der Toten leisteten. Letzteres wurde besonders bei den mehrmaligen Pestepidemien ein notwendiger Dienst an der Allgemeinheit. Die Schützenbruderschaften erwählten als Patron bevorzugt den hl. Sebastianus, aber auch Hubertus und andere Heilige kommen vor.

*Der Humanist Erasmus von Rotterdam (1466/1469–1536)*

## Das Zeitalter des Humanismus und der Reformation

Zu Beginn des 16. Jahrhunderts befand sich das Gebilde von Fürstentümern und Territorien, das man Deutschland nannte, wirtschaftlich und bevölkerungsmäßig auf einem Höhepunkt. Nach Erfindung des Buchdrucks mit beweglichen Lettern durch Gutenberg war der Weg zu einer verbesserten Laienausbildung geebnet. Schulen und Universitäten wurden gegründet, Humanisten wie Melanchthon und Erasmus fanden ihre Leser.

Es war die Zeit des allgemeinen Aufbruchs, der Wende vom düsteren Mittelalter in eine hoffnungsvolle Neuzeit. Das Kaisertum – die Krone war fast Erbbesitz der Habsburger geworden –

*Unterricht im 16. Jahrhundert. Mehrere Lehrer unterrichten gleichzeitig. Die Rute ist schnell bei der Hand.*

hatte selbst in Deutschland kaum noch Autorität. Das offensichtliche Versagen des Renaissancepapsttums sowie von Teilen der hohen und niederen Geistlichkeit forderte die im Aufbruch befindlichen Menschen geradezu zu einer kritischen Stellungnahme heraus.

Martin Luthers Thesen richteten sich gegen die missbräuchliche Praxis des Ablassverkaufs. Einen besonders schwunghaften Handel mit Ablassbriefen betrieb der Dominikanermönch Tetzel, der auch in der Gegend von Wittenberg predigte. Obwohl die Kirche immer wieder eindringlich darauf hinwies, dass nur echte und innere Buße zur Vergebung der Sünden führen könne, verstand das Volk die Ablassbriefe so, als sei mit Geld die ewige Seligkeit zu kaufen.

Herzog Johann III. von Kleve, der 1511 die Herrschaft in Jülich-Berg antrat, gelangte nicht ganz unangefochten in diesen Besitz, weil die sächsischen Fürstenhäuser das Recht der weiblichen Erbfolge bestritten. Ihre wiederholten Beschwerden hatten zur Folge, dass Kaiser Maximilian erst fünf Jahre später König Karl V. von Spanien den Auftrag gab, Johann mit den Ländern offiziell zu belehnen. Mit Karl, der am 26. Juni 1519 zum Deutschen Kaiser gewählt worden war, sowie mit seinem Vater schloss Johann am 25. November 1519 zu Sittard ein Bündnis für gegenseitigen Schutz und Hilfe auf Lebenszeit.

Herzog Johann III. war ein gebildeter Fürst, wohlwollend, gerecht und vor allem friedliebend, weshalb man ihm in der Geschichte den Namen „der Friedfertige" gab. Dementsprechend suchte er die Wohlfahrt seiner Herzogtümer in der anstehenden Entwicklung zur Neuzeit allseitig zu fördern. Im Jahre 1527 verlieh er das sogenannte „Garnnahrungsprivileg" (Bleichmonopol) an Elberfeld und Barmen, d. h., ihren Bewohnern wurde das alleinige Recht zugesprochen, im Herzogtum Berg Garne zu veredeln. Die endlich eingetretene längere Waffenruhe gestattete ihm, sein Augenmerk auf die Besserung der inneren Zustände seiner Länder zu richten, als er nach dem Tode seines Vaters auch zum Herzog von Kleve und Mark berufen wurde. Er verbesserte das Schulwesen und förderte die wirtschaftliche Entwicklung durch Güteraustausch und Straßenbau. Im Besitz eines so großen Ländergebietes und in einer solchen Achtung gebietenden Machtstellung brauchte er Angriffe von außen kaum zu fürchten, besonders weil ihm die Waffenhilfe des Kaisers zugesagt war.

Der junge Herzog nannte sich jetzt Johann III., Herzog zu Kleve, zu Jülich, zu dem Berge, Graf zu der Mark und zu Ravensberg, Herr zu Ravenstein ...". Er erließ eine föderative Regierungsordnung in beiden Landeshälften mit Sitz in Kleve für Kleve-Mark und zu Düsseldorf für Jülich-Berg.

Die Förderung von Wissenschaft, Kunst und allgemeiner Bildung lag ihm sehr am Herzen. Seinen 1516 geborenen Sohn Wilhelm ließ er vom weit gereisten und gebildeten Konrad von Heresbach erziehen. Am 1. September 1523

*Mit der Emanzipation des Bürgers ging die schulische Erziehung zunehmend von den Klosterschulen in die Hände der Bürger über, die eigene „Schulmeister" mit dieser Aufgabe betrauten. Deutsche Schulstube des 16. Jahrhunderts mit den nach Altersgruppen getrennten Schülern (Ausschnitt aus „Legende von St. Rupprecht", J. Köbel, Oppenheim 1524.)*

trat Heresbach am Hofe zu Kleve sein Erzieheramt an. Seit dieser Zeit bis zu seinem Tode leitete Heresbach durch seine geistige Überlegenheit den Fürstenhof vollständig und prägte ihn dementsprechend.

Im Jahre 1519 erreichte die Reformation das Bergische Land. Johanns Verhältnis zur „neuen Lehre des Evangeliums" war zwiespältig. Wohl unter dem Einfluss seiner Frau Maria von Jülich-Berg, die aus Familientradition streng katholisch erzogen war und Bestrebungen zu weitgehenden kirchlichen Reformen kategorisch zu unterbinden suchte, erließ er 1525 ein scharfes Edikt gegen Luthers Lehre. Er ließ von allen Kanzeln des Landes verkündigen, dass „Luthers und seines Anhangs Lehren eitel, falsch und Ketzerei seien". Schließlich wies er seine Amtleute an, diejenigen, die heimlich oder öffentlich der Lehre zuneigten, ins Gefängnis zu bringen.

*Martin Luther. Holzschnitt von Hans Baldung Grien, erschienen in dem Buch „Acta et res gestae D. Martini Lutheri" (Straßburg, 1521). Nicht zuletzt durch die Verbreitung solcher Portraits – die neue Drucktechnik ermöglichte eine Massenproduktion – wurde der Reformator zu einer berühmten Persönlichkeit. Hans Baldung Grien stellt ihn hier als Mönch dar, der vom Heiligen Geist inspiriert ist.*

Aber der Herzog hatte diese harten Maßnahmen wohl nicht so ernst gemeint, denn es dauerte nicht lange, so wurde die „neue Lehre" mit seiner Duldung (er war ein Anhänger humanistischer Ideen) sogar auf dem Schloss zu Düsseldorf verkündet. Als Urheber zeigte sich der Kurprinz Johann Friedrich von Sachsen, der durch Heirat mit Johanns Tochter Sibylle 1526 dessen Schwiegersohn geworden war. Johann Friedrich von Sachsen besuchte dreimal den Niederrhein und versäumte dabei nicht, seinen Hofprediger Friedrich Myconius (Mecum) mitzubringen, der dort die lutherische Lehre öffentlich verkündete.

Nach seiner eigenen Erzählung predigte Myconius zu Köln, Jülich, Kleve, Soest, Essen, Düsseldorf vor zufällig anwesenden Zuhörern und hielt schon im Herbst 1526 öffentliche Disputationen mit den Mönchen und Sophisten aus Köln. Natürlich erhob die Geistlichkeit, insbesondere die Ordensgeistlichkeit, ihre Stimme dagegen, und bei der letzten Anwesenheit des sächsischen Kurprinzen Johann Friedrich in Düsseldorf richtete ein Franziskanermönch aus Köln, Johann Heller, genannt Korbach, von der Kanzel der Lambertus-Stiftskirche herab heftige Angriffe gegen Myconius. In Gegenwart des sächsischen Kurprinzen Johann Friedrich, etlicher Jülisch-Bergischer Räte und vielen vom Adel und der Ritterschaft des Bergischen Landes sowie Gelehrten und gemeinem Volk veranstalteten Myconius und Heller ein Streitgespräch, das nach subjektiver Äußerung des Myconius zugunsten der neuen Lehre ausfiel.

Am 3. April 1528 wurde der berühmteste bergische Vorkämpfer der Reformation, der Theologe, Prediger und Lehrer Adolf Clarenbach, in Köln unter dem Vorwurf lutherischer Umtriebe verhaftet. Er war nach Köln gekommen, um den vor dem Geistlichen Gericht des Erzbischofs wegen „Irrlehre" angeklagten befreundeten Kaplan Johann Klopreis zu verteidigen und gegen dessen Festnahme beim Kölner Rat zu protestieren. Während Klopreis – zu lebenslangem Kerker verurteilt – in der Silvesternacht aus dem Gefängnis entkommen konnte, dauerte das Verfahren gegen Clarenbach ganze zwei Monate.

Nach langer, zäher Verhandlung fällte das Geistliche Gericht seinen Schuldspruch gegen Clarenbach, den man in 23 Punkten der Ketzerei für überführt hielt. Die Hinrichtung verzögerte sich u. a. vielleicht deshalb, weil man

*Sibylle von Kleve in der Frauenmode der Renaissancezeit. Gemälde von Lucas Cranach dem Älteren (1472–1553)*

noch auf eine Bekehrung des Verurteilten hoffte. Doch wurde auch Köln von der im Sommer 1529 grassierenden *sudor angelicus* befallen. Dabei handelte es sich um einen aus England eingeschleppten Schüttelfrost mit Fieber und Krämpfen. Es zeigte sich wieder einmal die unheilvolle mittelalterlich-naive Auffassung, dass solche und ähnliche Seuchen eine Strafe und Geißel Gottes seien. Für Clarenbach und seinen Leidensgenossen wurde diese aufgereizte Stimmung zum Verhängnis: „die ungesühnte Ketzerei sollte endlich ihre gerechte Strafe finden". Zusammen mit dem Studenten Peter Fliesteden aus Pulheim, der wegen Verächtlichmachung des Altarsakramentes und wegen Ablehnung kirchlicher Lehren verurteilt worden war, starb er bei Melaten auf dem Scheiterhaufen.

Für die herzogliche Regierung wurde es höchste Zeit, die in Aussicht gestellte kirchliche Reform durchzuführen. Deshalb wurde eine kirchliche „Ordnung und Berichtigung" beschlossen. Sie bestimmte, dass in den Pfarrkirchen nur die Pfarrer, in den Klöstern nur die von den Oberen berufenen Geistlichen zum Predigen zugelassen werden sollten. Es dürfe kein Schelten seitens der Prediger, kein Einspruch seitens eines Zuhörers stattfinden; schließlich gab die „Ordnung" eine Anleitung und Erklärung der zehn Gebote, der Sakramente, der Liturgie etc.

Die lutherischen Fürsten, die Protestanten, übergaben am 25. April 1530 dem Reichstag zu Augsburg ein von Philipp Melanchthon verfasstes Glaubensbekenntnis, die „Augsburger Konfession". Das veranlasste den Kaiser im Jahre 1532 beim Religionsfrieden zu Nürnberg, den Status quo anzuerkennen. Die Anhänger Zwinglis, die sich mit denen Calvins vereinigten, wurden fortan zum Unterschied zu den Lutheranern „Reformierte" genannt. Luther und seine Anhänger traten diesen „religiösen Schwarmgeistern" entschieden entgegen.[153]

## Herzog Johann III. bessert die inneren Zustände seiner Länder

Dass der Herzog Johann nicht bloß auf die Besserung der kirchlichen, sondern auch der sonstigen Zustände bedacht war, zeigen seine Verordnungen. So liegen z. B. entsprechende aus den Jahren 1533 und 1534 vor, die belegen, dass er das Bedürfnis eines guten Unterrichts erkannte.

Herzog Johann hatte auch eine gründliche Verbesserung des Gerichtswesens im Auge; denn er erklärte den Jülischen Ständen ausdrücklich, dass er eine „Rechtsreformation" beabsichtige. Eine solche war allerdings notwendig; denn die früheren Rechtsordnungen, wie das Opladener Ritterrecht und das Jülische Länderrecht, entsprachen nicht mehr den Fortschritten der Wissenschaft und der staatlichen Verfassung. Wie in allen Wissenschaften, so manifestierte sich der geistige Aufschwung der Zeit auch in der Rechtswissenschaft. Das römische Recht drang immer mehr ein; die barbarischen Strafen des Mittelalters wurden zum Teil aufgehoben.

Aber die Abfassung einer „Landes-Rechts- und Gerichtsordnung", wie sie Herzog Johann vorschwebte, war für die damalige Zeit eine höchst schwierige Aufgabe und konnte erst später gelingen.

Zu jener Zeit begannen die schrecklichen Hexenprozesse. Auch im Bergischen Land kamen sie vor, wenn auch nicht in der Häufigkeit wie anderswo. Aus Odenthal ist uns die Verfolgung der unglücklichen Scheuer-Trein überliefert, die am 10. Januar 1613 nach schrecklichen Folterungen und Abpressung „eines Geständnisses" am Steinbrückchen in Lustheide bei Refrath verbrannt wurde.

Mit einer schlimmen Plage hatte sich Herzog Johann auseinanderzusetzen. Das waren die Horden entlassener Söldner, die sich als Folge der unaufhörlichen Fehden in der bergischen und niederrheinischen Gegend herumtrieben und die Sicherheit des Landes sehr beeinträchtigten. Herzog Johann starb unerwartet am 6. Februar 1539, nachdem ihn am Tage vorher ein Schlaganfall getroffen hatte. Er wurde zu Kleve begraben.[154]

## Herzog Wilhelm IV. (der Reiche) folgt seinem Vater Johann III.

Herzog Johann von Kleve hinterließ aus seiner Ehe mit Maria von Jülich-Berg vier Kinder, einen Sohn Wilhelm und drei Töchter. Die älteste Tochter Sibylle hatte sich seinerzeit, wie erwähnt, mit Johann Friedrich von Sachsen vermählt. Die zweite Tochter, Anna, wurde 1540 die vierte Gemahlin des Königs Heinrich VIII. von England, der sich jedoch bald wieder von ihr scheiden ließ. Die jüngste Tochter Amalie blieb unvermählt.

Vorerst galt die erst 1532 von Kaiser Karl V. auf dem Reichstage zu Regensburg erlassene „hochnotpeinliche Hofgerichtsordnung" weiter, die nach schriftlicher Aussage einen „wohltätigen" Fortschritt darstellt, wenn sie auch noch die Folter zulässt und brutale Strafbestimmungen wie folgende enthält: Zur Abschreckung soll der Delinquent „durch den ganzen Leib zu vier Stücken zerschnitten, und solche Vierteile auf gemeinen vier Wegstraßen öffentlich gehangen und gesteckt werden ... mit dem Rade durch Zerstoßen seiner Glieder vom Leben zum Tode gerichtet und fürder öffentlich darauf gelegt ... vor der endlichen Tötung öffentlich auf einem Wagen bis zur Richtstatt umhergeführt und der Leib mit glühenden Zangen gerissen ... öffentlich in Pranger oder Halseisen gestellt, die Zunge abgeschnitten und dazu aus dem Lande verwiesen ... beide Ohren abgeschnitten, fürder mit Ruten ausgehauen und des Landes verwiesen werden ..."

Herzog Wilhelm der Reiche (1539–1592) war beim Tode seines Vaters erst 22 Jahre alt. Von dem reformfreudigen Humanisten Konrad von Heresbach erzogen, neigte er überwiegend der „Augsburger Konfession" zu. Seine Regierungszeit fällt in einen der wichtigsten und folgenreichsten Abschnitte der niederrheinischbergischen Geschichte. Sie teilt sich in drei unterschiedliche Perioden: Die erste ist die schnell vorübergehende Bündnisperiode mit Frankreich, Schweden, Dänemark und zeitweise auch mit England gegen Kaiser Karl V., an deren Ende der endgültige Verlust von Geldern stand (1539–1543); die zweite ist die Zeit der staatlichen und kirchlichen Reformen, die sein Vater begonnen, aber nicht vollendet hatte (1543–1567); die dritte Periode umfasst die Zeit des politischen Stillstandes und des Triumphs der streng katholischen Richtung bei Hofe während des physischen und psychischen Verfalls des Herzogs von 1567 bis 1592.

Die Stimmung am Hofe neigte sich zur Zeit Wilhelms der Reformation zu. Nach dem Augsburger Religionsfrieden vom 25. September 1555 *(cuius regio, eius religio)* gab Wilhelm in vier Ländern die Priesterehe und das Abendmahl in beiderlei Gestalt frei. Wie schon sein Vater, so betrachtete sich auch Herzog Wilhelm IV. als oberster Kirchenherr in seinem Machtbereich. Seit 1560 neigte er sich dann aber dem katholischen Bekenntnis zu. Den Bemühungen des Kölner Erzbischofs Adolf v. Schaumburg um eine Regelung der kirchlichen Jurisdiktions- und Visitationsfrage setzte er passiven Widerstand entgegen.[155]

## Kampf um Geldern gegen Kaiser Karl V.

Kaiser Karl V. hatte einen gefährlichen Zweifrontenkrieg zu führen: gegen König Franz I. von Frankreich und gegen die mit den Franzosen verbündeten Türken. Die gleichzeitige Herrschaft Karls V. in Spanien und Deutschland empfand der französische König als eine Bedrohung seines Landes, weil es nun an allen seinen Grenzen von Habsburgs Besitz eingeschlossen war.

Es ist verständlich, dass König Franz I. Bundesgenossen suchte. Auch Herzog Wilhelm von Jülich-Berg, der Ansprüche an Geldern stellte, ließ sich von ihm – „aus jugendlichem Leichtsinn",

Kaiser Karl V. (1500–1558), Enkel Kaiser Maximilians I., erbte die Herrschaft in Spanien, Neapel und den burgundischen Niederlanden. Nach dem Tode Maximilians bewarb sich Karl unter Einsatz von riesigen durch die Fugger bereitgestellten Geldmitteln um die Kaiserkrone. Nach Ablegung einer seine Befugnis begrenzenden „Wahlkapitulation" wurde er am 26. Juni 1519 in Frankfurt gegen seinen Gegenkandidaten, König Franz I. von Frankreich, zum Kaiser gewählt. Nach der Krönung in Aachen berief er die Fürsten zum 27. Januar 1521 nach Worms zum Reichstag, zu dem Luther am 6. März zitiert und auf dem dieser am 17./ 18. April verhört wurde. Weil Luther einen Widerruf ablehnte, verhängte der Kaiser am 8. Mai 1521 die Acht über ihn, die im „Wormser Edikt" am 26. Mai neben dem Reichstagsabschied besonders publiziert wurde.

wie Karl V. später versöhnlich formulierte – überreden, ein Bündnis gegen den Habsburger zu schließen. Gefördert wurde der Entschluss des jungen Herzogs durch ein Eheversprechen mit der Nichte des französischen Königs, Johanna von Navarra. In persönlichen Verhandlungen zwischen Herzog Wilhelm und Kaiser Karl V., der Ersteren zur Umkehr bewegen wollte, konnte keine Einigung erzielt werden. Auf dem Regensburger Reichstag von 1541 stimmten die Stände von Geldern dem Kaiser zu, ohne Wilhelm, der von Franz I. von Frank-

> Der Mutter des Herzogs, Maria von Jülich-Berg, die sah, wie der Kaiser ihr Stammland verheeren und ihren Witwensitz zu Süstern und Hambach in Asche legen ließ, starb darüber. Heresbach verfasste ihre Grabschrift: „Aus glücklichem Geschlecht war ich, reich an Ländern und Kindern – nun aller Güter beraubt! Wozu schmücke ich den Leib mit seinem Gewande und Geschmeide? Er ruht in der Erde nun, eine Speise der Würmer, fest steht einzig das Heil: der hoffende Glaube an Christus; alles andere vergeht, ein Staub, ein Schatten, ein Nichts."

reich unterstützt wurde, zur Resignation bewegen zu können.

Daraufhin traf 1543 der Kaiser mit einem Heer in Deutschland ein. Sein Feldherr Gonzaga führte in raschem Kriegszug durch die Eroberung von Düren, Jülich und Roermond eine siegreiche Entscheidung herbei. Frankreich und der Schmalkaldische Bund versagten dem Herzog die versprochene Hilfe. Von allen Seiten verlassen, blieb ihm nichts anderes übrig, als sich zu unterwerfen.

Der Kaiser rief ihn dann in das Lager von Venlo. In Trauerkleidern – wie es gefordert wurde – erschien er vor dem Kaiser und bat ihn fußfällig um Gnade. Karl V. nahm diese Demütigung an und ließ einen Friedensvertrag entwerfen, laut dem der junge Herzog sich verpflichten musste,

1. in seinen Gebieten den Katholizismus aufrechtzuerhalten und, wo Neuerungen eingetreten, den früheren Zustand wiederherzustellen,

2. dem Kaiser, dem deutschen König und dem Reich Gehorsam zu leisten,

3. dem französischen, dänischen und schwedischen Bündnis zu entsagen,

4. auf das Herzogtum Geldern und die Grafschaft Zütphen gänzlich zu verzichten und die Bewohner des Huldigungseides zu entbinden,

5. Ravenstein vom Kaiser als brabantisches Lehen zu empfangen etc.

*Herzog Wilhelm IV. (der Reiche) aus dem Hause Kleve (1539–1592)*

Mit dem kurzen und erfolgreichen Feldzug hatte Kaiser Karl V. die Reformation am Niederrhein erst einmal gestoppt, sein Erbland durch eine reiche Provinz vergrößert und aus dem selbstständigen jungen Herzog Wilhelm einen abhängigen Vasallen gemacht.

Am 14. Oktober 1543 bestätigte Karl V. dem Herzog die Regalien und Pfandschaften der Lande Jülich, Berg und Ravensberg, die durch den Tod der Mutter nun endgültig ihm zugefallen waren. Der versöhnte Kaiser fasste nun aus politischen Gründen den Plan, den Herzog an seine Familie zu binden. Er vermittelte in diesem Sinne eine Ehe mit Maria, der Tochter seines Bruders Ferdinand. Damit war für die Zukunft eine kaiserfreundliche Haltung des jülisch-bergischen Herzogs zu erwarten. Karl V. hob in seinen Aufzeichnungen über diese Angelegenheiten mit Befriedigung hervor, dass die Heirat mit seiner Nichte Maria, die bei der Hochzeit erst 15 Jahre alt war, den Herzog von Jülich-Berg „ebenso fest an die Interessen des Hauses Habsburg band, als sie ihn von weiteren Verbindungen mit Frankreich fernhielt".

Einige Tage nach der am 18. Juli 1546 erfolgten Vermählung erteilte der Kaiser das „Privilegium Successionis", um welches der Herzog für die Töchter dieser Ehe nachgesucht hatte. Dieses später „Privilegium Carolinum" genannte Recht der weiblichen Erbfolge wurde auch von den folgenden Kaisern bestätigt und war der Grund für die späteren lang andauernden Erbschaftswirren.

Befreit von machtpolitischen Ambitionen konnte der Herzog sich jetzt ganz dem inneren Aufbau seines Landes widmen. Er schuf einen neuen juristischen Kodex, der das bisher praktizierte Gewohnheitsrecht nach überwiegend römischen Normen ablöste. Gegenüber den Evangelischen zeigte er sich nur so moderat, wie es die Absprache mit Karl V. zuließ.

Im Jahre 1550 wurde zur Durchführung der von den Räten beschlossenen neuen „Kirchenordnung" im Bergischen Land eine Visitation aller Pfarreien durchgeführt, die in ähnlicher Form zuvor in Jülich stattgefunden hatte. Es gab bis dahin noch keine Akten über die kirchlichen Zustände im Lande, auf die man zurückgreifen konnte. Die herzoglich bergische Regierung beabsichtigte in den Erkundigungen von 1550 weniger eine „Visitation" im kirchenrechtlichen Sinne als vielmehr die Herstellung einer Statistik zur Wahrung der von ihr beanspruchten Rechte und die Vorbereitung der Reformen im Kirchenwesen.

Die Erkundigungen von 1550 sind heute aufschlussreiche Quellen für den Historiker. Aus ihnen geht hervor, dass sich die evangelische „Opposition" besonders in Lennep, Lüttringhausen und Solingen konzentriert hatte. Die dort ansässigen Gewerbetreibenden waren auf Grund der auf die Berufsausübung zurückzuführende höhere Aufgeschlossenheit eher geneigt, die „neue Lehre" anzunehmen, als das gläubig-konservative Bauerntum in der Rheinniederung. Dadurch ist das West-Ostgefälle der Verbreitung von Katholiken und Evangelischen im Bergischen Land, wie es auch heute noch in vielen Gemeinden und Städten besteht, zu erklären.

Ab 1555 galt die aus 157 Artikeln bestehende „Bergische Landesordnung", die eine effizientere Verwaltung möglich machte. Auf sozialem Gebiet wurden sogenannte „Armenordnungen" und „Armenpflegen" eingeführt (1546–1554). Eine notwendige Schulreform wurde in Angriff genommen. Der extrem „ausgenutzte" Wald, der damals weitgehend „Nährwald" war (Eichelmast, Laubabstreifen, Rindenschälen etc.), wurde durch mehrere Waldordnungen geschützt.

Aus dem Mittelalter überkommene grausame und barbarische Strafen wurden zum Teil abgeschafft;

*Odenthal bei Altenberg war eines der Zentren, das die traurige Berühmtheit als Zentrum von Hexenverbrennungen erlangte. In beeindruckender Weise erinnert der vor wenigen Jahren gestaltete Hexenbrunnen im historischen Zentrum an diese Zeit.*

aber Folter, Pranger und Halseisen blieben bestehen. Gegen die Hexenverfolgung sprach sich als einer der ersten der Leibarzt des Herzogs, Johann Weyer, aus (1563). Er fand Verständnis bei Wilhelm und seinen Räten, so dass es in den vereinigten Herzogtümern Jülich und Berg nur noch vereinzelt zu Hexenprozessen kam.

Nach einem ersten Schlaganfall 1566 im Bensberger Schloss waren die letzten Jahrzehnte von Wilhelms langer Regierungszeit durch geistigen Verfall gekennzeichnet. Wilhelm IV. starb am 5. Januar 1592 und ließ sich in der Stiftskirche St. Lambertus zu Düsseldorf beisetzen.[156]

## Der Kölnische oder Truchsessische Krieg

Kaum war es Kaiser Karl V. mit dem Sieg gegen Herzog Wilhelm IV. von Jülich-Berg und anschließender familiärer Anbindung an das Haus Habsburg gelungen, die Verbreitung der Lutheraner in dessen Landen zumindest einzudämmen, entstand eine noch größere Gefahr für den Katholizismus im Erz- oder Kurstift Köln. Die Rheinmetropole selbst hielt als einzige der bedeutenden Städte im Reich hartnäckig am Katholizismus fest. Wirtschaftliche Gründe veranlassten die Kölner Bürger, ein gutes Einvernehmen mit den Habsburgern anzustreben, denn ein Großteil des Wein- und Getreidehandels musste durch die habsburgischen Niederlande abgewickelt werden. Der Kölner Rat verhinderte deshalb einen nennenswerten Einfluss der Protestanten.

Anders zwei Erzbischöfe und Kurfürsten, die im Verlauf des 16. Jahrhunderts versuchten, in ihrem Herrschaftsbereich Reformationen einzuführen: Der eine, Hermann von Wied, versuchte das in den 40er-Jahren aus religiöser Überzeugung, während der andere, Gebhard Truchsess von Waldburg, in den 80er-Jahren aus einem profaneren Grund zum Protestantismus übertrat. Er wollte nämlich die protestantische Gräfin Agnes von Mansfeld, eine Stiftsdame des Klosters Gerresheim, mit der er seit 1579 ein Liebesverhältnis eingegangen war, heiraten. Die Brüder der Agnes hatten Gebhard ein Heiratsversprechen abgepresst. Im Gegensatz zu seinem Vorgänger, der nach seiner Heirat resignierte, trat Gebhard nicht vom Bischofsamt zurück. Am 16. Januar 1583 ließ er allgemein bekannt machen, „dass alle augsburgischen Konfessionsverwandten in seinem ganzen Kurfürstentum freie Religionsausübung haben sollten". Gebhard proklamierte die Gleichberechtigung der Konfessionen, stellte den Domherren das Bekenntnis frei und wurde daraufhin der Verletzung des Geistlichen Vorbehalts angeklagt. Folglich exkommunizierte Papst Gregor XIII. ihn am 1. April 1583.

Wenn das Erzstift protestantisch geworden wäre, hätten die katholischen Fürsten im Kurfürstenkollegium die Mehrheit verloren und – wegen des zu befürchtenden Abfalls von weiteren Bischöfen und Prälaten – auch im Reichsfürstenrat die Minorität zu befürchten gehabt.

Deshalb traten am 28. Januar 1583 unter Führung des Domstiftes die Landstände des Erzstiftes zusammen, um zu beraten. Landstände und Adel waren erst geteilter Meinung, nahmen aber unter dem Druck der spanischen Truppen aufseiten des Domkapitels Stellung. Nachdem der Papst den großen Kirchenbann über Gebhard verhängt hatte und Kaiser Rudolf II. die Reichsacht, wurde am 23. Mai 1583 Herzog Ernst von Bayern zum Erzbischof von Köln gewählt. Da Gebhard seiner Würde nicht entsagen wollte, kam es schon bald zu kriegerischen Handlungen – der Truchsessische Krieg nahm seinen Anfang.

Gebhard, der von Westfalen aus operierte, war u. a. mit Graf Johann von Nassau und den Pfalzgrafen Johann I. von Zweibrücken und Johann Casimir verbündet. Weil die lutherischen Fürsten und Städte aus Hass gegen die Reformierten keinen Beistand leisteten, verpfändete Gebhard dem Pfalzgraf Johann Casimir gegen die Zusage militärischer Hilfe das ganze Erzstift Köln. Besonders unter Johann Casimirs Söldnern hatte in der Folgezeit das Bergische Land und der ganze Niederrhein sehr zu leiden.

Das Land Jülich-Berg konnte im Laufe dieses Krieges keinen militärischen Schutz der Obrigkeit erwarten. Es wurde in eine Statistenrolle gedrängt, wobei die bäuerliche Landbevölkerung besonders in Mitleidenschaft gezogen wurde. Gerade zu der Zeit, als das Land einer starken Hand bedurfte, waren die Landesväter schwer krank: Herzog Wilhelm IV. erlitt schon 1566 einen Schlaganfall und war somit psychisch kaum handlungsfähig und sein Sohn Johann Wilhelm galt wenig später als dem Wahnsinn verfallen.

Die Räte, religiös zerstritten, verfolgten lediglich eigennützige Ziele. Mehrfache Neutralitätserklärungen der jülisch-bergischen Herrscher konnten die fremden Truppen nicht davon zurückhalten, immer wieder die Lande plündernd, brennend und mordend zu durchziehen. Wohl rotteten sich die Bauern hier und da zu Selbstschutzgruppen zusammen, um sich wenigstens vor

In einem zeitgenössischen Bericht heißt es: „… die anderen, so sie nicht ermordet und gefangen wurden, haben sie dermaßen wundlich zerkerbt, zerschlagen und mit Hähnen von den Büchsen ihnen die Nägel von den Fingern geschlagen und sonst unerhörter Weise gemartert, dass ihnen der Tod lieber denn das Leben gewesen. Die Weibspersonen, so in ihre Hand geraten, haben sie dergestalt benotzüchtigt, geschändet und missbraucht und in aller Unzucht sich also sodomitisch, tierisch und viehisch verhalten, dass es nicht zu beschreiben; etliche haben sie gleich den Männern ermordet."

versprengten und plündernden Marodeuren zu schützen, gelang aber ein Abwehrerfolg, so war meist die Rache eines größeren Söldnerhaufens die Folge. So wurde das Dorf Schlebusch als Folge eines gerade erst geglückten Abwehrversuches völlig zerstört.

Es gab damals noch keinen geordneten Verpflegungsnachschub für die Truppen. Jeder Kriegshaufen musste selbst für Verpflegung und „Fourage" sorgen, die man direkt bei den umliegenden Bauern „organisierte". Auch das „Fangen und Spannen" (d. h. die Bauern mit ihren Pferden und Fuhrwerken zu Transportdiensten zwingen) war alltägliches Geschehen. Um bei Widerstand die Leute einzuschüchtern und Verstecktes aufzuspüren, benutzte man die schlimmsten Folterungen und verbrannte zur Abschreckung allzu oft die Gehöfte und Häuser.

Am 11. August 1583 überfielen die Truchsessischen Truppen vor den Augen der „neutralen" Kölner Bürger, die das Geschehen von der Stadtmauer aus beobachten konnten, Deutz, wo sich eine Abteilung Soldaten des neuen Kurfürsten Ernst verschanzt hatte. Dorf und Kloster wurden niedergebrannt, die Besatzung vertrieben. Die Deutzer Bevölkerung, inklusive der dort seit 1424 ansässigen Juden, hatte sich größtenteils auf die andere Rheinseite in Sicherheit gebracht. Einige Tage später riss ein stadtkölnischer Bautrupp das Kloster St. Heribert und die Pfarrkirche bis auf die Grundmauern nieder, damit sich in den außerordentlich festen Gebäuden, besonders in dem aus dem 11. Jahrhundert stammenden starken Turm der Klosterkirche, keine Truppen mehr festsetzen konnten. Als am 16. September 1583 die Truchsessischen Truppen unter Johann Casimir im Feld bei Deutz lagerten, erhielten sie die Erlaubnis, sich im neutralen Köln mit Proviant einzudecken, während gleichzeitig von anderen Abteilungen im Lande Berg, etwa in Stammheim, Wiesdorf und Schlebusch, schwere Verwüstungen angerichtet wurden.

Gebhard, der von den protestantischen Fürsten nur ungenügend unterstützt wurde, musste bald der durch die Spanier

## Exkurs: Verfolgung und Entrechtung der Juden in Köln

Während des Kölnischen Krieges flüchteten die Juden aus Deutz nach Köln. Der Kölner Rat beschloss am 12. Juli 1584, die während der Kriegswirren um Deutz erteilte Aufenthaltsgenehmigung nicht zu erneuern, und räumte den Juden lediglich eine Zweimonatsfrist bis zum endgültigen und unwiderruflichen Abzug ein. Die Kölner Ratskommission, die man auf Einspruch von Kölner Bürgern, die gegen die Ausweisung waren, gebildet hatte, kam zu dem Schluss, dass sich die Anwesenheit von Juden in der Stadt für das Gemeinwohl schädlich auswirke. Seit 1424, als man aus ähnlichen Gründen die Juden aus der Stadt vertrieben hatte, hatte kein Jude in Köln seinen Wohnsitz inne noch durfte einer von ihnen die Stadt überhaupt betreten. Der Rat der Stadt Köln beschloss damals, die Juden nach Ablauf einer auf zehn Jahre befristeten Aufenthaltsgenehmigung, „up ewige tzyden" auszuweisen. Nach ihrer Vertreibung aus Köln siedelten sich die meisten Juden auf der rechten Rheinseite in Deutz an. Diejenigen Kölner, die weiter Geschäfte mit ihnen machen wollten, waren gezwungen, per Schiff herüberzufahren.

Vor der Ausweisung hatte der Kölner Rat am 8. Juli 1408 schon eine Kleiderordnung für die jüdischen Mitbürger beschlossen: „Juden und Jüdinnen, Jung und Alt, die in Köln wohnen oder die fremd dahin kommen, sollen solche Kleider tragen, dass man sie als Juden erkennen kann, und zwar in folgender Weise: Ärmel sollen sie an ihren Überwürfen und Röcken tragen, nicht weiter als eine halbe Elle. Die Kragen an Röcken und Kapuzen dürfen nicht breiter als ein Finger sein. An ihren Kleidern darf keine Pelzfütterung gesehen werden, die oben und unten heraustritt … Die Mäntel müssen befranst sein und müssen mindestens bis an die Waden reichen … Sie sollen keine grauen Schuhe tragen, weder innen noch außen grau. Über dem Ohrläppchen dürfen sie sich nicht scheren lassen. Die jüdischen Frauen dürfen werktäglich keine Ringe tragen, deren Gewicht das von drei Goldgulden übersteigt… Sie dürfen werktäglich keine goldenen Gürtel tragen und keine Gürtel, die über zwei Finger breit sind … In der Karwoche und am Ostertage müssen sie sich in ihren Häusern aufhalten … Sie dürfen zu keiner Zeit unter der Halle des Bürgers gehen, stehen oder sitzen, außer wenn die Herren vom Rate sie dahin entbieten …" So weit ein Exkurs über die Zustände in Köln, die uns zeigen, dass es Judendiskriminierungen schon im Mittelalter gegeben hat. Für das Bergische Land liegen uns keine schriftlichen Nachrichten über Judenverfolgungen vor.[158]

*Wie man mit den Juden noch im 15. Jh. umging, zeigt die Darstellung von 1493.*

unterstützten Übermacht unterliegen. 1583 wurde die Godes-
burg gesprengt, 1584 fielen Bonn und Siegburg und die letzten
Städte im Niederstift. Aber auch in Westfalen, wo seit Juli 1584 die
katholische Restauration begann, verlor der abgesetzte Erzbischof Gebhard seine Positionen. Damit war der Kölnische oder
Truchsessische Krieg faktisch entschieden, jedoch noch längst
nicht beendet; der Befreiungskampf der Niederlande wurde
nämlich fortgesetzt.[157] Gebhard selbst gab den Kampf nach dem
Abfall der Niederländer 1589 auf, ließ sich in Straßburg nieder
und wurde zum protestantischen Domdechant am Hofe des
Herzogs von Württemberg ernannt. Er starb 1601 in Straßburg,
wo man ihn im dortigen Münster beisetzte.

*Herzog Johann Wilhelm I. (1592–1609,
Gemahl der Jakobe von Baden, letzter
Herrscher aus dem Hause Kleve*

## Eine Dynastie endet in Wahnsinn und Mord

Kurz nach der faktischen Beendigung des Truchsessischen Krieges wurde am 16. Juli 1585 in
Düsseldorf – trotz allen Elends in
den Landen – eine prunkvolle
Hochzeit gefeiert, die zehn Tage
dauerte und alles bisher am Düsseldorfer Hofe Dagewesene in
den Schatten stellte. Um ein
Gegengewicht gegen den Protestantismus und die Heiraten von
Johann Wilhelms älteren Schwestern mit protestantischen Fürsten
zu bilden, wurde der Erbprinz Johann Wilhelm I. unter dem Einfluss von Kaiser Rudolf II., des
Papstes, des Herzogs von Bayern
und des Erzbischofs von Köln mit der vier Jahre älteren katholischen Markgräfin Jakobe von Baden vermählt, obwohl der Jungherzog schon zu dieser Zeit Anzeichen einer Geisteskrankheit
zeigte.

Es war kein erfreulicher Abschnitt der bergischen Geschichte,
der sich nun entwickelte, und das hing nicht nur mit den Reli-
gionsauseinandersetzungen, sondern auch mit Machtkämpfen
am Hofe nebst Eifersuchtsaffären zusammen.

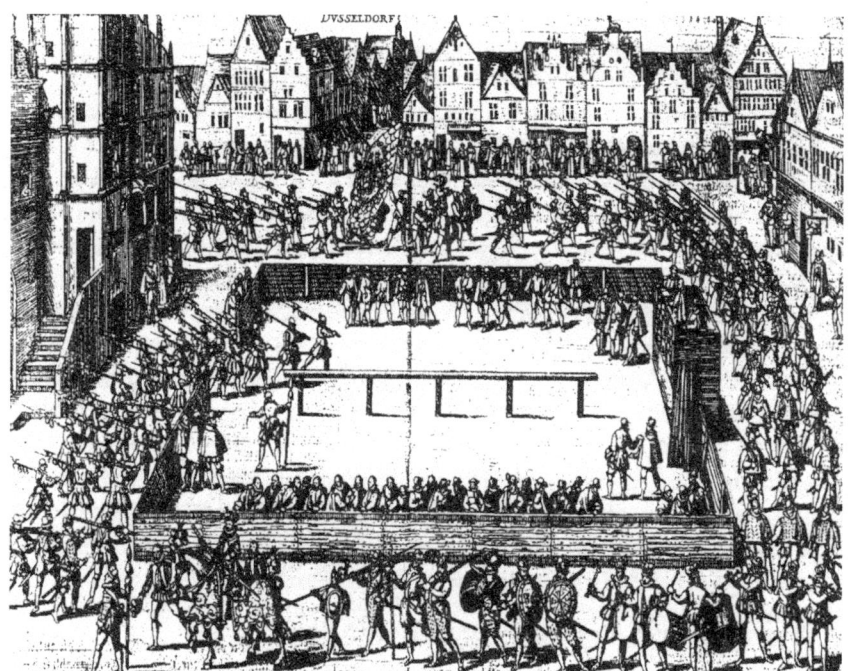

*Aufmarsch zum Fußturnier anlässlich der Fürstenhochzeit 1585. Älteste Ansicht des Düsseldorfer Marktplatzes, links das Rathaus*

Nach dem frühen Tod ihrer Eltern wuchs Jakobe, Tochter des Markgrafen Philibert von Baden, am streng katholischen Hof ihres Onkels, des Herzogs Albrecht V. von Bayern, auf. Sie war heimlich mit dem Grafen Philipp von Manderscheid verlobt. Jakobe fügte sich – wie so viele adelige Frauen vor ihr und nach ihr – den politisch motivierten Wünschen der Mächtigen und heiratete den Jungherzog von Jülich-Berg.

Aber aus dem Festestaumel gab es für die lebenslustige badische Prinzessin ein böses Erwachen. Die düstere Atmosphäre am Düsseldorfer Hofe war so ganz anders als die Umgebung in der Münchener Residenz. Bald trat man ihr feindselig entgegen. Besonders Sibylle, die unverheiratete Schwester des Jungherzogs, knüpfte Intrigen gegen die ungeliebte Schwägerin.

Nachdem der Altherzog Wilhelm am 5. Januar 1592 verstorben und ihr Gatte inzwischen wegen Tobsuchtsanfällen auf das Schloss Hambach gebracht worden war, übernahm die ehrgeizige Herzogin die Regentschaft für ihren geisteskranken Mann, und zwar in wechselnden Bündnissen mit den vorwiegend katholischen

*Herzogin Jakobe (Jakobea von Baden) wurde im Alter von 39 Jahren ermordet.*

Räten und den mehrheitlich protestantischen Ständen.

Jakobe war dem verwirrenden, undurchsichtigen politischen Ränkespiel am Düsseldorfer Hofe nicht gewachsen und zeigte keine glückliche Hand bei ihren Entscheidungen. Vor allem verstand sie es nicht, sich ihre Feinde im wahrsten Sinne des Wortes „vom Halse zu halten". Neben ihrer Schwägerin Sibylle beteiligte sich auch Marschall Wilhelm von Waldenburg, genannt Schenkern, an den Angriffen gegen sie. Auch im privaten Bereich machte die lebensfrohe Frau Fehler. Sie verliebte sich in den Junker Dietrich von Hall zu Ophoven. Das Verhältnis blieb am Hofe nicht unbemerkt. Am 24. Mai 1593 wurde Jakobe bereits von Düsseldorfer Räten gewarnt. Nachdem Schenkern sie schon im Jahre 1591 beim Kaiser in Prag wegen Unkeuschheit verklagt hatte, strengte Sibylle im Jahre 1595 einen Prozess gegen die verhasste Schwägerin an. Die Anklageschrift enthielt nicht weniger als 91 „Denunziatorial-Artikel".

Man warf ihr vor allem unsinnige Verschwendung und die Verletzung der ehelichen Treue vor. Welcher Art der Prozess und die auftretenden Zeugen waren – man verhörte nur die von Sibylle vorgeschlagenen –, erkennt man an der Behauptung, „Jakobe wäre eine Zauberin und sie hätte den traurigen Zustand ihres Gemahls durch geheime Zaubermittel hervorgerufen". Man verhaftete die Hofdamen und Diener ihrer Umgebung. Jakobe stand unter strengem Hausarrest und durfte ihre Räume nicht mehr verlassen.

Die meisten am Hofe ließen nun die sich tapfer gegen die Vorwürfe wehrende Herzogin fallen. Man drängte den Kaiser zu einer Verurteilung. Weil er sich dazu nicht entschließen konnte, fanden die Feinde Jakobes ein anderes Mittel:

Am 3. September 1597 früh morgens fand man die Herzogin, noch keine 40 Jahre alt, tot in ihrem Bett. Sogleich verbreitete sich das Gerücht von einer Ermordung. Die Räte behaupteten, sie sei einem Lungenschlag erlegen. Die Ärzte widerlegten den Verdacht auf eine Vergiftung. Einer der wenigen Zeugen, der die Leiche zu sehen bekam, war der Ansicht, dass man die Fürstin mit einem Handtuch erdrosselt oder mit einem Kissen erstickt habe. Ohne den Dienern und den Freunden der Herzogin weiteren Zutritt zu gestatten und ohne die Verwandten derselben zur Beisetzung einzuladen, wurde sie in aller Stille beerdigt. Der Hass ihrer Feinde verfolgte sie über das Grab hinaus. Weder ihr Gemahl noch Sibylle oder das Hofgesinde und die Räte legten Trauergewänder an. Erst als Marschall Schenkern entmachtet war, traute man sich, ihn am Pranger zu Köln als Mörder der Herzogin Jakobe zu bezichtigen.[159]

## Die Spanier im Bergischen Land

Die Ereignisse im Bergischen Land und am Niederrhein während der Regierungszeit Johann Wilhelms I. hingen eng zusammen mit zwei für das deutsche Reich wichtigen Bewegungen. Nach außen war das der Abfall der Niederlande, nach innen die zunehmende Glaubenszwietracht. Schon früher hatten Truppen der spanischen Statthalter der Niederlande häufig die Neutralität verletzt. Im Jahre 1597 klagten die Einwohner von Huckingen, Mündelheim, Serm, Rheinheim, Bockum, Wittlaer und Kalkum (Amt Angermund) beim Herzog, dass sie „diesen Nachsommer zum vierten Male mit schwerem Kriege überzogen worden seien", wobei ihnen alles Getreide mitsamt dem Viehfutter von den durchziehenden Truppen weggenommen wurde. Als 1598 ein spanisches Heer mit 24 000 Mann heranrückte, um die nördlichen niederländischen Provinzen zu maßregeln, verübten die schlecht disziplinierten Soldaten abermals schlimmste Gräuel.

Johann Wilhelm I. hatte sich wegen seines bedauernswerten Zustandes mit seiner Schwester Sibylle auf das Schloss Hambach zurückgezogen. Um ihn aus erbrechtlichen Überlegungen wieder verheiraten zu können, versuchte man auf jede Weise, eine Heilung des Herzogs herbeizuführen, und zwar nach üblichen Methoden der damaligen Zeit und mit den unsinnigsten Mitteln, wie Wunderkuren und Teufelsbeschwörungen. Nach dem Tode Jakobes behauptete man, er sei genesen. Sibylle zeigte sich mit ihm in der Öffentlichkeit. Man wollte dadurch beweisen, dass Johann Wilhelm wieder zurechnungsfähig sei und zu einer neuen Ehe durchaus in der Lage wäre.

Am 21. April 1598 richtete Johann Wilhelm I. ein Gesuch an Kaiser Rudolf um Einwilligung und Unterstützung der beabsich-

tigten Hochzeit mit Antoinette von Lothringen. Die Vermählung
fand am 20. Juni 1599 statt. Der Lothringerin fiel nun dieselbe
Rolle zu, die vorher die ermordete Herzogin Jakobe von Baden
für ihren geisteskranken Mann spielen musste; aber Antoinette
verstand es besser, diese mit Geschick und Erfolg auszufüllen.
Sie setzte es durch, dass sie im Jahre 1600 als Mitregentin anerkannt wurde. Mit Marschall Schenkern, der noch immer Befehlshaber in Jülich war, machte sie kurzen Prozess. Plötzlich erschien sie mit Truppen vor der Festung, entzog ihm den Befehl
und nötigte ihn, unverzüglich das Land zu verlassen.

Die im Jahre 1601 erfolgte Vermählung des Herzogs Schwester Sibylle mit dem katholischen Markgrafen von Burgau, Karl
von Österreich, Sohn des Erzherzogs von Österreich, brachte
neue Unruhen in die durch Glaubenszwietracht aufgewühlten
Lande. Der Krieg dauerte bis 1609. In diesem Jahre wurde endlich zwischen Spanien und der jungen Republik der Vereinigten
Niederlande ein zwölfjähriger Waffenstillstand geschlossen. Als
Herzog Johann Wilhelm I. am 25. März 1609 verstarb, hatten
30 Jahre Krieg im Land gewütet und es verwüstet. Mit ihm ver-
schied ein ganzes Herrschergeschlecht.[160]

## Beginn des Erbfolgestreites um Jülich-Berg und Kleve-Mark

Der durch den Tod des Herzogs Johann Wilhelm 1. hervorgerufene Erbfolgestreit gehörte zu den wichtigsten deutschen Angelegenheiten. In ihm warf der Dreißigjährige Krieg seine Schatten voraus; und dabei war er noch von längerer Dauer als dieser.
In einem großen Teil der Lande hatte der Protestantismus festen
Fuß gefasst und konnte auch, nachdem die katholische Partei
am Hofe wieder die Überhand gewann, nicht unterdrückt werden. Zwei lutherische Fürsten waren die nächsten erbberechtigten Kandidaten. Gelang es diesen, ihre Ansprüche zur Geltung zu
bringen, so musste die Reformation sich immer weiter ausbrei-
ten, der Katholizismus im Kurfürstentum Köln war bedroht und
insbesondere die Einheit des Glaubens und der Besitz der spanischen Niederlande (Belgien) waren gefährdet. Spanien und der
Kaiser ließen daher kein Mittel unversucht, um die erledigten
Lande womöglich für das Haus Habsburg zu gewinnen.

Diesen Plänen arbeiteten aber die aufständischen niederländischen Nordprovinzen sowie Frankreich und England mit allen
Kräften entgegen und versuchten zunächst, die erbberechtigten

lutherischen Fürsten von Brandenburg und Pfalz-Neuburg zu
vereinigen. Dies gelang auch; beide nahmen mit Unterstützung
des Königs von Frankreich die
Lande gemeinschaftlich in Besitz.
Am 31. Mai 1609 wurde zu Dortmund zwischen Kurfürst Johann
Sigismund von Brandenburg und
Wolfgang Wilhelm der Vergleich
zu Dortmund abgeschlossen, der
sich gegen die anderen, nachge-
ordneten Anspruchsteller auf das
Erbe richtete.

Kurfürst Johann Sigismund von
Brandenburg bestellte als Bevoll-
mächtigten seinen Bruder Markgraf Ernst. Dieser und Wolfgang
Wilhelm – das waren die „Possedierenden", wie sie sich im Gegensatz zu den nicht zum Zuge
kommenden „Prätendierenden"

*Wolfgang Wilhelm von Pfalz-Neuburg, Herzog von Jülich und Berg (1614–1653)*

nannten – begaben sich nun nach Düsseldorf, um in Ausübung
des Vertrages die Regierung der Herzogtümer förmlich zu übernehmen. Die Räte in Düsseldorf befanden sich in größter Verlegenheit, denn der Kaiser hatte am 2. April 1609 ein Mandat erlassen, nach dem die Verwaltung in des Kaisers Namen bis zu seiner
anderen Verordnung fortzusetzen und bei Androhung von Strafe keine Neuerung oder Änderung zu gestatten sei.

Die Ritterschaft von Jülich und die Düsseldorfer Räte erklärten
sich entschieden gegen die Aufnahme; die Bürger der Stadt waren zu einer Aufnahme bereit sowie auch die bergische Ritterschaft. Am 16. Juni 1609 zogen Pfalzgraf Wolfgang Wilhelm
und Markgraf Ernst von Brandenburg unter dem Jubel der Bevölkerung mit einem zahlreichen Gefolge in Düsseldorf ein. Sie
wurden von den bergischen Landständen auf dem Schlosshof
feierlich empfangen, der Magistrat von Düsseldorf leistete freiwillig die erforderliche Huldigung.

Die jülischen Ritter wollten sich nun entfernen, aber die Bürgerschaft versperrte ihnen die Tore. Nur dem Amtmann von Jülich, Johann von Reuschenberg, gelang es in letzter Minute, aus
der Stadt zu entkommen. Er begab sich sofort nach Jülich, ver-

schloss die Tore der Stadt und erklärte, Jülich im Namen des Kaisers festhalten zu wollen.

Die Herzogin Antoinette verließ die Stadt am 20. Juni, nachdem sie eine Abfindung erhalten hatte, obwohl ihr Gatte noch nicht beigesetzt war; des Herzogs Leiche sollte noch eine Zeit lang als Symbol fortgesetzten Besitzes dienen. Antoinette starb am 18. August 1610 in ihrer Vaterstadt Nancy.

Kaiser Rudolf von Habsburg war im höchsten Grade über den „Vergleich zu Dortmund" und die Huldigung in Düsseldorf aufgebracht. Diese Vorgänge bekundeten nicht die offensichtliche Nichtachtung seiner Autorität, sondern durchkreuzten alle seine Pläne. Sein Zorn wurde noch gesteigert, als König Heinrich IV. von Frankreich sich in die Sache einmischte, indem er die Stände wiederholt ermahnte, einig und fest zu bleiben. Darüber hinaus gab der Franzose ihnen die Versicherung, sie könnten allezeit auf seinen Schutz rechnen.

Der Kaiser entsandte nun seinen Vetter, Erzherzog Leopold, Bischof von Straßburg und Passau, mit dem Auftrag an den Niederrhein, als kaiserlicher Kommissar zu wirken. Leopold begab sich heimlich nach Jülich, wo ihm der Amtmann Johann von Reuschenberg die Tore öffnen ließ, und proklamierte von hier aus mehrere Mandate mit geringem Erfolg.

Markgraf Ernst und Wolfgang Wilhelm hatten inzwischen Truppen anwerben lassen, die in das Herzogtum Jülich einrückten. Bis zum Monat September war es zu keinen nennenswerten Kampfhandlungen gekommen. Am 28. September 1609 erhob Erzherzog Leopold einen scharfen Protest gegen die wider den kaiserlichen Befehl vorgenommene Besitzergreifung dieser Lande und verfügte den Einzug der von Ernst und Wolfgang Wilhelm erpressten Huldigung und der gewaltsam angemaßten Hoheits- und anderer Rechte. Die Untertanen sollten unter Androhung von schweren Strafen nur der reichsgesetzlichen Landesregierung Folge leisten. Ähnlich scharfe kaiserliche Mandate wurden von der Androhung der Reichsacht begleitet.

Ernst und Wolfgang Wilhelm achteten entweder gar nicht darauf oder erließen Gegenmandate, so u. a. am 9. Dezember 1609 ein Verbot an die Untertanen, die von dem kaiserlichen Kommissar Erzherzog Leopold ausgeschriebenen Steuern und Kontributionen zu zahlen. Zuwiderhandelnde wurden mit Gefangenschaft bedroht. Außerdem unternahmen beide Fürsten erfolgreiche Bemühungen um Beistand in Paris und im Haag (Niederlande).

*Rheinfront in Düsseldorf mit dem Schloss der Herzöge von Berg, Rathaus, Zolltor und Kran (Kupferstich nach Graminäus, 1619)*

Am 19. Dezember kam es zu einem schwereren Zusammen-stoß zwischen den feindlichen Truppen zu Düren, wohin Wolf-gang Wilhelm selbst geeilt war. Die Stadt geriet dabei in die Hand der Fürstlichen. Die am 4. Mai 1608 gebildete protestanti-sche Union stellte sich auf die Seite der Fürsten Ernst und Wolf-gang Wilhelm, während die am 10. Juli 1609 gebildete katholi-sche Liga die gegenteiligen Interessen des Kaisers vertrat, der sich für das Haus Sachsen erklärte, das ebenfalls Ansprüche an das Erbe stellte. Die evangelische Union fasste 1610 den Ent-schluss, zur Unterstützung der Fürsten ein Kriegsheer aufzu-stellen. Zudem wurde unter dem 11. Februar 1610 ein Bündnis mit Heinrich IV. von Frankreich geschlossen. Weiter bemühte sich die Union, die niederländischen Generalstaaten in das Bündnis einzubeziehen mit der Absicht, von ihnen Hilfstruppen zu erhalten.

Obwohl der König von Frankreich, Heinrich IV., am 14. Mai 1610 ermordet worden war, setzten sich seine versammelten Truppen unter dem Befehl des Marschalls de la Châtre in Rich-tung Jülich in Bewegung und verstärkten die Truppen der beiden Fürsten Ernst und Wolfgang Wilhelm sowie des Prinzen Moritz von Oranien, die bereits Jülich belagerten. Johann von Reuschen-berg – Erzherzog Leopold hatte schon frühzeitig die Festung ver-lassen – blieb im Angesicht der Übermacht nichts anderes

*Karte vom Herzogtum Berg und Erzstift Köln. Kupferstich von Mercator, um 1585*

übrig, als zu kapitulieren. Nach der Kapitulation von Jülich am
1. September 1610 waren Ernst und Wolfgang Wilhelm nun
gänzlich Herren im Land.

Während sich Brandenburg und Pfalz-Neuburg in den Besitz
der Länder gesetzt hatten, war Sachsen auch nicht untätig geblieben, sondern hatte sogar am 7. Juli vom Kaiser die Belehnung erhalten. Im September 1610 kamen Bevollmächtigte aller
Beteiligten in Köln zu einer vom Kaiser ausgeschriebenen Kon-
ferenz zusammen, die kein Ergebnis brachte. Am 18. März 1611
kam zu Jüterbog ein Vergleich zustande, wonach Sachsen, Brandenburg und Pfalz-Neuburg die streitigen Lande in gesamtem
Namen ungeteilt besitzen und regieren sollten. Dieser Vergleich
scheiterte, weil Pfalz-Neuburg, das an der Verhandlung überhaupt nicht teilgenommen hatte, seine Zustimmung versagte.

Weil beide Landesherren protestantisch waren, schien für die
Evangelischen der vereinigten Lande eine bessere Zeit zu kommen. Der frühere Druck hörte auf. Aus den heimlichen Gemeinden wurden nun öffentliche und es bildeten sich auch viele neue
Religionsgemeinschaften im Bergischen Land. Auf der Provinzi-
alsynode zu Düsseldorf im Jahre 1611 wurde die Provinz in vier
Klassen eingeteilt, nämlich die Elberfelder Klasse mit 12 Ge-

meinden, die Solinger mit 10, die Düsseldorfer mit 13 und die Mülheimer oder Oberbergische Klasse ebenso mit 13 Gemeinden. So begründeten die niederrheinischen Reformierten, die bis dahin eine Klasse der niederländischen Generalsynode gebildet hatten, bereits eine allgemeine Verbindung; die Lutheraner folgten ihnen darin erst im nächsten Jahrhundert. Wolfgang Wilhelm begünstigte die Lutheraner, während Markgraf Ernst sich den Reformierten zuneigte.

Am 10. August 1610 erteilten Markgraf Ernst und Wolfgang Wilhelm dem Rat der Freiheit Elberfeld ein Privilegium zur Erhebung von Wege- und Standgeld, wie es die anderen Bergischen Unterstädte besaßen, um aus dem Ertrag die Befestigung des Ortes zu finanzieren. Weil mit der Stadtgründung normalerweise das Befestigungsrecht zusammenhing, kann man Elberfeld ab diesem Datum als Stadt ansehen, obwohl das Wort Stadt in diesem Privileg noch nicht vorkommt. Erst in einer Verlängerung durch Herzog Wolfgang Wilhelm (1623) um weitere zwölf Jahre wird Elberfeld als Stadt bezeichnet.

## Zwiespalt zwischen Brandenburg und Pfalz-Neuburg

Das friedlich-freundschaftliche Verhältnis zwischen Markgraf Ernst und Wolfgang Wilhelm begann sich allmählich zu trüben. Um eine gütliche Beilegung der entstandenen Differenzen herbeizuführen, wurde eine Vermählung von Wolfgang Wilhelm mit Anna Sophia, der Tochter des Kurfürsten, in Erwägung gezogen. Kurfürst Johann Sigismund von Brandenburg begab sich darum im Jahre 1613 selbst an den Rhein. Nach einer Zusammenkunft im Düsseldorfer Schloss beleidigte er aber Wolfgang Wilhelm so sehr, dass sie im Streit auseinandergingen. Nicht lange danach, im September 1613, starb Markgraf Ernst, und Johann Sigismund ernannte nun seinen ältesten Sohn, den Kurprinzen Georg Wilhelm, zu seinem Statthalter in den „westlichen Provinzen", und zwar einseitig ohne Verständigung mit Pfalz-Neuburg. Wolfgang Wilhelm erblickte darin eine neue Verletzung seiner Rechte und verweigerte die Anerkennung des Kurprinzen als Statthalter Brandenburgs.

Nachdem das Projekt einer ehelichen Verbindung mit Brandenburg gescheitert war, erwählte Wolfgang Wilhelm eine Prinzessin aus dem stammverwandten bayerischen Hause. Am 10. November 1614 heiratete er Magdalena, Tochter des Herzogs

Maximilian von Bayern, die streng katholisch erzogen war. Bei seinem vorherigen Aufenthalt in München war Wolfgang Wilhelm mit Jesuiten zusammengetroffen, die ihn wohl veranlasst hatten, am 19. Juli 1613 in aller Stille zur katholischen Kirche überzutreten.

Es hat den Anschein, Wolfgang Wilhelm wäre nicht so sehr aus Überzeugung und wegen der möglichen Einwirkung der Familie seiner Frau katholisch geworden, sondern er wollte mit seinem Glaubenswechsel die Annäherung an die katholischen Spanier und Franzosen einleiten, die er für seine politischen Pläne gegen die evangelischen Brandenburger benötigte.

Der Zwiespalt zwischen Pfalz-Neuburg und Brandenburg vertiefte sich immer mehr. Die Landstände sahen diese Entwicklung mit großer Besorgnis, und Feindseligkeiten schienen unvermeidlich. Herzog Wolfgang Wilhelm war im Januar 1614 mit seiner jungen Frau nach Düsseldorf gekommen und hatte im Schloss Residenz genommen. Kurprinz Georg Wilhelm von Brandenburg, der den Plan fasste, sich in den alleinigen Besitz der Stadt zu setzen, schickte in einer Märznacht unter seinem Oberst von Schwiegel 400 Mann, um die Stadt Düsseldorf im Handstreich zu nehmen. Das Unternehmen misslang, weil die Wachposten auf der Hut waren. Als die Bürgerkompanien auf den Wällen erschienen, zog das Korps unverrichteter Dinge wieder ab.

Wahrscheinlich um die katholischen Räte für sich zu gewinnen, bekannte sich Wolfgang Wilhelm am 25. Mai 1614 in der Kollegiatkirche St. Lambertus zu Düsseldorf öffentlich zum Katholizismus, indem er das katholische Glaubensbekenntnis ablegte. Der Zwist zwischen Brandenburg und Pfalz-Neuburg war damit auf die Spitze getrieben.

Schon im August 1614 begann der Einmarsch fremder Truppen in die Herzogtümer. Ein spanisches Heer unter Spinola rückte von Maastricht aus heran, während Moritz von Oranien von Norden her mit seinen Niederländern herbeieilte. Die Spanier besetzten zuerst Aachen und mehrere Städte im Herzogtum Jülich, während die niederländischen Truppen in Emmerich und anderen Orten im Herzogtum Kleve einzogen. Da Brandenburg und Pfalz-Neuburg aber bald einsahen, dass die fremden Heere die Lande ruinieren würden, versuchten sie nochmals eine friedliche Lösung. Am 14. November 1614 wurde der „Vergleich zu Xanten" geschlossen, womit die gemeinschaftliche Regierung aufgehoben wurde. Brandenburg sollte das Herzogtum Kleve-Mark und die Grafschaften Ravensberg und Ravenstein provisorisch in die alleinige Verwaltung nehmen und Pfalz-Neuburg die Herzogtümer Jülich und Berg. Die fremden Truppen sollten abziehen, aber sie taten es nicht. Fast in jedem Artikel des Vertrages war der Keim zu neuen Streitigkeiten enthalten. Obwohl er nicht ratifiziert wurde, ist Wolfgang Wilhelm von nun an als alleiniger Herrscher über Jülich und Berg zu betrachten. Durch den Tod seines Vaters war er nun auch Pfalzgraf und Herzog von Neuburg geworden. Wie gesagt, die fremden Truppen blieben und bald begannen die kriegerischen Bewegungen von Neuem. Unter dem Jülisch-Klevischen Erbfolgestreit hatte besonders die Sieggegend zu leiden. Amtmann Georg von der Heiden zu Schönrath sowie Heinrich Quadt zu Isengarten, Amtmann zu Windeck, ließen an der Aggerbrücke bei Siegburg eine Schanze aufwerfen und mit Bauern aus der Nachbarschaft und brandenburgischen Soldaten besetzen. Der Abt, der nach Troisdorf flüchten musste, wandte sich zu seinem persönlichen Schutz an den spanischen General Spinola. Dieser schickte ihm von Remagen aus 13 spanische Söldner, die die hochgelegene Klosterfestung Siegburg mit Einwilligung des Abtes für den Herzog von Pfalz-Neuburg in Besitz nahmen. Bald darauf verwüstete der holländische Offizier Wilhelm Donner, der in Blankenberg in Garnison lag, mit seinen Soldaten die Festung Siegburg.

Die Grafschaft Mark wurde von den Brandenburgern, die Grafschaft Ravensberg von den Holländern besetzt. Der Kurprinz Georg Wilhelm residierte schon seit längerer Zeit meistens in Kleve, ging aber 1617 nach Berlin und kehrte nicht wieder nach Kleve zurück. Er ließ dort seine Räte schalten, an deren Spitze Graf Adam von Schwarzenberg stand.[161]

Der Einführung der Gegenreformation glaubte Wolfgang Wilhelm sich verpflichtet. Deshalb rief er die Jesuiten und Kapuziner in seine Lande. Im Jahre 1617 kamen die ersten Kapuziner nach Düsseldorf und gegen Ende des Jahres 1620 befanden sich dort bereits 13 Jesuiten. Beide Orden ergänzten sich gegenseitig, denn während die Jesuiten hauptsächlich auf die vornehmen Stände einwirkten, entfalteten die Kapuziner eine mehr volkstümliche Tätigkeit.[162]

## Der Ausbau von Mülheim

Viele Protestanten aus dem katholischen Köln, die dort keine Zukunftsperspektiven mehr sahen und auch Verfolgungen zu erleiden hatten, zogen ab 1609, als zwei evangelische Fürsten die Regierung des Bergischen Landes gemeinsam übernommen hatten, nach dem benachbarten Mülheim. Die beiden Fürsten wandten dem aufblühenden Ort deshalb ihre Aufmerksamkeit zu, weil sie der Stadt Köln ein befestigtes Gegengewicht gegenüberstellen wollten, was in Deutz wegen bestehender Verträge und alten Eigentumsrechten des Erzbischofs nicht möglich war. Die Fürsten Wolfgang Wilhelm und Ernst warben in allen deutschen Ländern, sogar in Frankreich und den Niederlanden, mit Plänen, in Mülheim eine durch Mauern und Wallgraben befestigte Großstadt mit Residenzschloss, Rathaus, Kirchen, Schulen, öffentlichen Plätzen etc. zu schaffen und versprachen den Zuziehenden steuerliche Vergünstigungen.

Schon 1588/89 war dort mit dem Bau von Häusern und Festungswerken begonnen worden. Sie vergrößerten Mülheim von ca. 3,5 Hektar Fläche mit rund 60 Häusern und 300 Einwohnern auf 13 bis 19 Hektar mit mindestens 100 Häusern. Die Erweiterungen gerieten aber bald ins Stocken, weil die Stadt Köln Einspruch erhob. In den Jahren 1612/13 sollte das Werk vollendet und die Stadt Mülheim auf eine Fläche von ca. 120–140 Hektar für mehr als 10 000 Einwohner vergrößert werden. Infolge des Aufrufs der protestantischen Fürsten strömten viele Baulustige herbei, die in einer religionstoleranten Heimat eine Existenz gründen wollten. Bald erhob sich eine ansehnliche Neustadt.

Aber alle Pläne wurden über den Haufen geworfen, als Pfalz-Neuburg mit Brandenburg in Streit geriet. Auch Glaubenskämpfe spielten dabei eine Rolle. Der Kaiser hatte schon 1612 die Reichsacht gegen Mülheim ausgesprochen und den Befehl zur Schleifung der Festungswerke gegeben. Zur Vollziehung der Reichsacht setzte am 25. August 1614 der spanische General Spinola bei Wiesdorf mit 20 000 Mann über den Rhein, um die Befestigungen zu schleifen.

Die Stadt Köln, die immer argwöhnisch Bautätigkeiten in ihrer Nähe beobachtete, konnte jetzt auch religiöse Gründe vorschieben. Ihr genügte nicht allein die Schleifung der Befestigungen. Sie wusste es auch durchzusetzen, dass der Reichshofrat am 24. März 1615 die Zerstörung des neuen Bezirks, „Ketzerstadt" genannt, anordnete. Der spanische General Spinola ließ am

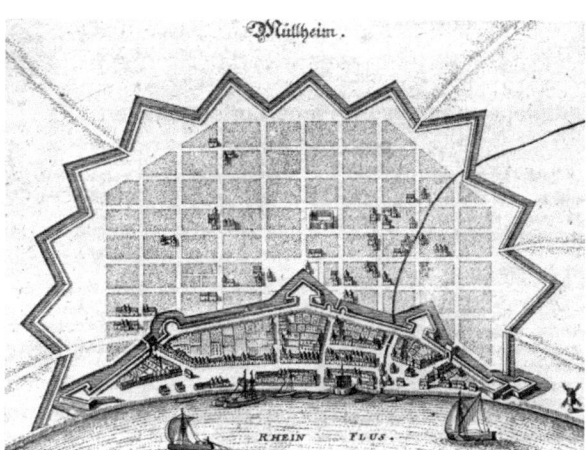

*Befestigungsplan von Mülheim. Kupferstich von Matthäus Merian, 1647*

30. September 1615 – ähnlich wie die Kölner Bürger 1583 im Truchsessischen Krieg mit der Abtei Deutz verfahren waren – durch 500 Arbeiter die neuen Häuser abreißen und zerstören. Die spanische Besatzung von Mülheim verhinderte dabei eine Gegenwehr der ohnmächtigen Bürger.[163] Nichts ist dieser planmäßigen und erbarmungslosen Zerstörung entgangen bis auf eine Ausnahme: der Friedhof, der heute zwischen Bergisch Gladbacher, Keup- und Mündelstraße liegt. Die Ausdehnung der damaligen Erweiterung erkennt am besten derjenige, der von der Wallstraße (Ostgrenze der Stadt im Jahre 1589) bis zu diesem Friedhof geht.

## Beginn des Dreißigjährigen Krieges

In dem 1618 ausbrechenden Dreißigjährigen Krieg wusste Herzog Wolfgang Wilhelm für sein Land Neutralität zu erlangen, die aber von keiner der Krieg führenden Parteien jemals oder irgendwo berücksichtigt wurde. Besonders als 1621 der Krieg zwischen Spanien und den niederländischen Generalstaaten von Neuem ausbrach, wurde das Land wieder schweren Bedrückungen mit Kontributionen, Beraubungen, Mord und Brand ausgesetzt.

Am 23. September 1619 starb Kurfürst Johann Sigismund von Brandenburg, sein Sohn Georg Wilhelm folgte ihm in der Regierung. Wie zuvor erwähnt, nahm Georg Wilhelm seine Rechte am Rhein nicht selber wahr, sondern beauftragte damit Adam von Schwarzenberg, der nun zu höchsten Staatswürden mit fast unumschränkter Gewalt aufstieg. Schwarzenberg führte durch neue Verträge 1622 und 1624 einen engeren Anschluss Brandenburgs an die niederländischen Generalstaaten herbei. Die Spanier und Niederländer fochten ihren Streit auf dem Boden der niederrheinischen Lande aus, wobei sie gelegentlich auch für Pfalz-Neuburg und Brandenburg auftraten. Nachdem die Spanier eine von den Holländern auf einer Rheininsel gegenüber der Siegmündung errichtete Schanze, wegen ihrer Form „Pfaffenmütz" genannt, am 2. Januar 1623 erobert hatten, drangen sie ins Bergische vor; u. a. wurde im Mai desselben Jahres das Dorf Schlebusch durch die Reiter des Don Gonzales de Cordoba, die in Mülheim in Garnison lagen, niedergebrannt. Der Ritter Wilhelm von Schlebusch wurde dabei samt seiner Familie inhaftiert.

Die Bedrückungen infolge von Durchmärschen und Einquartierungen und die damit zusammenhängenden Kontributionen wurden mit der Zeit unerträglich, so dass die verfeindeten „possedierenden" Fürsten sich zu Unterhandlungen bereitfinden mussten. Beiderseitige Kommissare traten zusammen und schlossen am 11. Mai 1624 den „Provisional-Teilungs-Vertrag zu Düsseldorf". Unter Zugrundelegung des nicht zur rechtlichen Ausführung gekommenen Xantener Vertrages wurde Folgendes bestimmt: Der Kurfürst von Brandenburg sollte Kleve (mit Ausnahme von Ysselburg und Winikendonk), Mark, Ravensburg und das bergische Amt Windeck erhalten, dem Herzog von Pfalz-Neuburg aber Berg (mit Ausnahme von Windeck), Jülich, Ysselburg und Winikendonk sowie Ravenstein zufallen. Beiden Teilen wurden die Rechte auf die ganze Erbschaft gewahrt; beide sollten den ganzen Titel und das ganze Wappen führen dürfen.

Somit war denn ein neuer Abschnitt im Erbschaftsstreit herbeigeführt, der Trennung der Länder eine rechtliche Grundlage gegeben und der Vergleich von Xanten einigermaßen verwirklicht. Aber von einem endgültigen Ausgleich war man weit entfernt.

Der Krieg zwischen den Niederländern und Spaniern nahm seinen ununterbrochenen Fortgang und trotz aller Bemühungen der „possedierenden" Fürsten war der Abzug der fremden Truppen nicht zu erreichen. Spanier und Niederländer, Kaiserliche Truppen und deren Parteigänger, neuburgische und brandenburgische Söldner verzehrten oder vernichteten die Vorräte der Zivilbevölkerung. Die lange Dauer des Krieges schuf eine verrohte, undisziplinierte Soldateska. Dabei scheinen Mülheim am Rhein und die umliegenden Orte bevorzugte Einquartierungsplätze gewesen zu sein.

Zu den Kriegsdrangsalen ge-
sellten sich die religiösen Zwistigkeiten sowohl zwischen Katholiken und Protestanten, aber auch
der Letzteren unter sich. Wolfgang
Wilhelm, den Intentionen des
Kaisers folgend, unterdrückte seine früheren Glaubensgenossen
und förderte die Katholiken. Wo
die protestantischen Prediger
nicht vertrieben waren, fanden die
Gottesdienste vielfach in Privat-
häusern, Scheunen, auf Feldern,
in Wäldern und Höhlen statt.

Die Andreaskirche zu Düsseldorf wurde gebaut und neue Or-
densniederlassungen angeregt.
1661 kamen auch Franziskaner

*Johann Tserklaes Graf von Tilly (1559–1632), Feldherr im Dreißigjährigen Krieg*

nach Düsseldorf. Ein Jahrhundert
reichte hin, um den bestehenden Instituten Kreuzherrenkloster
und Kollegiatstift an der Kirche St. Lambertus sieben neue katholische Gebetsgenossenschaften hinzuzufügen.

An eine geordnete und regelmäßige Verwaltung des Landes
konnte unter den damaligen Umständen kaum gedacht werden.
Allein Wolfgang Wilhelm scheint die Lage genutzt zu haben, um
die Gerechtsame der Stände zu beschränken, worüber sich die
jülisch-bergische Ritterschaft beim Kaiser beschwerte. Der Kaiser erließ daraufhin am 27. Januar 1627 ein rigoroses Mandat, in
dem er alle vom „angemaßten" Inhaber des Fürstentums getätig-
ten Handlungen und Erlasse für null und nichtig erklärte. Er
mahnte zugleich, derartige Regierungsakte fernerhin zu unter-
lassen.[164]

## Zweiter Teilungsvertrag zu Düsseldorf

Im Jahre 1628 wurden die Zustände so unerträglich, dass die
Stände sämtlicher Lande sich vereinigten und eine Delegation
an Kaiser Ferdinand II. nach Wien schickten. Diese Intervention
der Stände bot dem Kaiser eine willkommene Gelegenheit zur
Einmischung: Er erließ ein Schutzmandat (Sequester), mit dessen Ausführung er den in der Nähe befindlichen ligistischen Ge-

neral Tilly beauftragte. Gleichzeitig ernannte er neue Verwaltungskommissare.

Der kaiserliche Feldmarschall Tilly führte den Befehl seines Herrn auf den Punkt genau aus und sah es als vorrangige Aufgabe an, den Evangelischen nach Möglichkeit entgegenzutreten. In Jülich und Berg wurden überall Mandate angeschlagen, welche den evangelischen Predigern befahlen, ihre Güter zu Geld zu machen und binnen zweimonatiger Frist das Land zu verlassen. Somit mussten mehr als 80 evangelische Kirchen geschlossen werden.

Nachdem General Tilly und die neu ernannten Kommissare ohne Rücksicht auf die Landesherren frei schalteten und walteten – dabei machten sie keinen Unterschied zwischen den Gebieten des Pfalzgrafen Wolfgang Wilhelm und denjenigen des Kurfürsten von Brandenburg – und auch eine Reise des Pfalzgrafen nach Wien keinen Erfolg hatte, fanden sich die „possedierenden" Fürsten am 19. März 1529 zum zweiten Teilungsvertrag in Düsseldorf zusammen.

Der Vertrag von 1624 wurde auf die Dauer von 25 Jahren verlängert und u. a. dem Pfalzgrafen freigestellt, binnen Jahresfrist zu erklären, ob er Berg oder Kleve nehmen wolle. Für die religiösen Zustände wurde allgemein festgestellt, „dass es in Ansehung der Religion so bleiben solle, wie es fürstlich, löblich und den Privilegien des Landes gemäß sei".

Die Stadt Wesel, die Hauptwaffenplatz und Depot der Spanier war, fiel unerwartet den Holländern in die Hände, die anschließend durch das Bergische streiften und bis nach Siegburg kamen. Gegen Ende des Jahres 1629 zog Wilhelm von Nassau in das Herzogtum Berg und die Grafschaft Mark ein. Seine Soldaten bemächtigten sich vieler befestigte Orte. Ein Versuch, Düsseldorf und Mülheim einzunehmen, scheiterte jedoch.

Es fanden nun vielfältige Unterhandlungen im Haag statt, um die Bestimmungen des zweiten Teilungsvertrages von 1629 wirksam werden zu lassen und endlich die Räumung der niederrheinischen Lande von den fremden Truppen zu erreichen. Am 26. August 1630 kam es dann zu einem neuen Vertrag, der bestimmte, dass Neuburg das Herzogtum Berg behalten solle, ebenso Jülich und Ravenstein; Brandenburg dagegen behielt Kleve und Mark. Für Ravensberg wurde eine gemeinschaftliche Regierung angeordnet.

Am 9. Dezember 1630, wenige Monate nachdem Gustav Adolf von Schweden mit seinen Truppen gelandet war, gab Kaiser Ferdinand II. endlich den Befehl zum Rückzug der kaiserlichen, spanischen und ligistischen Truppen aus den „Successionslanden", unter der Voraussetzung, dass auch die Holländer dasselbe vollziehen würden.

Die Neutralität der Lande fand auf dem Reichstag eine feierliche Anerkennung, und im April 1631 wurden dieselben auf kurze Zeit wirklich fast ganz geräumt, nur Büderich, Wesel, Emmerich und Rees blieben im Besitz der Holländer und Jülich, Sittard und Orsoy im Besitz der Spanier.[165] Schon am 25. September 1628 war die Gemahlin des Herzogs, Pfalzgräfin Magdalena, zu Neuburg an der Donau gestorben.

## Die Herrschaft des Grafen Adam von Schwarzenberg

Ein aus der Herrschaft Schwarzenberg stammender Wilhelm I. begab sich 1510 in den Dienst seines Taufpaten, Herzog Wilhelm III. von Jülich-Berg, und heiratete 1513 die bergische Adelige Katharina von Nesselrode. Dadurch wurde er in den jülisch-bergischen Ritterstand aufgenommen. Sein ältester Sohn, Wilhelm II., befand sich 1547 in kurkölnischen Diensten, vermählte sich 1550 mit Anna von Harff und erhielt mit ihr das zur Grafschaft Mark gehörende Rittergut Gimborn. Ihr einziger Sohn Adolf vermählte sich 1581 mit Margarete von Wolff-Metternich und wurde 1588 als Statthalter und Landhofmeister an die Spitze des kurkölnischen Staates gestellt. Nachdem Adolf im Jahre 1590 spanischer Oberst geworden war, trat er 1594 in kaiserliche Dienste, warb Truppen gegen die Türken und wurde 1599 infolge seiner Waffentaten in Ungarn in den Reichsgrafenstand erhoben. 1600 erschossen ihn meuternde Soldaten. Seine Witwe erwählte Gimborn zum Witwensitz und ließ das dortige Schloss Anfang des 17. Jahrhunderts ganz neu aufbauen. Ihr einziger Sohn, Adam von Schwarzenberg, erbte alle Güter seines Vaters.

Mit dem Besitz dieser Güter war ursprünglich keine Gerichtsbarkeit verbunden gewesen. Sie wurde erst im Jahre 1610 dem Grafen von Schwarzenberg zugleich mit der Gerichtsbarkeit über die unter das Gericht zu Gummersbach gehörige Bauerschaft Nieder-Gelpe und die Höfe Recklinghausen und Dahl übertragen. Dieser Gerichtsbezirk wurde zunächst auch hinsichtlich seiner politischen Verfassung ganz von dem Amte Neustadt, zu welchem er gehörte, abgesondert, von den „possedierenden" Fürsten Wolfgang Wilhelm von Pfalz-Neuburg und

*Schloss Gimborn*

Johann Sigismund von Brandenburg zu einer Unterherrlichkeit erhoben und Graf Adam unter Vorbehalt der Landeshoheit der beiden Fürsten damit belehnt. Im Jahre 1616 fügte Johann Sigismund noch die Kirchspiele Gummersbach und Müllenbach hinzu. Dessen Nachfolger, Kurfürst Georg Wilhelm von Brandenburg, trat 1630 auch den ganzen übrigen Teil des Amtes Neustadt an den Grafen Adam für dessen Verdienste um den zweiten Teilungsvertrag vom Jahre 1629 ab, worauf 1631 die förmliche Belehnung erfolgte, welche die kaiserliche Bestätigung erhielt.

Durch Urkunden des Pfalzgrafen Wolfgang Wilhelm vom 12. März und des Kurfürsten von Brandenburg vom 31. März 1629 war dem Grafen Adam auch, abgesehen von anderen Zuwendungen, das unweit Gimborn im bergischen Amte Steinbach gelegene Kirchspiel Lindlar nebst der „Neuerburg" übertragen worden. Da sie indessen gegen die Einräumung Lindlars an Schwarzenberg gewichtige Einwände geltend machten, „ward ihm an dessen Stelle unter dem 17. Juni 1631 Schloss, Freiheit und Kirchspiel Hückeswagen mit allen seinen Zubehörungen, Jurisdiktion, Hoheit, Landesobrigkeit, Regalien, Recht, Gerechtigkeit und Nutzbarkeit und in den altherkömmlichen Grenzen als bergisches Mannlehen auch äußerlich durch Marksteine und Wappen von dem übrigen bergischen Territorium abzusondernde Herrschaft überantwortet". Im Jahre 1653 wurde jedoch Hückeswagen wieder mit Berg vereinigt, während die Herrschaft Gimborn-Neustadt unter Schwarzenbergischer Hoheit verblieb und 1651 zu einer reichsunmittelbaren Herrschaft erhoben wurde. Graf Adam von Schwarzenberg starb am 14. März 1641. Weil er den Brandenburgischen Kurfürsten an den Kaiser zu binden versuchte und einem Bündnis desselben mit Schweden entgegenwirkte, rächten sich die Schweden später an seinen Gütern und verwüsteten das ganze Land. Obwohl er ein treuer Diener des Kurfürsten war, bezichtigte man ihn doch des Verrats.[166]

## Kriegsdrangsale ohne Ende

Nach dem Vordringen der Schweden unter Gustav Adolf im Frühjahr 1632 griff das Kriegsgeschehen erneut auf das Bergische Land über. Herzog Wolfgang Wilhelms Bemühungen, durch Neutralität die Jülisch-Bergischen Lande sowohl gegen die Schweden als auch die Kaiserlichen zu schützen, misslangen auf der ganzen Linie. Bald sah man ihn beim Kaiser vorstellig werden, dann bat er die schwedischen Führer um Schonung, daraufhin verlangte er ebenso vergebens bei seinen Ständen Mittel zur Gegenwehr. Die Landstände pochten trotzig auf ihre Privilegien und wollten keine Geldzahlungen genehmigen. Kaiserliche und Ligistische nahmen auf die von Wolfgang Wilhelm im Jahre 1630 mühsam erlangte Neutralität keine Rücksicht, und die Schweden sahen schon gar keine Veranlassung, den Bitten des militärisch schwachen Landesherrn nachzugeben.

Das Heer der katholischen Liga rückte unter Pappenheim in das Amt Angermund ein. Daraufhin erschien der schwedische General Baudissin in den bergischen Ämtern Blankenberg und Windeck; am 27. Oktober 1632 nahm er die Stadt Siegburg ein, in der Nacht zum 31. Oktober auch die dortige Abtei auf dem Michaelsberg. Von dort zogen sie plündernd und brandschatzend im Bergischen Land umher und quartierten sich gewaltsam in Wipperfürth, Radevormwald, Solingen und anderen Orten ein. Im Dezember besetzte Baudissin Mülheim am Rhein und überfiel von da aus Deutz.

Die Kölner, die gut bewaffnet hinter ihren starken Mauern saßen, wussten sich durch den ganzen Dreißigjährigen Krieg – auch durch Geldzahlungen – zu schützen. Als am 20./22. Dezember 1632 die schwedischen Truppen in Deutz anlangten, konnten sie sich gleich den gehörigen Respekt verschaffen. Diese hatten nämlich in der katholischen Pfarrkirche St. Urban ein

Munitionsdepot eingerichtet, das bei dem heftigen Beschuss der Kölner Artillerie zwei Tage nach der Besetzung getroffen wurde – die Kirche wurde infolgedessen völlig zerstört. Das musste einen starken Eindruck auf General Baudissin gehabt haben, der bald mit seinen Truppen abzog.

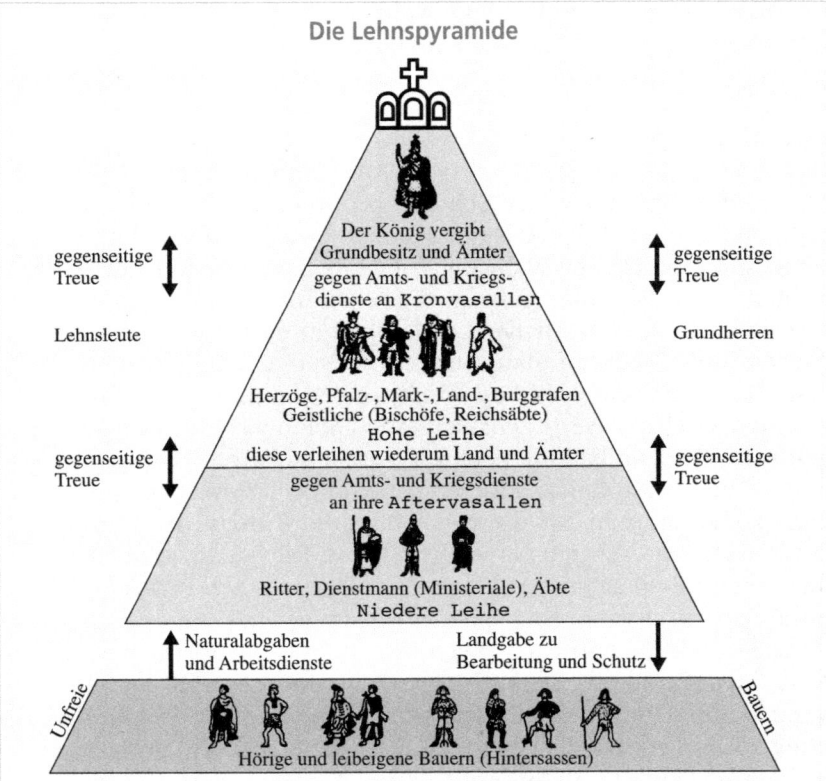

**Die Lehnspyramide**

gegenseitige Treue

Lehnsleute

Der König vergibt Grundbesitz und Ämter gegen Amts- und Kriegsdienste an Kronvasallen

gegenseitige Treue

Grundherren

Herzöge, Pfalz-, Mark-, Land-, Burggrafen Geistliche (Bischöfe, Reichsäbte)
Hohe Leihe
diese verleihen wiederum Land und Ämter gegen Amts- und Kriegsdienste an ihre Aftervasallen

gegenseitige Treue

gegenseitige Treue

Ritter, Dienstmann (Ministeriale), Äbte
Niedere Leihe

Naturalabgaben und Arbeitsdienste

Landgabe zu Bearbeitung und Schutz

Unfreie

Bauern

Hörige und leibeigene Bauern (Hintersassen)

Grundlage des mittelalterlichen abendländischen Feudalismus war das Lehnswesen. Die Staats- und Gesellschaftsordnung beruhte auf dem abhängigen Verhältnis von Lehnsleuten und Lehnsherren (Lehnsverband). Vor allem waren auf der einen Seite die Lehnsnehmer gegenüber dem Herrn zu Treue und Hulde verpflichtet, während auf der anderen Seite der Lehnsherr dem Lehnsmann Schutz und wirtschaftliche Hilfe in der Not zu bieten hatte. Das Lehnswesen war das ganze Mittelalter hindurch bis in die beginnende Neuzeit Grundlage des menschlichen Zusammenlebens. Erst Napoleon hob 1803 das Lehnswesen auf. Naturalabgaben und Arbeitsdienste blieben auch nach der Bauernbefreiung und der Revolution von 1848 bis in die 1860er-Jahre erhalten.

Der Nachfolger Pappenheims, Graf Gronsfeld, schickte im Januar 1633 den Obersten von Westfalen an den Rhein und dessen Regimenter sollen ähnlich schlimm gehaust haben wie die Schweden, die die Stifter Vilich und Schwarzreindorf sowie die Dörfer Beuel, Hangelar und Sieglar niedergebrannt hatten. Nun besetzten auch die katholischen Spanier das neutrale Gebiet Berg. Die Schweden zogen sich daraufhin zurück und behielten unter Loyson nur Siegburg, Blankenberg und Windeck. Graf Gronsfeld ließ im Frühjahr sechs Regimenter unter Oberst Bönninghausen in das Bergische einrücken, welche am 5. April 1633 in der Gegend von Schlebusch erschienen. Der kaiserliche Feldzeugmeister Graf von Merode quartierte im Juni seine Truppen im Amt Monheim ein. Die Schweden unter Kriegskommissar Tylli verlangten aufs Neue große Kontributionen und schwedisch-hessische Truppen plünderten in den Ämtern Angermund, Landsberg und Mettmann. Auch Loyson in Siegburg fuhr fort, die umliegende Gegend zu unterdrücken.

Der gescheiterte Versuch einer Annäherung an den Kaiser brachte Wolfgang Wilhelm politisch in Bedrängnis. Auf evangelischer Seite nahm man an, dass er in die Liga eintreten wolle, während die Ligisten ihren Zorn an ihm ausließen, weil er zu diesem Entschluss nicht bereit war. Von beiden Seiten begannen nun neue Feindseligkeiten und Heimsuchungen. Hessen überfielen am 14. November 1633 Elberfeld und Barmen. In Hückeswagen setzten sich kaiserlich-ligistische Truppen fest und machten die dortige Gegend unsicher, so dass es sogar zu Zusammenstößen zwischen diesen und Truppen des Pfalzgrafen kam. Am 11. Juni 1634 erschien Graf Philipp von Mansfeld als kaiserlicher Kommissar in Düsseldorf, um Pfalzgraf Wolfgang Wilhelm zum Anschluss an die Liga zu bewegen. Neue Regimenter kaiserlicher Truppen hausten nun im Bergischen in zügelloser Weise, insbesondere das Oberbergische wurde durch Bönninghausens Raubzüge heimgesucht, u. a. die Orte Wipperfürth, Engelskirchen, Overath, Eckenhagen und Morsbach, so dass schließlich die Landleute zur Selbsthilfe greifen mussten. Wolfgang Wilhelm beschwerte sich beim Kaiser über Mansfeld bitterlich, der „zehnmal mehr seiner Untertanen habe ums Leben bringen lassen als die Schweden". Am 10. November 1634 zog Mansfeld endlich mit seinem Heere ab. Auch Loyson räumte bald Siegburg, ohne dass Frieden für das Land einkehrte.

Im kriegerischen Zwist zwischen den Generalstaaten (Holland) und den spanischen Niederlanden leistete der Kaiser Bündnis-

*„Der Krieg ernährt den Krieg." Die Lands-knechte – eigentlich des Landes Knechte statt der fremden Söldner – kommen zu Geld und dementsprechend auch zu aufwändiger Bewaffnung und Kleidung (17. Jahrhundert).*

*Bauerngehöft. In diesem Zustand waren mancherorts die Häuser noch mehr als 100 Jahre nach dem Dreißigjährigen Krieg. Radierung von F. E. Weirotter*

hilfe. Er schickte den Feldmarschall Piccolomini in die Niederlande, und das Herzogtum Jülich musste die Lasten des Durchzuges tragen. Die Kaiserlichen bezogen in Düren ihr Winterquartier. Piccolomini erzwang, durch die Landstände unterstützt, in der zweiten Hälfte des Dezembers 1635 die Vereinigung der pfalzgräflichen Truppen mit der kaiserlichen Armee.

Im Januar 1636 rückte das Korps des Marchese Caretto de Grana in das Herzogtum Berg ein. Wieder einmal wurde das Hauptquartier in Mülheim am Rhein aufgeschlagen. In dieser Zeit sah sich Oberst Neuland in Düsseldorf zu der Erklärung genötigt, die Garnison sei nicht imstande, die Stadt gegen einen Angriff zu verteidigen. Von der Bevölkerung im Bergischen war, wie Pfalzgraf Wolfgang Wilhelm dem Kaiser berichtete, kaum noch ein Sechstel übrig, dabei standen die schlimmsten Kriegsjahre erst noch bevor.[167]

1632 belagerten die Schweden ohne Erfolg Schloss Burg (nach der Version von Schönneshöfer besetzten sie die Burg). 1641 sind die kaiserlichen Truppen im Besitz der Burg, die sie als Festung ausgebaut hatten. Nach Ende des Krieges 1648 wurden die Verteidigungsanlagen geschleift und sogar der mächtige Bergfried dem Erdboden gleichgemacht. Der Verfall des Schlosses begann.[168]

Wenn für Wolfgang Wilhelms erste Heirat politische Gründe

maßgebend gewesen sind, so war dies bei seiner zweiten Heirat noch mehr der Fall, denn Katharina Charlotte, drittälteste Tochter des Pfalzgrafen Johann von Zweibrücken, war eine Protestantin. Der bergische Herzog hoffte, mit dieser ehelichen Verbindung ein besseres Verhältnis zu seinen vielen reformierten Untertanen zu bekommen. Wegen des immer noch schwelenden Erbfolgestreites mit Brandenburg konnte eine Annäherung an die holländischen Generalstaaten von Nutzen sein. Katharina Charlotte war bei ihrer Heirat erst 16 Jahre alt. Sie durfte nach den Bestimmungen des Ehevertrages einen reformierten Hofprediger halten und wurde – obwohl Pfalzgraf Wolfgang Wilhelm es nie aufgab, sie zu der nach seiner Meinung „einzig wahren Religion" zu bekehren – eine starke Stütze der Protestanten im Bergischen Land.

Da die zweite Ehe des Pfalzgrafen ohne lebende Nachkommen blieb, wurde sein Sohn Philipp Wilhelm aus erster Ehe (* 5. November 1615) dessen Nachfolger. Wolfgang Wilhelm starb am 20. März 1653 und wurde unter dem Hauptaltar der Düsseldorfer Andreaskirche begraben.

## Der Hauptvergleich zu Kleve

Der Erbfolgestreit war auch unter Philipp Wilhelm noch nicht beendet. In kühnen politischen Kombinationen versuchte er deshalb, überall in Europa Einfluss zu bekommen. Seine Pläne mit dem von Cromwell aus England vertriebenen Karl Stuart scheiterten. Als auch seine Bemühungen, Kaiser Ferdinand zu einem energischen Vorgehen gegen den Kurfürsten von Brandenburg zu bewegen, ohne Erfolg blieben, wandte er sich aus Erbitterung darüber an Frankreich und trat 1657 derjenigen Verbindung bei, welche später „Rheinische Allianz" genannt wurde. Die ihr beigetretenen Verbündeten fassten den Plan, an Stelle des in diesem Jahre verstorbenen Kaisers Ferdinand III. entweder Philipp Wilhelm oder den Kurfürsten von Bayern zu wählen. Brandenburg und Sachsen erhoben jedoch Einspruch und erreichten, dass Leopold I. gewählt wurde. Das Bündnis mit den Franzosen brachte dem Pfalzgrafen im Jahre 1660 die Räumung der Festung Jülich von den spanischen Truppen.

Wegen fortwährender religiöser Konflikte und Unterdrückungen hatten sich die Evangelischen an die holländischen Generalstaaten gewandt. Der Herzog entschuldigte sich damit, dass seine Beamten ihre Weisung überschritten hätten. Wenn er auch fest zum Katholizismus stand, war er dabei gerecht und tolerant. Er sah ein, dass er seinem großen Gegner Friedrich Wilhelm nicht gewachsen war und neigte daher zur Verständigung. Es kam zu Verhandlungen, wobei der Kaiser und andere Fürsten wieder als Vermittler auftraten. Durch den Vergleich von Dorsten im Jahre 1665 kamen die Religionsstreitigkeiten unter Festsetzung der Zustände des „Normaljahres" 1624 vorläufig zum Abschluss.

Am 9. September 1666 wurde zu Kleve endlich der entscheidende Teilungsvertrag geschlossen, den man zum Unterschiede von den früheren Vergleichen als „Hauptvergleich" bezeichnete. Bald zeigten sich neue Gewitter am politischen Horizont. Ludwig XIV. bedrohte mit seiner Hegemonialpolitik die Nachbarstaaten, vor allem Spanien, die Niederlande und Österreich. Als Ziel schwebte ihm ein nach Norden und Westen bis an den

---

In 21 Artikeln wurde Folgendes festgesetzt: „Zwischen den beiden fürstlichen Häusern Brandenburg und Neuburg soll eine ständige Allianz und Erbverbrüderung stattfinden. Alles bisher Geschehene soll der Vergessenheit übergeben sein. Die Länder sollten ein Ganzes bilden und zu gegenseitigem Beistande verpflichtet sein. Die Zwistigkeiten, die wegen der Vollziehung dieses Traktates oder wegen anderer Artikel sich ergeben könnten, sollen nicht durch die Waffen, sondern im Wege des Rechts oder vor einem Schiedsgericht zur Entscheidung kommen.

Das Herzogtum Kleve und die Grafschaften Mark und Ravensberg soll der Kurfürst, die Herzogtümer Jülich und Berg nebst den Herrschaften Winnenthal und Breskesant der Pfalzgraf erhalten. Über den Besitz von Ravenstein soll ein Schiedsgericht besondere Entscheidung treffen. Beide Fürsten sollen Titel und Wappen der sämtlichen Länder führen, sowie beim Direktorium des westfälischen Kreises als eine Person gelten. Der Kaiser soll um Bestätigung des Traktats und die nötigen Befehle ersucht werden."[169]

Selbst bei den Religionsstreitigkeiten kam es zu einer Schlichtung. Der Religionsvergleich wurde zu Cölln an der Spree abgeschlossen, nachdem längere Verhandlungen und notariell aufgenommene Untersuchungen über die kirchlichen Verhältnisse an den meisten Orten vorangegangen waren. Der Vergleich enthielt genaue Bestimmungen über die Religionsausübung, den kirchlichen Güterbesitz, die geistliche Jurisdiktion und andere Rechte der Konfessionen. Die Protestanten im Lande des Pfalzgrafen und die Katholiken im Lande des Kurfürsten sollten freie Religionsausübung haben.[170]

Rhein ausgedehntes Königreich vor, das ihm in Europa die absolute Vorherrschaft einräumen würde. Diesem Zweck diente nicht nur das um ein Vielfaches gegenüber seinen Vorgängern vergrößerte Heer, sondern auch eine dauernd neue Möglichkeiten suchende Bündnis- und Legitimationspolitik, die der Expansion ganz reale oder scheinbare Rechtsgründe liefern sollte. An die Kleinstaaten gezahlte Subsidiengelder wurden zu den bevorzugten Mitteln, um Bundesgenossen zu werben – Gelder, die u. a. auch dem Herzogtum Jülich-Berg zuflossen.

Deutlich wurden die Expansionsabsichten bereits bei dem ersten von Ludwig XIV. begonnenen Krieg, dem sogenannten „Devolutionskrieg" (1667/68) gegen Spanien und die spanischen Nieder-

*Herzog Philipp Wilhelm, Sohn Wolfgang Wilhelms (1653–1679), seit 1685 auch Kurfürst von der Pfalz.*

lande. Der französische König gründete seinen Anspruch auf ein in Brabant geltendes Privatrecht der Devolution, nach dem die Töchter aus erster Ehe vor den Söhnen aus zweiter Ehe erbberechtigt sind. Ludwig sah sich als Mann der ältesten Tochter Philipps IV. erbberechtigt.

Der Besitz der Klosterfestung Siegburg, wonach die bergischen Herrscher immer getrachtet hatten, wurde in dieser politischen Situation als Gegenmaßnahme besonders wichtig. Philipp Wilhelm schickte deshalb den Feldmarschall von Virmont mit einer Abteilung Soldaten dorthin, um die Abtei einzunehmen. Der Konvent versuchte, sich zu verteidigen, als aber die Sturmleitern angelegt wurden, kapitulierte die Besatzung am 4. Februar 1671. Doch erst am 17. Juni desselben Jahres kam ein gütlicher Vergleich mit der Regierung in Düsseldorf zustande. Diesem folgte am 16. Mai 1676 der sogenannte Siegburger Erbvergleich, wodurch die Reichsunmittelbarkeit des Klosters aufgehoben und die Landeshoheit des Pfalzgrafen Philipp Wilhelm anerkannt wurde.

Als der französische König Ludwig XIV. im Jahre 1672 seinen zweiten Eroberungskrieg gegen Holland führte, wurde auch Jülich-Berg in Mitleidenschaft gezogen. Philipp Wilhelm hatte auf Grund der oben erwähnten Subsidienzahlungen den französischen Truppen den Durchzug durch Jülich-Berg zu gestatten. Die Franzosen besetzten Deutz und bezogen bei Kaiserswerth ein festes Lager. Von diesen beiden Orten aus verübten sie im Herzogtum Berg die schlimmsten Gräuel. Ganze Dörfer wurden von den Einwohnern verlassen, die in die unwegsamen Wälder flüchten mussten. Nachdem die Franzosen 1673 aus dem Bergischen vertrieben waren und 1674 das Erzstift Köln ebenfalls verlassen hatten, wurden die Bedrückungen, jetzt durch kaiserliche Truppen, fortgesetzt. Einquartierungen, Erhebung von Kriegssteuern, Hand- und Spanndienste, Lieferung von Schanzholz etc. belasteten die Bevölkerung extrem.

Als die Franzosen die Holländer aus den befestigten Orten im Klevischen vertrieben hatten, kam der große Kurfürst im Jahre 1679 durch den Frieden von St. Germain in den Besitz dieses Landes, da Pfalzgraf Philipp Wilhelm, der Kurfürst von Köln, der Bischof von Münster u. a. wegen des Bündnisses mit den Franzosen alle Anrechte verloren hatten.

Philipp Wilhelm war zweimal verheiratet. Seine erste Gemahlin war Anna Katharina Konstanze, Tochter des Königs Sigismund III. von Polen, welche aber schon im Jahre 1651 verstarb. Seine zweite Gemahlin war die zum Katholizismus übergetretene Tochter des Landgrafen Georg II. von Hessen-Darmstadt, Elisabeth Amalia. Aus dieser glücklichen Ehe entsprossen 17 Kinder – neun Söhne und acht Töchter. Von den letztgenannten Töchtern wurde die älteste, Eleonore Magdalena Theresia, die Gemahlin Kaiser Leopolds I. Eine andere Tochter, nämlich Maria Anna, heiratete König Karl II. von Spanien.

Am 5. November 1672 hatte Philipp Wilhelm mit den Landständen den sogenannten „Haupt-Rezess" vereinbart, der u. a. folgende Bestimmungen enthielt: Die fürstlichen Räte, falls ihnen der Zutritt „von Guts und Bluts wegen gebührt", dürfen auf den Landtagen erscheinen. Alle Privatzusammenkünfte der Landstände, die in böswilliger Absicht einberufen werden, bleiben streng verboten. Bei Beschließung eines Krieges oder bei Eingang von Friedens- und Allianzverträgen soll den Ständen kein Entscheidungsrecht zustehen, doch sollen dieselben in ihrem Rat vernommen werden. Die Beschaffung der Kriegs- und Verteidigungsmittel soll mit Zuziehung der Stände beschlossen werden. Alle von früheren Landesherren den Landständen erteilten Privilegien und Freiheiten werden bestätigt.

*Schloss Düsseldorf nach einer Zeichnung aus dem 18. Jh. Blick vom Rhein auf die Südwestfassade vor dem Umbau im Jahre 1755*

Bei den häufigen Familienfesten und kirchlichen Feiern zeigte der Düsseldorfer Hof größere Prachtentfaltung. Die bildende Kunst und besonders die Musik wurden gefördert. Die italienischen Opern wurden in Düsseldorf verhältnismäßig früh eingeführt und scheinen sich dort auch längere Zeit gehalten zu haben. Man hielt Verbindung zu dem damals an deutschen Höfen sehr beliebten Komponisten Sebastiano Moratelli. Der Maler Johann Spielberg wurde wieder an den Hof berufen. Auch war einer der besten Vertreter der deutschen Kunst der damaligen Zeit, Joachim von Sandrart, für den Düsseldorfer Hof tätig.

Nach Beendigung des Dreißigjährigen Krieges scheint recht bald eine Zunahme der Bevölkerung, des Handels und des Verkehrs im Bergischen Land stattgefunden zu haben. Eine Urkunde vom Jahre 1658 besagt z. B., dass Düsseldorf damals ohne die Außenbezirke 648 Häuser hatte und die Einwohnerzahl nach mehreren Tausend zählte. Viele Handelsleute zogen in die Stadt. Die Vergrößerung des Hafens wurde in Erwägung gezogen.

Pfalzgraf Philipp Wilhelm erteilte am 8. Juni 1668 ein Privileg zu einem Postwagenkurs von Düsseldorf nach Köln und in nördlicher Richtung bis Duisburg mit Anschluss an die große Postlinie Berlin-Wesel-Kleve. Diese erste Post diente in erster Linie dem Personenverkehr, wenn auch die Beförderung von Gütern keineswegs ausgeschlossen war. Ein solcher Wagen, der Platz für acht Personen bot, wurde wenigstens von zwei, meistens von vier Pferden gezogen. Bald folgten weitere Postverbindungen. Die territorialen Fahrposten am Niederrhein sind demnach älter als diejenigen der Reichspost, denn diese zog erst Anfang des 18. Jahrhunderts auch den Personen- und Güterverkehr durch Errichtung eigener Fahrposten an sich.

Eine wichtige Sache harrte noch ihrer vollständigen Erledigung – der Hauptvergleich zu Kleve hatte noch nicht die kaiserliche Bestätigung erhalten. Der große Kurfürst von Brandenburg sowie auch Pfalzgraf Philipp Wilhelm hatten nicht aufgehört, sich um dieselbe zu bemühen. Letzterer nutzte die 1676 erfolgte Vermählung seiner ältesten Tochter Eleonora Magdalena Theresia mit Kaiser Leopold I. in geschickter Weise zur endlichen Erreichung dieses Zieles. Günstig gestimmt, bestätigte der Kaiser am 5. Januar 1677 den Haupt- und Deklarationsrezess von 1672 und 1675. Am 17. Oktober 1678 gab er auch dem zwischen dem Pfalzgrafen und dem Kurfürsten 1666 geschlossenen Hauptvergleich von Kleve seine Zustimmung.

Zwar erhob 1679 Sachsen beim Reichstag zu Regensburg nochmals Protest gegen diesen Vertrag, aber das konnte jetzt nichts mehr ändern. Pfalz-Neuburg und Brandenburg blieben im Besitz der ihnen zugefallenen Lande. Der jülisch-klevische Erbfolgestreit hatte endgültig sein Ende gefunden.[71]

### Herzog Johann Wilhelm II., der volkstümliche „Jan Wellem"

Der Erbprinz Johann Wilhelm, das vierte Kind und der älteste Sohn Philipp Wilhelms, wurde am 19. April 1658 im Schloss zu Düsseldorf geboren. Schon in jungen Jahren machte er zahlreiche Besuche an europäischen Höfen. Nach dem Willen des Vaters sollte der junge Prinz mit den ausländischen Herrschern persönlich bekannt werden und deren Regierungsprinzipien und Manieren beobachten und davon lernen. Am 4. Dezember 1674 trat ein Gefolge unter der Leitung des Gouverneurs Hermann von Wachtendonk die Reise an, über die wir aus der Feder des Jesuitenpaters Johannes Pakenius, der als Seelsorger die Delegation begleitete, gut unterrichtet sind. Am 20. Januar 1675 kamen die Reisenden in Paris an und blieben dort zwei Monate. Der blutjunge Johann Wilhelm lernte dort das luxuriöse und ausschweifende Hofleben kennen, über das seine Stammesverwandte Elisabeth Charlotte von der Pfalz einige Jahre später schrieb: „Alles was man in der Bibel liest, wie es vor der Sündflut und in Sodom und Gomorra zugegangen, kommt dem Pariser Leben nicht bei!"

Karl II. von England (1630–1685), König 1660–1685. Während des Bürgerkrieges (ab 1642) lebte er im französischen Exil. 1649 wurde er gegen die Republikaner als König von England proklamiert, das aber de facto von Lordprotector Oliver Cromwell bis 1658 regiert wurde. 1651 zum König von Schottland gekrönt, ging er gegen Cromwell vor, musste aber nach verlorener Schlacht von Worcester aufs Festland fliehen. Nach Cromwells Tod wurde Karl II. 1660 unter jubelnder Zustimmung des Volkes die Königswürde durch das Parlament verliehen.

Die nächste Station der Reise war der Hof König Karls II. von England. Der in London vorherrschende raffinierte Luxus übertraf fast noch denjenigen des französischen Hofes. Wenn auch die Regierungsformen der beiden Könige dem jungen Prinzen nur ein schlechtes Beispiel geben konnten, so wurde er doch mit vielen Kunstschätzen und anderen kulturellen Dingen bekannt gemacht. Die Universität Oxford verlieh ihm ehrenhalber den Doktorhut.

Danach kehrte der Prinz mit seinem Gefolge auf das Festland zurück und durchstreifte drei Monate lang das mittlere und westliche Frankreich. Am 15. Oktober 1675 wurde die italienische Grenze überschritten. Der Aufenthalt Johann Wilhelms in Italien dauerte acht Monate. Er besuchte die italienischen Höfe, wohnte vielen Festlichkeiten bei, suchte aber auch die Bibliotheken und Kunstsammlungen auf, wo er Anregungen für sein späteres Wirken erhielt.

Auf seiner Rückreise in die Heimat entzückten ihn die Kunstschätze in Florenz und das Leben am Hofe des Großherzogs Cosimo III. In Wien erwies ihm Kaiser Leopold, der Johann Wilhelms Schwester zur dritten Gemahlin auserkoren hatte, seinem künftigen Schwager wohlwollende Aufmerksamkeit. Am 7. März 1677 endete diese Reise, die zwei Jahre und drei Monate gedauert hatte. Die Eindrücke, die der junge Prinz dabei gewann, waren wahrscheinlich Grund für das spätere Verhalten als Landesherr, als er in Selbstherrlichkeit, Prachtliebe und Verschwendung seinen Vorbildern Ludwig XIV. von Frankreich und Karl II. von England nachzueifern versuchte.

Schon zu Lebzeiten machte Philipp Wilhelm seinen Sohn Johann Wilhelm zum Mitregenten in Jülich und Berg. Er selbst übernahm 1685 die Regentschaft über die Pfalz (Heidelberg/Mannheim) und erbte die Kurfürstenwürde. Herzog Philipp Wilhelm zog sich aus Düsseldorf zurück, übersiedelte nach Neuburg und starb am 2. September 1690 im Alter von 75 Jahren in Wien.

**Ludwig XIV.** (1638–1715), der „Sonnenkönig"; ab 1643 König von Frankreich. Zunächst unter Regentschaft seiner Mutter, entfaltete er den Absolutismus in besonderer Weise, wobei er sich auf Richelieu und Mazarin stützen konnte. Er baute in drei Kriegen die Vormachtstellung Frankreichs in Europa aus, konnte diesen Status quo aber nicht halten, da die Koalitionsmächte mit England stärker waren. Berühmt ist er durch seine verschwenderische Hofhaltung und die groß-zügige Förderung von Schauspiel, Musik und Kunst in seinem legendären Schloss Versailles. So waren z.b. Molière und der Opernkomponist J.B. Lully in Versailles tätig. Sein Lebensstil beeinflusste die Hofhaltung in ganz Europa.

Am 25. Oktober 1678 heiratete Johann Wilhelm die Stief-schwester des Kaisers, Maria Anna Josepha. Auch diese Hochzeit war dem Vermittlergeschick des Altherzogs Philipp Wilhelm zu-zuschreiben. Johann Wilhelm, vom Volk bekam er den volks-tümlichen Namen „Jan Wellem", war bei der Übernahme der Re-gierung der Herzogtümer Jülich und Berg am 1. August 1679 gerade einmal 21 Jahre alt. Der Vater hatte ihm eine ausführliche Instruktion für die Verwaltung und Regierung dieser Lande mit-gegeben, die auch die Weisung enthielt, sich besonders der För-derung der katholischen Religion zu widmen.

Aber in welchem Zustand war das Land? Durch den soeben be-endeten Krieg Ludwigs XIV. gegen Holland war das Land schwer geschädigt worden, insbesondere Jülich. Dort zogen die Franzo-sen vorläufig noch nicht ab, weil Jülich-Berg angeblich mit ei-nem Teil der ihm auferlegten Kontributionen im Rückstand war. Mit den Landständen kam es von Anfang an zu schweren Reibe-reien, weil diese den großen Geldbedarf für die aufwändige Hof-haltung und den Unterhalt von Truppen und Bau von Festungen und Gebäuden nicht bewilligen wollten. Johann Wilhelm musste sich entschließen, Teile seiner Truppen zu entlassen, weil diese wegen Nichtzahlung des Soldes in Not geraten waren und sich zusammenrotteten, um Plünderungen vorzunehmen.

Das Deutsche Reich wurde zu seiner Zeit nach wie vor im Wes-ten von den Franzosen und im Osten von den Türken und Un-garn bedroht. Der Herzog war wieder gezwungen, mit den Landständen um Mittel für die Verteidigung zu ringen. Für Düs-seldorf beabsichtigte er nicht nur eine bessere Befestigung, son-dern er suchte die Stadt in jeder Beziehung zu fördern. Er wollte sie in Angleichung an andere europäische Residenzen zu einer seiner Würde mehr entsprechenden Großstadt machen.

Als am 16. Mai 1685 mit Karl II. von der Pfalz die ältere Linie

Pfalz-Simmern, an welcher die Kurfürstenwürde haftete, ausstarb, ging dieselbe auf Pfalz-Neuburg über. So wurde Philipp Wilhelm in seinem 70. Lebensjahre Kurfürst von der Pfalz und sein Sohn Johann Wilhelm Kurprinz. Ludwig XIV. beanspruchte nun ein Teil der pfälzischen Erbschaft für seine Schwägerin Lieselotte von der Pfalz, Schwester des verstorbenen Kurfürsten, die aber schon bei ihrer Vermählung auf alle Ansprüche verzichtet hatte. Die Franzosen fielen in die Rheinlande ein und es begann der schreckliche Pfälzische Erbfolgekrieg, in welchem gerade die Pfalz grauenhaft verwüstet wurde. Französische Truppen besetzten Bonn, Neuss, Rheinberg und Kaiserswerth. Um die hohen Kontributionen durchzusetzen, hatten die Franzosen Siegburg besetzt und die Siegübergänge gesperrt und bedroh-

*Herzog Johann Wilhelm II. (beim Volk Jan Wellem genannt), seit 1690 auch Kurfürst von der Pfalz – hier mit der Kaiserkrone auf dem Arm als Reichsverweser dargestellt – und seine zweite Gemahlin Anna Maria Louisa von Toskana aus dem Geschlecht der Medici. Gemälde von Jan Frans Douven*

ten die Ämter Blankenberg und Löwenberg mit Brandschatzung. Den Ständen wurde gedroht, sie möchten sich mit den Zahlungen beeilen, denn der französische Befehlshaber habe befohlen, mit dem Niederbrennen zu beginnen und ihm die Zahl der eingeäscherten Dörfer zu melden.

Die Truppen des Kurfürsten von Brandenburg stellten sich auf dem linken Rheinufer den Franzosen entgegen, die nur noch die Festung Rheinberg halten konnten. Von den Erfolgen der Brandenburger ermutigt, rotteten sich die Bewohner der Ämter Blankenberg und Löwenberg zusammen und widersetzten sich den Requisitionen der Franzosen. Johann Wilhelm hatte abermals große Geldforderungen an die Stände und befahl, alle Gelder, die für die Kontributionen bestimmt waren, nach Düsseldorf abzuliefern. Die Franzosen rächten sich durch Einäschern von drei Dörfern im Amt Angermund.

Nachdem die Brandenburger das linke Rheinufer von den Franzosen befreit hatten, nahmen sie am 16. Mai 1689 auch die

Festung Rheinberg ein. Weiterhin richteten sich ihre Operationen gegen Kaiserswerth, das am 26. Juni 1689 kapitulierte. Friedrich III. von Brandenburg, Nachfolger des 1688 gestorbenen großen Kurfürsten und späterer erster König von Preußen, leitete persönlich den Angriff. Nun wurde der Vormarsch auf Bonn beschlossen. Die Armee erreichte am 1. Juli 1689 Lülsdorf, überschritt am 7. Juli bei Bergheim die Sieg und besetzte Rheindorf und Vilich. Dadurch wurden nicht nur die Siegübergänge frei, sondern auch die französische Garnison in Siegburg zum schnellen Abzug gezwungen. Die französischen Soldaten plünderten aber vorher noch die Stadt vollständig aus und verschleppten einige angesehene Bürger als Geiseln. Am 8. September 1689 kapitulierte Mainz, am 12. September Bonn. Die Truppen der Verbündeten kehrten in die Winterquartiere zurück, verübten dabei ebenfalls viele Erpressungen.

Der Frieden von 1697 war nicht von langer Dauer. Als nämlich der letzte habsburgische König von Spanien, Karl II., starb, meldeten der deutsche Kaiser Leopold I. und Ludwig XIV. von Frankreich Erbansprüche an. In dem nun beginnenden Spanischen Erbfolgestreit verbündete sich der Kaiser mit England, Holland, Preußen und Hannover. Zu Frankreich standen die Kurfürsten von Bayern und auch von Köln. Ludwig XIV. versuchte, auch den Kurfürsten Johann Wilhelm mit großen Geldversprechungen für sich zu gewinnen. Dieser hatte aber die Zerstörung der Pfalz im Jahre 1689 noch nicht vergessen und stand treu zum Kaiser. Dem französischen Gesandten soll er gesagt haben: „Die giftigste Schlange im heißen Afrika sei nicht so verächtlich als ein deutscher Fürst, der in Gefahr nicht treu zum Reiche stehe."

Als nun zu Beginn des Jahres 1701 französische Truppen in das Erzstift Köln einrückten, bezogen bergische und pfälzische Soldaten ein befestigtes Lager bei Mülheim am Rhein. Einen Plünderungsversuch im Bergischen vereitelte Johann Wilhelm, indem er den Franzosen bei Neuss 40 Schiffe wegnehmen ließ, die zum Bau einer Schiffsbrücke bestimmt waren. Die Baumeister, die Johann Wilhelm zum Bau seiner Prachtschlösser hatte kommen lassen, mussten fortan an Verteidigungswerken arbeiten. Die längst verfallenen Landwehren ließ er neu aufgraben und mit Schlagbäumen und Waldverhauen versehen. Im März 1702 wurde die ganze jülische und bergische Einwohnerschaft zu Schanzarbeiten und Lieferung von Holz für Palisaden, Sturmpfähle und Faschinen herangezogen.

Im Oktober 1702 überschritten bergische Truppen den Rhein, um die Franzosen bei Bonn anzugreifen. Diese hatten aber bereits ihrerseits den Rhein überquert, Porz und Lülsdorf in Schutt und Asche gelegt und in Deutz Quartier bezogen. Von dort aus überfielen sie vom 4. bis 6. Oktober 1702 das ganze Gebiet von Refrath, Bensberg, Gladbach, Merheim, Schlebusch und Burscheid. Die Landleute flohen aus der Ebene in die Berge, wo sie die Straßenzugänge erfolgreich verteidigten. Es gelang dem Kurfürsten Johann Wilhelm, die Franzosen wieder nach Bonn zurückzudrängen, wo er sie bis 1703 belagerte. In jenem Jahr wurde Bonn alsdann von den verbündeten Engländern erobert. Zwar wurden vorsorglich die Landschützen auch 1704 und 1705 noch einmal aufgeboten, aber im Bergischen kam es zu keinen kriegerischen Ereignissen mehr, obwohl erst 1714 Frieden geschlossen wurde.[72]

Seit dem Tod seines Vaters Philipp Wilhelm am 2. September 1690 war Johann Wilhelm souveräner Herr von Jülich und Berg sowie Kurfürst von der Pfalz; die Verbindung von Jülich-Berg mit der Kurpfalz dauerte länger als ein Jahrhundert. Johann Wilhelms unbedingte Treue zu Kaiser und Reich wurden ihm schlecht gelohnt. Bei dem für ihn so sehr nachteiligen Frieden zu Rastadt am 7. März 1714 verlor er die ihm erst kurz zuvor mit der Kurpfalz zugefallene bayerische Kurwürde sowie das Erztruchsessamt. Er musste die Oberpfalz und die Grafschaft Cham an Bayern zurückgeben und von den ihm in Aussicht gestellten Entschädigungen erhielt er nichts.

Nachdem Johann Wilhelms erste Frau 1687 verstorben war, hatte er im Jahre 1691 den Freiherrn von Wachtendonk nach Florenz geschickt, der um die Hand der Tochter des Großherzogs Cosmo III. von Toskana, Anna Maria Louisa, anhalten sollte. Die Werbung hatte Erfolg. Am 29. April 1691 fand die vorläufige Vermählung zu Florenz statt, bei der Erbprinz Ferdinand von Toskana den Bräutigam vertrat. Mit einem „Raffael" des kunstsinnigen Hauses der Medici ausgestattet, hielt Anna Maria Louisa Einzug beim Hofe zu Düsseldorf.

Johann Wilhelm verstärkte trotz aller Finanznot seine Bemühungen, aus Düsseldorf ein „klein Paris" zu machen. Bereits 1696 ließ er von seinem Hofarchitekten Alberti ein Opernhaus errichten, wo vor allem die Werke seiner am Hofe tätigen Komponisten aufgeführt werden sollten. Seinerzeit so bekannte Künstler wie Morelli, Steffani, Wilderer, Schenk und Corelli begründeten den guten Ruf des neuen Hauses.

Die Begeisterung für die Kunst, die schon bei Johann Wilhelms Aufenthalt im Ausland, besonders in Italien, geweckt worden war, bekam nach der Heirat mit Anna Maria Louisa aus Florenz nochmals einen besonderen Impuls. Wohl von ihr ermuntert, fasste er den Plan, in Düsseldorf eine Gemäldegalerie zu errichten. Sie wurde von 1709–1714 durch Jakob du Bois, einen Stiefbruder und Gehilfen des Bildhauers Grupello, errichtet. Bald füllte sich diese unter der tätigen Mithilfe des Hofmalers Douven über das Erbe der Fürstin sowie durch Ankauf und Zusammenführung mancher Werke aus dem ganzen Land. Aber nicht nur Gemälde, auch Gipsabdrücke antiker römischer Werke und Münz- und Medaillensammlungen sowie andere Kunstwerke zogen Künstler und Gelehrte aus aller Welt an und machten Düsseldorf zu einem kulturellen Mittelpunkt Europas.

Da der Dreißigjährige Krieg in Düsseldorf deutliche Spuren hinterlassen hatte, hatte der Fürst große Pläne, die Stadt zu einer Metropole auszubauen. Zwar war die Stadt durch Gewerbe und Handel wieder aufgeblüht, gewachsen war sie aber nicht. Vielmehr waren die Haushalte kleiner geworden. Um diesen Missstand abzuschaffen, sollte eine Neustadt entstehen, deren Aufbau mit Ehrgeiz angegangen wurde.[173]

Johann Wilhelm förderte darüber hinaus nicht nur das Verkehrswesen und den Handel in der Residenzstadt selbst, sondern sorgte auch für die Belebung der Wirtschaft im bergischen Hinterland. Besonders Elberfeld, Barmen, Lennep und Solingen profitierten vom Aufschwung. Der volkstümliche „Jan Wellem" ließ in Düsseldorf stattliche Gebäude errichten und Straßen und Gassen beleuchten. Außerdem erbaute er Festungen und Schlösser, darunter auch das neue Schloss Bensberg neben der alten Burg, das allerdings unter seiner Ägide nicht fertiggestellt wurde.

*Das Reiterstandbild Johann Wilhelms in Düsseldorf*

Gegenüber den Protestanten war Jan Wellem relativ tolerant, schließlich trugen sie auch zu einer günstigen Ökonomie bei. Dies war die Grundlage für die ungehinderte Ausbreitung des Protestantismus im Bergischen Land.

Kurz vor seinem Tode überreichte Erich Philipp Ploennies

dem Pfalzgrafen die „Topographia Ducatus Montani", die erste vermessene und kartografierte Landesaufnahme im Bergischen Land, für die der Verfasser vom Herzog wohl schon 1708/09 den Auftrag bekommen hatte. Sie diente in erster Linie der „Verherrlichung der Macht und Gloire" des Landesherrn. Für die Beseitigung von konkreten Missständen im Verwaltungsapparat, insbesondere im Bereich des Steuerwesens, d. h. die notwendige Erfassung von Steuerland, war dieses Werk nicht geeignet, denn es enthielt keine persönlichen Daten und Besitzhinweise. Die Karten konnten neben der Repräsentation auch für militärische Zwecke geeignet sein.

Johann Wilhelm starb 58-jährig am 18. Juni 1716 nach mehreren Schlaganfällen an Wassersucht und wurde in der Düsseldorfer Andreaskirche beigesetzt. Noch zu seinen Lebzeiten wurde auf dem Düsseldorfer Marktplatz sein Reiterstandbild aufgestellt. Sein Denkmal überlebte alle Wirren und so blieb den Düsseldorfern „Jan Wellem" bis heute erhalten.

## Karl Philipp (1716–1742), Bruder Johann Wilhelms II.

Nach dem Tode seines kinderlos gebliebenen älteren Bruders Johann Wilhelm trat Karl Philipp die Herrschaft an. Karl Philipp hat seine Herzogtümer Jülich und Berg niemals betreten. Ihm waren die ständischen Einrichtungen seiner nördlichen Besitzungen „ein Dorn im Auge". Als absolutistisch gesinnter Fürst behagte es ihm besser in der Pfalz, wo es noch keine Verfassung gab. Als er Kurfürst wurde, befand er sich in Innsbruck. Dort blieb er zunächst noch und setzte zur Verwaltung seiner Länder einen Konferenz-Rat ein. Am 23. Mai 1717 verlegte er seine Residenz nach Mannheim und am 4. November desselben Jahres nach Heidelberg. Nach einem Streit mit den dortigen Evangelischen übersiedelte er dann nach Schwetzingen. Das noch nicht ganz vollendete Schloss seines Bruders in Bensberg interessierte ihn nicht. Stattdessen baute er in Mannheim von 1720 bis 1729 ein neues Schloss und bezog es 1731.

War die Stadt Düsseldorf in dem Sonnenglanze der Gunst des verstorbenen Kurfürsten schnell zu großer Blüte gelangt, so welkte sie jetzt wieder genauso schnell unter der interessenlosen Abwendung seines Nachfolgers.

Karl Philipp löste den umfangreichen Hofstaat auf, ebenso den Geistlichen Rat, den Polizei- und Kommerzien-Rat etc. Die

*Kurfürst Karl Philipp von der Pfalz, Herzog von Berg (1716–1742), der jüngere Bruder Jan Wellems. Er war der letzte Herrscher aus der Linie Pfalz-Neuburg.*

gewaltigen Pläne seines Vorgängers ließ er nicht nur unausgeführt, sondern er war auch nach Möglichkeit bestrebt, das von demselben Ausgeführte zu vernichten bzw. in bares Geld umzuwandeln. Er ließ den ganzen Nachlass des Verstorbenen mit Beschlag belegen und alle Kostbarkeiten des Düsseldorfer Schlosses in seine Residenzen Mannheim und Schwetzingen schaffen; er hatte sogar den Befehl ergehen lassen, zu diesem Zwecke das Reiterstandbild auf dem Markte zu zerschneiden, nahm aber diese Anweisung wieder zurück. Die von Johann Wilhelm angestellten Künstler wurden entlassen, so dass das Kunstleben Düsseldorfs keinen einzigen bedeutenden Vertreter mehr aufzuweisen hatte. Die berühmte Gemäldegalerie blieb jedoch vorerst in Düsseldorf.[193]

„Wenn auch Karl Philipp nie bergischen Boden betrat, ließ er sich doch wenigstens vom Wohlergehen seiner dortigen Untertanen berichten, wenn auch in Gedanken an seine steuerlichen Einnahmequellen. Ein Bericht aus dem Jahre 1729, gegeben von dem aus Beyenburg gebürtigen Jülisch-Bergischen ‚HoffKammer-Rath' Johann Wülffing, schildert dem Landesherrn ein blühendes Land, worin viele Handwerker, sehr berühmte und vornehme Kaufleute wohnen, die aus fremden Ländern Gold- und Silbermünzen einfuhren, so dass den Bürgern, den Handwerks- und Fuhrleuten soviel Arbeit zukommt, dass sie sich gut ernähren können, ja so gut, dass der inzwischen eingeführte Kaffee und Tee auch vom Gesinde getrunken werden, dass sich die Mägde so galant wie die Damen kleiden und sich die Tagelöhner am Sonntag die Haare pudern. Ferner weist der Bericht auf eine organisierte Armen- und Siechenfürsorge hin, die von der Kirche getragen wird. Hervorgehoben werden auch die guten Möglichkeiten im Textilgewerbe, die selbst die Kinder von fünf bis sechs Jahren mit Wollelesen, Kratzen und Spinnen, mit Garnspulen, Bleichen und Haspeln beschäftigen können und damit einen Beitrag zum Familieneinkommen in den Heimwerkstätten liefern."[175]

## Exkurs: Hexenwahn – eine Geißel des Aberglaubens

Der Hexenglaube war schon im Altertum und bei den Germanen allgemein verbreitet. Während die Kirche im frühen Mittelalter den Hexenwahn ernstlich bekämpfte, wurde er in der Folge durch die Theorien der Theologen über den Einfluss der Dämonen und im Zeitalter der Kreuzzüge durch die Berührung mit der orientalischen Gedankenwelt gefördert; er wuchs sich im späten Mittelalter schließlich zur Volkspsychose aus. Während der religiösen Wirren des 16. Jahrhunderts erreichte die Hexenverfolgung ihren Höhepunkt. Auf deutschem Boden, in Würzburg, wurde noch 1749 eine „Hexe" verbrannt.

Überlieferte Hexenprozessakten aus dem Jahre 1613 berichten über den Leidensweg einer Frau aus dem Bergischen (Nittum). Katharina Güschen, genannt „Scheuer Trein", war ohnehin vom Schicksal schwer getroffen: Die beiden ersten Ehemänner starben, der dritte stahl ihre letzte Habe. Von sechs Kindern aus erster Ehe blieb nur eins am Leben.

Katharinas Großmutter und zwei Tanten waren bereits als „Hexen" verbrannt worden und nur der frühe Tod hatte ihre Mutter vor den Flammen bewahrt. Die Scheuer Trein war mithin für alle sichtbar „aus Hexenblut entsprossen". Alle Unglücksfälle und Krankheiten von Mensch und Tier in ihrer Umgebung wurden ihr deshalb angelastet.

Nach der offiziellen Anklage wurde Katharina am 27. Dezember 1611 im „Hexenturm" zu Bensberg eingekerkert. Nach der ersten Verhandlung mit widersprüchlichen Zeugenaussagen wurden der Angeklagten 18 vorgeschriebene Fragen vorgelegt, darunter: „Ob sie mit der Zauberei insgeheim bezüchtiget sei? Ob sie nicht der Zauberei Wissenschaft trage und dieselbe zu verschiedenen Malen gebrauche? Wo und von wem sie die Zauberei gelernet? Ob sie nicht vor oder nach mit anderen Hexen verkehrt, auch auf deren Tänzen und Spielen gewesen? Wo und an welchem Ort solches geschehen? Wer ihre Mitgesellen gewesen? Ob sie nicht dort allnächtlich ihrem Schöpfer abgesaget und sich dem leidigen Satan zugepflichtiget? Wo und wann solches geschehen? Ob sie nicht vor und nach mit dem bösen Feind ihre Unzucht getrieben und buhliert habe? Wie oftmalen und wo solches geschehen? Wie ihr Buhle heiße? Ob sie nicht von demselben einen Zauberpott oder Schmier bekommen und was sie damit ausgerichtet?" Nachdem die Trein alle diese Fragen abschlägig beantwortet hatte, sperrte man sie wieder in den

Turm, wo noch andere Frauen aus der Umgebung auf ihre Aburteilung warteten.

Die Protokolle sandte der Schultheiß an die Landesregierung
in Düsseldorf und bat um weitere Verhaltensbefehle. Nach vier
Monaten kam endlich die Antwort. Man stellte es den Bensberger Schöffen frei, die Angeschuldigte mit Folter „peinlich anzugreifen" oder aber auch freizulassen. Nach einer neuerlichen
Verhandlung entschlossen sich die Schöffen, nach „fleißiger Erwägung alles Vorbringens", die Folter einzuleiten.

Auf dieses Urteil hin wurde die unglückliche Scheuer Trein sofort in die Folterkammer geführt, wo die Folterknechte die „pein-
lichen Werkzeuge" vorzeigten. Beim Anblick der Marterwerkzeu-
ge – Daumenschraube, Beinschraube und Streckvorrichtung –
sank sie mit lautem Schrei zusammen und beteuerte nochmals
ihre Unschuld.

Daraufhin wurde sie von den Folterknechten ergriffen, entkleidet
und gefoltert. Obwohl alle drei Grade der Tortur aufs Schärfste
angewendet wurden, beharrte die tapfere Frau auf der Beteue-
rung ihrer Schuldlosigkeit. Hierauf wurde die halb tot geschun-
dene Frau in den Hexenturm zurückgetragen! Aber am nächsten
Morgen wurde sie abermals auf die Folter gelegt, worauf sie im
Wahnsinn des Schmerzes auf die angeführten Fragen antwortete:
„Ihr Buhle heiße Lucifer und habe mit ihr in ihrem Hause buhliert. Sie habe Gott ab- und dem bösen Feind zugesagt. Das sei vor
26 Jahren gewesen, als ihr Haus abbrannte. Item die Bloem habe
ihr die Zauberkunst beigebracht. Sie seien zum Hexentanz auf
der Nittumer Heide gewesen, der Spielmann heiße Prummer
und wohne zu Dunwald. Die Bloem sei mit auf dem Tanz gewesen. Sie hätte ihre eigenen Kinder zu Tode gezaubert ... usw."

Dieses ihr abgepresste Geständnis widerrief die Trein nach der
Tortur sofort. Das hatte zur Folge, dass sie anderntags zum dritten Male mit „Anlegung der Folter" gequält und abgefragt wurde, wobei sie noch hinzufügte: „Item bekennt sie, dass ihr Buhle
Lucifer auch ein- oder fünfmal mit ihr allhie im Turm buhlierte,
seie in Gestalt eines feinen Mannes in schwarzen Kleidern zu ihr
gekommen und sei kalter Natur gewesen. Item habe sie etliche
Male das heilige Nachtmahl empfangen und in ihren Schmier
gemischt ... usw."

Das abgefasste Protokoll wurde am 7. September 1612 an die
Landesregierung gesandt. Der Schultheiß fügte hinzu, dass eine
andere Hexe und Turmgenossin der Trein sich mit ihrer Haar-
schnur erhängt habe. Weil solche Fälle kürzlich häufig vorge-

kommen und die Trein auch schon mit ihrem Halstuch verzweifelte Versuche angestellt habe, so lasse er sie fortwährend durch drei Männer bewachen. Um eine solch kostspielige Bewachung zu beenden, bitte er um baldigen Befehl, was er vorzunehmen habe.

Durch umgehenden Boten befahl die Regierung in Düsseldorf, die Beschädigten zu vernehmen, den Schmierpott zu suchen, das Urteil durch die Schöffen abzufassen und dieses vor der Vollstreckung nach Düsseldorf zu senden. Das Schöffenurteil lautete, „dass die Scheuer Trein ... durch das Feuer vom Leben zum Tode gebracht werden soll". Durch landesherrlichen Erlass vom 3. Dezember 1612 wurde dieses Urteil dahin geändert, dass die Scheuer Trein zuerst stranguliert und dann erst verbrannt werden sollte.

Am 10. Januar 1613, nachdem die Unglückliche fast 13 Monate im Turmverließ geschmachtet hatte, wurde das Urteil am Steinbrückchen in Lustheide bei Refrath vollstreckt. In einem Zeitraum von zehn Jahren sind mindestens acht Odenthaler Frauen als „Hexen" ähnlich verbrannt worden.[176]

Auch an anderen Stellen im Herzogtum Berg gab es Hexenprozesse. Der Richter des Amtes Mettmann, J. W. S. Schwarz, leitete noch im Jahre 1737 zu Gerresheim einen Hexenprozess ein. Zwei angebliche Hexen wurden von ihm verurteilt und am 19. August 1738 zu Gerresheim öffentlich verbrannt. Der genannte Richter lud zu dieser Hexenverbrennung die Einwohner der Nachbarorte durch ein besonderes Rundschreiben ein; und auch hier werden die Eltern aufgefordert, ihre Kinder zur Abschreckung hinzuschicken.

Mutige Männer schritten gegen den Hexenwahn ein. Einer von ihnen war Friedrich Spee von Langenfeld. Er war von Jesuiten am Kölner Dreikönigs-Gymnasium erzogen worden und 1610 in Trier in die Gesellschaft Jesu (Jesuiten) eingetreten. In den Jahren 1627/28 lehrte er in Köln. Seine Erfahrungen als Beichtvater von als Hexen hingerichteten Frauen lassen ihn zu einem der ersten und heftigsten Gegner der Hexenprozesse werden. Im Mai 1631 erscheint erstmals anonym seine „Cautio criminalis de processibus contra sagas", die in 51 Fragen und Antworten mit dem Hexenwahn und den unsäglichen Prozessverfahren abrechnet. Auch im Bergischen treten mit Christian Thomasius und Weyer eindringliche Bekämpfer des Hexenwahns in Erscheinung.

## Herzog Karl Theodor (1742–1799), Kurfürst von der Pfalz

Die Frage nach dem „wahren Glauben" bewegte die Menschen noch immer im Bergischen Land. Es war die Zeit des Mülheimer Pietisten Gerhard Tersteegen und seiner Erweckungsbewegung sowie des religiösen Schwärmers Elias Eller aus Ronsdorf und dessen gleichnamiger Sektenbewegung. Neue „Propheten" finden Zulauf aus allen Volksschichten.

Schon zu Lebzeiten des Kurfürsten Karl Philipp, der keine leiblichen Nachkommen hatte, gab es Streit um das Erbe, diesmal zwischen der pfälzisch-sulzbachischen Linie, Brandenburg-Preußen und wieder einmal mit Sachsen. Während Karl Philipp selbst die Sulzbacher bevorzugte und dafür Kaiser Karl Vl. auf seiner Seite wusste, meldete sich Friedrich II. von Preußen, nunmehr König seines Landes und Herrscher über Schlesien und forderte Jülich und Berg als Ganzes, ohne sich allerdings durchsetzen zu können. Als Karl Philipp am 31. Dezember 1742 im Alter von 81 Jahren starb, ging der gesamte Besitz an die entfernt verwandten Sulzbacher.

*Karl Theodor, Kurfürst von der Pfalz und Herzog von Berg, seit 1777 Kurfürst von Bayern. Aus der Linie Pfalz-Sulzbach (1742–1799)*

Karl Theodor war gerade 18 Jahre jung, als er im Jahre 1742 neuer Landesherr wurde. Weil er als Kind Vollwaise geworden war, hatte ihn sein Onkel Karl Philipp seit seinem zehnten Lebensjahre in Obhut genommen und ihm zu seiner religiösen und wissenschaftlichen Erziehung den Jesuiten Franz Seedorf zur Seite gestellt, der den Jüngling auch an die Universitäten Leyden und Löwen begleitete. Er wurde später am Hofe in München „Rokokokavalier" genannt und galt als Liebhaber von Poesie, Kunst und Musik.

1741 trat Karl Theodor bereits seine brabantische Besitzung Bergen op Zoom und die Pfalzgrafschaft Sulzbach an. In seinem 18. Lebensjahr vermählte er sich mit der Enkelin des Kurfürsten Karl Philipp, Elisabeth Auguste, geboren am 17. Januar 1721 zu Mannheim.

Zu Anfang zeigte sich Karl Theodor an den rheinisch-bergischen Besitzungen wenig interessiert. Für Jülich-Berg setzte er als Statthalter den Grafen Johann Ludwig Franz von Goltstein

*Luftbild des Schlosses
Benrath*

ein, der sich in Zukunft als guter Bewahrer bergischer Interessen erweisen sollte. 1746 besuchte der Kurfürst erstmals Düsseldorf und 1747 die Städte an der Wupper, so auch Solingen und Burg am 18./19. April, um sich über den Fortgang der für ihn bis dahin fremden Vorstufen der Industrialisierung zu informieren. Er war, wie auch Graf von Goltstein, für das sich ausbreitende moderne Denken in wirtschaftspolitischen Zusammenhängen in besonderem Maße aufgeschlossen. Dabei interessierten ihn auch die Sorgen und Wünsche der Gewerbetreibenden, die er sich persönlich vortragen ließ.

Als Karl Theodor die Bautätigkeit in und um Düsseldorf durch die Vergabe größerer Bauaufträge neu beleben ließ, hofften die Düsseldorfer auf ein Wiederaufleben ihrer Heimatstadt als Residenz. Das erste dieser Bauvorhaben war der schlossartige Neubau des alten Jägerhofs in Pempelfort, Sitz des bergischen Oberjägermeisters. Nach den Plänen des Architekten Johann Joseph Couven, der sich im Aachener Raum durch die Errichtung mehrerer Patrizierhäuser hervorgetan hatte, wurde 1752 nach dem Vorbild kleiner französischer Landschlösser mit dem Bau begonnen.

Mehr noch als dieser erste Bau dürfte das 1755 begonnene und 1769 fertiggestellte Benrather Schloss die Hoffnung der Düsseldorfer auf eine neue höfische Funktion ihrer Stadt genährt haben. Ein von Philipp Wilhelm auf altem bergischen Besitz erbautes, dann als altmodisch empfundenes Wasserschloss musste einem zeitgemäßen Lust- und Jagdschlösschen weichen. Entsprach das Schloss Bensberg der von Jan Wellem beabsichtigten Darstellung von absolutistischer Größe und Macht, so sollte nach Karl Theodors Wunsch das neue Schloss mehr Gemütlichkeit und Bequemlichkeit in kleineren und intimeren Räumen bieten. In diesem Sinne schuf der junge Baudirektor Nicolas de Pigage im Auftrag des Fürsten eine völlig neue, weiträumige Anlage. Was sich dem Betrachter nach außen als geschlossener und kompakter Baukörper von vergleichsweise geringer Breite und Höhe darbietet, birgt im Innern viele kleinere wie größere Räume. In dieser Zeit sozialer Spannungen betonte Pigage eher den Haus- als den Schlosscharakter. Die Bürgernähe des Herrschers sollte erkennbar sein.

Das Zeitalter der Aufklärung brachte nicht nur sozialen Umbruch, sondern es veränderten sich auch die Denk- und Verhaltensweisen der Großen der Welt rapide. Nach im 18. Jahrhundert neuesten Erkenntnissen war nicht mehr die Herrschaft über möglichst viele dienende oder um die tägliche Ernährung ackernde Menschen, auch nicht ein möglichst weiträumiger Besitz an Grund und Boden das erstrebenswerte Ziel eines Fürsten, sondern Erfolg und Macht lagen in der Verfügbarkeit über viele Menschen, die in verschiedenen Industrien einen möglichst großen Überschuss an Devisen bringenden Werten produzieren konnten: Der Arbeiter war geboren. Um das Wirtschaftspotenzial Mensch und Arbeit wurde gestritten und gekämpft. Um nichts anderes entbrannte im Grunde genommen auch der Siebenjährige Krieg.

Durch politische Allianz an diesem Geschehen beteiligt, brachte dieser für das Bergische Land zwischen 1756 und 1763 etliche Durchmärsche, Einquartierungen und damit verbundene hohe Kosten (Fouragelieferungen und Kontributionen) und demütigende Belästigungen durch „befreundete" Truppen. Größere feindliche Zusammenstöße innerhalb des Landes Berg fanden nicht statt. Düsseldorf wurde – wie vorher schon einige Jahre im österreichischen Erbfolgekrieg – 1757 bis 1763 von französischen Truppen besetzt.

Nach Abzug der Besatzer versuchte Graf von Goltstein durch Arbeitsbeschaffungsmaßnahmen mit Erfolg, die Verarmung, besonders der Düsseldorfer Bevölkerung, einzudämmen. Er ließ die Promenade in Pempelfort, den ersten Stadtgarten in Deutschland, anlegen. Auch für ihn selbst wurde ein Palais gebaut. Karl Theodor, der 1777 das Kurfürstentum Bayern geerbt hatte, kam im Jahre 1785 zum dritten Male nach Düsseldorf, um die schon von Jan Wellem geplante Stadterweiterung südlich der Befestigungsanlagen voranzutreiben. Die sogenannte Karlstadt mit zueinander rechtwinklig verlaufenden Straßen und neue Gebäude entstanden.

Der Kurfürst widmete sich auch der wirtschaftlichen Fortentwicklung im bergischen Hinterland und ließ neue Straßen nach

Kettwig und Elberfeld bauen. Überhaupt verdankte ihm das Land eine
Reihe fortschrittlicher Gesetze und
Verordnungen; er erließ zusätzliche
Bestimmungen zur Förderung der Gesundheit und Wohlfahrt der Bewohner. Dank der schon aus der vorindus-
triellen Zeit bestehenden Textil- und
Eisenindustrie im Wupperviereck erholte sich die dortige Bevölkerung
nach 1763 in einer 30 Jahre währen-

*Zwei Weber und der Aufseher mit dem Stock*

den friedlichen Zeit. Barmen förderte seine Litzen-, Spitzen- und
Bänderproduktion. Im Jahre 1775 rühmten sich Elberfelder Fabrikanten, als erste Seiden- und Samtzeug herstellen zu können, und
in Ratingen wurde die Erste durch Wasserkraft betriebene Maschi-
nenspinnerei Brügelmann eingerichtet.

Als der Hofkammerrat Friedrich Heinrich Jacobi 1773/74 in
Karl Theodors Auftrag „das Commercium der beyden Herzogtümer Gülich und Berg" zu untersuchen hatte, zeigten sich die
bergischen Industrien in blühendem Zustand. Man folgte den
Anregungen Jacobis, das Straßennetz weiter auszubauen. Es
wurden die ersten Chausseen, d. h. Straßen mit festem Untergrund und glatter Oberfläche, angelegt, die endlich den Verkehr
von vierrädrigen Wagen anstelle der nur zweirädrigen Karren ermöglichten. Dieser für Deutschland frühe Straßenbau war die
Voraussetzung für die weitere Industrialisierung des Landes
Berg. Da die bergischen Unternehmer es sehr schnell verstanden hatten, sich zusätzlich auf die Fertigung von Modeneuheiten
unter Ausnutzung der gerade im Textilbereich fortschreitenden
Mechanisierung einzustellen, entstanden hier schon im 18. Jahrhundert Unternehmen, wie sie im übrigen Deutschland erst im
ersten Drittel des folgenden Jahrhunderts zu finden waren.

Nicht zuletzt dank der Regsamkeit der bergischen Unterneh-
mer lag der größte Teil der deutschen Ausfuhr im Textilbereich.
Die positive Entwicklung gab einem großen Teil der bergischen
Bevölkerung einen zufriedenstellenden Wohlstand.

Der Wirtschaftsauftrieb im bergischen Norden hatte allerdings
eine Änderung der sozialen Schichtung zur Folge. Den freien
und unabhängigen Unternehmern standen die arbeitsabhängi-
gen Besitzer der vielen kleinen und größeren Werkstätten
gegenüber, denen wieder die Masse an lohnabhängigen Arbei-
tern – Gesellen wie Lernenden – in der Pflicht standen. Im

Aus dem Bericht des Hofkammerrates Jacobi können wir ersehen, welche **industriellen Anlagen** im Bergischen vorhanden waren. Er zählt auf: Eisenhämmer und Schleifmühlen in Remscheid, Cronenberg und Lüttringhausen; Eisenhämmer in Wipperfürth, Hückeswagen und Radevormwald; Degenklingen- und Messerfabriken in Solingen; Wolltuch-Manufakturen in Lennep, Lüttringhausen, Radevormwald und Hückeswagen; Siamosen-Manufakturen an den vier letztgenannten Orten und in Elberfeld und Barmen, im Wuppertal auch Lind-, Band- und Garnmanufakturen, Bettzeughandlungen und Lohgerbereien; in Hückeswagen und Radevormwald Strumpffabriken und in Radevormwald endlich noch „grobe Tuchfabriken" und Kappenfabriken. In der Gohrsmühle bei Bergisch Gladbach wurde seit 1602 Papier hergestellt.

Niederbergischen blieb vorerst – wie bisher – die Landwirtschaft die fast ausschließliche Existenz und Ernährungsgrundlage. Allerdings profitierten die landwirtschaftlichen Betriebe in der Ebene vom Bedarf in den industriellen Zonen. Als viele Bauern aus dem Wuppertal in die Fabriken zogen, weil dort die Verdienstmöglichkeiten besser waren, blieben viele Felder unbestellt. Wie aus dem oben erwähnten Bericht des Hofkammerrates Jacobi hervorgeht, reisten wöchentlich zweimal ganze Scharen von Bauern aus der Gegend von Düsseldorf nach Elberfeld, um dort ihre Erzeugnisse zu verkaufen; fast der gesamte Kornbedarf kam mittlerweile von dort. Der Wert eines gemeinen Bauernhofes in der rheinnahen Ebene stieg deshalb in wenigen Jahrzehnten um 50 %.

Von der Aufklärungswelle wurde zuerst die bürgerliche Oberschicht erfasst, die in feingeistigen Zirkeln Fragen der verschiedensten Wissensgebiete zu erörtern pflegte. Den erlesensten Düsseldorfer Zirkel bildete ein Kreis um den schon erwähnten Hofkammerrat Friedrich Heinrich Jacobi und dessen Bruder Johann Georg. Im Pempelforter Wohnsitz der Familie Jacobi fanden sich manche prominente Gäste ein, wozu mehrmals auch Goethe, Herder, der Schweizer Theologe Lavater und der in Elberfeld praktizierende Arzt Jung-Stilling zählten. In Elberfeld gründeten Honoratioren der Stadt eine Lesegesellschaft und trugen eine Bibliothek zusammen. Auch sie luden häufig interessante Gäste ein, um mit ihnen wissenschaftliche und politische Themen zu diskutieren.

Selbst das Volksschulwesen erfuhr durch die Düsseldorfer Regierung eine nachhaltige Förderung. Der Zustand der vorhandenen Schulen war oft miserabel. Aus einer zeitgenössischen Schilderung geht hervor: „Die meisten Schulen waren, was sie noch an manchen Orten sind, meist elende Hütten, nur notdürf-

*Düsseldorfer Rathausplatz mit Theater, Rathaus, Jan-Wellem-Denkmal und der Lambertuskirche im Hintergrund. Nach einem alten Stich*

tiges Obdach; die Schulstuben nur dunkle, niedrige, enge, mit Tischen und Bänken unbequem eingerichtete Zimmer, die der Gesundheit schädlich und der nötigen Lust und Munterkeit bei den Lehrern und Schülern nachteilig waren, und großenteils leider noch sind ... Die Besoldung der Schullehrer war und ist noch in vielen Gemeinden sehr schlecht." Besonders auf Schulung und Auswahl geeigneter Lehrpersonen sollte mehr Gewicht als in der Vergangenheit gelegt werden. Eine „Schulmeister- und Küsterordnung" diente diesem Ziel.

Die tragende Welle der Aufklärung verebbte dort, wo sie auf die ungebildete, einfache und von Vorurteilen und Aberglauben noch immer nicht freie mehrheitliche Schicht der Bevölkerung traf. So forderte in Düsseldorf die Einführung des Blitzableiters zu heftigen Auseinandersetzungen heraus, weil für die gläubige Masse diese Maßnahme einen Eingriff in die Allmacht Gottes bedeutete. Um endlich den Wissensstand auf dem flachen Land zu erhöhen, waren Theologen und Lehrer bemüht, über Gemeindeschulen das neue Gedankengut der Jugend nahezubringen. Doch trotz aller Bemühungen bewies sich immer wieder die Hartnäckigkeit alter Überlieferungen: Der Großteil der Bevölkerung nahm vom Fortschritt kaum etwas auf. Das mag wohl die Erklärung dafür sein, dass in Wiesdorf – wo man in Bezug auf die bäuerliche Wirtschaft einen Schulbesuch für nicht notwendig erachtete – ein ungeliebter Lehrer bei einem nächtlichen Überfall durch junge Burschen erschlagen wurde.[177] In Düsseldorf befand sich schon früh eine juristische Fakultät. Am 2. Dezember 1785 wurde angeordnet, dass alle diejenigen, die in den Staatsdienst treten und Ansprüche auf Versorgung erwerben wollten, neben dem zweijährigen Besuch der „Akademie der Rechtsgelehrtheit" in Düsseldorf wenigstens zwei Jahre an der Universität zu Heidelberg studieren sollten.

Im Jahre 1767 errichtete Karl Theodor die Düsseldorfer Kunstakademie, und zwar in unmittelbarem Anschluss an die von Pfalzgraf Johann Wilhelm gestiftete Gemäldegalerie. Das Statut der Akademie wurde gemäß den Vorschlägen des Grafen von Goltstein 1774 vom Kurfürsten bestätigt.

Am 30. März 1770 erfolgte die Gründung der Landesbibliothek zu Düsseldorf. Dieselbe wurde reich mit Büchern ausgestattet, teils durch Neuanschaffungen und Schenkungen, teils durch Zuwendung von Dubletten aus den anderen kurfürstlichen Bibliotheken.

Fortschritt und Wohlergehen zeigten zu dieser Zeit im Bergischen Land ein deutliches Ost-West-Gefälle, was sich auch im Baustil mancher Häuser niederschlug. Während im Oberbergischen als Ausdruck des Wohlstandes prächtige schieferverkleidete Wohnhäuser entstanden – viele von ihnen sind noch heute erhalten – bevorzugte man im Niederbergischen die konventionelle bäuerlich-handwerkliche Tradition des schwarz-weißen Fachwerkhauses. Die Lasten, die den Bauernstand drückten, waren enorm: Da gab es Zehnte, Grundrenten, Zölle, Naturallieferungen aller Art, Hand- und Spanndienste etc. Am meisten wurden die Bauern durch die Jagd der Junker geplagt. Hatte der Bauer sich den Tag über müde gearbeitet, so musste er nachts das Feld vor Wildfraß schützen; und was der Wildfraß übrig ließ, wurde oft durch die reitenden Jagdgesellschaften zertreten. Das Großwild wurde besonders in den kurfürstlichen Bannforsten bei Düsseldorf und Bensberg gehegt. Kurfürst Karl Theodor hatte allein 200 Verordnungen auf dem Gebiete des Jagdwesens erlassen, um den Schutz seiner Hirsche und Wildschweine zu sichern. Harte Geld- und Leibesstrafen drohten den Wilderern, obwohl die kleinen Leute nur aus Not handelten. Erst nach massiven Protesten – 1785 wurde eine 3000 Mann starke Bauerndeputation bei Karl Theodor in Düsseldorf vorstellig – wurde der Wildbestand reduziert. In dem betreffenden Jahre wurden 7000 Hirsche und 1000 Wildschweine erlegt.

Viele der eigentlich für andere Zwecke bewilligten Mittel verschlang die aufwändige Hofhaltung des Kurfürsten Karl Theodor. Nicht nur die Neubauten, Hoffeste, Reisen usw. waren teuer, auch der Personalaufwand war enorm: Der Großhofmeisterstab bestand aus mehr als 100 Personen, darunter 1 Hofpfarrer, 1 Zeremonienmeister, 7 Kapläne, 4 Küster, 1 Hostienbäcker, 1 Putzfrau für die Kapellen usw. Der Obermarschallstab hatte 84 meist in der Küche beschäftigte Personen, darunter Oberstküchenmeister, Bratmeister, Spickmeister, Backmeister, Schildkrötenverwahrer, Hühnerrupfer, Tücherfrau, Tafelwäscherin. Teuer war auch der Oberstallmeisterstab mit 2 Stallmeistern sowie 2 Stabssekretären, 1 Obertrompeter mit 12 Hoftrompetern, 4 Läufer, 12 Heiducken, 25 Leiblakaien, 1 Sattelknecht mit 35 Reitknechten, 1 Leibkutscher und 1 Vizeleibkutscher mit 22 anderen Vorreitern, 1 Sänftenmeister mit 10 Sänftenknechten; außerdem 1 Musikintendant, 1 Hofpoet, 2 Kapellmeister, 3 Konzertmeister, 4 Sängerinnen, 16 Sänger, 2 Organisten, 16 Violinisten, 5 Violoncellisten usw. Diese Aufstellung hätte einem französischen König vom Format Ludwigs XIV. „gut zu Gesicht gestanden".[178]

Zur Förderung der öffentlichen Sicherheit gründete im Jahre 1782 Graf Karl von Nesselrode auf Befehl des Kurfürsten ein Sicherheitskorps. Zum Hauptmann dieses Landjägerkorps wurde der Major von Zuccalmaglio in Mülheim am Rhein ernannt. Die Hauptaufgabe des Korps bestand darin, zu bestimmten und unbestimmten Zeiten das ganze Land zu durchstreifen, alle Vagabunden und alles verdächtige Gesindel zu verhaften. Auch die Kirchweihen und andere Volksversammlungen sollten beaufsichtigt werden, um alle die öffentliche Sicherheit gefährdenden Ereignisse möglichst zu verhindern oder zu stören. Es dauerte fast ein halbes Jahr, bis dieses aus 60 Mann und 40 Pferden bestehende kleine Korps aufgestellt war. Diese Abteilung, die nicht zum kurpfälzischen Militär gehörte, wurde später auf 300 Mann verstärkt.

Diebstähle und Räubereien kamen wegen der allgemeinen Armut und des Nahrungsmangels häufig vor, und selbst die härtesten Strafandrohungen fruchteten wenig. Die Strafrechtspflege blieb noch eine Zeit lang geradezu barbarisch. In der „Normalverordnung" vom 27. April 1744 kommen noch schauderhafte Strafen vor: z. B. für einfache Diebstähle die Todesstrafe durch Schwert oder Strang, für Diebstähle mit erschwerenden Umständen das Verbrennen bei lebendigem Leib, das Zwicken mit glühenden Stangen etc. Diese Torturen wurden erst am 2. September 1776 allgemein abgeschafft. Die wirksame Verfolgung der Verbrecher verhinderte vielfach die Unverletzlichkeit der

Klöster, Kirchen und Friedhöfe. Ein Gesetzesbrecher, der sich dorthin geflüchtet hatte, durfte nicht ergriffen, sondern nur umstellt werden, wobei er oft entkam.

Der Bergische Landtag hatte viel von seiner früheren Bedeutung eingebüßt. Schon bei Johann Wilhelm II. konnten wir sehen, wie er seinen Willen trotz des Widerspruches der Stände durchsetzte. Der Landtag bestand aus etwa 30 Adeligen und neun Bürgern der vier Hauptstädte Düsseldorf, Lennep, Wipperfürth und Ratingen. Die übrigen Städte des Landes hatten noch immer keine Vertretung im Landtag. Jeder Junker bezog vier Reichstaler Diäten, die Bürgervertreter zwei Reichstaler. Alle hatten beim Theater und zu den Bällen in Düsseldorf freien Eintritt. Ihre vernehmliche Aufgabe war, die Steuern zu bewilligen, welche hauptsächlich von den Bauern getragen werden mussten. Die adeligen Güter waren steuerfrei, ebenso die Klöster. Die Folge davon war, dass mehr als die Hälfte des Bodens der Besteuerung entzogen war.

Während in Deutschland die Gedanken der Aufklärung die geistig interessierte Gesellschaftsschicht vorwiegend nur unter philosophischen Aspekten beschäftigten, hatten sie in Frankreich zu einem Aufbegehren des Volkes gegen das bestehende Regime geführt. Dort hatte die Verschwendungssucht der Herrscher das Volk noch mehr verarmt. Radikale Kritik und die Leitworte „Freiheit, Gleichheit und Brüderlichkeit" beeinflussten die öffentliche Meinung in nie gekannter und tief greifender Heftigkeit. Mit einer Revolution begann das Volk, Absolutismus, Feudalordnung und Kirchenmacht beiseitezuschieben, um sich den Weg zu sozialen Verbesserungen freizukämpfen. In Deutschland stand man diesem Geschehen zwiespältig gegenüber. Die Konservativen behielten vorerst die Oberhand. Selbst Goethe befürchtete Folgen des Zerstörungstriebes der in Bewegung geratenen Masse.

Auf Grund der Sorge um ein Übergreifen der revolutionären Ideen auf deutschen Boden erließen der Kaiser und einige Fürsten etliche Verfügungen, welche die Herausgabe und Verbreitung ihnen gefährlich erscheinender Bücher und Zeitschriften unter Strafe stellten. Diese Sorge teilend, verordnete Karl Theodor 1792 die Schließung der überall im Lande entstandenen Bildungszirkel und Lesegesellschaften. Einzelne Zeitungen, wie die „Straßburger Zeitung" und die „Allgemeine deutsche Bibliothek" wurden verboten, die nach Auffassung der Regierung „schädliche" Pressefreiheit aufgehoben.

## Die Franzosenzeit im Bergischen Land

Im Jahre 1792 bildete sich die erste Koalition gegen Frankreich, indem Preußen und Österreich sich verbanden. Der Oberbefehlshaber der verbündeten Armeen, Herzog Ferdinand von Braunschweig, ließ sich verleiten, eine von französischen Emigranten verfasste drohende Erklärung, das sogenannte „Koblenzer Manifest", zu verbreiten, wodurch die französische Nation in höchste Verbitterung versetzt wurde. Die Nationalversammlung stimmte infolgedessen am 20. April 1792 mit nur 10 Gegenstimmen der von König Ludwig XVI. vorgeschlagenen Kriegserklärung zu. Die Kriegshandlungen der Franzosen sind zu Beginn durch Misserfolge gekennzeichnet. Über die Hälfte der Offiziere der in Auflösung befindlichen Armee war emigriert. Herzog Ferdinand von Braunschweig konnte deshalb auf dem Weg nach Paris fast ohne Widerstand bis in die Champagne vordringen. Aber bald wendete sich das Kriegsglück. In der Kanonade von Valmy am 20. September 1792 stoppten die Franzosen den Vormarsch und zwangen die Verbündeten zum Rückzug.

Nachdem der Champagnefeldzug einen so unerwarteten Ausgang genommen hatte, stabilisierte sich das französische Heer unter tüchtigen Feldherren immer mehr. Nach Einführung der allgemeinen Dienstpflicht wurde in Frankreich das erste Volksheer der modernen Geschichte gebildet. Dieses war mit seinen jungen Offizieren und nationalistisch motivierten Soldaten den Heeren der europäischen Koalition weit überlegen.

Kurfürst Karl Theodor suchte, wie auch schon seine Vorgänger, ohne Erfolg das Heil in der Neutralität. Nur bis 1794 blieben Jülich und Berg noch von jeder feindlichen Heimsuchung verschont. Beim Rückzug der österreichischen Armee von der Maas folgten die Franzosen auf dem Fuße, standen am 2. Oktober 1794 bei Aachen und erzwangen auch den Übergang über die Roer. Die Österreicher unter dem Oberbefehl des Grafen Clerfayt zogen sich an den Rhein zurück, schlugen bei Neuwied, Bonn, Mülheim und Düsseldorf Kahnbrücken über den Fluss und überquerten ihn vom 3. bis 5. Oktober. Noch während des Überganges bei Mülheim rückten die stürmisch vordringenden Franzosen in Köln ein.

Bei Düsseldorf besetzten die Revolutionstruppen am 6. Oktober das linke Rheinufer und beschossen nach einer unbedachten Provokation von dort aus die Stadt. Das Schloss, der Marstall, die Kirche und das Kloster der Cölestinerinnen sowie viele Privathäuser standen bald in Flammen. Die kurfürstliche Regierung mit dem Minister von Hompesch an der Spitze flüchtete nach Barmen. Unverständlicherweise befahl der kurpfälzische Generalmajor de la Motte den Abmarsch der Garnison und überließ die Stadt den Österreichern. Diese nahmen die Gelegenheit wahr und bemächtigten sich der in der übertriebenen Hast zurückgelassenen Waffen und Gerätschaften. Ebenso wurden viele Häuser ausgeplündert. Die französische Armee überschritt vorerst nicht den Rhein. General Clerfayt, welcher in Mülheim sein Hauptquartier aufgeschlagen hatte, ließ unterdessen das rechte Rheinufer mit Schanzen befestigen. Auf der ganzen Linie von Ehrenbreitstein bis unterhalb von Kaiserswerth standen nun kaiserliche Truppen in Abwartestellung. In diesen bunten Soldatenhaufen befanden sich Deutsche, Böhmen, Ungarn, Kroaten, u. ä. m. Monatelang wurden die bergischen Dörfer von ihnen terrorisiert. Oft wurde mit Gewalt genommen, was die Bewohner nicht freiwillig hergeben wollten oder konnten.

Am 5. April 1795 wurde in Basel zwischen Preußen und der französischen Republik Frieden geschlossen, wobei das linksrheinische Gebiet mit Jülich den Franzosen preisgegeben werden musste. Ein vereinbarter Neutralitätsschutz für das hinter einer Demarkationslinie liegende deutsche Land galt nicht für Berg, weil Karl Theodor dem Baseler Frieden nicht beigetreten war. Die Demarkationslinie ging mitten durch Barmen, so dass ein Teil von Unterbarmen eine Zeit lang durch die Franzosen besetzt war.

In der Nacht vom 5. zum 6. September 1795 setzte sich eine starke französische Armee unter dem Oberbefehl des Generals Jourdan in Bewegung und überschritt an verschiedenen Stellen den Rhein. Die pfalzbayerische Besatzung in Düsseldorf, die im April wieder aus dem Wuppertal zurückgekehrt war, kapitulierte nach der ersten Aufforderung. Die Kurfürstlichen erhielten mit Waffen und Bagage freien Anzug, während die kaiserlichen Truppen als Kriegsgefangene abgeführt wurden. So kam Düsseldorf in die Hand der Franzosen und blieb es bis zum Jahre 1801.

Die Scharen der Republikaner ergossen sich nun über das Bergische Land, welches in zwei Jahren sieben Hin- und Herzüge erleiden musste. Die Armee des Generals Jourdan war zur Versorgung auf das Plündern angewiesen. Die Soldaten, die zu arm waren, um sich Kniehosen (Culottes) nach der Mode jener Zeit zu kaufen, wurden allenthalben „Sansculotten" genannt. Ihre

*Altes bergisches Wohnzimmer mit Truhe – das „gute Zimmer" nur für die Sonntage (Heimatmuseum Remscheid-Hasten)*

Räubereien, Gewalttätigkeiten und Ausschweifungen erinnerten die Bewohner an die übelsten Schrecken des Dreißigjährigen Krieges. Ein französischer Befehlshaber stellte damals fest: „Den Landleuten ist nichts geblieben als die Augen, ihr Elend zu beweinen".

An verschiedenen Stellen regte sich Widerstand gegen die Franzosen. Die in der Nähe des Königsforstes wohnenden zahlreichen Wilddiebe setzten als erste Bevölkerungsgruppe zum Schutz ihres Lebens und Eigentums vorhandene Waffen gegen sie ein.

Der österreichische General Clerfayt entschloss sich im Herbst 1795 zu einem Angriff auf die feindliche Armee und trieb sie in Richtung Rhein zurück. Die Kampfhandlungen wogten hin und her. Das französische Heer hatte sich wieder verstärkt und rückte mit seiner Vorhut am 6. November erneut über die Wupper vor, plünderte an vielen Orten und zog am 9. November in Mülheim ein.

Am 11. November wurden mehrere Abteilungen französischer Jäger, welche das Aggertal und dessen nähere Umgegend durchstreiften, von den Bauersleuten zu Seelscheid, Neunkirchen und Lohmar angegriffen und in die Flucht geschlagen.

Somit standen die Landbewohner sich gegenseitig bei, sonst

hätten ganze gebrandschatzte Gemeinden verhungern müssen. Die außerhalb der Kriegsereignisse liegenden Ortschaften sandten Kleidung und Nahrungsmittel, und es gab kaum ein Dorf oder eine Stadt, in das bzw. die sich nicht zahlreiche Frauen und Mädchen geflüchtet hätten. Besonders zeichnete sich Radevormwald durch selbstlose Aufnahme der Geflüchteten aus.

Bis Ende November zogen sich die Franzosen teils auf das linke Rheinufer, teils in die Gegend von Düsseldorf zurück und richteten sich für den Winter ein. Das Elend der Landbewohner war unbeschreiblich. Der sonst so blühende Landstrich zwischen Sieg und Wupper war buchstäblich zur Wüste geworden. In Anbetracht dessen schlossen Clerfayt und Jourdan am 21. Dezember 1795 einen Waffenstillstand mit der Bestimmung, dass die Kaiserlichen das südliche Ufer der Sieg und Agger, die Franzosen aber das nördliche Ufer der Wupper besetzt halten sollten.

Alle Friedenshoffnungen, die man an den Waffenstillstand geknüpft hatte, zerronnen, als die Franzosen im März des Jahres 1796 Verstärkung aus Frankreich heranführten. Der Waffenstillstand wurde am 21. Mai gekündigt. General Kleber stand am 29. Mai mit seinen Truppen bei Opladen an der Wupper. In der Nacht auf den 31. Mai begannen die Franzosen, über die Wupper zu ziehen, und – obgleich General Kleber in einem Aufruf Schonung und Anstand befohlen hatte – verbreiteten sie überall durch Plünderungen und Misshandlungen den gewohnten Jammer. Als in Lennep gefordertes Geld nicht gleich beschafft werden konnte, führten sie den Richter Schürmann als Geisel hinweg. In Elberfeld und Ronsdorf verübten sie ebenfalls Erpressungen und am 1. Juni brandschatzten ihre Nachzügler die Orte Remscheid, Wermelskirchen und Hückeswagen.

Die Kaiserlichen wurden von den Franzosen zunächst über die Sieg und schließlich auch über die Lahn zurückgedrängt. Dann aber schlug Erzherzog Karl die Feinde zurück, so dass Jourdan sich wieder zum Rhein hin wandte, denselben am 18. Juni überschritt und dem General Kleber befahl, die übrigen Divisionen nach Düsseldorf zurückzuführen. Aber der Erzherzog verfolgte seine Interessen am Niederrhein nicht weiter und wandte sich rheinaufwärts, so dass das Bergische Land abermals von den Franzosen überrannt werden konnte.

Zwar verbreiteten die französischen Revolutionäre ellenlange Plakate mit schönen Redensarten von Frieden und Menschenrechten und gaben feierliche Versprechungen für den Schutz von Personen und Eigentum. Aber die leidgeprüften Bewohner

Aus der Zeit der Besetzung des Bergischen Landes durch die französischen Truppen stammen Berichte über „Heldentaten" von tollkühnen Männern, die sich den verhassten Feinden entgegenstellten. Diese Berichte, vom Volk mündlich überliefert, enthalten nicht selten legendäre Übertreibungen. So soll sich z. B. der Odenthaler Zimmermann Johann Häck in seiner Scheune nur mit einem Dreschflegel bewaffnet gegen 63 französische Husaren zur Wehr gesetzt und diese vertrieben haben.[179]

Erzählt wurde auch die Geschichte von dem Knecht des Kurtekottenhofes bei Wiesdorf, genannt Märten, einem riesengroßen und bärenstarken Mann: „Als eines Tages an dem im weiten Feld liegenden Hof ein französischer Soldat vorbeiritt und sich an seiner hübschen Frau vergreifen wollte, erschlug ihn der Knecht mit einem Spaten und vergrub ihn im Feld. Das erbeutete Gewehr hatte er von nun an immer dabei.

Am 21. Oktober 1795 befand sich Märten abermals bei der Feldarbeit, als sich ein Trupp Soldaten näherte. Zuerst schoss er mit dem erbeuteten Gewehr auf die Franzosen und flüchtete dann zum nahe liegenden Hof Manfort. Dort erschlug er zwei ihn verfolgende Soldaten.

Am folgenden Tag war Märten mit seinem Mitknecht Anton Benz aus Schlebusch wieder auf dem Kurtekottenhof bei der Arbeit, als ein französischer Offizier mit einer Gruppe in den Hof eindringen wollte. Während Benz sich in Sicherheit brachte, stand der grimmige, starke Märten in seiner ganzen Größe hinter dem geschlossenen Tor und erschlug die ersten beiden, die durch den Spalt unter dem Tor hereinkriechen wollten. Auch den folgenden vier Franzosen erging es nicht besser. Einen Siebenten erschoss er. Die restlichen Soldaten holten daraufhin Hilfe herbei und steckten den Hof in Brand. Auch der alte bergische Hof Manfort ging damals in Flammen auf. Märten aber, der sich in dem weglosen Sumpf- und Waldgelände gut auskannte, entkam …"[180]

Der Kaufmann Wilhelm Busch zu Leichlingen schrieb u. a. in sein Tagebuch: „Trunken vor Leid schlichen wir durch das Dickicht des großen Grünscheid und beneideten das Wildbret, dessen Lose wir anheim gefallen, um die Schnelligkeit seiner Füße und die Vögel um ihre Flügel, nur um den Verfolgern schneller zu entkommen … Wie Tiere verfolgt, wussten wir nicht mehr, dass wir Menschen waren, und mehr noch als der Verlust unserer Habe, und mehr noch als Mangel und Hunger und Armut ängstigte die Besorgnis, den Wüterichen in die Hände zu fallen. Drei Tage und drei Nächte habe ich nun wieder im Walde verbracht … Wir haben in drei Tagen nichts gegessen als Waldbeeren."

*Aus der Zeit der französischen Besatzung stammen auch die Berichte über „Leben, Taten und Meinungen des Meisters Tobias von Hebborn", in einer Neuauflage erschienen im Bücken & Sulzer Verlag.*

In einer Bittschrift des Amtes Porz an den Herzog von Jülich-Berg und Kurfürsten von Bayern Karl Theodor heißt es: „Wir sind mehr als zwanzigmal ausgeplündert, mehrmals für lange Zeit in die Wildnis und Waldung verjagt und in solch erbärmlichen Zustand versetzt worden, dass wir ohne Unterschied mit aller Anstrengung nicht mehr imstande sind, unsere zahlreichen Familien zu ernähren. Ob jemand vordem noch so wohlhabend war, so müssen wir doch jetzt alle betteln und zu unserem Unterhalt die Milde anderer Untertanen, die … weniger hart mitgenommen sind, ansprechen … den meisten fehlt es sogar an hinreichender Kleidung, ihre Blöße zu bedecken … Unsere Güter sind schon so mit Schulden beschwert, dass wir keine Anleihen mehr darauf machen können … Unsere Hausgeräte sind längst geraubt und verkauft, und Früchte und Vieh ist keins mehr vorhanden, viel weniger noch Pferde und Karren …"

des Bergischen Landes trauten diesen Pamphleten nicht mehr und suchten lieber ihr Heil in der Flucht.

Durch das ständige hin- und herwogende Kriegsgeschehen war das Land völlig verarmt. Die Jahre 1798, 1799 und 1800 waren mit die traurigsten und trostlosesten, welche die Gegend am Niederrhein je erlebt hatte. Die Folge dieser Verarmung breitester Bevölkerungskreise waren zahlreiche Räuberbanden, die das Land unsicher machten. So nahm das 18. Jahrhundert im Bergischen Land unter schlimmen Bedingungen sein Ende.

Fast am Jahrhundertende trug man auch Kurfürst Karl Theodor zu Grabe. Er starb am 16. Februar 1799 in München. Der Groll gegen seine Regierung war in Bayern so groß, dass das Volk, als seine Leiche durch die Straßen der Hauptstadt München geführt wurde, mit Steinen nach dem Sarg warf. Im Bergischen Lande urteilte man milder und pries seine Regierungszeit im Hinblick auf die kulturellen und wirtschaftlichen Verbesserungen während der Friedenszeiten als eine gesegnete.

Weil Karl Theodor aus seinen beiden Ehen mit Elisabeth Auguste von Sulzbach († 17. August 1792) und Maria Leopoldine von Österreich keine Kinder hinterlassen hatte, ging das Erbe des Herzogtums Jülich-Berg zusammen mit dem Kurfürstentum Bayern an Maximilian Joseph (Max Joseph) aus der Seitenlinie Zweibrücken-Birkenfeld-Bischweiler (Pfalz-Zweibrücken).

## Maximilian Joseph von Pfalz-Zweibrücken (1799–1806)

Mit dem Kurfürsten Max Joseph hielt die neue Zeit ihren Einzug. Er war ein Mann von durchaus modernen Lebensanschauungen, allerdings aber auch ein Franzosenfreund. Seitdem er in jungen Jahren als französischer Oberst in Straßburg gute Zeiten verlebt hatte, blieb ihm die Vorliebe für Frankreich sein Leben lang erhalten. Bald nach seiner Thronbesteigung bat er den französischen Geschäftsträger, er möge ihn als Franzosen betrachten und fügte hinzu: „So oft ich von den Erfolgen der Republik höre, fühle ich an meiner Freude, dass ich ein Franzose bin."

Durch kurfürstliches Patent vom 16. Februar 1799 zeigte er den Antritt seiner Regierung an und befahl die Besitzergreifung der Herzogtümer Jülich und Berg in seinem Namen sowie die Vereidigung sämtlicher Beamter. Trotz seiner Frankreichfreundlichkeit konnte er aber nicht verhindern, dass beim Frieden von Lunéville (9. Februar 1801) das Herzogtum Jülich verloren ging. Frankreich bestand in einer der Friedensbedingungen auf Restzahlungen alter Kriegssteuern. Erst am 31. Mai 1801 verließen die Franzosen das rechte Rheinufer, nachdem sie es sechs Jahre lang hart bedrängt hatten.

Die Festung Düsseldorf, die die französischen Republikaner so stark ausgebaut hatten, musste geschleift werden. Als die Mauern und Wälle fielen, war für die weitere städtebauliche Entwicklung Düsseldorfs der Boden bereitet. Max Joseph ließ prüfen, auf welche Weise die gewonnenen Freiflächen genutzt werden könnten. Drei Männer: Huschberger, Weyhe und von Vagedes, berieten ihn und schlugen vor, Parkanlagen mit Alleen als grünen Kranz um die alte Stadt anzulegen. 1804 war die Kastanienallee fertiggestellt, die spätere „Kö".

Der neue Kurfürst Max Joseph war in seiner kurzen Regierungszeit redlich bemüht, zur Heilung der dem Lande geschlagenen Wunden beizutragen. Die Landesverwaltung wurde neu organisiert, eine Feuerversicherung eingeführt und eine besondere Schulkommission zur Prüfung der Lehramtskandidaten eingerichtet; denn dem Lehrerstande sollte seinem Willen nach eine geachtete Stellung eingeräumt und der Bildung des Volkes größte Aufmerksamkeit gewidmet werden. Negativ in kultureller Hinsicht für Düsseldorf war, dass er die von seinen Vorgängern aufgebaute Gemäldegalerie in seine Münchener Residenz verlegen ließ und somit indirekt einen weiteren wichtigen Grundstein der heutigen Pinakothek legte.

*Maximilian Joseph von Pfalz-Zweibrücken*

Die große Politik bestimmte der französische Kaiser Napoleon, der auf die Auflösung des Heiligen Römischen Reiches Deutscher Nation hinarbeitete und auf die Bildung abhängiger deutscher Mittelstaaten zielte, die allesamt ein Gegengewicht zu Österreich bilden sollten. Um die Entschädigungsansprüche Frankreichs aus dem Frieden von Lunéville zu regulieren, tagte seit 1802 ein Ausschuss des Regensburger Reichstages, der unter dem Einfluss Napoleons die Aufteilung der geistlichen Hoheitsgebiete beschloss (Reichsdeputationshauptschluss vom 25. Februar 1803) und eine „Flurbereinigung" der deutschen Landkarte vornahm. Betroffen waren 19 Reichsbistümer und 44 Reichsabteien, daneben aber auch 45 der 51 freien Reichsstädte. In Bezug auf die Klöster wurde bestimmt: Alle Güter der aufgehobenen Klöster wurden der freien und vollen Disposition der Landesherren überlassen. Die Säkularisation der geschlossenen Frauenklöster konnte nur mit Einverständnis des Diözesanbischofs geschehen. Die Männerklöster hingegen waren der Verfügung der Landesherren oder neuen Besitzer überlassen. In der Praxis konnten sie nach Belieben entscheiden, ob dieselben aufgehoben oder beibehalten werden sollten.

Kurfürst Max Joseph hatte schon am 11. März 1803 für Bayern die Aufhebung der geistlichen Institute angeordnet. Am 12. September 1803 dehnte er seine Verordnung auch auf das Herzogtum Berg aus. Alle Stifter, Klöster und Abteien mit Ausnahme derjenigen, die sich der Krankenpflege widmeten, wurden geschlossen, die Konventualen in den Pensionsstand versetzt.[181]

## Exkurs: Zerstörung und Wiederaufbau des Altenberger Domes

Damals wurde auch die von den Bergern gegründete Abtei Altenberg aufgehoben. Am 30. November 1803 erschien der landesherrliche Kommissar Geheimrat Schramm und gab dem Konvent bekannt, dass die Abtei gemäß dem Reichsdeputationshauptschluss aufgelöst sei. Nach wenigen Stunden gingen die Mönche, denen man eine kleine Pension zusicherte, ihres Weges. Nur einer blieb zurück, damit der Gottesdienst in der Kirche aufrechterhalten werden konnte.

Im Jahre 1806 verkaufte die Regierung alle Gebäude und alles, was die Ringmauer umschloss, sowie erhebliche Waldungen und Ländereien an den Weinhändler Pleunissen aus Köln. In der Kirche sollte weiterhin Gottesdienst stattfinden.

Der Kaufvertrag hatte eine Klausel, nach der auch das Gotteshaus, sobald es in Verfall geriet, in den Privatbesitz des Käufers übergehen sollte. Somit war der Staat vor Reparaturkosten am Altenberger Dom geschützt. Zur Instandhaltung des Kirchenschiffes, das in jedem Jahre große Summen verschlang, war niemand vertraglich verpflichtet, weder Staat noch Besitzer, und so musste eines Tages der gänzliche Verfall einsetzen. Schon bevor Pleunissen das Kloster übernahm, hatte die Regierung in Düsseldorf begonnen, Wertgegenstände, alte Gläser, Figuren, Gemälde etc. aus der Kirche herauszuholen und nach Düsseldorf zu bringen. Die Bibliothek und das Archiv des Klosters fanden in der Landeshauptstadt eine neue Unterkunft.

Aus den Gebäuden, die sich südlich an den Dom anschlossen, wurde eine chemische Fabrik für Farbstoffe und in den Gebäudeteilen an der Dhünn eröffnete die Familie Hölterhoff eine Spinnerei und

*Herzogenchor. Familiengrablege der älteren bergischen Herrscher im Altenberger Dom*

Tuchfabrik. In der Nacht des 7. November 1815 brach in der chemischen Fabrik am Dom ein Brand aus, der auf alle Gebäude übergriff. Alle Dächer, auch das Dach der Kirche, standen in Flammen. Bald lagen fast alle Gebäude des Klosters in Schutt und Asche. Durch das Fehlen des Daches sogen sich die Tuffgewölbe voll Wasser. Frost und Tauwetter drückten die Konstruk-

*Herzogenchor. Familiengrable-ge der älteren bergischen Herr-scher im Altenberger Dom*

tion auseinander. Am 1. Oktober 1821 kam es zum Zusammenbruch der südöstlichen Vierungssäule, welche fünf hinter ihr stehende Säulen und die Orgelwand mitriss. Die Kirche wurde nun offiziell dem Besitzer der Klostergebäude zugesprochen. Tagelang waren Arbeiter damit beschäftigt, alles, was noch Wert hatte, aus ihr herauszuschaffen, um es als Altmaterial zu veräußern. Im Winter 1830/31 stürzte ein weiteres Teil des Bauwerks nach und riss das Vierungsgewölbe und drei Joche des Chorgewölbes mit. Naturgewalten und das mangelnde Verständnis der Menschen sorgten für die komplette Zerstörung der Abteikirche. Nun trug man sich zu allem Überfluss mit dem Gedanken, sie als Steinbruch für den Ausbau des Rhein-Maas-Kanals, dem nach der Säkularisation auch die Zisterzienserkirche zu Heisterbach im Siebengebirge zu einem guten Teil zum Opfer gefallen war, zu verwenden.

Stimmen, die für eine Wiederherstellung der Abteikirche warben, z. B. Görres und Boisserée (Letzterer hatte auch für die Vollendung des Kölner Domes geworben), blieben nicht ungehört. König Friedrich Wilhelm IV. war damals als Kronprinz Gouverneur der Rheinprovinz und besuchte von Köln aus mehrmals die Ruine Altenberg. Aufgrund seiner romantisch verklärten Bewunderung für das Mittelalter und seiner Missinterpretation der Gotik als „deutschen" Baustil wurde auf seine Veranlassung hin ein Notdach gebaut und der Schutt aus dem Innenraum entfernt. Später kaufte Graf Fürstenberg zu Stammheim die Ruine und stellte sie zum Wiederaufbau zur Verfügung.

Zur Freude des Bergischen Landes beschlossen der König und die Regierung die Wiederherstellung des Domes in seiner ursprünglichen Gestalt. Die Arbeiten begannen 1835 unter Leitung der Baumeister Biercher, Kronenberg und Grund. Bald verwandelte sich das Bild der Kirche, und schon am 22 September 1847 konnte in Anwesenheit König Friedrich Wilhelms IV. die Einweihung der wiederhergestellten Abteikirche vollzogen werden. Durch Kabinettsorder wurde bestimmt, dass auch die evangelische Gemeinde ihren Gottesdienst in diesem Dom abhalten könne. Hier wurde durch die preußische Regierung schon früh ein Schritt im Sinne der Ökumene getan.

## Großherzogtum Berg unter den Franzosen (1806–1813)

Freiherr von Hompesch blieb nach wie vor der führende Kopf der herzoglichen Regierung zu Düsseldorf, auch nachdem im Jahre 1803 der Kurfürst Joseph von Pfalz-Zweibrücken unter dem Vorbehalt der Oberheit seines Schwagers, Herzog Wilhelm von Bayern, mit der bergischen Herrschaft betraut hatte. Wilhelm hatte sich durch einige lobenswerte Maßnahmen das Vertrauen des Landes erworben, als er auf Grund des Vertrages von Schönbrunn (15. Dezember 1805) das Herzogtum Berg an Napoleon ausliefern musste. Maximilian Joseph erhielt als Ausgleich dafür die bayerische Königswürde. Im kommenden Frühjahr übertrug Napoleon die Regierung von Kleve-Mark und Jülich-Berg auf seinen Schwager Joachim Murat, den er bei der Bildung des Rheinischen Bundes (12. Juli 1806) zum „Großherzog von Berg" beförderte. Ihm sollten alle mit der königlichen Würde verknüpften Rechte und Ehrenbezeugungen zustehen.

Am 15. März 1806 kam Murat auf Anordnung Napoleons nach Köln. Der Kaiser gab ihm vorher die bestimmte Weisung: „Sie werden in all ihren Akten Prinz und Großadmiral von Frankreich, Herzog von Berg und niemals den Namen Murat anwenden."

Freiherr von Hompesch, bevollmächtigter Präsident des Bergischen Geheimen Rates, hatte in der Zwischenzeit zu Düsseldorf die Eidentlassung der Verwaltungsbehörden vorgenommen. Die königlich-bayerischen Hoheitszeichen wurden entfernt; die bayerischen Truppen blieben ruhig in ihren Garnisonen.

Am 24. März 1806 hielt Großherzog Joachim einen glänzenden Einzug in seiner Haupt- und Residenzstadt Düsseldorf und empfing die bergischen sowie sämtliche Zivilbehörden, wobei er es an schönen Phrasen nicht fehlen ließ. Die rechtliche Besitzergreifung des Herzogtums Berg wurde vollendet durch die am 26. März 1806 vor dem Thron Sr. Herzoglichen Durchlaucht in der Residenz zu Düsseldorf stattgefundenen Ablegung des Huldigungseides durch die Landstände und bisherigen Zivilbehörden. Als Schlussakte erfolgte dann am 31. März durch kaiserliche Ermächtigung die Besitzergreifung der Ländchen Homburg, Gimborn-Neustadt und Wildenburg. Durch zwei Dekrete vom April wurde eine Zentralverwaltung mit drei Ministern gebildet. Das Ministerium des Innern erhielt provisorisch der streng bürokratische Jurist Fuchsius, der aber bald durch einen repräsentationsfähigeren Mann, dem letzten Repräsentanten der altbergischen Ritterschaft, Joseph Graf von Nesselrode-Reichenstein, abgelöst

*Joachim Murat, Großherzog von Berg (1806–1808)*

wurde. Graf Nesselrode gehörte zu den Männern, die für das Wohl des Landes zu wirken redlich bestrebt waren. Finanzminister wurde Jean Antoine Michel Agar, ein geschäftstüchtiger Franzose, der sich der besonderen Gunst Joachim Murats erfreute. Als Agar eine Nichte Murats heiratete, schenkte ihm der Großherzog kraft seines Amtes und kaiserlicher Gunst das Schloss Morsbroich.

Merkwürdig, dass die noch vor kurzem republikanischen Franzosen – an ihrer Spitze Napoleon – eine Schwäche für adelige Standestitel hatten. So machte Murat aus dem Besitz eine Grafschaft, und Agar führte von nun an den Titel „Comte de Mosbourg".

Am 22. August 1806 fand unter der fremdherrlichen Regierung der einzige Bergische Landtag statt. Murat verfügte im großherzoglichen Palast zu Benrath: „Die Mitglieder des Adels und die Deputierten der Städte, welche gegenwärtig das Stimmrecht auf den Landtagen der verschiedenen Provinzen Unseres Großherzogtums besitzen, werden am 1. September künftig in Düsseldorf erscheinen und sich in eine einzige Versammlung vereinigen ..." Zu Landtagskommissaren ernannte er die Minister von Nesselrode, Agar und Fuchsius.

Am 13. Oktober 1807 befand sich der Großherzog Murat wieder in Fontainebleau. Nach dem von dort verfügten Dekret wurde überall im Bergischen Lande nach französischem Muster die Munizipalverwaltung eingeführt, die im Jahre 1808 auch zur Erhebung von Barmen zur Stadt führte.

Wie bereits erwähnt, wurde am 31. März 1806 im Namen Joachim Murats auch die Herrschaft Homburg in Besitz genommen. Sie bestand aus den späteren Bürgermeistereien Nümbrecht, Marienberghausen, Wiehl und Drabenderhöhe im Kreise Gummersbach. Das Amt Nümbrecht gehörte schon früh dem Hause Sayn, während die übrigen Bestandteile, den Herren von Homburg zugehörig, durch die Vermählung der Erbtochter Jutta von Homburg mit Gottfried von Sayn nach der Mitte des 13. Jahrhunderts dazukamen und somit die Herrschaft Homburg mit der Grafschaft Sayn vereinigt wurde. Gottfried teilte seine Besitzungen im Jahre 1294 unter seine Söhne Johannes und Engelbert, so dass Johannes die Grafschaft Sayn und die Hälfte von Homburg, Engelbert die andere Hälfte von Homburg und Vallendar erhielt. Diese Teilung bezog sich aber nur auf die Einkünfte; die Regierung wurde gemeinsam geführt. Die Herrschaft Homburg hatte also von der Zeit an bis zum Jahre 1600 immer zwei Herrscher. Ludwig der Ältere († 1605) kam zu Beginn des 17. Jahrhunderts in den Besitz aller saynschen Lande; er war es auch, der die Reformation im Homburgischen einführte. Graf Ludwig wurde der Stammvater aller späteren Grafen und Fürsten zu Sayn und Wittgenstein und durch sein Testament von 1593 der Stifter von drei Hauptlinien des Hauses: Sayn-Wittgenstein-Berleburg, Sayn-Wittgenstein-Sayn und Sayn-Wittgenstein-Wittgenstein.

Joachim Murat, Emporkömmling von Napoleons Gnaden, der damals gerade 39 Jahre alt geworden war, stammte aus der Umgebung von Cahors in Südfrankreich. Seinem General Bonaparte leistete er als Adjutant in Italien besondere Dienste und zeichnete sich auch auf dem Schlachtfeld als umsichtiger und tapferer Führer der napoleonischen Reiterei aus. Bonaparte gab dem erfolgreichen Günstling seine Schwester Karoline Annunciata zur Gemahlin. Als Murat in Italien, besonders bei Marengo, neue Lorbeeren geerntet hatte, stellte Napoleon ihn eine Zeit lang an die Spitze der cisalpinischen Republik. Nach dem Rückruf nach Frankreich wurde er von dem Korsen zum Gouverneur von Paris ernannt. Im Jahre 1804 beförderte Napoleon ihn für seinen Beistand bei der Aufrichtung des Kaiserreiches zum Marschall von Frankreich sowie im folgenden Jahre zum Prinzen und Großadmiral der französischen Flotte.

Durch seinen ältesten Sohn Georg, der Sayn-Wittgenstein-Berleburg gründete, kam Homburg 1606 an diese Linie. Georg vereinbarte 1607 ein Hausgesetz, welches die weiblichen Nachkommen von der Erbfolge ausschloss und alle Güter des Hauses Sayn als Familien-Fideikommiss erklärte. Entgegen diesem Hausgesetz begründete Graf Ernst 1635 in Homburg eine selbstständige Herrschaft und damit die Linie Sayn-Wittgenstein-Homburg. Das Schloss wurde nun vollständig umgebaut.

Im Jahre 1743, als Graf Friedrich Karl kinderlos starb, kam das Homburgische wieder an Sayn-Wittgenstein-Berleburg. Graf Ludwig Ferdinand, der neue Regent, führte notwendige Reformen durch, u. a. die allgemeine Schulpflicht. Sein Sohn Christian wurde 1792 in den Fürstenstand erhoben. Ihm folgte Fürst Albrecht (1800–1806), der die Herrschaft an Murat abtreten musste.[182]

Weil Joachim Murat in seiner Eigenschaft als Marschall seinen kaiserlichen Schwager fast ständig auf dessen Kriegszügen begleiten musste, hat er sich nur zweimal vorübergehend in Düsseldorf aufhalten können, und zwar die ersten sechs Wochen nach seinem Regierungsantritt und von Ende Juli bis in den Oktober 1806 hinein. Gewöhnlich residierte er während dieser Zeit im Schloss Benrath. An Sonn- und Feiertagen erschien der prachtliebende Reiterführer in ebenso auffallenden wie glänzenden Kostümen in der Stadt und nahm auch an Gottesdiensten teil. Er wurde bei der Bevölkerung, die Sympathien für die französische Lebensweise hegte, nicht unfreundlich aufgenommen.

Joachim Murat überließ unterdessen die Amtsgeschäfte seinen Beamten. Staatsrat Fuchsius und Karl Joseph Graf von Nesselrode als Minister des Innern machten sich besonders um die Neuordnung der Verwaltung verdient. Die frühere Ämterverfassung wurde durch eine zweckmäßigere Landesgliederung in vier Arrondissements (Düsseldorf, Elberfeld, Mülheim, Siegburg) ersetzt. Auch in der Gemeindeverwaltung und im Schulwesen, im Wirtschaftsleben und in der Rechtspflege setzten sich Neuerungen durch, die mit Ausnahme des Schulwesens anerkannt und begrüßt wurden und so dazu beitrugen, die bergischen Menschen zunächst gegenüber der Fremdherrschaft milder zu stimmen. Doch auf Grund des praktischen Erliegens des Elmentarschulunterrichts und der schweren Behinderung des Außenhandels durch die Kontinalsperre sollte sich die Stimmung ändern.

Die Industrie versprach sich einen Aufschwung durch die Erschließung von Absatzmärkten. Zollfreiheit bestand allerdings nur innerhalb des Großherzogtums, während der Export in andere Länder durch hohe Schutzzölle behindert wurde. Um die englische Seeherrschaft zu brechen, versuchte Napoleon durch das Dekret der Kontinentalsperre (27. Oktober 1806), England vom europäischen Handelsverkehr auszuschließen. Als Antwort darauf verhängte die englische Regierung eine strenge Blockade gegen alle ihr feindlichen Häfen. Auch die Wirtschaft des Bergischen Landes wurde davon schwer getroffen. Sie führte im Bergischen Land und auch in der Hauptstadt Düsseldorf zu Arbeitslosigkeit und Not.

Man beklagte allgemein das Ungleichgewicht zwischen Pflichten und Rechten. Berg wurde rücksichtslos in die Pflicht genommen, nämlich für die andauernden Kriegszüge Napoleons Geld und Soldaten zur Verfügung zu stellen. Großherzog Joachim, der sich um das Land sorgte, scheute den Widerspruch gegen Napoleon nicht, bis dieser ihn im Mai 1808 – möglicherweise aus diesem Grunde – zum König von Neapel ernannte. Der Kaiser übernahm daraufhin am 31. Juli 1808 selbst die Herrschaft über das Großherzogtum Berg.

*Napoleon I., Großherzog von Berg (1808–1813)*

Joachim Murat versicherte beim Abschied vom Großherzogtum Berg im August 1808 „seinen geliebten und getreuen Unterthanen, nur der Gedanke an die großen Vortheile, welche sie von dem Genie und der Macht des Gebieters über das Schicksal, der gewohnt ist, über alle ihm unterworfenen Völker Wohlthaten und Ruhm zu verbreiten, zu erwarten haben, kann das schmerzhafte Gefühl lindern, mit dem Wir von Ihnen scheiden." Obgleich Napoleon selbst von nun an den Titel eines Großherzogs von Berg führte, setzte er im März 1809 seinen fünfjährigen Neffen Ludwig (Louis) Napoleon als rechtmäßigen Landesherrn ein, behielt sich aber die Regierung des Landes und die Erziehung des Knaben bis zu dessen Mündigkeit vor.

Den Weisungen Napoleons folgend, führte sein Düsseldorfer Regierungskommissar, Graf Beugnot, die von Fuchsius und Graf von Nesselrode begonnene Umgestaltung im Großherzogtum Berg weiter, das inzwischen um acht Arrondissements (Essen, Dillenburg, Dortmund, Hagen, Hamm, Münster, Coesfeld, Lingen) gewachsen war. Der politischen Einteilung des gesamten Territoriums entsprach bald eine einheitliche Verwaltungsordnung für die vier Departements (Rhein-, Sieg-, Ruhr- und Emsdepartement), die zwölf Arrondissements und ihre Kantone und Munizipalitäten.[183]

Viele Freunde im Bergischen Lande erwarb sich Napoleon durch die juristischen Reformen, u. a. die Aufhebung des Lehnswesens (1809). Die Abschaffung der Leibeigenschaft vom 12. Dezember 1808 bestätigte hier lediglich einen schon seit Jahrhunderten im Bergischen bestehenden Zustand. Am 1. Januar 1810 wurde der Code Napoleon als neue Rechtsnorm eingeführt. Seitdem hingen in vielen Häusern Bilder Napoleons, die die Erinnerung an den Kaiser im Bergischen noch nach Generationen festhielt.

Der enge Anschluss des Landes an Frankreich hatte auch zur Folge, dass dank dem Verständnis der leitenden Persönlichkeiten, besonders des kaiserlichen Kommissars Graf de Beugnot und des einheimischen Ministers Graf Karl Joseph von Nesselrode, zum Vorteil der Bevölkerung manche überholte Einrichtung wegfiel. So wurde z. B. auch der verhasste Zunftzwang, der die Gewerbeentfaltung einschränkte, am 31. März 1809 aufgehoben. Trotzdem kam es zu einem wirtschaftlichen Abschwung, der in der gegen England gerichteten Kontinentalsperre seine Ursache hatte. Die Kaufleute bemühten sich deshalb vor allem um einen Wegfall des Einfuhrzolls nach Frankreich. Sie erstrebten unter diesen Umständen sogar aus wirtschaftlichen Gründen den vollen Anschluss des Großherzogtums an den mächtigen Nachbarn. Doch alle Versuche, die Lage zu bessern, scheiterten zunächst. So ist es zu verstehen, dass man im gesamten Großherzogtum große Hoffnungen auf den Besuch des Kaisers setzte, der im Herbst 1811 stattfand.[185]

Schon seit 1810 wurde in Düsseldorf eine Reihe von Vorbereitungen getroffen. Der Staatsrat Georg Arnold Jacobi leitete die Verschönerungsarbeiten in der Hauptstadt und ließ an der Elberfelder Straße einen von Adolph von Vagedes entworfenen Triumphbogen errichten mit der Inschrift: „DIVO NAPOLEONI MAGNO IMPERATORI ET REGI, VICTORI INVICTO GENTIUMQUE PROTECTORI" – „Dem göttlichen Napoleon, dem großen Kaiser und König, dem unüberwindlichen Sieger und Beschützer der Völker". Weil Napoleon nicht im Schloss Benrath wohnen wollte, musste das Schloss Jägerhof – die Vénérie, wie man es damals nannte – für 33 000 Francs in aller Eile repariert und ausgestattet werden. Zudem wurden drei Säle des alten Schlosses durch von Vagedes wiederhergestellt. Sämtliche Handwerker der Stadt setzte man ein, die Schneider arbeiteten ununterbrochen an den vorgeschriebenen Uniformen und Hofkleidern. Der Maire musste dafür sorgen, dass Straßen und Häuser geschmückt waren und die Bevölkerung auf ein angemessenes „Zujubeln" vorbereitet war.

Von Wesel kommend, hielt der Kaiser am 2. November 1811 seinen Einzug und erreichte um 11 Uhr die Stadtgrenze. Empfangen wurde er von den höchsten Beamten des Landes, den Ministern Roederer und von Nesselrode, der Geistlichkeit, den Abordnungen der Kaufleute und Beamten. Als Oberhaupt der Stadt trat Freiherr von Pfeill an den Wagen des Kaisers heran, begrüßte ihn in französischer Sprache und überreichte den Stadtschlüssel. Napoleon dankte kurz und beließ den Schlüssel in den „Händen

*Napoleon in Düsseldorf am 3. November 1811. Der Kaiser zieht durch den von Adolph von Vagedes entworfenen Triumphbogen. Kolorierter Stich von Johannes Petersen*

seiner treuen Untertanen". Begleitet von Ehrengarden und bergischen Truppen zog er durch die heute noch nach ihm benannte Kaiserstraße zum Schloss Jägerhof. Unter denen, die ihm mit Begeisterung zujubelten, war auch der 14-jährige Heinrich Heine, der 15 Jahre später den Einzug des Kaisers im Buch „Le Grand" beschrieben hat.

Im Jägerhof begann der Kaiser sofort mit seiner Arbeit. Er wollte einen umfassenden Überblick über die Lage in seinem Großherzogtum Berg, das sich damals von der Ems bis an die Lahn erstreckte, gewinnen und ließ sich die leitenden Persönlichkeiten vorstellen. Unter ihnen war auch Beugnot. Als der Kaiser die Uniform eines der bergischen Soldaten untersuchte, war er von der Qualität überrascht und sagte zum Prinzen von Neufchâtel:

„Berthier, das ist ein gut angezogener Soldat: und die meinigen ... ?"
„Ach verdammt!", antwortete der Prinz, „fragen Sie Beugnot, was das kostet." Beugnots guter Stern wollte, dass er es wusste. Die Folge davon war, dass Napoleon von nun an alle guten Tuche des Bergischen Landes beschlagnahmte.

Der Kaiser erließ Verfügungen über die Neuordnung des

Staatsrates, einer Behörde, die oberster Richter und Revisor sein sollte. Mit Düsseldorf hatte er wirklich Großes vor: Es sollte als Bischofssitz und als Universitätsstadt ausgebaut werden. Am Nachmittag des 3. November besichtigte Napoleon die Stadt. Er ritt durch den Ehrenbogen ein, durchritt fast alle Straßen und besichtigte auch die geschleiften Festungswerke. Als er auf dem zur Anlage des neuen Sicherheitshafens ausgehobenen Erdhügel, dem nach ihm benannten Napoleonsberg, stand, soll er nach einem Blick auf die Stadt die oft zitierten Worte gesprochen haben: „C'est petit Paris" – „Das ist Klein-Paris". Dieses Zitat stammt aber leider nicht von Napoleon, sondern aus einem Brief seines Ministers Graf Roederer, der am 6. November 1811 an seine Frau schrieb: *„La capitale du grand-duché fut pendant quelques jours un petit Paris."*

In die Tage von Napoleons Aufenthalt in Düsseldorf fällt auch die Geburtsstunde der dortigen Tradition als Ausstellungsstadt. Am 4. November besichtigte er die von bergischen Industriellen im Kanzleigebäude am Markt veranstaltete Gewerbeausstellung, die Erste ihrer Art, welche den Herrscher von der ausgezeichneten Leistungsfähigkeit der bergischen Industrie überzeugen sollte.

Der Besuch Napoleons in Düsseldorf ist mehr als eine Episode in der Stadtgeschichte. Sechs Wochen später erließ er von Paris aus das bedeutsame und folgenreiche Verschönerungsdekret für Düsseldorf. Damit überließ er den Bürgern das Gelände der Festungsanlagen zur Erweiterung der öffentlichen Grünanlagen. Er stellte zudem einen Zuschuss von jährlich 100 000 Francs in Aussicht, von denen immerhin 91 000 in Düsseldorf eintrafen, so dass daraufhin die Erweiterung des Hofgartens bis zum Rhein in Angriff genommen werden konnte.[186]

Wenn auch im Bergischen Land nach der Französischen Revolution mancherlei Neuerungen mit Genugtuung aufgenommen wurden, stöhnte das Volk doch unter der drückenden Steuerlast, die durch die fortwährenden Kriege Napoleons verursacht wurde. Aber nicht nur Geld, auch Soldaten musste das Bergische Land dem französischen Kaiser für seine Eroberungszüge quer durch Europa zur Verfügung stellen. Das bergische Kontingent wurde auf vier Regimenter Infanterie, ein Regiment Kavallerie und ein Bataillon Artillerie festgesetzt. Zur Teilnahme am Russlandfeldzug wurden 5000 bergische Männer rekrutiert, die fast alle in der Ferne ihren Tod fanden. Je länger die Fremdherrschaft dauerte, desto heftiger regte sich der Widerstand. Der durch die sogenannte Kontinentalsperre hervorgerufene Rückgang der Textil- und Eisenindustrie und die damit zusammenhängende Arbeitslosigkeit ließ die Stimmung immer weiter umschlagen. Ein Aufstand war nur noch eine Frage der Zeit.

Um die Ausbreitung oppositioneller Bestrebungen möglichst zu verhindern, untersagten die französischen Behörden die Einrichtung freiwilliger Vereinigungen und gestatteten nur musikalische Gesellschaften, weil in ihnen, wie man meinte, keine franzosenfeindlichen Tendenzen aufkommen könnten. Wenn auch die Französische Revolution selbst aufklärerischen Bestrebungen verpflichtet war, denen nicht zuletzt auch die Lesegesellschaften ihre Entstehung verdankten, so sah sich das französische Regime doch veranlasst, diese Vereinigungen zur Förderung einer vernunftgemäßen Erwachsenenbildung sorgsam zu überwachen. Joachim Murat hatte seinen Minister, Graf von Nesselrode-Reichenstein, sogar beauftragt, die Lesegesellschaften zu verbieten, „weil in solchen eine Menge freidenkender Unterthanen gebildet werde".[187]

Der alte Schlossturm und die Stiftskirche St. Lambertus am Rheinufer bilden seit Jahrhunderten die weithin sichtbaren Wahrzeichen der Stadt Düsseldorf. Der Schlossturm ist der Überrest des großen kurfürstlichen Schlosses der Herzöge von Berg, das 1872 durch einen Brand zerstört wurde. Bei einem Luftangriff 1941 wurden die Lambertuskirche und auch der Schlossturm beschädigt. Letzterer wurde erst in den Jahren 1981/82 renoviert, nachdem sich ein Förderkreis gebildet hatte und zahlreiche Spenden eingegangen waren.

Als im Januar 1813 die Nachricht kam, dass des Kaisers „Grande Armée" in Russland untergegangen sei und auf Befehl Napoleons weitere 2500 Männer zum Dienst für Frankreich ausgehoben werden sollten, brach am 22. Januar 1813 der Aufstand los. In Ronsdorf demolierten Rebellen das Rekrutierungsbüro mit eisenbeschlagenen Stöcken und riefen: „Es lebe Alexander, es leben die Kosaken!" Die Aushebungsbeamten wurden vertrieben, die Wohnungen der Rentbeamten und Kommunalbeamten erstürmt, die Steuerkassen geleert, die Verwaltungsakten zerrissen und zerstreut und die französischen

Adler von den öffentlichen Gebäuden heruntergerissen. Insbesondere richtete sich die Volkswut gegen die Salz- und Tabakdepots, die Domainenbüros und die Personenstandsregister, die für die Aushebung als Grundlage dienten. Die Aufrührer leben in der bergischen Geschichte unter dem Namen „Knüppelrussen" oder „Speckrussen" fort, weil sie sich mit Knüppeln bewaffnet hatten, aus Sympathie für die Russen ein R als Abzeichen an der Mütze trugen und sich den Speck munden ließen, den sie sich mit Gewalt bei den Bauern nahmen.[188]

Der Schock von Ronsdorf veranlasste den herbeieilenden Präfekten, selbst gegen den Widerstand einzugreifen. Am 23. Januar waren in Solingen nahezu 3000 Arbeiter im Aufstand. Es folgten Unruhen im ganzen Land. Der französische General Lemarols, der mit der Niederschlagung des Aufstandes beauftragt wurde, traf am 3. Februar 1813 in Düsseldorf ein und verhängte sofort den Belagerungszustand über das Großherzogtum. Der frühe Aufstand im Bergischen brachte nicht den erwarteten Widerhall im übrigen Deutschland.

Nach der verlorenen Völkerschlacht bei Leipzig zogen sich die Franzosen zurück. Ihre Truppen flüchteten durch das Bergische Land in Richtung Rhein. Der kaiserliche Kommissar Jacques Claude Comte de Beugnot verschwand bereits am 4. November 1813 aus Düsseldorf. Vorher hatte er sich noch einmal von seiner besonnenen Seite gezeigt, als er den Kommandeur der französischen Nachhut, General Rigaud, welcher ganz zum Schluss noch 4 Millionen Francs Kontributionen von der Stadt forderte, von seinem unsinnigen Vorhaben abbringen konnte. Am 9. November erschienen die ersten Kosaken in Ronsdorf, Hückeswagen und Elberfeld. Sie wurden von der Bevölkerung begeistert als Befreier empfangen. Am 13. November 1813 erreichten die Truppen der Verbündeten auch Düsseldorf, wo sie ebenso freudig begrüßt wurden.[189]

## Das General-Gouvernement nach der Befreiung

Am 15. November 1813 verkündete der russische Generalleutnant von St. Priest von Düsseldorf aus das Ende der Fremdherrschaft durch folgende Bekanntmachung: „Da das Großherzogtum Berg und die Stadt Düsseldorf bereits von den vereinigten Mächten besetzt ist, so wird allen oberen Landes- und Stadtbehörden bekannt gemacht, dass von nun an alle Verhältnisse und

Verbindungen mit dem Feinde, unter strengster Ahndung, und nach den Umständen, den darüber publizierten Gesetzen gemäß, bei Todesstrafe verboten sind. Alle Lieferungen, Truppenbildungen u. dgl. werden sogleich eingestellt, und es wird keine höchste Behörde anerkannt, als nur die, welche die hohen Alliierten bestimmen, und welche sie bis auf weiteres vertreten ..."[190]

Die vormals nichtpreußischen Gebiete des Großherzogtums Berg wurden, mit einigen Ausnahmen, durch die von den Verbündeten eingesetzte Zentralverwaltung unter Minister vom Stein übernommen und sollten vorläufig das General-Gouvernement Berg bilden. Freiherr vom Stein ernannte zum provisorischen General-Gouverneur den russischen Staatsrat Justus Gruner.

Am Weihnachtstag 1813 erschien die „Verordnung zur Bildung des Landsturms". Der seit der Gründung der „Musicalischen Academie" in Burscheid angesehene Notar Jacob Salentin von Zuccalmaglio aus Schlebusch trat an die Spitze der Freiwilligen und wurde von Justus Gruner wegen seiner außerordentlichen Verdienste um die Bildung des Landsturms zum Unterbefehlshaber im Kreise Opladen ernannt und auf Vorschlag des Landesdirektors Graf von Spee zum ersten Feldobristen bestellt.

Das Jahr 1814 trug den Freiheitskrieg an den Rhein und nach

---

Am 29. November 1813 erging die „Aufforderung an deutsche Jünglinge und Männer zum Kampfe für Deutschlands Freiheit". In dieser Aufforderung hieß es: „Die Stunde der Rache hat geschlagen! Die Morgenröte der Freiheit ist aufgegangen. Nach einer langen, dunklen Nacht voll Druck und Elend, voll Schmach und Not, voll Verfolgung und Entehrung, bricht endlich der helle Tag eines neuen kräftigen Lebens an. Deutschland ist frei, Deutschland ist wieder geboren ... Gibt es einen Deutschen am Rheine, an der Sieg, Wupper, Dill und Lahn, der jene Gräuel der verflossenen furchtbaren sieben Jahre wieder erleben möchte? Wäre nicht der Tod für Vaterland, für Weib und Kind, für Eigentum und Ehre, für Wahrheit und Tugend tausendmal willkommener, denn ein solches Leben voll Schande, Furcht und Elend ? Brüder, Söhne des Vaterlandes, eilet herbei! ... Wir alle kämpfen für eine Sache – für der Menschheit heiligste und teuerste Güter – für Freiheit und Vaterland! Wer leben und sterben will für diese, der trete freiwillig hinzu!"[191]

Diese Worte des begeisterten Aufrufs – ein Düsseldorfer Beamter, Johann Heinrich Kühlwetter, hatte an der Abfassung großen Anteil – fand nicht immer und überall den gewünschten Erfolg. In Düsseldorf strömten zwar Hunderte zu den neuen Fahnen, vielfach musste aber mit massiven Drohungen den „freiwilligen" Meldungen nachgeholfen werden.[192]

Frankreich. Die Nachricht, dass Blücher in der Neujahrsnacht bei Kaub das westliche Rheinufer erreicht hatte, um den Feind im eigenen Land anzugreifen, wurde überall mit Freude und Genugtuung aufgenommen. In den Erzählungen der „Drei Fortschrittsmänner der bergischen Heimath" (1863) wird berichtet, wie der Landsturm von Burscheid-Schlebusch am 12. Januar 1814 unter der Leitung des Obersten Jacob Salentin von Zuccalmaglio sowie dem aus Burscheid-Unterwietsche stammenden Hauptmann Peter Johann Nonnenbruch versuchte, bei Wiesdorf auf einer von Kähnen gebildeten Brücke den Rhein zu überqueren. Dieses Unternehmen wurde durch eine Kanonade der Franzosen vereitelt.[193]

Am folgenden Tag, dem 28. Januar 1814, nahm Gruner Abschied von den Bewohnern des Bergischen General-Gouvernements, um an die Spitze des neu errichteten General-Gouvernements vom Mittelrhein zu treten. An seine Stelle kam am

Am 27. Januar 1814 erließ der General-Gouverneur eine neue „Verwaltungsordnung für das Herzogtum Berg, den Kanton Gummersbach und die Gemeinde Friesenhagen". Darin wurde festgelegt: „Da nach Auflösung des Großherzogtums Berg in seine ursprünglichen Bestandteile die bisherige Verwaltungsart nicht weiter bestehen kann, so wird darüber nachstehendes verordnet:

§1. Das Herzogtum Berg nebst dem Kanton Gummersbach und der Gemeinde Friesenhagen wird in vier Kreise eingeteilt, den Düsseldorfer, Elberfelder, Mülheimer und Wipperfürther.

§2. Die drei ersten Kreise bleiben bei ihrer bisherigen Größe, nur werden die Kantons Wipperfürth und Lindlar von dem Elberfelder und Mülheimer Kreise getrennt.

§3. Der Wipperfürther Kreis, welcher neu gebildet worden, besteht aus den Kantons Wipperfürth, Lindlar, Eitorf, Waldbröl, Gummersbach und Homburg.

§4. Der bisher zum Kanton Siegen gehörig gewesene Gemeindebezirk Friesenhagen wird mit dem Kanton Waldbröl vereinigt.

§5. Jeder Kreis wird von einem Direktor verwaltet ...

§6. Die Kreisdirektoren ... stehen in unmittelbarer Korrespondenz mit und Subordination unter dem General-Gouverneur ... Der Direktor des Düsseldorfer Kreises führt den Titel Landes-Direktor ...

§11. Die ganze Verwaltungspolizei ... wird von den Kreisdirektionen und den Ämtern der Bürgermeister getrennt. Zur Ausübung derselben ist ein eigener Polizeidirektor zu Düsseldorf niedergesetzt, welchem in den Kantons Vögte, nebst einer hinlänglichen Anzahl von Kantons- oder Polizeisoldaten untergeordnet sind. (...)"

4. Februar 1814 Alexander Prinz zu Solms-Lich. Er machte am 16. Februar bekannt, dass er provisorisch das General-Gouvernement des Niederrheins, welches infolge der Befreiung des linken Rheinufers gebildet und dem Geheimen Staatsrat Sack mit dem Sitze in Aachen verliehen worden war, bis zu dessen Ankunft übernommen habe. Letzterer trat sein General-Gouvernement am 10. März an. Justus Gruner übernahm aber am 1. Juli 1814 erneut die Regierung des jetzt wieder „Herzogtum Berg" genannten Landes und richtete an die Bewohner folgende Proklamation: „Durch das gnädigste Vertrauen Sr. Majestät des Königs von Preußen zu der Verwaltung des Herzogtums Berg zurückberufen, schätze ich mich glücklich, das Organ des gerechtesten und gütigsten Monarchen gegen ein Volk zu sein, welches verdient hat, einst das seinige zu werden, und sich würdig an die Reihen seiner Tapfern anschließt, die Deutschland so glorreich verfechten. Keine einseitige üble Nachrede wird jemals den hochverdienten Ruhm des Mutes, der Vaterlandsliebe, der freien Begeisterung und der reinsten Aufopferung der braven Berger in der großen Geschichte unserer Tage verdunkeln können ..."

Gruner verstand es, durch besonnenes Auftreten und weise Maßnahmen die Einwohner des Bergischen Landes für die deut-

Am Gedenktag der Völkerschlacht bei Leipzig am 18. Oktober 1814 versammelte sich überall im Bergischen Lande die Bevölkerung, um den Tag festlich zu begehen. Der bergische Heimatdichter Vinzenz von Zuccalmaglio berichtet von einer solchen Siegesfeier bei der Gezelinkapelle in Schlebusch:

„Man muss die Feste des 18. Oktober gesehen haben, um die Begeisterung, die vaterländische Erhebung zu begreifen, die damals das ganze Volk, Priester und Laien, ergriff. Da wurden die Alten vor Freude wieder jung, und aller Standesunterschied war vergessen. Geistlich und Weltlich waren in einem Jubel verschmolzen. Ich habe dabeigestanden, wie Pastor Süß dem Landrat von Hauer um den Hals fiel mit den Worten: ‚Lieber Bruder Landrat', und dann den Polizeidiener Schmitz umhalste mit den Worten: ‚Wir sind jetzt alle deutsche Brüder', während wir Knaben das Arndtsche Lied sangen: ‚Der Gott, der Eisen wachsen ließ, der wollte keine Knechte'!"

Sechs Wochen vorher, während einer Fahnenweihe des Landsturmes auf der Bürriger Heide, ging es schon fast ökumenisch zu: „Aus der ganzen Umgebung waren die Menschen zusammengeströmt, um ihrer Freude über den Sieg und die Befreiung von der Franzosenherrschaft Ausdruck zu geben. Unter freiem Himmel folgten katholischer und evangelischer Gottesdienst, katholische und evangelische Predigt aufeinander. In der Freude des Tages und der allgemeinen Begeisterung, von der auch die geistlichen Herren erfasst wurden, fragte man nicht mehr danach, wer katholisch oder evangelisch war."

sche Sache zu gewinnen. Insbesondere richtete er seinen Blick auf das Schulwesen.[194]

Im „Rheinischen Merkur" stand über diese Siegesfeier vom 18. Oktober 1814: „Die darauf folgende Nacht war eine Freuden- und Feuernacht und eigentlich die Krone des Festes ... Der ganze Anblick war herrlich und herzerhebend, und die Franzosen haben ihn aus ihrem Lande vernommen, und sie haben sicherlich erkannt, welch anderer Geist über das deutsche Volk herabgekommen, und es ist ihnen klar geworden, wie eitel all ihre Bestrebungen waren, denn von allen ihren Siegen und Triumphen blieb ihnen keine Spur ..."

## Das Herzogtum Berg wird preußisch

Die Länder am Niederrhein waren auf dem Wiener Kongress Gegenstand langer Verhandlungen. Am 5. April 1815 erfolgte die Inbesitznahme von Berg durch den preußischen König Friedrich Wilhelm III. Es war dies die Vorwegnahme der „Wiener Schlussakte" vom 9. Juni 1815, nach der das Großherzogtum Berg an das Königreich Preußen kam. Justus Gruner blieb noch bis zum 15. Juni 1815 in seinem Düsseldorfer Amt. Vorher schon, im April 1815, waren die Rat- und Gemeindehäuser mit dem preußischen Adler geschmückt worden.

Zur Einverleibung der Rheinlande in Preußen erschienen am 5. April 1815 zwei Erlasse des preußischen Königs Friedrich Wilhelm III. Der erste Erlass betraf das „Patent wegen Besitznahme der Herzogtümer Cleve, Berg, Geldern, des Fürstentums Moers und der Grafschaften Essen und Werden." Es heißt darin u. a. „Vermöge der Übereinkunft, welche Wir mit den am Kongresse zu Wien teilnehmenden Mächten abgeschlossen haben, sind Uns zur traktatmäßigen Entschädigung und zur Vereinigung mit Unserer Monarchie das vormalige Großherzogtum Berg und ein Teil der Provinzen am linken Rheinufer überwiesen worden, auf welche Frankreich durch den Friedenstraktat vom 30. Mai 1 814, Art. III, Verzicht geleistet hat ... Wir gebieten allen Einwohnern dieser von uns in Besitz genommenen Länder, jedes Standes und Ranges, Uns forthin als ihren rechtmäßigen König und Landesherren anzuerkennen, Uns und Unseren Nachfolgern den Eid der Treue zu leisten, und Unseren Gesetzen, Verfügungen und Befehlen mit Gehorsam und pflichtmäßiger Ergebenheit nachzuleben ... Wir versichern Sie dagegen Unseres wirksamsten Schutzes ihrer Person, ihres Eigentums und ihres Glaubens, sowohl gegen äußere feindliche Angriffe, als im Innern durch eine schnelle und gerechte Justiz, und durch regelmäßige Verwaltung der Landespolizei und Finanzbehörden." Der zweite Erlass des Königs vom 5. April 1815 hatte u. a. folgenden Wortlaut: „An die Einwohner der mit der preußischen Monarchie vereinigten Rheinländer: Als ich dem einmütigen Beschluss der zum Kongress versammelten Mächte, durch welchen ein großer Teil der deutschen Provinzen des linken Rheinufers meinen Staaten einverleibt wird, meine Zustimmung gab, ließ ich die gefahrvolle Lage dieser Grenzlande des deutschen Reichs, und die schwere Pflicht der Verteidigung nicht unerwogen, aber die höhere Rücksicht auf das gesamte deutsche Vaterland

*„Brezelhausierer" zogen früher über Land, um die beliebten Backspezialitäten zu verkaufen.*

entschied meinen Entschluss. Die deutschen Urländer müssen mit Deutschland vereinigt bleiben, sie können nicht einem andern Reiche angehören, dem sie durch Sprache, durch Sitten, durch Gewohnheiten, durch Gesetze fremd sind ...

Ich weiß, welche Opfer und Anstrengungen der fortgedauerte Kriegszustand euch gekostet. Die Verhältnisse der Zeit gestatten nicht, sie noch mehr zu lindern, als geschehen ist. Aber ihr müsst es nicht vergessen, dass der größte Teil dieser Lasten noch aus der früheren Verbindung mit Frankreich hervorging ... Die veränderten Verhältnisse werden einem Teil eurer Fabrikate den bisherigen Absatz entziehen, ich werde, wenn der Friede vollkommen hergestellt sein wird, neue Quellen für ihn zu eröffnen bemüht sein ..."

Durch eine andere Verordnung vom 30. April 1815 wurden die rheinisch-westfälischen Besitzungen Preußens in drei Provinzen eingeteilt: Westfalen, Kleve-Jülich-Berg und Niederrhein. Am 15. Mai 1815 huldigten die Provinzen in Aachen dem neuen Landesherrn. In Hanau empfing Friedrich Wilhelm III. am 26. Juni 1815 die Vertreter der neuen Provinzen. Aus dem Bergischen nahmen an dem Empfang der Elberfelder Oberbürgermeister Brüning und der Remscheider Kaufmann Josua Hasenclever teil.[195]

## Die ersten Jahre als preußische Untertanen

Im Frühjahr 1817 wurden die Folgen von zwei Missernten empfindlich spürbar. Die Stimmung im Lande war schlecht, der Siegesrausch von 1814 verflogen. Die Versprechungen des neuen Königs, für die im französischen Raum verloren gegangenen Absatzmärkte neue zu erschließen, konnten keine Ergebnisse bringen. Preußen hatte in 20 Jahren Unruhen und durch die napoleonischen Kriege ohnehin am meisten gelitten und war vorerst nicht in der Lage, Produkte aus dem Bergischen zu kaufen. Die zuvor blühenden Länder am Rhein waren jetzt Teile einer verarmten Monarchie. Auch der vom preußischen König versprochene Nachlass des Steuerdrucks trat nicht ein.

Die Neuordnung der Verwaltung und Bürokratie im Lande Berg vollzog sich nun nach den in Preußen geltenden Richtlinien. Jetzt begann auch im Bergischen der lähmende Gang durch die Instanzen seinen Lauf zu nehmen. Die im Wuppertal ansässigen Textilunternehmer konstatierten, dass die preußischen Methoden der Geschäftsabwicklung viel zu langsam und altmodisch seien. Die Wiederaufbauarbeit der Wirtschaft nach Napoleons Zolldekret und der Kontinentalsperre kam daher nur sehr langsam voran. Erst mit der Aufhebung der preußischen Binnenzölle im Jahre 1818 bot sich der bergischen Textilindustrie wieder eine hoffnungsvolle Zukunft.

Als in Düsseldorf der erste Siegesrausch vorüber war, meldeten sich wieder die Sorgen um die Zukunft. Was soll aus der Stadt werden? Welchem Staat sollte sie zufallen? Sollte sie keine Resi-

> **Der Burscheider Pastor Johannes Löh berichtet über die Not:** „Anfang Mai war noch alles dürr, nichts Grünes an den Büschen zu sehen. Großer Mangel an Lebensmitteln für Tiere und Menschen. Vieles Rindvieh erkrankte und fiel um wegen Mangel und des schlechten und verdorbenen Futters ... Diebereien und nächtliche Einbrüche sind sehr häufig ... Die gesetzten Kartoffeln und Bohnen sind hier und da wieder aus der Erde herausgenommen und gestohlen worden. Stroh ist fast nirgends zu haben. An einigen Orten ist das Stroh von den Dächern genommen worden, um das Vieh damit zu füttern. Überall ist großer Geldmangel, nichts zu verdienen, da alle Fabriken stocken ..."[196]

denz mehr sein? Das waren bange Fragen, welche die Bevölkerung, vor allem die zahlreichen Beamten, die noch immer das beherrschende Element in der Bevölkerung der Stadt an der Düssel darstellten, bewegten. In Wien tagten die Großen Europas und von ihren Verhandlungen drang verworrene Kunde in die Stadt. Düsseldorf hatte nach den Worten eines Zeitgenossen „bey den Franzosen auf dem Gipfel des städtischen Glücks" gestanden. Die Hoffnung, Hauptstadt einer neu gegründeten preußischen

*„Dröppelminnas", so genannt, weil sie schon mal tropften, in Mundart „dröppelten"*

Provinz und – wie in Zeiten des Großherzogtums – Sitz einer höheren Gerichtsbehörde zu werden, wurde von der neuen Regierung nicht erfüllt. Die alte „Nebenbuhlerin" Köln bevorzugte man für die ersten Jahre als Sitz der Provinzialregierung. Düsseldorf wurde „nur" Hauptstadt eines Regierungsbezirks.

Dass die in Preußen 1808 eingeführte Städteordnung des Freiherrn vom Stein in der Rheinprovinz nicht eingeführt wurde, lag weniger an der Staatsregierung als vielmehr daran, dass die Rheinländer sich energisch gegen die in dieser Ordnung vorgesehene Benachteiligung der Landgemeinden wehrten. Es blieb in den städtischen Verwaltungen so, wie es bei den Franzosen gewesen war, nur wurden statt der französischen nun deutsche Bezeichnungen verwendet.

Trotz des guten Rufes, den die wissenschaftlichen Anstalten Düsseldorfs besessen hatten, wurde die Stadt nicht Sitz der Rheinischen Universität. Auch die Verwaltung der Zölle und der Post und das Generalkommando kamen nicht nach Düsseldorf, so dass die Enttäuschung der Bevölkerung anwuchs. Dass das neu gegründete Provinzialarchiv, das heutige Hauptstaatsarchiv, in Düsseldorf eingerichtet und damit zum Zentrum historischer Forschung für den niederrheinischen Raum wurde, war nur ein kleiner Trost.

Als unbedeutende Landstadt von etwa 20 000 Einwohnern, ohne nennenswerten Handel und fast ohne Gewerbe, begann Düsseldorf seine Zeit als preußische Stadt. Die Regierung selbst bezeichnete sie als „verlorene Residenz, die nur als solche im

Wohlstand blühte und nun das Bild einer glänzenden Armut im wahrsten Sinne des Wortes" bot. Die ohnehin geringe Sympathie der Bevölkerung gegenüber dem in vielen Dingen noch so fremden Staat mit seiner straffen Militär- und Beamtenorganisation und seiner überwiegend evangelischen Bevölkerung – Düsseldorfs Einwohner waren damals noch zu 90 % katholisch – schwand fast völlig dahin.

Erste Anzeichen einer Besserung der Lage gingen aber dann ausgerechnet von einer Institution aus, von der dies nicht so ohne Weiteres zu erwarten war, vom Militär. Die 20er-Jahre brachten eine beträchtliche Vermehrung der Garnison, was als Wirtschaftsfaktor nicht zu vernachlässigen war. Wichtiger für die Stadt wurde aber noch, dass im Jahre 1820 Prinz Friedrich von Preußen, ein Neffe des Königs, als Militärkommandeur nach Düsseldorf kam und im Schloss Jägerhof seinen Wohnsitz nahm. Düsseldorf wurde damit immerhin wieder Sitz einer fürstlichen Hofhaltung.[197]

Mehr als die Hunger- und Notjahre trug die politische Entwicklung zu einer Verschlechterung der Stimmung im Bergischen Land bei. Die Beschlüsse des Wiener Kongresses fanden, wie in den meisten deutschen Landen, auch hier kaum positive Resonanz. Zu sehr hatte man sich im Schwange patriotischer, von leidenschaftlicher Romantik durchsetzten Begeisterung einen liberalen deutschen Nationalstaat gewünscht. Und nun fand man sich in einer von dem österreichischen Fürsten Metternich initiierten lockeren völkerrechtlichen Vereinigung wieder, die man „Deutscher Bund" nannte. An die Stelle des erhofften starken Zentralreiches trat ein loser Staatenbund von 35 souveränen Fürsten und vier freien Reichsstädten. Oberstes Organ des Bundes wurde ein ständiger Gesandtenkongress, die Bundesversammlung in Frankfurt am Main. Im Plenum besaßen die Mittel- und Kleinstaaten so viele Stimmen, dass sie von den Königreichen nicht überstimmt werden konnten.[198] Somit waren der Entwicklung Deutschlands zum Nationalstaat vorläufig unüberwindbare Grenzen gesetzt.

Ein Zugeständnis an die Tendenzen der Zeit wurde lediglich im Artikel 13 gegeben, der vorsah, dass in allen Bundesländern „landständische Verfassungen" eingerichtet werden sollten, wobei gleichzeitig das „monarchische Prinzip" gewahrt werden sollte. Auch König Friedrich Wilhelm III. hatte in seinem Besitzergreifungspatent vom 5. April 1815 die „Bildung einer Repräsentation" in Aussicht gestellt und in einer besonderen Kabinettsorder vom 22. Mai desselben Jahres versprochen, die alten und die neuen Provinzen durch das Band einer gemeinsamen Verfassung mit Reichsständen enger miteinander zu verknüpfen. Nichts davon trat ein. Als er im Herbst 1817 seine neuen Länder am Rhein besuchte, überreichte ihm in Koblenz eine Reihe von Bewohnern des Rheinlandes ein Schreiben, in welchem die Bitte um baldige Einführung der Reichsstände ausgesprochen war. Der König erwiderte, „er habe keinen Termin für die Erfüllung seiner Zusage gesetzt; ihn daran zu mahnen, sei frevelhafter Zweifel; Pflicht des Untertanen sei es, ruhig abzuwarten". Zwar wurde eine „Verfassungskommission" gegründet, an deren Spitze Wilhelm von Humboldt stand, aber nach Beratungen ohne Resultat wurde sie wieder aufgelöst.

Nach den enttäuschenden Beschlüssen von Wien konstituierte sich in Jena schon im Jahre 1815 die „Deutsche Burschenschaft", eine Studentengruppe. Unter den „Reichsfarben" Schwarz-Rot-Gold vereinte man sich zum Kampf für „Ehre, Freiheit, Vaterland". Auf dem 1817 zur Erinnerung an die Reformation und die Leipziger Völkerschlacht zusammengerufenen Wartburgfest der Burschenschafter wurden flammende Reden für die Einheit und Freiheit des deutschen Volkes gehalten, schließlich die Bundesakte, reaktionäre Schriften und Bundessymbole öffentlich verbrannt. Die Radikalen trieben zur Tat. Als Spitze des Aufruhrs ermordete der Student Karl Ludwig Sand im Jahre 1819 den Schriftsteller Kotzebue, der als russischer Staatsrat im Dienste des Zaren stand und als verachtungswürdiger Agent der Restauration erschien.

Metternich sah in dieser Tat das Signal für Gegenmaßnahmen, „die gegen den Anarchismus ergriffen werden müssten". Er rief deshalb die Vertreter der wichtigsten Regierungen nach Karlsbad, wo scharfe Beschlüsse gegen die Burschenschaften und die liberalen Umtriebe erlassen wurden: Kontrolle der Lehre der Professoren an den Universitäten, Verbot der Burschenschaften, Ausschluss von Studenten im Falle der nachweislichen revolutionären Tätigkeit, Pressebeschränkungen und Einrichtung einer Zentraluntersuchungskommission in Mainz. Diese Beschlüsse wurden Bestandteil der Wiener Schlussakte und damit der Bundesverfassung. Die Zentraluntersuchungskommission zur Verfolgung der sogenannten „demagogischen Umtriebe" hatte in der Folge 1800 Männer und Jünglinge vor ihren Richterstuhl gezogen. Auch im Bergischen Land kam es zu Verfolgungen von jungen Studenten, die ihre Vorstellungen von einem

*Schloss Homburg. Lithografie von L. Gajetan (Ausschnitt)*

freien und einheitlichen Deutschland nicht verwirklicht sahen.

Vinzenz von Zuccalmaglio schrieb: „Die besten, edelsten Jünglinge wurden ergriffen und in strengste vieljährige Kerkerhaft gebracht aus keinem anderen Grunde, als weil sie ihr Vaterland liebten und ein edles oder freies Wort gesprochen oder gesungen hatten."[199]

Nachdem durch den zweiten Pariser Frieden vom 18. April 1816 das preußische Gebiet wesentlich erweitert worden war, erfolgte vorerst die Einteilung in zwei Provinzen: Niederrhein mit den Regierungsbezirken Koblenz-Aachen und Trier mit dem Sitz in Koblenz sowie Kleve-Jülich-Berg mit den Regierungsbezirken Köln, Düsseldorf und Kleve mit Sitz in Köln. Das Oberpräsidium zu Köln bestand nur bis zum Jahre 1822. Nach dem Ableben des Oberpräsidenten von Solms-Laubach zu Köln übernahm der Oberpräsident zu Koblenz, Staatsminister von Ingersleben, die Verwaltung beider Provinzen, die zu einer Rheinprovinz verschmolzen wurden. Damit fand die Geschichte des Bergischen Landes als die eines selbstständigen Territoriums ihr Ende.

Im Oberbergischen ließ eine endgültige Regelung noch auf sich warten. In Homburg hoffte man, Fürst Albrecht würde als regierender Herr zurückkehren. Auf Grund der Wiener Beschlüsse musste dieser auf die Landeshoheit verzichten, doch blieben ihm außer standesherrlichen Vorrechten das Schloss und der Domänenbesitz. Durch Vertrag vom 16. Juli 1821 verzichtete der Fürst von Wittgenstein-Berleburg auf den größten Teil der standesherrlichen Rechte zugunsten von Preußenkönig Friedrich Wilhelm III. Als Kanton Homburg wurde die Herrschaft vorläufig dem Kreise Waldbröl zugeteilt.

In Gimborn-Neustadt verzichtete Graf Karl von Wallmoden, nachdem er vorher seinen ganzen Grundbesitz an den Grafen Paul von Merweldt veräußert hatte, gegen eine Abfindungssumme von 75 000 Talern zugunsten von Preußen auf alle standesherrlichen Rechte. Die Herrschaft wurde dann als Kanton Gummersbach vorläufig dem Kreise Wipperfürth zugeteilt.

Am 26. Februar 1819 wurden die ehemaligen Herrschaften

Gimborn-Neustadt und Homburg provisorisch zu einem Kreise Gummersbach vereinigt. Diese Neuordnung fand dann am 12. Februar 1825 ihre endgültige Bestätigung.

## Die Industrialisierung und ihre wirtschaftlichen und sozialen Folgen

Die Beschaffenheit des hügeligen Bodens und das raue Klima ließen im Bergischen eine nennenswerte Landwirtschaft als Vollexistenz nur in verhältnismäßig wenigen Fällen zu. Nur in der „Bergischen Obstkammer" auf der Lössterrasse rund um Leichlingen entwickelte sich ein nennenswerter Obstanbau. Seit jeher waren deshalb die Bewohner des Bergischen Landes neben ihrer kleinen Landwirtschaft auf Handwerk und Gewerbe angewiesen. Schon in früheren Jahrhunderten blühte die bergische Eisenindustrie auf. Heute finden die Archäologen häufig Spuren davon, die Reste sogenannter „Rennöfen" (vom Rinnen des Erzes).

Ein weiterer Gewerbezweig war im Raume Elberfeld schon lange die Textilherstellung (Spinnen, Zwirnen, Weben, Bleichen, Färben), wobei sich das Wasser der Wupper hervorragend für die Garnbleiche, die „Garnnahrung", eignete. Bekanntlich erhielten die Bewohner von Elberfeld schon von Herzog Johann (der Friedfertige) im Jahre 1527 das Privileg, als einzige Stadt im Bergischen Land Garn bleichen zu dürfen. Schon im Jahre 1600 wurde für den Raum um Elberfeld und Remscheid die Sensenzunft privilegiert. Wie die Schwertfeger waren auch die Knopf- und Messermacher in Zünften organisiert. Namentlich berühmt wurde Solingen durch seine Damaszenerschwerter, die „Eisenhelme spalten konnten", auch Napoleon schätzte die Bajonettspitzen aus Solingen.

Schon in der vornapoleonischen Zeit erlebte das Land Berg zum Wohlwollen seiner im fernen München residierenden Fürsten eine Blüte der frühindustriellen Betriebe. Nach englischem Vorbild nannte man Elberfeld das „Manchester" von Berg und Solingen sein „Birmingham". Weitere Mittelpunkte der frühindustriellen Entwicklung waren im Süden Lennep und Remscheid, im Norden Mettmann und Velbert. Das sich daran anschließende Kohlebergbaugebiet der Ruhr erhielt erst einige Jahrzehnte später eine zentrale wirtschaftliche Bedeutung.

Der Elberfelder Kaufmann und Verleger Johann Gottfried Brügelmann war der Erbauer des ersten großen Fabrikgebäudes auf

*Die große Fabrikantenvilla Brügelmanns in Ratingen, „Schloss Cromford". Sie wurde bereits drei Jahre nach Produktionsaufnahme nach dem Vorbild von Schlössern erbaut.*

dem europäischen Festland. Bereits drei Jahre nach Fabrikerrichtung und Produktionsaufnahme (1783/84) war genug Geld beisammen, um neben die „Cromford" getaufte Baumwollspinnerei ein repräsentatives „Fabrikantenschloss" zu bauen; eine großbürgerliche Residenz, die sich im Baustil nicht ohne Grund am Benrather Jagd- und Lustschloss des Kurfürsten Karl Theodor orientierte: „Nach Form, Anlage und Ausstattung galt es zu demonstrieren, dass der Adel des Geldes dem der Geburt und der Herkunft in nichts nachstand". Brügelmann hatte keine Gewissensbisse und es tat seinem Selbstbewusstsein keinen Abbruch, dass die Mehrzahl seiner „Arbeiter", die von 6 bis 16 Jahren noch im Kindes- bzw. jugendlichen Alter stand, erbärmlich bezahlt wurde und deren Arbeitszeit oft 12 Stunden betrug. Was der Hofkammerrat Wülffing noch 1729 als willkommene Bereicherung des Familieneinkommens sah,[200] wurde von Engels, Marx und anderen als Ausbeutung billiger Arbeitskräfte angeprangert.

Es gab damals auch schon Industriespionage. Im Auftrage und auf Kosten des vorgenannten Brügelmann hat Carl Albrecht Delius, aus der Grafschaft Ravensberg gebürtig, in England eine Baumwollspinnmaschine „abgesehen und nachgeahmt",[201] was in ganz Europa gängige Praxis war.

Neben den in Zünften organisierten Gewerbetreibenden gab es im Bergischen die sogenannten „Kleinschmieden", die es verstanden hatten, sich von den Fesseln des überlebten Zunftwesens zu lösen. Sie machten geltend, mehrere Produkte herzustellen und mehrere Gewerbe auszuüben und beanspruchten deshalb für sich den Begriff des „Fabrikanten".

Mit dem Vordringen der Dampfmaschine im Bergischen Land waren die Voraussetzungen geschaffen, Produktionsstätten aus dem ländlichen Bereich der Bach- und Flusstäler auf die sich verstädternden Höhen (z. B. Höhscheid) zu verlegen. Aber noch lange blieb das Wasserrad alleiniges Antriebsmittel für Schleifkotten, Hammerwerke und Mühlen im Tal. Die Dampfmaschinen waren für die kleinen Familienunternehmen kaum erschwinglich. Dazu kam der lange und teure Transportweg der an sich schon

nicht billigen Kohle. Erst im Jahre 1854 lief die erste Dampfmaschine in Lüttringhausen (heute Stadtteil von Remscheid), und
zwar zu Lenhartshammer. Kurze Zeit später trieben die Remscheider Brüder Böcker ihre Schleiferei an der „Alten Wendung"
mit Dampfkraft an.

Von den Ergebnissen und Folgen des Wiener Kongresses enttäuscht, zogen sich die meisten Bürger im Bergischen in die ent-
politisierte Wirtschafts- und Familiensphäre zurück. In der
Kunst des Biedermeier spiegeln sich die Hinwendung zum privaten Bereich der Gemessenheit, Beschränkung, Gläubigkeit
und Beschaulichkeit sowie die politische Entmündigung wider.
Aus möglichen mündigen Bürgern wurden wieder Untertanen,
so wie es der Monarchie genehm war.

Die Neubelebung der Wirtschaft in industrieller Zeit zog ein
Anwachsen der Bevölkerung nach sich, wovon besonders die
beiden Textilstädte Elberfeld und Barmen betroffen waren. Mit
dem Zuzug von immer mehr Menschen enstanden soziale und
kommunale Probleme. Häuser und Wohnungen waren überbe-
legt und die hygienischen Verhältnisse wurden an den Weg- und
Straßenrändern „ruchbar". Die Verwaltungen brauchten mehr
Raum. Wegen der Einführung der Schulpflicht musste seit 1825
manche Schule neu errichtet werden und immer mehr alte und
arme Leute waren zu versorgen. Für das auf einen dicht ge-
drängten Stadtkern konzentrierte Elberfeld brachte die Lösung
der Aufgabe manche Schwierigkeiten mit sich.

Nur eine Erweiterung der Stadt vermochte Abhilfe zu schaffen.
Pläne dafür, die der Düsseldorfer Baudirektor Adolph von Vagedes entworfen hatte, waren nicht realisierbar, denn für seine äs-
thetischen Lösungen waren weder Finanzmittel vorhanden noch
wollte man aus der Fabrikstadt eine Provinzial-, Residenz- oder
gar Garnisonsstadt machen. Die auf private Initiative errichteten
Wohnbauten der bergischen Patrizier, der erfolgreichen Industriellen des 19. Jahrhunderts, zeigten Versuche, den Geist der
Zeit zu repräsentieren.

Wichtiger erschien den Verantwortlichen der Ausbau des Ver-
kehrssystems, eine notwendige Anbindung der Produktionsstätten an die Wasserstraßen und ganz besonders eine bessere Ver-
kehrsmöglichkeit in das preußische Hinterland nach Osten und
ins aufstrebende Ruhrgebiet. Viele Pläne blieben zunächst Illu-
sion. Erst nachdem 1838 die Eisenbahnstrecke Düsseldorf-Erkrath
in Betrieb genommen worden war, konnte drei Jahre später auch
Elberfeld an den Schienenweg angeschlossen werden. Die Weiter-

*Heinrich Heine (1797–1856),*
*Dichter und Journalist*

führung der Bahn ins Ruhrgebiet und in Richtung Osten erfolgte mit dem Anschluss der „Düsseldorf-Elberfeld Eisenbahngesellschaft" an die verstaatlichte „Bergisch-Märkische Eisenbahngesellschaft" in den späten 50er-Jahren.[202]

Die alte Residenz- und Beamtenstadt Düsseldorf blieb vorerst ein Stiefkind der industriellen Entwicklung. Aber der schon von den Herzögen aus dem Hause Pfalz-Neuburg begründete gute Ruf als Kunststadt wurde im Jahre 1826 bestätigt, als Wilhelm von Schadow, Sohn des berühmten Berliner Bildhauers Gottfried von Schadow, als Direktor an die Düsseldorfer Kunstakademie berufen wurde. Schadow zog nicht nur seine talentierten Schüler mit an den Rhein und begründete mit ihnen die „Düsseldorfer Schule", sondern gab auch Anlass für ein gesellschaftliches Leben.

Düsseldorfs berühmter Sohn Heinrich Heine ging in jungen Jahren (1831) als Korrespondent nach Paris, um von dort aus zwischen „seinen" Deutschen und den Franzosen, den „beiden auserwählten Völkern der Humanität", versöhnende Brücken zu schlagen, fand aber mit seinen tadelnden, spottenden und oft beißenden Worten gegen die Unterdrücker der liberalen und revolutionären Bewegungen sowie das zunehmende Nationalgefühl in Deutschland keine besondere Gegenliebe.

Aber Heine blieb nicht der einzige Sohn des Bergischen Landes, der in die Fremde zog, um von dort aus zu versuchen, die Welt zu verändern. Nachdem Karl Marx im Jahre 1843 nach Paris emigriert war, gesellte sich ein Jahr später Friedrich Engels, Sohn eines reichen Barmer Spinnereibesitzers, zu den Emigranten. Marx und Engels wurden gute Freunde. Mit einer neuen Ideologie stellten sie alle bis dahin geltenden Werte in Frage und begannen, die Welt sozialpolitisch in Bewegung zu setzen.

Die Industrialisierung hatte eine notleidende und unzufriedene Arbeiterschaft hervorgerufen, die im Angesicht der besser dastehenden Besitzer von Produktionsmitteln allzu gerne den neuen Ideen von Freiheit, Gleichheit und Brüderlichkeit folgten. Die Industrialisierung der Wupperstädte führte zu einem starken Anwachsen der Einwohnerzahlen. Elberfeld und Barmen übertrafen 1849 mit über 85 000 Einwohnern die Bevölkerung der

Städte Leipzig und Stuttgart und lagen damit doppelt so hoch wie Düsseldorf. An diesem Bevölkerungszuwachs hatten die Arbeiter den größten Anteil. Die fortschreitende Arbeitsteilung und die Vereinfachung der Handgriffe bei der industriellen Produktion erlaubten den Einsatz von Frauen und Kindern auf Kosten der Männer, was nicht nur die überkommenen sozialen und familiären Muster veränderte, sondern auch den Arbeitsmarkt in einer Weise aufblähte, die es den Unternehmern erlaubte, Minimallöhne zu zahlen und hohe Arbeitszeiten anzusetzen. Das geringe Familieneinkommen zwang dazu, auch die Kinder in die Fabriken zu schicken, ja eine hohe Kinderzahl wurde zur Erhöhung des Wohlstandes geradezu angestrebt. Die vielen Kinder in den zu kleinen Wohnungen brachten ein beengtes Zuhause. Dazu kam die Monotonie der Fabrikarbeit, die viele Arbeiter des Abends in die zahlreich entstehenden Kneipen trieb. Andere schlossen sich, enttäuscht von den bestehenden Kirchen, den meist neu gegründeten Sekten an. Die Not führte auch zu einem Anstieg der Kriminalität, was wiederum zum Gegensteuern von Institutionen und Einzelpersonen führte.

Im Jahre 1826 gründete sich die Elberfeld-Barmer-Gefängnisgesellschaft, eine damals in Deutschland erstmalige Fürsorgeeinrichtung, die für die Einsitzer der Vollzugsanstalten von Remscheid und Opladen tätig wurde. Das erbärmliche Los der vielen Handwerksgesellen brachte den katholischen Theologen Adolf Kolping, 1847 Kaplan an der Pfarre St. Laurentius in Elberfeld, auf den Plan. Er gründete in den Jahren 1845/46 in Elberfeld mit viel Energie den „katholischen Gesellenverein".

Unterdessen kämpften die sozialistischen Bewegungen um Anhänger unter den vom Schicksal Benachteiligten. Auf Bahnhöfen oder in nahe gelegenen Lokalen traf man sich. In Elberfeld war es 1845 der Zweibrücker Hof, wo die kommunistische Bewegung ihre ersten Versammlungen abhielt. In Düsseldorf scharte der junge Ferdinand Lassalle als Sozialist und Begründer der sozialdemokratischen Bewegung Gleichgesinnte um sich.

Während viele Arbeiter sich in der stupiden Welt der mechanisierten Arbeit nicht zurechtfanden, konnten die übrigen Bürger ihr gewohntes Leben fortführen. Ihre Treffpunkte waren private Zusammenkünfte, Gesellschaftsvereine und Theater.

Sogenannte „Gesellschaftshäuser" boten für Bildung und Vergnügen einen entsprechenden Rahmen. Ein eigenes Theatergebäude hatte allerdings nur Düsseldorf zu bieten. Erst 1843 konnten die Elberfelder ihr von Düsseldorf aus bespieltes Theater

*Während der Revolution am 9. Oktober 1848 zogen Düsseldorfer Arbeiter vor das Rathaus, drangen in den Sitzungssaal ein und forderten, beschäftigt zu werden. Ölgemälde von Johann Peter Hasenclever, 1848*

einweihen. Der Gegensatz, hier Proletariat, dort Kapitalisten, hier Armut, dort Reichtum, schlug sich mit streitbaren Themen in zahlreichen sozialistischen Zeitungen nieder. Die schlechten Lebensverhältnisse der Arbeiter wurden den Besitzenden angelastet, diese als „Ausbeuter" der menschlichen Arbeitskraft bezeichnet. Die Bürger dagegen beklagten die Unentschlossenheit König Wilhelms IV.

Als im Februar 1848 in Paris die Revolution ausbrach, flog der Funke auch ins Bergische Land. Aufgeschreckt durch die Ereignisse in Frankreich, wurden die herrschenden Gewalten gezwungen, neue Positionen zu beziehen: Umgehend wurde die Freiheit der Presse gewährt und eine Revision der Bundesverfassung zugesichert. Doch Bürger wie Proletarier gaben sich trotzdem enttäuscht, da viele der Märzversprechungen allzu zögerlich umgesetzt wurden. Als Wilhelm IV. von Preußen unterwegs nach Köln war, erntete er nicht überall Huldigungen. Im Zentrum der Industrie im Wuppertal, aber auch in der Bezirkshauptstadt Düsseldorf, wurde er mit Pferdekot beworfen. Ende April trafen sich 3000 Demonstranten aller Bevölkerungsschichten in Elberfeld zu einer Volksversammlung für Freiheit und Einigkeit in einem gemeinsamen Vaterland; 5000 demonstrierende Bürger fanden sich in Lüttringhausen zusammen. Die Landwehrmänner vereinigten sich in ihrem Aufbegehren gegen die wiederholten Einberufungen und Einsätze gegen ihre freiheitlich gesinnten Landsleute. Tumulte blieben nicht aus; Barrikaden wurden errichtet, als Militär mit Kanonen gegen die Bürger anrückte. Nach derartigen Zusammenstößen waren allein in Düsseldorf 15 Tote zu beklagen. Friedrich Engels kam wieder in seine Heimat, half in Gräfrath, das Zeughaus auszunehmen, und war in Elberfeld und Barmen als Berater für den Barrikadenbau tätig. So stand er eines Tages seinem Vater gegenüber – nicht nur

*Berühmter, wenn auch nicht immer geliebter Sohn des Bergischen Landes: Friedrich Engels (1820–1895)*

Barrikaden, zwei Welten trennten sie. Erst im folgenden Jahre waren die Unruhen beigelegt, ohne dass auf Grund der preußischen oktroyierten Verfassung vom Dezember 1848, bei der sich die restaurativen Kräfte bereits durchsetzen konnten, wesentliche Dinge zur spürbaren Besserung erreicht oder geändert worden wären.

Die Industrialisierung nahm unbeschadet von den politischen Ereignissen ihren Fortgang. Auch die chemische Industrie fasste bald Fuß im Bergischen. Weil er eine angestrebte Apothekenkonzession nicht erhielt, errichtete Carl Leverkus (* 1804) um 1833 in Wermelskirchen eine Ultramarinfabrik. Bezeichnend für den Geist des bergischen Unternehmertums ist die Einstellung des jungen Carl. Er schrieb damals an seinen Bruder in Berlin: „Dieser Sommer ist für mein zukünftiges Glück ein sehr wichtiger. Entweder werde ich Fabrikant und noch nicht Apotheker, oder ich werde beides zugleich, oder endlich ich werde noch garnichts ..." 1856 sah sich Carl Leverkus aus wirtschaftlichen Gründen genötigt, seine Produktionsstätten wesentlich zu erweitern. Ihm war klar, dass das nicht in Wermelskirchen geschehen konnte. Er verlegte deshalb seine Fabrik in die Ebene an den Rhein bei (Leverkusen)-Wiesdorf. Das im weiten Feld errichtete

„Etablissement" nannte der mutige Unternehmer in seinen Briefköpfen: „Rheinische Ultramarin- und Alizarinfabrik von Dr. Carl Leverkus, Leverkusen bei Coeln a./Rhein". Schon auf einer Handwerkerrechnung vom 18. Dezember 1861 steht die Ortsbezeichnung „Leverkusen" so hieß das Stammgut der Familie in Lennep – während die heutige Stadt erst 1930 offiziell diesen Namen bekam.[203]

Zwei Männer aus Elberfeld, Friedrich Bayer und Friedrich Weskott, schufen 1863 in ihrer Stadt die Anfänge für eines der größten chemischen Werke der Welt, die heutige Bayer AG in Leverkusen. Ganz anders als Carl Leverkus, der nach einer fundierten wissenschaftlichen Ausbildung – weil er die gewünschte Apothekenkonzession nicht erhielt – mit erheblichen Fremdmitteln ein Unternehmen von einiger Größe gründete, begannen die beiden Friedrichs ihre Tätigkeit als Fabrikanten zunächst klein und behutsam unter Beibehaltung ihrer bisherigen Erwerbsquellen „so nebenbei". Friedrich Bayer zählte nicht viel mehr als 20 Jahre, als er eine eigene Handlung mit Farbstoffen und Hilfsprodukten für die Färberei begann. Friedrich Weskott besaß seit 1849 auf eigenem Anwesen eine Lohnfärberei. Der Kaufmann Bayer und der Praktiker Weskott ergänzten sich bei ihren Bemühungen um die Herstellung von chemischen Farbstoffen in idealer Weise. In den Wohnhäusern von Bayer und Weskott fanden unter Assistenz der beiden Ehefrauen die ersten Versuche statt. Die Weskottsche Färberei prüfte die Produkte auf ihre Brauchbarkeit, ein alter Küchenherd und eine Anzahl irdener Töpfe ersetzten Kesselanlage und Apparatur. Die am 1. August 1863 gegründete Firma „Friedrich Bayer et comp." wuchs bald zu einem bedeutenden Unternehmen. Die drangvolle Enge in Elberfeld machte eine rationelle Arbeitsweise immer schwerer. Der Entschluss reifte auch hier, die Produktionsstätten zu verlegen. Als man nach einem geeigneten Platz Ausschau hielt, wollte es der Zufall, dass Carl Leverkus sich entschloss, einen Teil seines Werkes in Wiesdorf-Leverkusen, die Alizarinfabrik, zu verkaufen.

Mittlerweile war der 1861 in Barmen geborene Chemiker Dr. Carl Duisberg in den Farbenfabriken Bayer in wesentliche Führungspositionen aufgestiegen. Nach seinen Plänen wurde am Rhein zwischen Köln und Düsseldorf „die schönste Chemische Fabrik" – wie Emil Fischer sie einmal genannt hatte – erbaut. Duisberg hatte auch entscheidenden Anteil an der städtebaulichen und kulturellen Entwicklung der neuen großen Stadt am Rhein.[204]

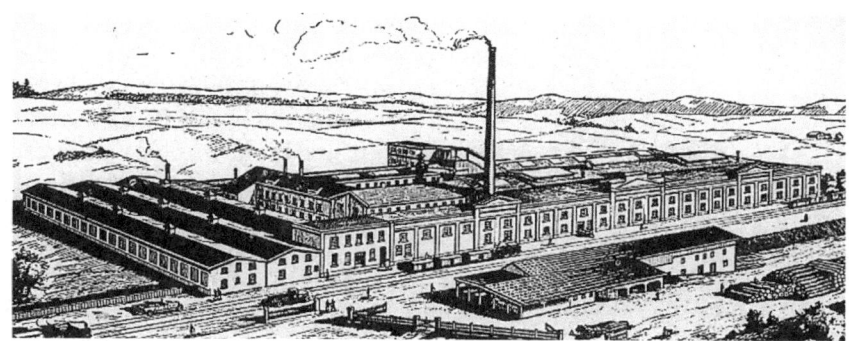

*Fabrikabbildung der „langen Gebäude", durch zahlreiche Fenster und andere Bauteile unwirklich verlängert. Daneben stehen oft protzige Fabrikantenvillen, wie sie damals üblich waren.*

Um Solingen herum bestanden in der sogenannten Gründerzeit 115 Betriebe, die mit ihren Produkten den Vorsprung der englischen Industrie bis zum Ende des Jahrhunderts nicht nur aufholten, sondern überrundeten. Eine davon war die Firma Henckels (Markenzeichen Zwillinge), die mit ihren Stahl- und Schneidwaren (neben anderen Firmen) der Stadt Solingen den weltberühmten Namen „Klingenstadt" einbrachte („me fecit Solingen"). In Remscheid vervielfachte sich die Anzahl der Schmieden, unter ihnen die Feilenschmiede Mannesmann, aus der sich später ein großes Röhrenwerk mit Weltgeltung entwickelte.

Der Experimentalphysiker Wilhelm Conrad Röntgen machte im Verlauf von Untersuchungen über Kathodenstrahlen eine Zufallsentdeckung. Ein erlauchtes Publikum – bestehend aus Wissenschaftlern, hohen Offizieren und anderen bedeutenden Persönlichkeiten – staunten am 23. Januar 1896 nicht schlecht über unsichtbare „X-Strahlen", die man zu Ehren des Entdeckers bald „Röntgenstrahlen" nannte und ohne die die heutige Gesundheitsvorsorge nicht mehr vorstellbar ist.

## Vom Königreich Preußen zum Zweiten Deutschen Reich

Während Österreich nicht in der Lage war, seinen Hegemonialanspruch aufrechtzuerhalten, schaffte Preußen die entscheidenden wirtschaftlichen und politischen Voraussetzungen für die nationale Einigung unter seiner Führung. Nach der Thronbesteigung Wilhelms I. am 2. Januar 1861 begann für Preußen eine „neue Ära" des Aufstiegs. Als politische Verwicklungen mit Frank-

*Fabrikgebäude der Gründer-
zeit: „Sakralarchitektur"*

reich entstanden und Bismarck die gekürzte „Emser Depesche", mit der die französische Regierung vor der Weltöffentlichkeit brüskiert wurde, veröffentlichen ließ, antwortete Frankreich mit der Erklärung des Krieges. Entgegen den französischen Erwartungen traten die süddeutschen Staaten auf die Seite Preußens und des Norddeutschen Bundes. Da Österreich und die anderen Nachbarstaaten neutral blieben, kam es zum schnellen Sieg der Verbündeten und zum Sturz des französischen Kaisertums.

Nach dem Sieg über Frankreich im Kriege 1870/71 nutzte Kanzler Bismarck die Kriegsbegeisterung aller Deutschen zur Gründung des (Zweiten) Deutschen Kaiserreiches, das 1871 in Versailles von Militär und Hochadel proklamiert wurde. Dem vereinten Deutschen Reich wurde eine Kriegsentschädigung von nahezu 300 Milliarden Mark (heutiger Wert) zuteil, die in Wirtschaftspotenzial umgesetzt wurde. Auch das Bergische Land profitierte von dem Geldboom, der u. a. auch zum Schwelgen in der Industriearchitektur verführte: „Der rauchende Schornstein wurde auf einem denkmalartigen Sockel errichtet, die Fabriktore erhielten die Form eines Schlosstores und manche Maschinenhalle präsentierte sich im klerikalen Stil einer Basilika."[205]

Ein denkmalwürdiges und auch teures Relikt aus dieser Zeit ist die einst nach dem ersten deutschen Kaiser des Zweiten Reiches benannte „Kaiser-Wilhelm-Brücke" (heute Müngstener Brücke genannt) über eine Wupperschlucht, die ein großes Verkehrsproblem zwischen den nur acht Kilometer voneinander entfernten Industriestädten Remscheid und Solingen beseitigte. Nach den Plänen Anton von Rieppels ab 1894 in drei Jahren erbaut, ist die Müngstener Brücke heute nicht nur ein Wahrzeichen des Bergischen Landes sowie eine Touristenattraktion, sondern die älteste noch funktionsfähige und höchste Eisenbahnbrücke Europas aus Flussstahl.

Im engen Tal der Wupper bahnten sich im Zusammenhang mit der zunehmenden Industrialisierung katastrophale Verkehrszustände an. Innerhalb von zweieinhalb Jahrzehnten wuchs in diesem Großraum die Bevölkerungszahl von 180 000 auf über 300 000 Einwohner. Der Verkehrsingenieur Eugen Langen wurde

*Die Müngstener Brücke ist ein viel besuchtes technisches Meisterwerk.*

deshalb 1898 mit dem Bau der von ihm entworfenen „Schwebebahn" – ein Unikum in der Verkehrstechnik – betraut. Wegen ihrer erhöhten und separaten Lage gab es erst bei Modernisierungsarbeiten auf Grund einer unglücklichen Verkettung von Sicherheitsmängeln und menschlichem Versagen 1996 einen schweren Unfall mit Verletzten und Toten. Dennoch gilt die Schwebebahn in der Statistik immer noch als das sicherste Verkehrsmittel Europas.

Die ebenso schwerwiegende Frage der Trinkwasserversorgung, besonders für das auf dem Berge liegende Remscheid, führte zum Bau der Eschbachtalsperre im Bereich der heutigen Autobahnraststätte Remscheid. Sie wurde von 1889 bis 1891 von Pro-

*Die berühmte Schwebebahn in Wuppertal. Sie wurde 1903 in Betrieb genommen und hat seitdem Millionen von Fahrgästen sicher befördert.*

Es folgte noch eine ganze Reihe von Talsperren: 1893 im Panzerbachtal die Lenneper Talsperre, 1897–1899 die Lingesetalsperre, 1898 die Herbringhauser Talsperre bei Barmen und die Saalbachtalsperre bei Ronsdorf, 1900–1902 die Sengbachtalsperre bei Burg, 1908–1809 die Talsperre im Neyetal und viele andere; alle zunächst im Flussgebiet der Wupper. Für den steigenden Wasserbedarf einschließlich der Erzeugung von Strom wurden später noch andere Gewässer des Bergischen Landes gestaut. Es wurden noch erbaut: 1928–1930 die Aggertalsperre, 1950–1953 die Genkeltalsperre, 1954–1958 die Wahnbachtalsperre, 1967–1973 die Talsperre an der Wiehl und zuletzt folgte zwischen 1975 und 1984 die Dhünntalsperre, die größte in Deutschland, mit einer Wasseroberfläche von 440 ha und 81 Millionen Kubikmetern Fassungsvermögen.[206]

fessor Intze mit einer für Deutschland ganz neuartigen, weil gewölbten, Sperrmauer gebaut. Weil das Bergische Land, vereinfacht gesagt, keine Ebene mit einer Reihe von Erhebungen ist, sondern ein Hochland mit zahlreichen Taleinschnitten, lag es nahe, die Täler abzuriegeln und die herabfließenden Gewässer zu stauen.

Die einst so saubere Wupper wurde durch die stinkenden Abwässer der Industrie zur „Sauce für den Teufel" oder zum „Denkmal der Frohn", wie die Elberfelder Dichterin Else Lasker-Schüler in ihrem Drama „Die Wupper" den Fluss bezeichnete.

Deutschland war nach 1871 unter Bismarck und Kaiser Wilhelm I. als geeinte Nation in die Weltgeschichte eingetreten und gehörte nun zu den Großmächten. Seine Industrieproduktion stieg von 1870 (Index 18) bis 1913 (Index 100) auf mehr als das Vierfache. Das war Grund genug für die entstandenen machtpolitischen Gegensätze zwischen Deutschland und England sowie mit Frankreich, die auf Grund der verhängnisvollen Flotten- und Kolonialpolitik des Deutschen Reiches die Kluft noch vertieften. Nach der Ermordung des österreichischen Thronfolgers Erzherzog Franz-Ferdinand von Österreich-Ungarn und seiner Gattin im Jahre 1914 in Sarajevo als äußeres Zeichen entstand auf Grund der Ohnmacht der Diplomatie und der Automatisierung der Bündnisverhältnisse gegenüber der Doppelmonarchie ein Krieg, der einen europäischen Staat nach dem anderen und schließlich die ganze Welt in Brand setzte.

Die deutsche Industrie, auch die bergische, wurde fast ganz von der Rüstungsproduktion vereinnahmt. Erst 1918 nahm der Erste Weltkrieg mit dem Ergebnis eines viele Millionen zählenden Heeres an Toten und Verwundeten ein fürchterliches Ende. Kaiser Wilhelm II. ging nach Holland ins Exil und betrat den deutschen Boden nie mehr. Das Volk setzte mit der Revolution vom 9. November dem Zweiten Deutschen Reich ein Ende. Die Sozialdemokraten stellten mit Friedrich Ebert den ersten Reichspräsidenten der Weimarer Republik. Von Anfang an hatten die Politiker mit großen Schwierigkeiten zu kämpfen. Der von den Alliierten diktierte Versailler Friedensvertrag brachte mit dem Verlust Westpreußens, der Schaffung des „polnischen-Korridors" sowie mit Bildung der Freien Stadt Danzig, mit der Einbuße der Provinz Posen und großer Teile Oberschlesiens, mit der zeitweiligen Besetzung des Rheinlandes, der Abtretung des Saarlandes für 15 Jahre, mit der Forderung radikaler Abrüstung und besonders mit ökonomisch nicht zu realisierenden Reparationsansprüchen der Sieger eine Fülle von Zündstoff für zukünftige politische Verwicklungen, von welcher Seite auch immer sie zu erwarten waren.

Als die geforderten Reparationen nicht fristgerecht geleistet werden konnten, wurde schließlich auch das Ruhrgebiet bis hinein ins Bergische von Franzosen und Belgiern ausgebeutet und auch Düsseldorf, Remscheid und Vohwinkel wurden zeitweilig besetzt. Die Reichsregierung protestierte und rief die Bevölkerung der besetzten Gebiete zum passiven Widerstand auf. Den Behörden war es untersagt, Anordnungen der Besatzungsmächte auszuführen; die Arbeiter der besetzten Gruben und Industrieanlagen stellten die Arbeit ein; kein Eisenbahnzug und kein Schiff nach Frankreich oder Belgien wurde abgefertigt.

Die Besatzungstruppen antworteten damit, dass sie die Betriebe in eigener Regie übernahmen und Beamte, Unternehmer und Arbeiterführer, die sich den Anordnungen widersetzten, verhafteten oder auswiesen. Als der passive Widerstand zusammenbrach, begannen Sabotageakte, Angriffe auf französische Posten, Brückensprengungen und ähnliche Aktionen, die meist durch ehemalige Freikorpsleute ausgeführt wurden. Einer der Widerstandskämpfer hieß Leo Schlageter, der von Elberfeld aus operierte. Er wurde gefasst und von den Franzosen auf der Golzheimer

Albert Leo Schlageter (1894–1923), Beispiel für die enge Verbindung von Terror und Widerstand in der Zeit nach dem Ersten Weltkrieg. 1922 wurde er Mitglied der neu gegründeten NSDAP. Schlageter leitete einen Stoßtrupp für Sabotageakte gegen die Besatzungstruppen. Am 26. Mai wurde er hingerichtet und galt fortan als Märtyrer der Nationalsozialisten.

Heide bei Düsseldorf erschossen. Die Lage im Ruhrgebiet wurde immer unerträglicher. Die Bilanz des Widerstandes war: 132 Tote, elf Todesurteile, eins davon vollstreckt, fünf Verurteilungen zu lebenslänglichem Zuchthaus, zahllose Freiheits- und Geldstrafen, 3,5 Milliarden Goldmark Mindestschaden für die deutsche Volkswirtschaft sowie Hunger und Elend für einen Großteil der Bevölkerung.

Die erforderlichen Geldmengen konnten nur mittels der Notenpressen beschafft werden. Die schon seit Kriegsende grassierende Inflation bekam einen zusätzlichen Schub und die Mark fiel ins Bodenlose. Im Juli 1923 kostete ein Dollar 350 000 Mark, im August viereinhalb Millionen, im September fast 100 Millionen, im Oktober 25 Milliarden und am 15. November bei Einführung der Rentenmark und Ende der Inflation 4,2 Billionen.

Weil der Mittelstand bei der Währungsreform fast sein ganzes Vermögen verloren hatte, konnte eine Besserung der Wirtschaftslage nicht eintreten. Der Staat war zwar auf einen Schlag die meisten Schulden los, die Industrie und die Währungsspekulanten sowie die Besitzer von Sachwerten machten Gewinne, aber die breite Masse, besonders die Arbeiterschaft, blieb nach wie vor im Elend, viele waren arbeitslos. Das war der Boden, auf dem rechts- und linksextremistische Parteien gedeihen konnten; unter ihnen auch die Nationalsozialisten und Kommunisten (Spartakisten). Joseph Goebbels, der spätere Chefpropagandist des Dritten Reiches, der zeitweilig im „roten" Elberfeld Quartier bezogen hatte, schrieb damals in sein Tagebuch: „Elberfeld soll das Mekka des deutschen Sozialismus werden."

Wie überall im Bergischen Land traf sich im Jahre 1921 in Opladen eine kleine Gruppe deutsch-national gesinnter Männer aus den verschiedenen Wehrverbänden, die zwar durch die gemeinsame Überzeugung, „dass es so nicht weitergehen könne" zusammengehalten wurden, aber noch keine klaren politischen Ziele formulierten. Unter dem gewählten „Freiheitsbanner" – der Marinekriegsflagge – fanden im Hotel Moritz regelmäßig Treffen statt.[207]

Die Frühzeit der Wiesdorfer national-völkischen Bewegung gestaltete sich ähnlich. Auch hier sammelte sich seit 1921 um Robert Ley ein Kreis ehemaliger Frontkämpfer, Mitglieder der Wiesdorfer Militärvereine, des Artillerie- und Marinevereins, und vor allem auch Sympathisanten bzw. Mitglieder des Jungdeutschen Ordens und des Deutschen Turnerbundes. Nach Aussage der Tochter eines der Gesprächsteilnehmer darf vor allem der Einfluss der im Zuge der nach 1892 erfolgten Verlagerung bzw. Expansion der Farbenfabriken Bayer AG aus Elberfeld nach Wiesdorf kommenden Protestanten und der aus der völkischen Wandervogelbewegung in Elberfeld stammenden Sympathisanten der national-völkischen Bewegung auf diesen Wiesdorfer Gesprächskreis nicht unterschätzt werden.

Aus der deutsch-völkischen Bewegung kam auch Robert Ley, der spätere Reichsorganisationsleiter und Führer der Deutschen Arbeitsfront, der am 15. Februar 1890 in Niederbreidenbach (= Nümbrecht bei Waldbröl) geboren wurde und am 25. Oktober 1945, während des „Nürnberger Kriegsverbrecherprozesses", seinem Leben selbst ein Ende bereitete. Er startete im Jahre 1923 nach Übertritt in die Partei Hitlers seine Agitationen für den Nationalsozialismus von (Leverkusen)-Wiesdorf aus, wo er 1927/28 als Angestellter der Bayer AG herausgesetzt wurde. Zumindest bis zum Jahre 1927 (als Robert Ley die Stadt verließ) war Leverkusen Mittelpunkt einer strahlenförmigen Bewegung zur Herausbildung der nationalsozialistischen Organisation im Gau Rheinland-Süd. Eine Reihe von Ortsgruppenneubildungen ist auf den Einsatz der Wiesdorfer und Opladener Parteigenossen zurückzuführen, obwohl die Wiesdorfer Ortsgruppe 1927/28 konstant nur 50 Mitglieder und die Opladener Gruppe nur etwa 12 Mitglieder zählten.[208]

In der „Erfolgsliste" der **Parteichronik der Wiesdorfer Ortsgruppe der NSDAP** wird ein Einsatz beschrieben: „Am 13. Dezember 1926 fand im kommunistischen Ehrenfeld (Köln) eine große Kundgebung im Lokale Latten statt. Die kleine Kölner SA wurde immer heftiger von den vielen im Saale vorhandenen Kommunisten bedrängt. Da alarmierte Dr. Ley die Wiesdorfer und Opladener SA, die in Wiesdorf gerade zum Appell angetreten war. Im Eiltempo ging es hin. Und es war höchste Zeit. Die Kommune kochte und jeden Augenblick drohte sie loszuschlagen. Da traf Jupp Reusch mit seinem gefürchteten Rollkommando ein und hieb sofort drein. Das wirkte so erlösend, dass Pg. (= Parteigenossen) Dr. Ley erklärte: ‚Es fällt mir jedes Mal ein Stein vom Herzen, wenn die Wiesdorfer SA erscheint.' Es kam zu einer wüsten Schlägerei, bei der die Pgg. Reusch, Bosbach, Becker, Kreitz und Schreier Verwundungen davontrugen. Innerhalb einer Viertelstunde war jedoch der Saal vom Mob geräumt und die Ruhe wieder hergestellt."[209] Wenn man diese Zeilen liest, erkennt man deutlich, dass damals wie heute neben politischen und anderen Beweggründen auch immer die „Lust an der Gewalt und an der Prügelei" dabei war und ist.

Die „Arbeit" dieser Gruppen wurde begleitet von einer Reihe von Saal- und Straßenschlachten sowie Aufmärschen und Versammlungen. Bei ihren Aktivitäten unterstützten sich die Gruppen in Köln, Wiesdorf und Opladen gegenseitig. Zu Fuß, mit Fahrrädern oder Lastwagen begab man sich zu den jeweiligen „Einsatzorten".

In den Jahren zwischen 1924 und 1929 erholte sich die deutsche Wirtschaft: Produktion, Konsum und Volkseinkommen stiegen. Aber es handelte sich um eine Scheinblüte, denn die Investitionen nahmen nicht zu, die Handelsbilanzen blieben passiv und nur amerikanische Kredite ermöglichten die Reparationszahlungen. Doch waren diese Kredite zu kurzfristig, die Zinssätze zu hoch. Hinzu kam ein spekulatives Finanzgebaren der deutschen Großbanken. Die NSDAP verlor in dieser Zeit sogar beträchtlich Anhänger und konnte 1928 nur als Splitterpartei unter mehr als 27 Parteien bezeichnet werden.

In Düsseldorf wurde schon Ende 1924 eine große Ausstellung geplant, die GESOLEI (Gesundheitspflege, Soziale Fürsorge und Leibesübungen), für die vom Architekten Wilhelm Kreis große Ausstellungsbauten errichtet wurden. Die Dauerbauten der GESOLEI, der Ehrenhof, die Rheinhalle und die Rheinterrasse, stellen auch heute noch eine Bereicherung der Stadt dar. Trotz der Schwierigkeiten in wirtschaftlicher Hinsicht konnte die große Ausstellung, die damals im In- und Ausland auf reges Interesse stieß, am 8. Mai 1926 pünktlich eröffnet werden. Die ganze Stadt stand monatelang im Zeichen der Ausstellung, 400 Kongresse und Tagungen fanden statt. Als die GESOLEI am 17. Oktober ihre Pforten schloss, war sie von 7 534 151 Menschen besucht worden (ohne die 50 000 Dauerkartenbesitzer). Darunter dürften rund drei Millionen auswärtige Besucher gewesen sein. Die allgemeine Bedeutung der Ausstellung beruhte darauf, dass sie nach dem Ersten Weltkrieg und der Besatzungszeit neue und gute Kontakte zur ausländischen Wirtschaft ermöglichte.[210]

In den Jahren 1927/28 war auch im Bergischen Land ein Aufschwung zu erkennen, die Arbeitslosenzahl verringerte sich. Zum Beispiel steigerte die Leverkusener Betriebsstätte der I.G. Farbenindustrie A.G. im Jahre 1928 zum ersten Male seit dem Weltkrieg ihre Arbeitnehmerzahl auf über 10 000.

Als 1927 der Preußische Landtag aus Einsparungsgründen in der Verwaltung ein Notgesetz über die kommunalen Grenzveränderungen im industriellen Westen beschloss, dachte man auch an Elberfeld und Barmen. Die „streitbaren Schwesterstädte", die zwar über die Jahrhunderte gewerblich zusammenarbeiteten, konnten sich nur schwer zu einer kommunalen Einheit „zusammenraufen". Die einen sahen sich als rheinische Frohnaturen, die anderen nannte man westfälische „Brunköppe". Dennoch war es 1930 soweit, als die Stadt den Namen „Wuppertal" erhielt. Auch in Leverkusen konnte eine kommunale „Vernunftehe" zwischen fünf ehemaligen „Dörfern", von denen eins (Wiesdorf) dank der Farbenfabriken Bayer schon seit 1921 Stadt war, nur schwer realisiert werden. Die Nachbarstadt Köln zeigte Interesse an dem hohen Gewerbesteueraufkommen der Industrie in Wiesdorf, „das sowieso bald zu Köln kommen würde", wie damals der Kölner Oberbürgermeister Adenauer gleichermaßen optimistisch wie rhetorisch formulierte. Die meisten Gemeinderatsmitglieder von Schlebusch konnten für einen Anschluss an Köln gewonnen werden. Das brachte aber die Schlebuscher Bevölkerung, von denen ein Drittel schon „bei Bayer" in Wiesdorf arbeitete, auf den Plan. Eine Volksabstimmung vom 12. Mai 1929 erwies, wie schief die Mehrheit der Gemeindeväter lag: Von 3100 Stimmberechtigten gingen 2465 zur Wahl, davon stimmten 2341 für Wiesdorf und nur 102 für Köln bei 22 ungültigen Stimmen. Schwierig war die Namensfindung für das neue Stadtgebilde. Bei den Diskussionen wurde auch „Wuppermünde" in den Raum geworfen. Der Name Leverkusen – das war eigentlich nur die kleine Siedlung neben der Ultramarinfabrik des Dr. Carl Leverkus „auf dem Kahlberg" südlich von Wiesdorf – war mittlerweile in Verbindung mit den Farbenfabriken Bayer in der ganzen Welt bekannt geworden. Außerdem ging es darum, einen „einigenden" Namen zu finden.[211]

## Wirtschaftskrise bereitet Ende der Weimarer Republik vor

Mit dem Kurssturz an der New Yorker Börse am 24. Oktober 1929 begann die Weltwirtschaftskrise. Ursachen waren die durch den Ersten Weltkrieg und seine Folgen bedingten Störungen eines natürlichen wirtschaftlichen Ausgleichs sowie die monetäre Expansion in den USA. Überdies fiel die Weltwirtschaftskrise mit einer schweren Agrarkrise zusammen. Die betroffenen Länder versuchten, die Auswirkungen durch Beschränkungen der wirtschaftlichen Verflechtungen zu mildern (Autarkiebestrebungen, Devisenbewirtschaftung, Lohnmanipulierung, Subventionen u. a.), doch konnte vor allem die Massenarbeitslosigkeit nicht überwunden werden.

Die Sparkasse Leverkusen schrieb 1932: „Im Jahre 1931 führten die Weltdepression und die Zuspitzung der politischen Lage, die sich aus der allgemein anerkannten Untragbarkeit der Tributlasten (Reparationen) ergeben mussten, zu einer Krise des Vertrauens und schließlich zum „Run" der Auslandsgläubiger auf Deutschland. In unserem kapitalarmen Lande mussten Umfang und Plötzlichkeit dieser Geldabzüge zu schweren Erschütterungen am Geld- und Kapitalmarkt führen. Bankenzusammenbrüche, Bankfeiertage, Zahlungssperren, Devisenbewirtschaftung, Börsenschließungen und Kursveröffentlichungsverbote kennzeichneten seit den kritischen Julitagen die Entwicklung, der Reichsbankdiskont stieg bis zu 15 %, der Lombardsatz bis zu 20 %. In sehr starkem Maße wurden auch die Sparkassen von dieser rückläufigen Entwicklung, insbesondere durch die Rückforderungen von Sparguthaben, getroffen. In vielen Fällen mussten die Schalter während der kritischen Tage geschlossen werden ..."[212]

Die Krise traf das Volk hart, und sehr subjektiv gab man unter Verkennung der von außen herangetragenen Umstände, pauschal die Schuld der Regierung, den Parteien und dem Staat. Die radikalisierten Massen strömten der NSDAP zu, soweit sie nicht von KPD und SPD erfasst wurden. Deutsche Kapitalisten und Großgrundbesitzer bekannten sich offen zur Diktatur, wobei sich der größere Teil der Bevölkerung der sogenannten volkskonservativen Bewegung zuwandte, zu der Deutschnationale, Zentrum und DNVP gehörten.

Als die wenig homogene große Koalition unter dem sozialdemokratischen Reichskanzler Hermann Müller am 27. März 1930 an der Frage der Arbeitslosenversicherung gescheitert war, bestand die Weimarer Republik erst elf Jahre. In dieser Zeit hatten sich bereits neun Reichskanzler mit insgesamt 16 Kabinetten nacheinander abgelöst. Der von Reichspräsident Hindenburg berufene Nachfolger Brüning (Zentrum) erließ während seiner auf Deflation und Verständigung mit dem Ausland gerichteten Regierungspolitik in Anwendung des § 48 der Verfassung insgesamt 57 Notverordnungen. Dabei wurden die Reichswehrführung, Interessenvertreter der Industrie und des Großgrundbesitzes, insbesondere der Staatssekretär und Sohn des Reichspräsidenten zu Institutionen, die an Einfluss alles Legale weit in den Schatten stellten.

Ende 1931 war die Demokratie am Ende, der Reichstag wurde bedeutungslos. Brüning stürzte schließlich über die geforderte Aufhebung des SA-Verbots und die Frage der Osthilfe, zu einer Zeit, als sich langsam die Erfolge seiner Politik einstellten. Die folgenden Jahre unter Papen und Schleicher brachten dann die Liquidierung der Weimarer Republik.

Alfred Hugenberg, der früher Kruppdirektor war, dann Herr eines Zeitungskonzerns, einer Nachrichtenagentur und der Ufa, erschloss für Hitler und seine NSDAP den Zugang zum Großkapital. Thyssen z. B. ermöglichte den Bau des „Braunen Hauses", er finanzierte Hermann Göring und arrangierte auch den Vortrag Hitlers vor dem Industrieklub in Düsseldorf am 27. Januar 1932. Unmittelbar danach spendete ein Konsortium der Industrie eine Million Reichsmark und bezahlte Wahlkampfschulden der NSDAP. Am 4. Januar 1933 fand in der Villa Schröder in Köln eine Besprechung mit Politikern und Industriellen statt, und am 30. Januar 1933 berief der alternde Marschall aus dem Ersten Weltkrieg, Paul Hindenburg, auf Drängen seiner Umgebung Adolf Hitler zum Reichskanzler, obwohl er noch kurz vorher gesagt hatte, er würde dem „böhmischen Gefreiten" – er verwechselte den Geburtsort Hitlers in Braunau am Inn mit einem Ort in Tschechien – niemals das Deutsche Reich anvertrauen.

Hitler und seine NSDAP schoben sich in ein Machtvakuum, das sich durch die Zerrissenheit der übrigen Parteien gebildet hatte. Was Goebbels prophezeit hatte: „Wenn wir einmal die Macht haben, geben wir sie nicht mehr ab", bewahrheitete sich leider. Mithilfe des „Ermächtigungsgesetzes", das Hitler durchgesetzt hatte, konnte er mit undemokratischen Mitteln seine Macht brutal festigen und die politischen Gegner ausschalten. Viele von ihnen wanderten in die Gefängnisse und Konzentrationslager, so auch im Bergischen Land.

Das bedrückendste Problem der Vergangenheit, die Arbeitslosigkeit, löste die Regierung durch öffentliche Arbeitsbeschaffungsmaßnahmen, die zum Teil schon vor der Machtübernahme beschlossen, aber nicht durchgeführt worden waren. Die „Reichsautobahn", die bald angekurbelte Aufrüstung sowie der Reichsarbeitsdienst holten die Arbeiter von der Straße. Eine innere Verschuldung des Staates ermöglichte die Finanzierung der ergriffenen Maßnahmen. Der Aufschwung in Industrie und Handwerk, unterstützt durch eine intensive Werbung, stellte sich bald ein und ließ vorerst für die Allgemeinheit einen Erfolg erkennen. Für den Absatz von Barmer Artikeln, Remscheider Werkzeugen, Velberter Schlössern, Mettmanner Bestecken und Lenneper Tüchern setzte sich beispielsweise das Werbeamt der Industrie- und Handelskammer Wuppertal-Remscheid erfolgreich ein.

Hitler konnte schon Ende 1933 den Reichstag auflösen und

verband mit der Neuwahl eine Abstimmung über die Frage, ob
das Volk die Außenpolitik der Reichsregierung, insbesondere
den Austritt aus dem Völkerbund, billige. Das waren aber keine
freien Wahlen mehr. In den Wahllokalen standen zwar noch Kabinen, sie waren aber nur noch Staffage. Wer die Kabinen auf-
suchte, um sein Kreuzchen zu machen, galt schon als Volksfeind
und ging das Risiko ein, registriert zu werden und davon Nach-
teile zu haben. Eine an Nötigung grenzende Wahlpropaganda
hatte suggeriert, dass „aufrechte Deutsche" offen ihr Votum abgeben. So ist zu erklären, dass Wahlergebnisse von über 90 %
Befürwortern der nationalsozialistischen Politik zu verzeichnen
waren.[213]

In Düsseldorf gab es Anhänger des Nationalsozialismus seit etwa
dem Jahre 1926. Nach Polizeiberichten zählte zu damaliger Zeit
die Düsseldorfer Ortsgruppe etwa 350 Mitglieder, darunter
80 bis 90 SA-Männer. Die geschickte Propaganda der Nationalsozialisten verstand es noch jahrelang, die Bevölkerung über ihre wahren Ziele zu täuschen. Auch hier beeindruckte sehr die
Beseitigung der Arbeitslosigkeit. Die Zahl der Erwerbslosen fiel
in Düsseldorf von 65 000 im Jahre 1932 auf 4000 im Jahre 1938,
wobei die Ausweitung der industriellen Produktion durch Rüs-
tungsaufträge eine große Rolle spielte.[214]

Die ehemalige Residenzstadt Düsseldorf hatte sich schon zur
Kaiserzeit zum „Kontor des Ruhrgebietes" aufgeschwungen und
sich als Messestadt bewährt. Große Fabriken, wie die Henkel-
werke, entwickelten sich in den eingemeindeten Vororten. Im
Jahre 1937 fand eine große Ausstellung in Düsseldorf statt, die
die nationalsozialistischen Machthaber offiziell „Reichsausstel-
lung Schaffendes Volk Düsseldorf-Schlageterstadt" benannten.
Sie wurde im Rahmen des „zweiten Vierjahresplans" aufgezogen,
um der Bevölkerung die notwendigen Zwangsmaßnahmen, die
mit dem Aufbau der Wehrmacht zusammenhingen, schmackhaft
zu machen. Weil es im traditionellen Ausstellungsgelände der
Stadt, im Ehrenhof und im Rheinpark, nicht möglich war, die
Ausstellung nach den monströsen Vorstellungen der Machthaber aufzuziehen, verlegte man sie drei Kilometer stromabwärts.
Mit der Besucherzahl von 6 900 000 erreichte sie fast das Format der GESOLEI, in ihrer Ausdehnung übertraf sie alle ihre Vor-
gängerinnen. Als Vorboten des zu erwartenden Krieges konnte
man den viel beachteten Pavillon der Firma Rheinmetall besich-
tigen, wo die blanken, modernen Geschütze der Wehrmacht de-
monstrativ aufgestellt waren.

Auch in Düsseldorf wurden die Juden verfolgt, andersdenkende Politiker ausgeschaltet, „unwertes" Leben getötet, die Vereine „gleichgeschaltet", Luftschutz vorbereitet, das „Winterhilfswerk" ins Leben gerufen, Arbeitsfront und KdF durchgeführt und alle Menschen politisch überwacht. Heute ist schwer zu begreifen, warum so viele Deutsche damals ihre Zustimmung gaben. Der kometenhafte Aufstieg des Nationalsozialismus ist ohne die Nacherinnerung an die Folgen des Ersten Weltkrieges und die krisenreiche politische Nachkriegsgeschichte mit ihren vielen Parteien nicht zu verstehen. 1933 war man zudem noch weit von den mitten in einem mörderischen Krieg entstandenen apokalyptischen Vernichtungslagern entfernt. Die Ziele des Nationalsozialismus waren beim Volk nicht so in den Details bekannt. Hitlers Buch „Mein Kampf", das er nach 1923 während seiner Haft in Landsberg schrieb, war Lesestoff nur für wenige. Nach der „Reichskristallnacht" und den Judenpogromen gab es für viele Deutsche ein böses Erwachen. Aber nun war es zu spät. Die undurchdringbare „Gewaltglocke", die über allem lag, machte eine Umkehrung der Verhältnisse unmöglich. Auch das ist in heutiger Sicht und im Nachhinein für diejenigen, die das nicht aus eigener Anschauung erlebt haben, unverständlich.

Es folgten die Annexionen des Sudetenlandes, der Tschechoslowakei, die „Heimkehr" Österreichs, der Überfall auf Polen, der Zweite Weltkrieg. Auch hier konnten anfänglich Erfolge erzielt werden. Überall hingen Landkarten mit Fähnchen, die nach den mit Fanfaren eingeleiteten „Sondermeldungen" über Siege mit „Erfolgsgefühlen" vorgerückt wurden."[215]

Das bittere Ende begann in Stalingrad, der Bombenkrieg zerfetzte die Städte. Die Neuerscheinung dieses unsinnigen Krieges war, dass er nicht wie im Ersten Weltkrieg nur an den Fronten ausgetragen wurde, sondern die Bevölkerung musste tagtäglich Schreckliches erleiden. Auch Frauen und Kinder starben zu Tausenden und Abertausenden im Hagel der Spreng- und Brandbomben. Nicht wiederzubringende Kulturgüter wurden zerstört,

*Zeitungsanzeige aus Bergisch Gladbach aus dem Jahr 1944*

**Beisetzung von Fliegeropfern**

Am Dienstag, den 17. Oktober 1944, 16 Uhr werden auf dem Ehrenfriedhof in Bergisch Gladbach (Kath. Friedhof) folgende Gefallene beigesetzt:

1. Anna Kierdorf geb. Schmitz, Am Rodenbach 20
2. Anna Schönenborn geb. Kierdorf, Am Rodenbach 20
3. Kath. Dahl geb. Kley, Am Rodenbach 22
4. Duise Dahl geb. Kraus, Am Rodenbach 22
5. Franz Dahl, Am Rodenbach 22
6. Hermann Bosbach, Am Rodenbach 15
7. Hedwig Rausch geb. Fuchs, Am Rodenbach 16
8. Gertrud Fuchs geb. Meurer, Am Rodenbach 16
9. Johann Pütz, Am Rodenbach 16
10. Kath. Schiefer geb. Rath, Hermann-Göring-Straße 33
11. Hildegard Schiefer, Hermann-Göring-Straße 33
12. Gertrud Schiefer, Hermann-Göring-Straße 33
13. Karl Schiefer, Hermann-Göring-Straße 33

Bergisch Gladbach, den 16. Oktober 1944.

Der Ortsgruppenleiter:          Der Bürgermeister:
Welden                          Dr. Kappes

*Nicht nur Großstädte, sondern auch kleinere Ortschaften im Bergischen wurden im Zweiten Weltkrieg in Mitleidenschaft gezogen: das zerstörte Engelskirchen.*

die Apokalypse – von wahnsinnigen Machthabern inszeniert – war über das ganze deutsche Volk gekommen und hatte ein nicht zu beschreibendes Chaos hinterlassen.

Nicht umsonst leitete Jörg Friedrich in seinem ungewöhnlichen Werk „Der Brand. Deutschland im Bombenkrieg 1940–1945" sein Werk mit der Bombardierung Wuppertals als Modellbeispiel für die absurde Pseudologik des alliierten strategischen Flächenbombardements gegenüber der Zivilbevölkerung ein.[216] Die bergischen Städte wurden auf Grund ihrer zentrierten Bauweise in den Altstädten, den leicht brennbaren Fachwerkhäusern, den engen Gassen ein allzu leichtes Opfer für Brandbomben und Luftminen der Bomber. Der Angriff auf Wuppertal im Mai 1943 galt in England als der bis dato größte Angriffserfolg. So waren die Zeilen der Times programmatisch für das, was ganz Deutschland in den Jahren bis zur Kapitulation blühen sollte: „Keine Industriestadt in Deutschland ist zuvor so vollständig von der Landkarte ausradiert worden." Die Bomben der rund 500 Flugzeuge hatten 3400 Menschen getötet und im engen Talkessel 80 % der Gebäude zerstört. Die späteren Angriffe auf Solingen, Remscheid und Leverkusen hatten ähnliche Ausmaße.

In Solingen waren es am 4. und 5. November 1944 zwar nur 176 Maschinen, die am Tage ihre Bombenlast abwerfen, aber mit tödlicher und beabsichtigter Präzision, die im Solinger Stadtzentrum einen Brandsturm von 2,5 km² entfacht, in dem 1882 Zivilisten ums Leben kamen. Das historische Stadtzentrum wurde daraufhin von den Bewohnern verlassen. In all jenen Städten Deutschlands wurden mit wenigen Ausnahmen die Altstädte, die sich besonders für die Flächenbrände eigneten, dem Erdboden gleichgemacht. Die Bevölkerung erlitt unermessliche Verluste, doch Friedrichs Buch macht deutlich, dass es durch den Krieg auch zu einem kulturellen Verlust der Stadtlandschaften kam. Was damals noch erhalten geblieben war, beseitigten dann die kurzsichtigen Baumaßnahmen in den nachfolgenden Jahrzehnten.

Als die Alliierten 1944/45 in Deutschland vorrückten, wurden sie vom größten Teil der Bevölkerung als Befreier angesehen. Nur die Gewalt der Mächtigen von außen konnte die nationalsozialistische Diktatur im Inland brechen. Das war für viele eine bittere Erfahrung.

## Das Bergische Land wird ein Teil von Nordrhein-Westfalen

Der viel zitierte Bienenfleiß der deutschen Arbeiter, das umsichtige Unternehmertum und Investitionen des Auslands schafften in wenigen Jahren, was viele Deutsche angesichts der gewaltigen Zerstörungen des Krieges nicht mehr für möglich gehalten hatten. Diesmal machten die Sieger nicht mehr den Fehler des Ersten Weltkrieges, als sie Deutschland mit unerfüllbaren Reparationen lähmten, sondern es wurden Milliarden sogenannter „Marschallplan-Gelder" hineingepumpt, die gut angelegt wurden, um z. B. die alten, manchmal auch demontierten Industrieanlagen durch die modernsten der Welt zu ersetzen.

Vorher musste aber noch eine „Durststrecke", mehr noch eine „Hungerstrecke", durchgestanden werden. Wieder gab es eine grassierende Geldentwertung; aber die einfallsreichen Deutschen bauten eine Scheinwährung auf, die auf amerikanischen Zigaretten und ähnlichen Gütern basierte. An diesem Tauschhandel, den man im Volksmund „Maggeln" oder „Hamstern" nannte, beteiligte sich vor der Währungsreform die ganze Nation. Die Trümmer wurden aufgeräumt, jedes verwendbare Baumaterial daraus hervorgeholt, wobei sich die Frauen als sogenannte „Trümmerfrauen", deren Männer erst nach und nach aus der Kriegsgefangenschaft heimkehrten, in hervorragender Weise bewährten und einsetzten.[217] Von Radikalen hatten die Deutschen erst einmal „die Nase voll" und wählten demokratische Parteien. Die Kirchen füllten sich wieder mit betenden Menschen, die sich auf die zwei Jahrtausende alte christliche Kultur besannen.

Aus der Provinz „Nordrhein" (Rheinprovinz ohne den südlichen Teil), der Provinz Westfalen und dem früheren Land Lippe schufen die Besatzungsbehörden am 17. Juli 1946 den neuen Staat Nordrhein-Westfalen und machten Düsseldorf zu dessen Hauptstadt. Die Bedeutung der Stadt als Verwaltungszentrum des Ruhrgebietes und Sitz des wieder gegründeten Deutschen Gewerkschaftsbundes mag bei dieser Wahl durch die Siegermächte eine größere Rolle gespielt haben als die Tradition, Hauptstadt des ehemaligen Herzogtums Berg gewesen zu sein – auch wenn diese Rolle im heutigen Selbstverständnis der Düsseldorfer keine Rolle mehr zu spielen scheint. Heute orientiert sich die Stadt mehr zum Niederrhein als zum Bergischen Land.

Das sogenannte „Wirtschaftswunder" machte Deutschland zu einer der führenden Industrienationen der Welt und führte zu allgemeinem Wohlstand mit Vollbeschäftigung, es wurde sogar notwendig, Arbeitskräfte im Ausland anzuwerben.

In der Nachkriegszeit entwickelte sich das Bergische Land immer mehr zu einem Naherholungsgebiet für die Menschen aus den Großstädten. Dabei fällt auf, dass gerade Ziele wie der Altenberger Dom, Schloss Burg u. a., wo Landesgeschichte sozusagen „zum Anfassen" geboten wird, besonders gerne aufgesucht werden. Die Begegnung mit der Vergangenheit in landschaftlich schöner Lage gehört für viele zur sonn- und feiertäglichen Freizeitbeschäftigung. Inzwischen durchzieht die landschaftlich reizvolle Gegend ein dichtmaschiges Netz aus bezeichneten Wanderwegen

Die alten Industriestandorte des Bergischen Landes befinden sich seit den späten 80er-Jahren in einem tief greifenden Umstrukturierungsprozess, der sich im stahlverarbeitenden Bereich einerseits durch die billigere Konkurrenz aus dem fernen Osten bemerkbar macht, andererseits durch die Einsparungen der Automobilkonzerne, die die hier traditionell ansässigen Zuliefererindustrie schwer in Mitleidenschaft ziehen. Zahlreiche Firmeninsolvenzen und ein dramatischer Anstieg der Arbeitslosen-

*Das Bergische Land ist eine Kulturlandschaft, deren Gesicht im Laufe des 20. Jahrhunderts an manchen Stellen zwar entstellt wurde, deren Charakter aber nach wie vor gut sichtbar ist.*

zahlen waren die Folge. Viele Traditionsunternehmen verschliefen entweder die Entwicklung oder wurden auf Grund fehlender Finanzmittel von ausländischen Investoren aufgekauft, dann im günstigsten Fall umstrukturiert, oft aber auch einfach zerschlagen, um so zusätzliches Kapital zu gewinnen. Die ersten Opfer waren immer die Arbeitnehmer, doch auch den Städten drohen durch die zusätzlichen Lasten im Sozialhaushalt auf Jahrzehnte unvermeidbare Neuverschuldungen, so dass an eine notwendige Modernisierung der Infrastruktur wenn überhaupt nur mit Landesmitteln zu denken ist. Vielerorts sind auch die Kommunen engagiert und versuchen vielfach erfolgreich, neue Dienstleistungs- oder Industriezentren anzusiedeln. Projekte wie die Regionale 2006, in denen die Kommunen miteinander kooperieren, lassen gute Ansätze erkennen. Das Bergische Land wird als spannender Lebensraum präsentiert, der – nicht zuletzt durch die gemeinsame Geschichte – eine deutliche Identität erkennen lässt.

Der Fotopionier **Vinzenz Feckter** (1847–1916) aus Paffrath, heute Bergisch Gladbach, ist ein Beispiel dafür wie ein Autodidakt zum Amateurfotografen wurde und dessen Aufnahmen heute als Bildquellen geschätzt sind.

Wie sein Vater unterrichtete entgegen seinen eigenen Absichten – Vinzenz hatte Musiker werden wollen – nach seiner Ausbildung zum Elementarschullehrer bis 1882 an den Schulen in Zündorf, Flittard und Schlebusch. Ein Gehörleiden zwang ihn jedoch den Beruf aufzugeben. Aufgrund seiner Taubheit von seinen Nachbarn als Sonderling betrachtet, lebte bei seinen beiden unverheirateten Schwestern. Seinen Unterhalt bestritt er mit Fotografien, die er dank einer vom örtlichen Schreinermeister angefertigten Plattenkamera anfertigte.

Schon in den 1950er-Jahren veröffentlichte man diverse Aufnahmen aus dem Nachlass in der Bergischen Landeszeitung, doch erst 20 Jahre später erarbeitete ein Angestellter des Amtes für Rheinische Landeskunde eine systematische Erschließung des Bestandes, der ebenfalls die besagte Plattenkamera enthält.*

Dabei beschränken sich seine Werke nicht auf die herkömmliche Porträtfotografie, da Feckter, wie beispielsweise bei einem ausdrucksstarkem Gruppenporträt von Anstreichern absichtlich betonte, dass die Gesellen nicht ihren „Sonntagsanzug" trugen. So geben sie bis heute mit fleckiger Hose, Kittel und Pinsel ein lebendiges Abbild der Realität – auch wenn sich einer der Gesellen auf einen Stuhl stellen musste, um die Dreieckskomposition zu verstärken. Ähnliche Bilder der Belegschaft einer Metzgerei oder der Maschinisten des Bergwerks Weidenbusch demonstrieren zumindest in der Bildaussage den „Berufsstolz" der Dargestellten.

Außerdem dokumentierte Feckter offensichtlich bewusst Veränderungen, indem er das gleiche Motiv wie z.B. die Kirche St. Clemens in Paffrath im Laufe der Jahre als Chronist immer wieder auf seinen Glasplatten festhielt oder aber um 1898 die Sturmverwüstung auf den Mutzer Hof bei Bergisch Gladbach fotografierte.

„Der besondere Wert der Aufnahmen von Vinzenz Feckter liegt darin, dass er systematisch und über viele Jahre hinweg fotografiert hat und dass heute noch ein geschlossener Nachlass erhalten ist. Deshalb können sich seine Bilder heute oft gegenseitig erklären und erläutern. Was auf dem einen Bild als Detail zu sehen ist, erscheint auf einem anderen Foto in größerem Zusammenhang und ermöglicht dadurch eine räumliche Zuordnung."

* Albert Eßer/Wolfgang Vomm: Gerichtete Blicke. Bergisch Gladbach in alten Fotografien von Vinzenz Feckter, (= Beiträge zur Geschichte der Stadt Bergisch Gladbach, Bd. 7) Bergisch Gladbach 1999, 93 S., 52 Bildseiten, u. Klaus Freckmann: Der fotografische Nachlass des Vinzenz Feckter; in: Rheinisch-Bergischer-Kalender 49, 1979, S. 136–143. *(Die nebenstehenden Fotografien entstammen dem ersten Titel, S. 67 u. 91.)*

*Fotografien von Vinzenz Feckter:*

*Oben: St. Clemens in Paffrath*

*Unten: Gruppenportrait von Anstreichern in Arbeitskleidung*

# Anmerkungen

\* Hier sind besonders zu nennen:
Kraus 1980; Bockemühl 1987;
Milz 1977. Damit zusammenhängend sind auch die Hypothesen von Dr. Jürgen Stohlmann zu beachten, der in
jüngerer Zeit in Vorträgen die
Möglichkeit aufzeigte, dass die
Grafen von Berg im Zuge einer
Grafenverpflanzung von Thüringen ins Rheinland gekommen sein könnten.

1 Das kann möglich sein, denn
zur Zeit der Normannendurchzüge wurde Köln im Jahre 881
von ihnen zerstört.

2 So meldet etwa im Jahre 1642
das Hofgerichtsprotokoll des
Wiesdorfer Fronhofs: „Die Leut
seindt mehrenteilß alle von
Hauß und Hoff verlauffen ..."
Zit. n. Gruß 1991: 92

3 Laut Dekret vom 13.4.1702 hatten die Odenthaler binnen 48
Stunden 158 Palisaden und dieselbe Anzahl Sturmpfähle zu liefern. Ein Jahr später wurde den
Odenthalern nochmals befohlen, für die Landesverteidigung
200 Faschinen und 6000 Pfähle zu liefern. (In: Müller 1976)

4 Bemerkenswert ist der Siegelzeuge Engelbert, hier Truchsess von Mielenforst genannt,
der mit dem Wappen der Moir
von Morsbroich siegelt.

5 AUB I: Nr. 255, 561, 840

6 Gruß 1991: 50

7 AUB I: Nr. 492

8 „de Pomerio" ist eine Latinisierung des Namens „von dem
Bongard" (= von dem Bungert –

so heißen im Bergischen die
mit Obst bestandenen Wiesen
hinter dem Haus).

9 AUB I: Nr. 282
10 Müller 1976: 171, 182, 224
11 Fahne Band I: 91
12 AUB I: Anm. zur Urkunde
Nr. 642
13 AUB I: Nr. 745
14 AUB I: Nr. 747
15 Niederau 1957/58: Sp. 326
16 AUB II: Nr. 14
17 AUB II: Nr. 48
18 AUB II: Nr. 126
19 Heinrichs 1890: 162
20 AUB I: Nr. 481
21 AUB I: Nr. 507
22 AUB I: Nr. 476
23 Janssen 1973: 113
24 Janssen 1973: 105
25 Kölner Königschronik: 29
26 Chronicon IV 27: 144/145
27 AUB I: Nr. 314
28 Ebd.: Fußnote 2
29 AUB I: Nr. 479
30 AUB I: Nr. 1010 (Nachtrag)
31 AUB II: 304
32 Untermann 1984
33 Bornheim 1961/1963: 47
34 Kölner Königschronik: 53;
Gruß 1991: 53
35 Lück 1977: 1 ff.
36 Vom Kaiser verliehene Reichsrechte (Regalien) als Herrschaftsgrundlage lassen sich
für die Berger erschließen.
Königsbann, Forstregal und
Geleitsregal sind mit an Sicherheit grenzender Wahrscheinlichkeit schon früh vorhanden
gewesen. Siehe hierzu: Bockemühl 1987 b: 46 ff.

37 Kraus 1980

38 Bockemühl 1987: 30, 31, 35, 91

39 AUB I: Nr. 80. Das Objekt wird als gemeinsames Erbe mit Erzbischof Engelbert bezeichnet, der seine Einwilligung zum Kauf gab. Im Jahre 1227 verzichten Herzog Heinrich von Limburg und seine Gemahlin Irmgard auf den Zurückkauf (AUB I: Nr. 98). Nach Gerd Müller ist die Grundherrschaft Merheim in direkter Linie vererbt worden von einem aus dem Maasgau stammenden Graf Giselbert I. (855–877) auf seinen Sohn Graf Reginhar I., weiter auf dessen Nachkommen Graf Megingoz und Ehefrau Gerberga. Ein Graf Heribert soll dann die Tochter Irmintrud der Letztgenannten geehelicht haben, deren Sohn Graf Otto von seinen Großeltern mütterlicherseits die Grundherrschaft Merheim erbte. Als Ottos Onkel nennt er einen Grafen Adolf. Müller 1976: 19 ff.

40 Janssen 1973: 105

41 Bockemühl 1987: 17 ff.

42 Im Gegensatz zu der Vita Heriberti (739 ff.) des Lantbert, in der der Graf Hermann die Kölner Gesandtschaft anführt, lässt Rupert von Deutz (1120–1129) in seiner Vita Heriberti die „principes terre maximi", die geistlichen Würdenträger, begleiten – ein Beispiel für die auch sonst beobachteten willkürlichen Abänderungen von historischen Tatsachen durch Abt Rupert aus der Quelle Lantberts.

43 Bockemühl 1987: 30 ff.

44 Müller 1977: 202

45 Bockemühl 1987: 86 ff.

46 Untermann 1984

47 Siehe hierzu Bockemühl 1987: 4, 79 f., 89, 90; Bockemühl 1970: 32 f.

48 Vita Heriberti: 745 ff.

49 Ebd.: mehrfach erwähnt, bes: 37, 58, 66, 157

50 Ebd.: 122

51 Ebd.: 12, 42, 64 ff., 202

52 Thomas R. Kraus schreibt dazu: „Die gemeinsame Verleihung des Patronats im Jahre 1218 durch Graf Adolf III. von Berg und seinen Bruder, Erzbischof Engelbert von Köln, wie auch das Kirchenpatronat selbst lassen in Rommerskirchen bergische Allode vermuten. Für die Zeit um 1250 ist Allod zu Longerich überliefert." Kraus vermutet Verwandtschaft zu den Hochstaden-Wickrath und Saffenberg-Nörvenich. „Die Vogtei über das Kloster Siegburg ging von Gerlach von Wickrath auf Adalbert von Nörvenich und schließlich auf Adolf II. von Berg über ... Vieles spricht also für eine enge verwandtschaftliche Beziehung zwischen den genannten Geschlechtern. Die ältesten Berger wird man demnach nicht für gebürtige Westfalen, sondern für Rheinfranken halten müssen."

53 Brauweiler Klosterchronik: 156; Gruß 1984: 23, 102 f.

54 AUB I: Nr. 5, wiederholt Nr. 6: *„Hereditatem Berge ab illustri viro comite Adulfo Coloniensi ecclesie ad fundandam et statuendam ibi religionem pro sua devotione collatam cum decimis zerre fundo monasterii contigue, cum decimis etiam curtis vieine, que dicitur Bullengesberch,*

*utrisque a iure Heinrici de Udenda-*
*re cum suorum heredum consensu*
*pro quinque solidorum recompen-*
*satione emancipatis, quos annua-*
*tim persolvit quedam terra, que*
*vocatur Stega."*

55 Lück 1977
56 Manfred Groten: „Die ältesten
Grafen von Berg, Gründer des
Klosters Altenberg", in: Untermann 1984: 13
57 Grundmann 1966
58 Grundmann 1966: 409
59 Bockemühl 1987: 102
60 Lac. I: Nr. 375
61 Bockemühl 1987: 52
62 Bogen und Armbrüste waren
außerordentlich wirksame Waffen, die von den „edlen" Rittern
als „hinterlistig" abgetan, selten
selbst geführt wurden. Man bediente sich deshalb niederer
Kriegsknechte, die in dieser
Waffentechnik sehr geübt und
geschickt waren.
63 Kölner Königschronik: 53
64 Siehe hierzu: „Die ottonische
Kaiserpfalz im Kastell Deutz",
in: Gruß 1991
65 Kölner Königschronik: 221
66 Bockemühl 1987: 5
67 Ebd.: 74
68 Ebd.: 48 Fn. 7
69 Bockemühl 1970: 17
70 Fuchs 1990: 1136
71 AUB I: Nr. 1
72 AUB I: Nr. 2
73 Nennungen der „de monticulo"
in den Kölner Schreinslisten
nach Hoeniger:
1135/58 Adolf (Milzo) und
Frau Lucia (1147/48 Altenberg
tauscht *duas domos in Colonia i*
*vico qui dicitur Bugchel*, AUB I: Nr.3
1163/69 Adolf und Frau Regen-
burgi (Mitgift), Sohn und

Schwiegertochter des Vorgenannten
1170/78 Adolf und Bruder
Heinrich und Schwester
Winlieva (Verkauf)
1172/80 Adolf und Sohn
„Adolfi de monticulo" (Kauf)
1172/80 Adolf, Heinrich und
Winlieva (Verkauf)
1172/80 Gerlacus de buchele
und Frau Alwiza kaufen ein
Haus „in monticulo"
(1176 Wernerus de monticulo
und Frau Gertrud treten ins
Stift St. Ursula ein, Zeuge Heinrich de monticulo, Ennen ...)
1178/80 Adalberto de monticulo
(Verkauf)
1178/83 Adolf, Heinrich und
Winlievi (Verkauf)
1178/83 Adolf (Frau Gertrud)
erwirbt den dritten Teil
eines Hauses von Bruder
Heinrich
1178/79 Gerlaco de buchele und
Frau Alwiza kaufen Haus und
Hofplatz in der Martinspfarre
bei der Münze
1180/85 Heinrich und Frau
Hildegund verkaufen die Hälfte
eines Hauses *„que est in bugele"*
1180/85 Adolfus in monticulo
kauft den Teil eines Hauses von
Abt Carsilius des Konvents *de*
*Monte* mit Zustimmung des
Vogtes (AUB I: 18)
1180/85 Henrico in monticulo
und seine Miterben verkaufen
ein Haus mit Mühle
an Brüder und Kanoniker von
St. Kunibert
1180/85 Adolfus de monticulo
kauft Haus und Land von der
Kirche und den Brüdern von
St. Martin
1180/85 Verkauf eines Hauses

gegenüber Rudolfum de
monticulo
1180/85 Rudolf in monticulo
und Frau Heilewigis verkaufen
Haus und Grundstück
1180/85 Adolfus decanus de
Burge et Wendelmodis et
filii sui, Simon, Wilhelmus,
Gerlacus kaufen ein Haus
mit Hofplatz
1180/85 Henricus de monticulo
überträgt seinem Sohn Henrico
Land, welches Bruno de Dalin
als Bürgschaft besaß
1183/92 Adolf und Frau Agnes
kaufen Haus und Hof von Gottschalk und Frau Elene sowie
des Bruders Alexander
1183/92 Adolfus in monticulo
und Frau Agnes kaufen ein bei
ihrem Hause gelegenes Haus
von Bruno
1193/92 Adolfi in monticuli
und Frau Agnetis verkaufen
ein Haus
1183/92 Domina Gertrudis de
monticulo überträgt ihrer Tochter Mechthild und ihrem Ehe-
mann Gottfried von Hardevust
Haus und Hof
1183/92 Adolfi decani de Burge
et advocati sui verkaufen Haus
und Land an Wichmann und
Guderade
1183/92 derselbe Adolf und
sein Vogt verkaufen noch ein
Haus an Wichmann und
Guderade
1183/92 Verkauf eines Hauses
*sitam in monticulo*
1188/1203 Henricus de monticulo und seine Tochter Beatrix
sowie ihr Mann Nikolaus treffen eine Erbschaftsregelung
1207/1212 Agnes und Sohn
Adolf sowie dessen Bruder ver-

kaufen die Hälfte eines Hauses
*sitam in monticulo*
1209/1215 Adolf und Gertrud
erhalten ein Erbe, auf das
Heinrich, Eberhard und Beatrix
verzichten
1209/1215 Haus gegenüber
Adolf und Gertrud

74 Siehe auch: Gruß 1984: 70 ff.,
114
75 Landkreis Kitzingen 1986: 56,
166 f.
Auch auf oder bei der „Doktorsburg" in Wiesdorf erscheinen
die Buchele, monticulo. Im
Jahre 1255 werden folgende
Schöffen des Wiesdorfer Ge-
richtes genannt: Gottfried von
Büchel, Johannes et Adolphus
de Buchele, Johannes filius
Johannis de Buchele. 1277 werden als Geschworene des Ge-
richts u. a. genannt: Gerlacus
Albertus de Buggele und Nico-
laus de Buggele. 1333 Martinus
de Monticulo u. Gobel Zorn
van dem Buchele, 1335 Vlecke
van dem Buchel (siehe Gruß
1984: 70 ff., 102 ff.).
76 AUB I: Nr. 12
77 Siehe Gruß 1984: 70, 108
78 AUB I: Nr. 4
79 Siehe Gruß 1984: 102 f., 110
80 Knipping 1909: Nr. 896
81 AUB I: Nr. 203
82 AUB I: Nr. 55
83 AUB I: Nr. 642, Fn.
84 Mosler 1959: 15
85 Ebd.: 16
86 Korth 1884 od. 1885: Nr. 10
87 Kremer III: 53
88 AUB I: Nr. 62
89 Korth 1884 od. 1885:
Nr. 8–10
90 Lac. I: Nr. 401
91 Schäfer 1907

92 Ennen und Eckertz Quellen I:
   Nr. 65
93 Kremer III: 232
94 Schönneshöfer 1908: 81
95 Oswald 1925: 32 ff.
96 Kraus 1981: 80 Fn. 72
97 Niederau 1957/58: Heft 1, 26 ff.
   und 90 ff.
98 Kraus 1981: 90 f.
99 Ebd.: 89 f.
100 Ebd.: 84
101 Kremer III: 62. Über Wambach
   siehe Gruß 1984: 290; sowie
   Gruß 1990: 16
102 Ebd.: 45
103 Lac. I: Nr. 560
104 Lac. I: Nr. 564
105 Fuchs 1990: 178
106 Ebd.: 180
107 Siehe Gruß 1984: 24 ff.
108 Kraus 1981: 100
109 Ebd.: 103
110 Ebd.: 104 f.
111 Ebd.: 106 f.
112 Ebd.: 108 f.
113 Ebd.: 108 f.
114 AUB I: Nr. 61 u. 62
115 Ebd.: Nr. 77
116 Ebd.: Nr. 79
117 Lac. II: Nr. 71
118 AUB I: Nr. 80
119 Lac. II: Nr. 66
120 Lac. II: Nr. 72
121 Siehe Gruß 1984: 165
122 Lac. II: Nr. 87
123 Lac. II: Nr. 112
124 Lac. II: Nr. 172
125 Ennen und Eckertz Quellen III:
   Nr. 77
126 Siehe Gruß 1984: 165
127 Knipping 1901: Nr. 254
128 Lac. I: Nr. 448
129 Siehe Gruß 1984: 163
130 Knipping 1909: Nr. 896
131 Siehe Gruß 1984: 46 u., 163 ff.
132 Ebd.: 39

133 Lac. II: Nr. 290
134 AUB I: Nr. 479
135 Siehe auch Gruß 1991: 156 ff.
136 Schönneshöfer 1908: 107
137 Ebd.: 109
138 Ebd.: 109
139 Schönneshöfer 1908: 110 f.
140 AUB I: Nr. 224
141 Schönneshöfer 1908: 113
142 Ebd.: 131 ff.
143 Ebd.: 134 ff.
144 Ebd.: 138 ff.
145 Ebd.: 143 ff.
146 Ebd.: 149 ff.
147 Ebd.: 151 f.
148 Ebd.: 153 f.
149 Ebd.: 154 f
150 Ebd.: 162 ff.
151 Ebd.: 165 ff.
152 Ebd.: 171 ff.
153 Ebd.: 176 ff.
154 Ebd.: 192 f.
155 Ebd.: 196 ff.
156 Ebd.: 198 ff.
157 Ebd.: 239 f.; Fuchs 1991: 66 ff.
158 Fuchs 1991: 68
159 Schönneshöfer 1908: 244–255;
   siehe auch Gruß u. a. 1986: 60
160 Schönneshöfer 1908: 256 ff.
161 Ebd.: 261 ff.
162 Ebd.: 271 ff.
163 Ebd.: 276 f.; Fuchs 1991: 74
164 Schönneshöfer 1908: 277 f.
165 Ebd.: 282 f.
166 Ebd.: 283 ff.
167 Ebd.: 285 ff.; Fuchs 1991: 77
168 Laute 1988: 39
169 Schönneshöfer 1908: 302 ff.
170 Ebd.: 304 f.
171 Ebd.: 312 f.
172 Siehe hierzu Jux 1964: 108 f.
173 Aus: Schmidt-de Bruyn 1985: 20
174 Schönneshöfer 1908: 344 f.
175 Schmidt-de Bruyn 1985: 84
176 Müller 1976: 123; auch: Gruß
   u. a. 1986: 57

177  Gruß u. a. 1986: 157
178  Schönneshöfer 1908: 412 f.
179  Ebd.: 433 f.
180  André 1912: 116
181  Schönneshöfer 1908: 437 f.
182  Schönneshöfer 1908: 446 f.
183  Luchtenberg 1965: 122 f.
184  Ebd.: 146
185  Weidenhaupt 1983: 88
186  Ebd.: 91
187  Luchtenberg 1965: 146
188  Schönneshöfer 1908: 461 f.
189  Laute 1988: 54
190  Schönneshöfer 1908: 464
191  Ebd.: 466 f.
192  Weidenhaupt 1983: 92
193  Luchtenberg 1965: 152
194  Schönneshöfer 1908: 471
195  Laute 1988: 55
196  Luchtenberg 1965: 154
197  Ebd.: 93 ff.

198  Schmidt-de Bruyn 1985: 97
199  Schönneshöfer 1908: 4
200  Siehe Seite 263
201  Beck 1992: 110
202  Schmidt-de Bruyn 1985: 98
203  Gruß 1984: 230 ff.
204  Ebd.: 233 ff.
205  Schmidt-de Bruyn 1985: 112
206  Hensel und Squentz
       1988: 54
207  Wolff 1988: 31
208  Ebd.: 33 ff.
209  Gruß 1987: 59
210  Weidenhaupt 1983: 157
211  Gruß 1984: 283 ff.
212  Gruß 1987: 50
213  Ebd.: 83 f.
214  Weidenhaupt 1983: 165 ff.
215  Gruß 1987: 129 ff.
216  Friedrich 2004
217  Gruß 1987: 166 f.

## Bildnachweis

Die Abbildungen sind mit freundlicher Genehmigung des Autors dem Original-band (Franz Gruß, Geschichte des Bergischen Landes, Leverkusen 1994) ent-nommen, außer 47, 58, 64, 89, 101, 104, 105, 114, 150, 209: Cordula Wehrmeyer, Witten; 313, 314: aus Werner Pütz, Krieg und Nationalsozialismus im Bergischen Land, Overath 2005; 68 Bernd Fischer, Das Bergische Land, Köln 1979. Die Rechte der Abbildungen auf folgenden Seiten liegen beim Bücken & Sulzer Verlag oder konnten nicht ermittelt werden: 66, 68, 72, 83, 110, 118, 146, 171, 174, 179, 181, 186, 190, 199, 202, 206, 213, 296, 299, 305.

# Verwendete Literatur

André 1912
André, Jakob: „Beiträge zur Geschichte der Gemeinden Wiesdorf und Bürrig", Wiesdorf 1912

AUB I
Mosler, Hans (Bearb.): „Urkundenbuch der Abtei Altenberg", Bd. 1, Bonn 1912 (= Urkundenbücher der geistlichen Stiftungen des Niederrheins 3.I)

AUB II
Mosler, Hans (Bearb.): „Urkundenbuch der Abtei Altenberg", Bd. 2 (1138–1400), Düsseldorf 1955 (= Urkundenbücher der geistlichen Stiftungen des Niederrheins 3.II)

Beck 1992
Beck, Georg: „Museumshandbuch Bergisches Land", Essen 1992

Beeck 1996
Karl-Hermann Beeck (Hg.), Bergische Unternehmergestalten im Umbruch zur Moderne, Neustadt/Aisch 1996

Bockemühl 1970
Bockemühl, Justus: „Zwei Altenberger Grabsteine", hg. v. Altenberger Domverein 1970

Bockemühl 1987
Bockemühl, Justus: „Adelsüberlieferung und Herrschaftsstrukturen. Gedanken zur Geschichte des Bergischen Landes im 11. Jahrhundert". Aus dem Nachlass für den Druck bearb. v. P. A. Heuser, Remscheid 1987

Bockemühl 1987 b
Bockemühl, Justus: „Adelsüberlieferung und Herrschaftsstrukturen, Remscheid 1987

Bornheim 1961/1963
Bornheim, W., genannt Schilling: „Rheinische Höhenburgen", Rheinischer Verein für Denkmalpflege und Heimatschutz, Jahrbuch 1961/1963

Brauweiler Klosterchronik
Brauweiler Klosterchronik (Chronicon Brunwylrense), in: „Fontes Rerum Rhenan", 2. Theil, Köln 1870; AHVNrh., Bd. 17

Chronicon IV 27, „Ausgewählte Quellen zur deutschen Geschichte des Mittelalters", Freiherr-von-Stein-Gedächtnisausgabe IX, Darmstadt 1966

Dietz/Ploennies 1996
Burkhard Dietz, Erich Philipp Ploennies (1672–1751). Leben und Werk eines mathematischen Praktikers der Frühaufklärung Neustadt/Aisch 1996

Ehrenpreis/Herdepe 2002
Der Dreißigjährige Krieg im Herzogtum Berg und in seinen Nachbarregionen. Unter Mitarbeit von Klaus Herdepe herausgegeben von Stefan Ehrenpreis, Neustadt/Aisch 2002

Ennen u. Eckertz
Ennen, L. und Gottfried Eckertz: „Quellen zur Geschichte der Stadt Köln",
3 Bde., Köln 1860 ff.

Friedrich 2004
Friedrich, Jörg: „Der Brand: Deutschland im Bombenkrieg 1940–1945,
Berlin 2004

Fuchs 1990
Fuchs, Peter (Hrsg.): „Chronik zur Geschichte der Stadt Köln", Bd. 1:
„Von den Anfängen bis 1400", Köln 1990

Fuchs 1991
Fuchs, Peter (Hrsg.): „Chronik zur Geschichte der Stadt Köln", Bd.2: „Von
1400 bis zur Gegenwart", Köln 1991

Geurts 2000
Gerhard Geurts, Karren, Kessel und Granaten. Geschichte der Metallindustrie in Bergisch Gladbach, Bergisch Gladbach 2000

Grundmann 1966
Grundmann, Herbert: „Der Brand von Deutz 1128 in der Darstellung Abt
Ruperts von Deutz", in: Deutsches Archiv 22 (1966), S. 385 ff.

Gruß u. a. 1986
Gruß, Franz, Peter Berger, Wilhelm Gladbach u. a.: „Erzählungen, Berichte, Anekdoten – Leverkusen", Leverkusen 1986

Gruß 1984
Gruß, Franz: „Höfe, Rittersitze, Kirchspiele – Leverkusen. Beiträge zur
Stadtgeschichte", Leverkusen 1984

Gruß 1987
Gruß, Franz: „Geschichte und Porträt der Stadt Leverkusen", Leverkusen 1987

Gruß 1990
Gruß, Franz: „Der Wambacher Hof in Rheindorf", in: Zeitschrift Nieder-
wupper, Historische Beiträge 12 (1990)

Gruß 1991
Gruß, Franz: „Frühmittelalterliche Burgen vor Köln und Leverkusen.
Die ottonische Kaiserpfalz im Kastel Deutz", Leverkusen 1991

Gruß 1999
Gruß, Franz: „Kein normales Leben. Erinnerungen aus einem Dreiviertel-
jahrhundert", Leverkusen 1999

Haedeke 2000
Hanns-Ulrich Haedeke, Berg und Mark. Menschen, Eisen und Kohle.
Wirtschaft, Handel und Wandel, Solingen 2000

Heinrichs 1890
Heinrichs, P. Jos.: „Geschichte des Bergischen Landes", Köln 1890

Hensel und Squentz 1988
Hensel, Ulrich und Peter Squentz: „Bergisches Land", Köln 1988

Janssen 1973
Janssen, W., Herrnbrodt, A. und Grewe, K.: „Mittelalterliche Wehranlagen im Rhein-Wupper-Kreis", in: Heimatkalender, Land an Wupper und Rhein 1973

Jux 1964
Jux, Anton: „Das Bergische Botenamt Gladbach", Bergisch Gladbach 1964

Kargus 2000
Andrea Kargus, Der Arbeitsmarkt der Industrie im Remscheider Raum in den Krisenjahren 1914 bis 1933 unter besonderer Berücksichtigung der Eisen- und Metallindustrie und der Textilindustrie, Diss. Köln 2000

Knipping 1901
Knipping, Richard: „Regesten der Erzbischöfe von Köln im Mittelalter", Bd. II., Bonn 1901

Knipping 1909
Knipping, Richard: „Regesten der Erzbischöfe von Köln im Mittelalter", Bd. III., Bonn 1909

Kölner Königschronik
Waitz, Georg (Bearb.): „Chronica Regia Coloniensis (Annales Maximi Colonienses) cum continuationibus in monasterio S. Pantaleonis scriptis aliisque historiae Coloniensis monumentis", Hannover 1880. XXIV – Scriptores rerum Germanicarum

Kolodziej 2005
Axel Kolodziej, Herzog Wilhelm I. von Berg 1380–1408, Neustadt/Aisch 2005

Korth 1885
Korth, Leonard: „Das Kloster Dünnwald", in: Ann. 44 (1885), S. 1–122

Korth 1884
Korth, Leonard: „Zur Geschichte des Klosters Dünnwald", in: Ztschr. Berg. Gesch. ver. 20 (1884), S. 51–83

Kraus 1980
Kraus, Thomas R.: „Die Entstehung der Landesherrschaft der Grafen von Berg bis zum Jahre 1225", Neustadt/ Aisch 1980

Kraus 1981
Kraus, Thomas R.: „Die Entstehung der Landesherrschaft der Grafen von Berg bis zum Jahre 1225", Bergische Forschungen 16 (1981)

Krause/Geschichtswerkstatt 2000
„dass ich die Stätte des Glückes vor meinem Tode verlassen müsste" – Beiträge zur Geschichte jüdischen Lebens in Solingen, hrsg. v. Manfred Krause / Solinger Geschichtswerkstatt e.V., Solingen 2000

Landkreis Kitzingen 1986
Landkreis Kitzingen (Hrsg.): „Kunst- und Kulturführer durch den Landkreis Kitzingen", 1986

Kreft 2002
Thomas Kreft, Das mittelalterliche Eisengewerbe im Herzogtum Berg und in der südlichen Grafschaft Mark, Aachen 200

Krieg 1994
  Helmut Krieg, Uhrmacher im Bergischen Land. Die Meister und ihre
  Werke, Rheinland Verlag 1994

Laute 1988
  Laute, Hansjörg: „Die Herren von Berg", Solingen 1988

Lac
  Theodor Joseph Lacomblet, Urkundenbuch für die Geschichte des Niederrheins oder des Erzstifts Cöln, der Fürstenthümer Jülich und Berg, Geldern, Meurs, Cleve und Mark, und der Reichsstifte Elten, Essen und Werden,. Düsseldorf 1840, Neuauflage: Siegburg 1981, Zitiert: Lac Bd x, Nr. y

Luchtenberg 1965
  Luchtenberg, Paul: „Johannes Löh und die Aufklärung im Bergischen",
  Köln 1965

Lück 1977
  Lück, Dieter: „In pago Tuizichgowe – Anmerkungen zum Deutzgau", in:
  Rechtsrheinisches Köln, Jahrbuch für Geschichte und Landeskunde, Bd. 3,
  Köln 1977

Milz 1977
  Milz, Joseph: „Die Vögte des Kölner Domstiftes und der Abteien Deutz
  und Werden im 11. und 12. Jahrhundert", in: Rheinische Vierteljahrsblätter
  (RhVjBll) 41, 1977, S. 196

Mosler 1959
  Mosler, Hans: „Altenberg", Neustadt/Aisch 1959

Müller 1976
  Müller, Gerd: „Odenthal. Geschichte einer Bergischen Gemeinde". Hrsg.
  von der Gemeinde Odenthal, 1976

Müller 1977
  Müller, Heribert: „Kanzler Otto III. und Erzbischof von Köln", in: Veröffent-
  lichungen des Kölnischen Geschichtsvereins, Bd. 33, Köln 1977, S. 202

Niederau 1957/58
  Niederau, Kurt: „Die ältesten Generationen der von Nesselrode", in: Mit-
  teilungen der westdeutschen Gesellschaft für Familienkunde, Bd. XVIII
  (1957/58)

Oberbergische Geschichte 2001
  Oberbergische Geschichte. 3 Bde. Hg. von Klaus Goebel,
  Wiehl 1998–2001

Oswald 1925
  Oswald, G.: „Zur Geschichte der rheinischen Adelsfamilien. Die adeligen
  Sitze im Amte Windeck", Düsseldorf 1925

Padtberg 2000
  Beate-Carola Padtberg, Die Wirtschaftsgeschichte des Oberbergischen
  Kreises. Ein Lesebuch zur Regionalgeschichte, Köln 2000

Rech 1991
   Rech, Manfred: „Das obere Dhünntal, Untersuchungen zur mittelalterlichen
   bis frühneuzeitlichen Siedlungs- und Montangeschichte des Bergischen
   Landes", Köln 1991

Ritter-Eden 2002
   Heike Ritter-Eden: Der Altenberger Dom zwischen romantischer Bewegung
   und moderner Denkmalpflege, Bergisch-Gladbach 2002

Schäfer 1907
   Schäfer, Heinrich: „Inventare und Regesten aus den Kölner Pfarrarchiven",
   in: Annalen des Historischen Vereins für den Niederrhein 83, 1907

Schmidt 1999
   Charles Schmidt, Das Großherzogtum Berg, 1806–1813. Aus dem Französischen übersetzt von Lothar Kellermann und mit Beiträgen von B. Dietz,
   J. Engelbrecht und H.-K. Junk, hg. von B. Dietz und J. Engelbrecht, Neu-
   stadt/Aisch 1999

Schmidt-de Bruyn 1985
   Schmidt-de Bruyn, Ruth: „Kultur und Geschichte im Bergischen Land.
   Von der Vorzeit bis zur Gegenwart", Köln 1985

Schönneshöfer 1908
   Schönneshöfer, Bernhard: „Geschichte des Bergischen Landes", Elberfeld 1908

Speer 2003
   Florian Speer, Ausländer im „Arbeitseinsatz" in Wuppertal. Zivile Arbeitskräfte, Zwangsarbeiter und Kriegsgefangene im Zweiten Weltkrieg. Hg.
   vom Oberbürgermeister der Stadt Wuppertal, Wuppertal 2003

Stremmel/Weise 2004
   Ralf Stremmel und Jürgen Weise (Hrsg.): Bergisch-Märkische Unternehmer der Frühindustrialisierung (= Rheinisch-Westfälische Wirtschaftsbio-
   graphien, Bd. 18), Münster 2004

Untermann 1984
   Untermann, Matthias: „Die Grabungen auf der Burg Berge (Mons) – Al-
   tenberg (Gem. Odenthal, Rheinisch-Bergischer Kreis)". Mit Beiträgen von
   H. Becker, M. Groten und G. Nobis. In: Beiträge zur Archäologie des
   Mittelalters III (= Rheinische Ausgrabungen 25), Köln 1984

Vita Heriberti
   Lambertus <Tuitiensis>: „Vita Heriberti archiepiscopi Coloniensis / auc-
   tore Lantberto", in: Monumenta Germaniae Historica, Bd. 4 (MGH SS4),
   Hannover 1841, S. 739–753

Weidenhaupt 1983
   Weidenhaupt, Hugo: „Kleine Geschichte der Stadt Düsseldorf", Düsseldorf 1983

Wolff 1988
   Wolff, Eva: „Nationalsozialismus in Leverkusen", Leverkusen 1988

# Zeittafel:
## Regierungsdaten der Bergischen Herrscher

### Haus Berg

| | | |
|---|---|---|
| **Graf Adolf** | bis 1019 | |
| **Graf Adolf** | bis 1093 | |
| **Graf Adolf I.** | 1093–1106 | von Berg („de Monte") |
| **Graf Adolf II.** | 1106–1160 | Gründer von Schloss Burg; übergab 1133 die Burg Berge in Altenberg an den Zisterzienser-Orden |
| **Graf Engelbert I.** | 1161–1189 | Auf dem Kreuzzug erschlagen (Serbien) |
| **Graf Adolf III.** | 1189–1218 | Wechselte mehrfach Bündnispartner beim staufisch-welfischen Streit, bis er sich schließlich den Staufern (Friedrich II.) anschloss. Fiel beim 5. Kreuzzug bei Damiette (Ägypten). |
| **Graf Engelbert II.** | 1218–1225 | Als Engelbert I. Erzbischof von Köln; krönte 1222 den Staufer Heinrich zum König (Heinrich VII.), dessen Vormund er war. Wurde, womöglich von seinem Neffen Graf Friedrich von Isenburg, in einem Hohlweg im heutigen Gevelsberg ermordet. Wurde als Heiliger verehrt, wenngleich nie heiliggesprochen. |

*Ende des 1. Geschlechtes, da keine männlichen Nachkommen existierten. Irmgard von Berg, Tochter von Adolf III., heiratete Heinrich von Limburg.*

### Haus Limburg

| | | |
|---|---|---|
| **Graf Heinrich IV.** | 1225–1246 | Gehörte vor seiner Herrschaft als Graf von Berg zur Opposition von Engelbert II., durch die dessen Erschlagung erfolgte. |

| | | |
|---|---|---|
| **Graf Adolf IV.** | 1246–1259 | Legte den Grundstein der Klosterkirche zu Altenberg; Wiederherstellung des Schlosses Bensberg. |
| **Graf Adolf V.** | 1259–1296 | Besiegte an der Seite des Herzogs von Brabant den Erzbischof Siegfried von Westerburg 1288 in der Schlacht von Worringen. Erhob im selben Jahr Düsseldorf zur Stadt. |
| **Graf Wilhelm I.** | 1296–1308 | Bruder Adolfs V. |
| **Graf Adolf VI.** | 1308–1348 | „Der Ehrwürdige". Die Grafschaft Berg litt unter dem Krieg zwischen Friedrich von Österreich und Ludwig dem Bayern, auf dessen Seite sich Adolf VI. bei der Königswahl 1314 stellte. |

*Ende des Geschlechtes Limburg; Wilhelm V. von Jülich sicherte die Erbfolge von Berg.*

## Haus Jülich-Berg

| | | |
|---|---|---|
| **Graf Gerhard I.** | 1348–1360 | Erwerbung weiterer Territorien |
| **Graf Wilhelm II.** | 1360–1408 | Die Grafschaft Berg wurde 1380 Herzogtum. Wilhelm II. Graf von Berg wird **Wilhelm I. Herzog von Berg**. Die Residenz wurde 1386 nach Düsseldorf verlegt. W. wurde von seinen Söhnen zeitweilig gefangen gesetzt, die dadurch ihr Erbe zu erzwingen suchten. |
| **Graf Adolf VII.** | 1408–1437 | Adolf VII. (**Herzog Adolf I.** von Jülich) versuchte gewaltsam, seinen Bruder Wilhelm zum Erzbischof von Köln zu machen, dieser scheiterte jedoch nach dem Schiedsspruch König Sigismunds gegen Dietrich von Moers . |
| **Graf Gerhard II.** | 1437–1475 | Um 1455 fiel Gerhard (**Herzog Gerhard I.**) in geistige Umnachtung und seine Frau Sophie von Sachsen-Lauenburg übernahm die Regentschaft. |

| | | |
|---|---|---|
| **Herzog Wilhelm III.** | 1475–1511 | Unter Wilhelm wurde 1496 durch Heirat die Klever Union, die Verbindung der Herzogtümer Jülich-Berg und Kleve-Mark zu Jülich-Kleve-Berg vorbereitet. Er liegt als letzter Bergischer Herrscher im Altenberger Dom begraben. |

*Mit Wilhelm endete das Haus Jülich. Seine Tochter Maria von Jülich-Berg heiratete Johann III. von Kleve, der seine Nachfolge antrat.*

## Haus Kleve (seit 1521 vereinigte Herzogtümer Jülich-Kleve-Berg)

| | | |
|---|---|---|
| **Herzog Johann III.** | 1511–1539 | Auch „der Friedfertige" genannt. In seine Regierungszeit fiel die Reformation, bei der er um Ausgleich bemüht war. |
| **Herzog Wilhelm IV.** | 1539–1592 | Annäherung an den Protestantismus bei ausgleichender Haltung zwischen den Konfessionen. Ausbau der Residenz Düsseldorf. In der letzten Phase seiner Regierungszeit entglitt ihm die Kontrolle über sein Gebiet, das im Chaos versank. |
| **Herzog Johann Wilhelm I.** | 1592–1609 | War zunächst für eine geistliche Laufbahn bestimmt (wurde mit 11 Jahren vorläufig zum Bischof von Münster ernannt). Seine späteren Ehen blieben kinderlos; zudem litt er zunehmend an Geisteskrankheit. |

*Mit Johann Wilhelm endete das Haus Kleve. Teilung der Länder an Neuburg und Brandenburg*

### Linie Pfalz-Neuburg

| | | |
|---|---|---|
| **Herzog Wolfgang Wilhelm** | 1614–1653 | In seine Herrschaftszeit fiel der Dreißigjährige Krieg, in dem er durch |

| | | |
|---|---|---|
| | | geschickte Neutralitätspolitik und den Übertritt zum Katholizismus sein Territorium z. T. vor Zerstörung bewahrte. |
| **Herzog** **Philipp Wilhelm** | 1653–1679 | Im Klever Hauptvergleich 1666 wurde die Teilung der jülich-kleve-bergischen Länder, im Xantener Vertrag 1614 bereits eingeleitet, zwischen Brandenburg und Pfalz-Neuburg endgültig vertraglich festgelegt. |
| **Herzog** **Johann Wilhelm II.** | 1679–1716 | Der volkstümliche „Jan Wellem". Unter seiner Ägide blühte ein aufwändiges Hofleben und es entstanden prachtvolle Bauten wie das Schloss Bensberg. Er förderte die Kunst u. a. durch Gründung der Düsseldorfer Gemäldegalerie. Berühmt ist sein von Grupello geschaffenes Reiterstandbild in Düsseldorf. |
| **Herzog** **Karl Philipp** | 1716–1742 | Der jüngere Bruder Johann Wilhelms war an dem Herzogtum Berg wenig interessiert. Der aufwändige Hofstaat in Düsseldorf wurde aufgelöst und die Residenz verlor beträchtlich an Bedeutung. |

*Da Karl Philipp keine leiblichen Nachkommen hatte, fiel das Herzogtum Berg an die entfernt verwandte pfälzisch-sulzbachische Linie.*

## Linie Pfalz-Sulzbach / Pfalz-Zweibrücken-Birkenfeld

| | | |
|---|---|---|
| **Herzog** **Karl Theodor** | 1742–1799 | Karl Theodor, seit 1777 Kurfürst von Bayern, zeigte wieder Interesse an den Bergischen Besitzungen und benannte als Statthalter Johann Ludwig Franz von Goltstein, unter dessen Regentschaft die Wirtschaft und Frühindustrialisierung im Nordbergischen aufblühte. |

|  |  | Bau des Schlosses Benrath; eine Abwendung vom Absolutismus ist erkennbar. Die letzten Jahre seiner Regierungszeit waren von Krieg und dem Einmarsch französischer Truppen geprägt, in deren Folge weite Teile des Landes verarmten. |
| **Herzog Maximilian Josef** | 1799–1806 | Unter dem bayerischen Kurfürsten Maximilian Joseph zeigte sich ein großer Einfluss durch das napoleonische Frankreich. Ein bis heute spürbares Ereignis ist die Säkularisierung im Jahre 1803, in deren Zuge das Kloster Altenberg und viele andere Klöster aufgegeben werden mussten und verfielen. |

*Durch den siegreichen Einmarsch Napoleons wurde die Herrschaft der Linie Pfalz-Sulzbach / Pfalz-Zweibrücken beendet. Im Gegenzug erhielt Maximilian Joseph die Bayerische Königswürde.*

## Französische Herrschaft

| **Großherzog Joachim Murat** | 1806–1808 | Joachim Murat, ein Schwager Napoleons, modernisierte sowohl die Staatsverwaltung als auch die Sozial- und Rechtsordnung im Herzogtum Berg. |
| **Napoléon Louis Bonaparte** | 1809–1813 | Nachdem Murat zum König von Neapel ernannt worden war, übernahm Napoleon persönlich die Regentschaft. Die von ihm eingesetzten Verwalter führten die Reformen fort. Die Steuerlasten, die Napoleons Feldzüge erforderten, waren auf der anderen Seite für die Bevölkerung erdrückend, weshalb die herrschenden Franzosen nicht sehr beliebt waren. |

*Mit der Beendigung der französischen Herrschaft endete auch das Land Berg als selbstständiges Territorium.*

# Register

Adam von Schwarzenberg 227, 231–
233
Adelheid von Hortenbach 27
Adelheid von Lauffen 55, 65, 69, 85
Adelheid von Tecklenburg 187, 188, 190
Adolf de Pomerio *siehe* Adolf von dem
Bongard
Adolf I. von Altena, Erzbischof
von Köln 109, 111, 113, 115 ff.
Adolf I. von Berg 54, 55, 56, 65, 69, 90
Adolf II. von Berg 44 f., 54 ff., 67–71,
72, 76 ff., 85, 90, 97 f., 100, 102,
108, 112, 115 ff., 119 f., 127
Adolf III. von Berg 23, 46, 60 f., 83,
89, 101, 108, 111, 117 f., 121–125,
127 f., 131, 141, 166
Adolf IV. von Berg („mit dem Barte")
23 f., 146 f., 148–150, 178
Adolf V. von Berg 24, 93, 150–167,
191
Adolf VI. von Berg 169–173
Adolf VII. von Berg 185, 187–190
Adolf von Altena, Erzbischof von Köln
77, 83, 103, 113, 116, 118 ff.
Adolf von Berg (Vogt von Deutz und
Werden) 54
Adolf von Büchel 88
Adolf von dem Bongard (gen. von
Hortenbach) 21–26, 28
Adolf von der Mark 47, 144
Adolf von Eller 25
Adolf von Hövel 69
Adolf von Hückeshoven 27
Adolf von Kleve-Mark 48, 185, 189
Adolf von Nassau, römisch-deutscher
König 168
Adolf von Saphenberg 67
Adolf von Schaumburg, Erzbischof
von Köln 206

Adolf von Stammheim 39 f., 121, 142,
144
Adolf zu Nideggen 195
Agar, Jean Antoine Michel 274
Agnes von Kleve 169, 172 f.
Agnes von Mansfeld 210
Albert „Sobbe" von Leysiefen 106
Albert von Buchele 89
Albert von Lüttich 113
Alberti, Matteo 247
Albertus de Hurde 124
Albrecht I. von Sayn-Wittgenstein-
Berleburg 275, 292
Albrecht II., römisch-deutscher
König 191
Albrecht V. von Bayern 215
Albrecht von Österreich 168 f.
Aleidis von dem Bongard 24
Alexander III. (Papst) 110
Alexander von Weiler 140 f.
Alveradis von Molbach 122
Anna Maria Louisa de' Medici
247 f.
Anna von der Pfalz 179
Anna von Harff 231
Anna von Pfalz-Bayern 180, 187
Anno II., Erzbischof von Köln 62,
66, 79
Antoinette von Lothringen 218,
220
Arnold II. von Wied, Erzbischof
von Köln 86, 88, 90
Arnold von Altena 111
Arnold von Blankenheim 178
Arnold von Deutz 65, 72 f., 81
Arnold von Egmont 189
Arnold von Geldern 192
Arnold von Loos 148
Arnold von Tyvern 95, 121, 164

Balduin von Flandern und Hennegau
109
Balduin von Gennep 136
Baudissin, Wolf Heinrich von 233 f.
Bayer, Friedrich 300
Bernd von Sachsen-Lauenburg 192
Bernhard von Clairvaux 81, 86 f.
Beugnot, Jacques Claude de 277 f.,
282
Biercher, Matthäus 272
Bismarck, Otto von 302, 304
Bockemühl, Justus 46, 53
Boisserée, Johann Sulpiz Melchior
Dominikus 272
Bönninghausen, Ferdinand Lothar
von 235
Brügelmann, Johann Gottfried 293 f.
Brüning, Heinrich 310
Brüning, Johann Rütger 288
Bruno I. von Berg, Erzbischof von
Köln 36 f., 49
Bruno II. von Berg, Erzbischof von
Köln 44, 55, 58, 60, 68, 79,
86 ff., 112, 116
Bruno III. von Berg-Altena, Erzbischof
von Köln 113
Bruno von dem Bongard 21, 127

Caesarius von Heisterbach 47, 116,
126, 129, 133, 136, 142
Calvin, Johannes 204
Chatre de La Maisonfort, Claude de la
221
Chlodwig I. 39
Christian von Hochscherf 31
Clarenbach, Adolf 202 f.
Clerfayt, Charles de Croix 264 ff.
Coelestin III. (Papst) 114
Combüchen, Peter 42
Corelli, Arcangelo 247
Cosimo III. de' Medici 243
Cosmo III. von Toskana 247

Couven, Johann Joseph 255
Cromwell, Oliver 237, 243

Delius, Carl Albrecht 294
Dietrich II. von Moers, Erzbischof von
Köln 188, 190, 192
Dietrich Scuzsper 104
Dietrich von Altena-Isenberg 127
Dietrich von dem Vorste 28
Dietrich von der Mark 184
Dietrich von Hall zu Ophoven 216
Dietrich von Hengebach, Erzbischof
von Köln 116 f., 120 f.
Dietrich von Hortenbach 27
Dietrich von Hufalis 140
Dietrich von Isenberg 144
Dietrich von Kleve 164
Dietrich von Landsberg 101 f.
Dietrich von Limburg 144
Dietrich von Loos 179
Dietrich von Manderscheid 194
Dietrich von Moers, Erzbischof
von Köln 189 f., 193
Dietrich, Erzbischof von Trier 117
Dittmaier, Heinrich 35 f.
Donner, Wilhelm 225
Dotzauer, Günter 136
Druda Ovelacker 189
Duisberg, Carl 300

Eberhard (Abt des Zisterzienserklos-
ters Georgenthal) 72, 89
Eberhard I. von Berg-Altena 53 ff., 68,
86, 113, 166
Eberhard von der Mark 150, 161
Eberhard von Limburg 185
Eberhard von Opladen 105
Ebert, Friedrich 305
Eduard von Geldern 180
Ekkehard von Meißen 50
Eleonore Magdalena Theresia 240,
242

Elisabeth Auguste von Sulzbach 268
Elisabeth Charlotte von der Pfalz 242
Elisabeth von Geldern 165
Elisabeth von Nassau-Saarbrücken 194
Eller, Elias 254
Engelbert I. von Berg 43, 69, 89, 94–
111, 116, 123 f., 164, 166
Engelbert I. von Köln (Engelbert II. von
Berg), Erzbischof von Köln 77,
111, 118 ff., 122, 124, 125–136,
140, 145
Engelbert von Altena 127
Engelbert von der Mark 48, 172
Engelbert von Falkenburg, Erzbischof
von Köln 151
Engelbert von Ophoven 63
Engelbert, Dompropst 116
Engels, Friedrich 294, 296, 299
Erasmus von Rotterdam 199
Ernst (Abt vom Benediktinerkloster
Reinhardsbrunn) 53, 72
Ernst von Bayern, Erzbischof von
Köln 211
Ernst von Pfalz-Neuburg 220, 223
Eugen III. (Papst) 90
Everger, Erzbischof von Köln 50
Everhard von Georgenberg 54

Ferdinand II., römisch-deutscher
Kaiser 229 f.
Ferdinand von Bayern, Erzbischof von
Köln 135
Ferdinand von Braunschweig 263
Ferdinand von Toskana 247
Ferdinand, Ludwig 275
Fischer, Emil 300
Flavius Vegetius Renatus 39
Fliesteden, Peter 203
Franz I., König von Frankreich 206 f.
Franz-Ferdinand von Österreich-
Ungarn 304
Friedrich der Schöne, römisch-
deutscher Gegenkönig
170, 172
Friedrich Heinrich Jacobi 257
Friedrich I. „Barbarossa", römisch-
deutscher Kaiser 69, 100 f.,
110 f.
Friedrich I. von Schwarzenburg,
Erzbischof von Köln 44, 62,
63, 68–71, 76, 79, 83 f., 90, 94,
97
Friedrich I. von Sommerschenburg 55
Friedrich II. von Sommerschenburg
55
Friedrich II., König von Preußen 254
Friedrich II., römisch-deutscher
Kaiser 111, 113, 118 f., 125, 132,
138, 148
Friedrich III. von Brandenburg 246
Friedrich III., römisch-deutscher
Kaiser 191, 195
Friedrich Spee von Langenfeld 253
Friedrich von Hückeswagen 103
Friedrich von Isenberg 132, 140, 144
Friedrich von Saarwerden, Erzbischof
188
Friedrich von Schwaben 84
Friedrich von Westerburg, Erzbischof
von Köln 152 f.
Friedrich Wilhelm III., König von
Preußen 286, 290, 292
Friedrich Wilhelm IV., König von
Preußen 272, 298
Friedrich Wilhelm von Brandenburg 238
Friedrich, Jörg 314
Fuchsius, Josef von 276, 277

Gajetan, L. 292
Gebhard I. von Waldburg, Erzbischof
von Köln 210 f., 214
Georg II. von Hessen-Darmstadt 240
Georg von der Heiden zu Schönrath
225

Georg von Sayn-Wittgenstein-Berleburg 275
Georg Wilhelm von Brandenburg 223 f., 227, 232
Gerhard I. von Jülich-Berg 170 f., 173, 176, 178
Gerhard II. von Jülich-Berg 190–194
Gerhard von Horn 140
Gerhard von Kleve 189
Gerhard von Overstolz 160
Gerhard von Sayn 186
Gerhard von Wassenberg 140
Gerhard, Oswald 102
Gerhardt, Eduard 149
Gertrud Seelenheil 121
Gezelin (Heiliger) 60
Giso IV. 101
Giso von Opladen 121
Godart von Heinsberg zu Dalenbroich 178
Goebbels, Joseph 306
Goethe, Johann Wolfgang von 258
Goltstein, Johann Ludwig Franz von 254 f.
Gonzales de Cordoba 228
Göring, Hermann 311
Görres, Joseph 272
Gottfried II. von Heinsberg und Dalenbroich 179
Gottfried von Arnsberg 132
Gottfried von Arschot 158 f.
Gottfried von Heinsberg 179
Gottfried von Keldenich 121
Gottfried von Lagheim 149
Gottfried von Sayn 274
Gottfried von Xanten 79, 85
Gottschalk von Rode 142 f.
Gregor IX. (Papst) 145
Gregor XIII. (Papst) 211
Gronsfeld, Johann Franz von 235
Grundmann, Herbert 71
Gruner, Justus 283, 285 f.

Grupello, Gabriel de 248
Gumpert II. von Elnere 25, 28
Güschen, Katharina 251
Gustav Adolf, König von Schweden 230, 233
Gutenberg, Johannes 199

Hadrian IV. (Papst) 110
Hasenclever, Johann Peter 298
Hasenclever, Josua 288
Hedwig von Gudensberg 101
Heine, Heinrich 279, 296
Heinrich d. J. von Sayn 102
Heinrich der Löwe 110, 113, 118
Heinrich Flecke von Nesselrode 105 f.
Heinrich I. von Brabant 109, 117, 139 f., 156
Heinrich II. „der Heilige", deutschrömischer Kaiser 52, 58
Heinrich II. von Hardenberg 175
Heinrich III. von Hardenberg 175
Heinrich III. von Luxemburg 154
Heinrich III., deutsch-römischer Kaiser 45
Heinrich IV., deutsch-römischer Kaiser 76, 79
Heinrich IV., König von Frankreich 220 f.
Heinrich Quadt zu Isengarten 225
Heinrich Raspe d. J. von Thüringen 101 f., 104, 148
Heinrich V., deutsch-römischer Kaiser 44, 76, 83 f.
Heinrich VI., deutsch-römischer Kaiser 111
Heinrich VII., deutsch-römischer Kaiser 125, 132, 137, 169
Heinrich VIII., König von England 205
Heinrich von Arnsberg 147
Heinrich von Brabant 113, 146, 160
Heinrich von dem Bongard 25

Heinrich von Geldern 109
Heinrich von Hemmerode 134
Heinrich von Hückeswagen 103
Heinrich von Isenburg 21
Heinrich von Kindhausen 31
Heinrich von Lauffen 65
Heinrich von Limburg 23, 83, 113, 122, 124, 129, 131 f., 136–141, 143 f., 146 ff., 154, 167, 173
Heinrich von Lothringen 126
Heinrich von Molenark, Erzbischof von Köln 77, 83, 91, 126, 132, 137 ff., 142, 145 f.
Heinrich von Odenthal 63, 90, 92
Heinrich von Oefte 176
Heinrich von Virneburg, Erzbischof 165, 168 f., 171 f.
Heinrich von Windeck 152, 155, 162, 167, 173
Henrig van Vairingh 26
Herder, Johann Gottfried 258
Heribert, Erzbischof von Köln 50, 58 f., 71
Hermann (Vogt von Deutz) 49, 54 f.
Hermann Ovelacker 189
Hermann von Alfter 124
Hermann von Bacheim 121
Hermann von Elslo 124, 140 f.
Hermann von Lobdeburg 89
Hermann von Wachtendonk 242
Hermann von Wied 210
Hilger von der Stessen 170
Hindenburg, Paul von 310 f.
Hinrichs, Fritz 39
Hitler, Adolf 311, 313
Hompesch, Ferdinand Freiherr von 273
Honorius III. (Papst) 122, 126 f.
Hugenberg, Alfred 311
Huschberger, Kaspar 269

Ida von Werl 65
Innozenz II. (Papst) 88, 90

Innozenz III. (Papst) 114, 116–120
Intze, Otto 304
Irmgard „die Schöne" von Kleve 150, 168
Irmgard von Berg 48, 83, 125, 129, 173
Irmgard von Geldern 155
Isaak II. Angelos, Kaiser von Byzanz 115

Jacobi, Friedrich Heinrich 258
Jacobi, Georg Arnold 278
Jacobi, Johann Georg 258
Jakob du Bois 248
Jakob von Haan 24
Jakob von Ophoven 63
Jakobe (Jakobea) von Baden 214, 215–218
Jan van Heelu 156 f., 159 f.
Jan Wellem siehe Johann Wilhelm II. („Jan Wellem") von Pfalz-Neuburg
Joachim von Sandrart 241
Johann Casimir 211, 212
Johann der Friedfertige 293
Johann Friedrich von Sachsen 202, 205
Johann I. von Brabant 152 ff., 157
Johann I. von Zweibrücken 211
Johann II. von Kleve-Mark 191, 195
Johann III. von Jülich-Kleve-Berg 200, 204
Johann Sigismund von Brandenburg 219, 223, 227 f., 230, 232
Johann Tserklaes, Graf von Tilly 229
Johann vam Vorste (alias van Hortenbach) 27
Johann van Beyene 171
Johann von Cambrai 117
Johann von Egmont 189
Johann von Heinsberg 186, 188
Johann von Nassau 211
Johann von Reuschenberg 219

Johann von Zweibrücken 237
Johann Wilhelm I.
Johann Wilhelm I. von Jülich-Kleve-
    Berg 211, 214, 217, 243, 245 ff.
Johann Wilhelm II. („Jan Wellem")
    von Pfalz-Neuburg 242–249,
    260
Johann, König von Böhmen 169
Johann, König von England 115
Johanna von Navarra 207
Johannes Pakenius 242
Johannes XXII. (Papst) 168, 171
Jolantha von Bar 188 f.
Joseph von Pfalz-Zweibrücken 273
Jourdan, Jean-Baptiste 264, 266
Jung-Stilling (eigtl. Johann Heinrich
    Jung) 258
Jutta von Homburg 274
Jutta von Hückeswagen 24

Karl der Große, römisch-deutscher
    Kaiser 90
Karl der Kühne von Burgund 194 f.
Karl I., König von England 237
Karl II. von der Pfalz 244
Karl II., König von England 243, 246
Karl II., König von Spanien 240
Karl IV., römisch-deutscher Kaiser
    171 f., 175, 181 f.
Karl Philipp von Pfalz-Neuburg 249,
    254
Karl Theodor von Pfalz-Zweibrücken-
    Birkenfeld 254, 264, 268, 294
Karl V., römisch-deutscher Kaiser
    200, 205–208, 210
Karl VI., römisch-deutscher Kaiser 254
Karl von Österreich-Teschen 218, 266
Katharina Charlotte von Zweibrücken
    237
Katharina von Kleve 48
Katharina von Nesselrode 231
Kléber, Jean-Baptiste 266

Klopreis, Johann 203
Konrad II., römish-deutscher Kaiser
    52
Konrad III., römisch-deutscher König
    163
Konrad IV., römisch-deutscher König
    148
Konrad von Berg 30, 151, 167
Konrad von Buchele 89
Konrad von Elberfeld 150
Konrad von Heresbach 201, 205
Konrad von Hochstaden, Erzbischof
    von Köln 78, 144, 146–149
Konrad von Straßburg 113
Kotzebue, August von 291
Kraus, Thomas R. 46, 104
Kühlwetter, Johann Heinrich 283
Kunigunde von Bilstein 101

Langen, Eugen 302
Lantbert (Mönch) 50, 58
Lavater, Johann Caspar 258
Leopold I., römisch-deutscher Kaiser
    237, 240, 242 f., 246
Leopold, Bischof von Straßburg und
    Passau 220, 221
Leverkus, Carl 299 f., 309
Levold von Northof 48 f., 53
Ley, Robert 306 f.
Lieselotte von der Pfalz 245
Löh, Johannes 288
Loos, Graf von 117
Lothar III., römisch-deutscher König
    79, 87
Lothar von Hochstaden 112 f., 139
Lothar von Sachsen 84
Lothar von Supplinburg *siehe* Lothar III.,
    römisch-deutscher König
Lucius II. (Papst) 53
Ludwig (Louis) Napoleon 277
Ludwig der Deutsche 37
Ludwig I. von Thüringen 101

Ludwig IV. von Bayern, römisch-
deutscher König 169–172
Ludwig von Ensen 121
Ludwig XIV., König von Frankreich
238 ff., 243–246, 261, 263
Lully, Jean-Baptiste 244
Luther, Martin 200 f., 206

**M**agdalena von Bayern 223
Manfred von Rheindorf 111
Mant von dem Vorste 28
Margarete von Berg und Ravensberg
24, 173, 176, 178
Margarete von England 157
Margarete von Geldern 109
Margarete von Hochstaden 23, 146,
148 ff.
Margarete von Ravensberg 178
Margarete von Wolff-Metternich 231
Maria Anna Josepha 240, 244
Maria Leopoldine von Österreich 268
Maria von Harcourt 190
Maria von Jülich-Berg 195, 201, 205, 207
Marx, Karl 294, 296
Mathilde von Geldern 181
Mauritius (Heiliger) 23
Maximilian I., römisch-deutscher
Kaiser 200, 206
Maximilian Joseph von Pfalz-Zwei-
brücken 268, 269–271
Mechthild von Sayn 102
Melanchthon, Philipp 199, 204
Mercator, Nikolaus 222
Merode, Jean de 235
Merweldt, Paul von 292
Metternich-Winneburg-Beilstein,
Klemens Wenzel Nepomuk
Lothar von 291
Meyer, August Eduard Claus 186
Molière 244
Montanus *siehe* Zuccalmaglio,
Vincenz von

Moratelli, Sebastiano 241
Morelli, Giovanni 247
Moritz von Oranien 221, 224
Mosler, Hans 89 f.
Motte Fouqué, Heinrich August de la
264
Müller, Hans 53
Müller, Hermann 310
Murat, Joachim 273–277
Myconius, Friedrich 202

**N**apoléon Bonaparte 234, 273, 275–
280, 288
Nesselrode-Reichenstein, Karl Joseph
von 273, 276 ff., 281
Niederau, Kurt 21, 105
Nikolaus IV. (Papst) 165
Nikolaus von Haan 24
Nonnenbruch, Peter Johann 284
Norbert von Xanten 87

**O**tto I., deutsch-römischer Kaiser
36, 51
Otto III., deutsch-römischer Kaiser
36 f., 46, 49, 51
Otto IV. von Braunschweig, deutsch-
römischer Kaiser 113, 115, 117–
120
Otto von Freising 81
Otto von Geldern 109, 117, 148
Ottokar aus der Gaal 157

**P**ankratius (Heiliger) 92
Papen, Franz von 310
Peter von Mainz, Erzbischof 120
Petersen, Johannes 279
Petrarca, Francesco 174
Philibert von Baden 215
Philipp I. von Heinsberg, Erzbischof
von Köln 110
Philipp IV., König von Spanien 239
Philipp von Altena 127

Philipp von Heinsberg, Erzbischof
von Köln 101, 103, 112
Philipp von Manderscheid 215
Philipp von Mansfeld 235
Philipp von Namur 117
Philipp von Schwaben, römisch-
deutscher König 111–116, 118
Philipp Wilhelm von Pfalz-Neuburg
237, 239–243, 245
Philipp, Erzbischof von Köln 103,
108
Pigage, Nicolas de 255
Ploennies, Erich Philipp 248

Quade, Adolf 189

Rech, Manfred 31
Reginhard von Würzburg 89
Reinald von Dassel, Erzbischof von
Köln 69
Reinald von Geldern 153 ff., 158
Reinald von Jülich und Geldern 156,
158, 187 f., 190
Reinhard Hoen 102
Rembert Scuzsper 104
Rembodo de Hursbecke 124
Richard Löwenherz 118
Richwin (Vorfahr der Grafen von Ahr)
51
Rieppel, Anton von 302
Ritberg, Graf von 173
Robert von Bar 185
Roederer, Pierre-Louis 280
Röntgen, Wilhelm Conrad 301
Rudolf I. römisch-deutscher König
151, 154, 164
Rudolf II., römisch-deutscher Kaiser
211, 214, 217, 220
Rupert von Deutz 44, 54, 71 f., 76, 81,
83 f.
Ruprecht I., römisch-deutscher König
186, 193

Ruprecht von der Pfalz, Erzbischof
von Köln 193 f.
Ruprecht von Pfalz-Bayern 185
Ruprecht von Virneburg 194
Rusze, Bernard 24

Sand, Karl Ludwig 291
Sander, Ernemann 47
Sartor, Johann Jakob 40
Schadow, Gottfried von 296
Schadow, Wilhelm von 296
Schlageter, Albert Leo 305
Schleicher, Kurt von 310
Schönneshöfer, Bernhard 10, 178
Seedorf, Franz 254
Severin (Heiliger) 79
Sibylle von Brandenburg 93, 195, 215,
217 f.
Siegfried von Eppstein, Erzbischof
von Mainz 171
Siegfried von Westerburg, Erzbischof
von Köln 151–154, 158, 161 f., 164
Sigismund III., König von Polen 240
Sigismund, römisch-deutscher Kaiser
189 f.
Sizzo I. von Käfernburg 54 f.
Sizzo II. von Käfernburg 54
Sizzo III. von Käfernburg 54
Sizzo IV. von Käfernburg 54 f.
Sophia von Sachsen-Lauenburg 193 f.
Spielberg, Johann 241
Spinola Doria, Ambrosio 224 ff.
Steffani, Agostino 247
Stein, Heinrich Friedrich Karl
Freiherr vom 283
Stohlmann, Jürgen 53, 55
Sundorf (Abt) 93
Swanhid von Essen 103

Tersteegen, Gerhard 254
Tetzel, Johann 200
Theoderich von Siendorp 91

Theophanu, Gemahlin Kaiser
Ottos II. 36
Thietmar von Merseburg 50
Thomas Becket 126
Thymo von Soest 132
Tilly, Jacques Louis François
Delaistre de 229

Udo Mor 140–143
Udo von Rode 143
Udo von Scherve 150
Ulrich von Hemersbach 60

Vagedes, Adolph von 269
Vagedes, Adolph von 279

Wallmoden, Karl von 292
Walram von Jülich, Erzbischof von
Köln 148, 154f., 172, 175
Walram von Limburg 124f., 128, 137,
140–143, 149f., 153
Walram von Luxemburg 140
Weiler, Hanno 31
Wenzel von Luxemburg 180, 182
Werner, Graf 52
Weskott, Friedrich 300
Weyer, Johann 210
Weyhe, Maximilian Friedrich
269
Wikbold von Holte, Erzbischof
von Köln 161
Wildenburg, Graf von 102
Wilderer, Johann Hugo von 247
Wilhelm der Reiche 205

Wilhelm I. von Berg 21, 167–169, 231
Wilhelm I. von Jülich 176, 180
Wilhelm I., deutscher Kaiser 301, 304
Wilhelm II. von Jülich-Berg 178ff.,
182f., 186, 231
Wilhelm II., deutscher Kaiser 304
Wilhelm III. von Jülich-Berg 194ff.,
231
Wilhelm IV. (der Reiche) von Jülich-
Berg 205–206, 208, 210f.
Wilhelm Mor 140f.
Wilhelm Quade 26, 28
Wilhelm von Bayern 273
Wilhelm von Blankenheim 191, 194
Wilhelm von dem Vorste 28
Wilhelm von Egmont 192
Wilhelm von Holland 148
Wilhelm von Hortenbach 27f.
Wilhelm von Jülich 141, 148f., 151f.,
172f., 181
Wilhelm von Nassau 230
Wilhelm von Ophoven 28
Wilhelm von Schlebusch 228
Wilhelm von Waldenburg, genannt
Schenkern 216ff.
Wolbero 121
Wolfgang Wilhelm von Pfalz-Neuburg
219–233, 235ff., 239

Zuccalmaglio, Jacob Salentin von
283f.
Zuccalmaglio, Vincenz von 32, 91,
285, 292
Zwingli, Ulrich (Huldrych) 204

# Weitere Titel
## des Bücken & Sulzer Verlags

**23 Rundwanderwege Bergisches Land. Overath u. Umgebung** (Siegfried Raimann), ISBN 3-936405-10-7

**25 Ausflüge in die Bergische Geschichte. Unterwegs im Land der Elemente.** (Harry Böseke), ISBN 3-936405-24-7

**Bergische Sprichwörter** (Mit einem Vorwort von Konrad Beikircher), ISBN 3-936405-05-0

**Der Bergische Eulenspiegel** (V. von Zuccalmaglio / Schulte vom Brühl), ISBN 3-936405-07-7

**Die Bergische Trilogie** (Harry Böseke):

- **Donnerkraut und Räuberbraut**, ISBN 3-936405-12-3

- **Himmelspforte und Glockenspiel**, ISBN 3-936405-08-5

- **Teufelsspuk und Galgenstrick**, ISBN 3-936405-00-x

**Für Fremde Kaiser und kein Vaterland** (Klas Ewert Everwyn), ISBN 3-936405-23-9 **(Deutscher Jugendliteraturpreis)**

**Einmal Räuber immer Räuber.** Das Leben des bergischen Rebellen Johann Georg Pauli genannt Räuberpaul (Klas Ewert Everwyn), ISBN 3-936405-15-8

**Lecker Bergesch koken med Lidl, Plus & Co.** – Traditionelle Bergische Küche mit Lidl, Plus & Co. (F. P. Gunnar Kohleick), ISBN 3-936405-18-2

**»Mit seinem Gold und Nebel«.** Das Bergische Land im Spiegel der Literatur (Detlev Arens), ISBN 3-936405-13-1

**Nordic-Walking- & Wanderführer Südliches Aggertal** (T. Göllner, Ch. Prang, A. Wolff), ISBN 3-936405-29-8

**Reise- und Ausflugsführer Bergisches Land. Rheinisch-Bergischer Kreis** (Stephan Nuding), ISBN 3-936405-11-5

**Sagen aus dem Bergischen Land** (C. Schieferdecker, O. Schillmann), ISBN 3-936405-03-4

**23 Rundwanderwege Bergisches Land.** Overath und Umgebung (Siegfried Raimann), ISBN 3-936405-10-7

**Weitere Informationen unter www.buecken-sulzer.de**